Alfie Kohn

Liebe und Eigenständigkeit

Alfie Kohn

Liebe und Eigenständigkeit

Die Kunst bedingungsloser Elternschaft,
jenseits von Belohnung und Bestrafung

Aus dem amerikanischen Englisch
von Cordula Kolarik

Arbor Verlag
Freiburg im Breisgau

© 2005 Alfie Kohn

© 2010 der deutschen Ausgabe: Arbor Verlag GmbH, Freiburg

Die Originalausgabe erschien unter dem Titel:

Unconditional parenting: moving from rewards and punishments to love and reason

8. Auflage 2019

Titelfoto: © 2010 Svea Anais Perrine / photocase.com

Lektorat: Richard Reschika

Gestaltung: Anke Brodersen

Druck und Bindung: Kösel, Krugzell

Dieses Buch wurde auf 100 % Altpapier gedruckt und ist alterungsbeständig.
Weitere Informationen über unser Umweltengagement
finden Sie unter www.arbor-verlag.de/umwelt.

www.arbor-verlag.de

ISBN 978-3-86781-015-9

Wichtiger Hinweis:
Die Ratschläge zur Selbstbehandlung in diesem Buch sind vom Autor und vom Verlag sorgfältig erwogen und geprüft worden. Dennoch kann eine Garantie nicht übernommen werden. Sie brauchen psychotherapeutische Hilfe, wenn Sie sich durch die Übungen von Emotionen und Erinnerungen überwältigt fühlen. Bei ernsthafteren und/oder länger anhaltenden Beschwerden sollten Sie auf jeden Fall einen Arzt oder einen Heilpraktiker Ihres Vertrauens zu Rate ziehen. Eine Haftung des Autors und des Verlages für Personen-, Sach- und Vermögensschäden ist ausgeschlossen.

Inhalt

Einleitung   7

1   Wenn Elternliebe an Bedingungen geknüpft ist   17
2   Liebe schenken und Liebe entziehen   33
3   Zu viel Kontrolle   57
4   Strafen sind schädlich   77
5   Zum Erfolg gedrängt   91
6   Was hindert uns daran, bessere Eltern zu sein?   111
7   Grundsätze bedingungsloser Elternliebe   137
8   Liebe ohne Wenn und Aber   163
9   Mitspracherecht für Kinder   193
10   Die Sicht des Kindes   221

Anhang: Erziehungsstile   245
Anmerkungen   257
Literaturverzeichnis   283
Danksagung   297

Ein wenig Menschlichkeit ist viel mehr wert als alle Vorschriften der Welt.

Jean Piaget

Einleitung

Schon bevor ich Kinder hatte, wusste ich, dass es nicht nur eine Freude, sondern auch eine Herausforderung sein würde, Eltern zu sein. Aber ich wusste es nicht *wirklich*.

Ich wusste nicht, wie erschöpft oder ratlos man sich fühlen konnte und wie ich jedes Mal, wenn mir alles über den Kopf wuchs, irgendwie doch weitermachen musste.

Ich begriff nicht, dass Kinder manchmal deshalb so laut schreien, dass die Nachbarn kurz davor sind, das Jugendamt zu rufen, weil man die falsche Sorte Nudeln zum Abendessen gekocht hat.

Mir war nicht klar, dass sich die Atemübungen, die Frauen bei Kursen zum Thema natürliche Geburt lernen, erst dann wirklich auszahlen, wenn das Kind schon lange auf der Welt ist.

Nie hätte ich voraussehen können, wie erleichtert ich sein würde, zu hören, dass die Kinder anderer Leute mit den gleichen Dingen zu kämpfen haben und sich manchmal ähnlich verhalten wie meine. (Noch befreiender ist die Erkenntnis, dass auch andere Eltern dunkle Momente haben, in denen sie merken, dass sie ihr eigenes Kind nicht mögen, oder sich fragen, ob es das alles wert ist, oder diverse andere unaussprechliche Gedanken hegen.)

Fazit: Kinder großzuziehen ist nichts für Schwächlinge. Meine Frau sagt, es sei ein Test der Fähigkeit, mit Unordnung und Unberechenbarkeit umzugehen – ein Test, für den man nicht üben kann und dessen Ergebnisse nicht immer beruhigend ausfallen. Vergessen Sie „Raketentechnik" oder „Gehirnchirurgie": Wenn wir betonen wollen, etwas sei eigentlich nicht so furchtbar schwer, sollten wir sagen: „Hey, es ist ja nicht so schwer wie Kinder großzuziehen …"

Eben weil es so schwierig ist, sind wir vielleicht versucht, unsere Energie darauf zu konzentrieren, den Widerstand unserer Kinder gegenüber unseren Wünschen zu durchbrechen und sie zu bewegen, das zu tun, was wir ihnen sagen. Wenn wir nicht aufpassen, kann das unser Hauptziel werden. Es kann passieren, dass wir uns all den Leuten um uns herum anschließen, die Fügsamkeit und kurzfristigen Gehorsam bei Kindern über alles schätzen.

Vor ein paar Jahren saß ich während einer Vortragsreise in einem Flugzeug, das gerade gelandet war und zum Flugsteig rollte. Sobald ein Ton signalisierte, dass wir aufstehen und unser Handgepäck herunterholen durften, beugte sich einer meiner Sitznachbarn in die Reihe vor uns und beglückwünschte die Eltern eines kleinen Jungen, der dort saß. „Er war auf dem Flug so ein guter Junge!", erklärte er.

Denken Sie einen Augenblick lang über das Schlüsselwort in dem Satz nach. Gut ist ein Adjektiv voller moralischer Bedeutungen. Es kann ein Synonym für *ethisch* oder *ehrenwert* oder *mitfühlend* sein. Doch wenn man von Kindern spricht, heißt das Wort oft nichts weiter als *ruhig* – oder vielleicht *keine Nervensäge*. Als ich diese Bemerkung im Flugzeug hörte, machte es bei mir *klick*. Mir wurde klar, dass die meisten Menschen in unserer Gesellschaft sich genau das am meisten von Kindern wünschen: nicht, dass sie fürsorglich, kreativ oder neugierig sind, sondern einfach dass sie sich gut benehmen. Ein „gutes" Kind – vom Säugling bis zum Jugendlichen – ist eines, das uns Erwachsene nicht allzu sehr stört.

Es mag sein, dass sich die Strategien, dieses Ergebnis zu erreichen, im Lauf der letzten paar Generationen geändert haben. Während Kinder einst harten körperlichen Bestrafungen unterworfen waren, werden sie jetzt vielleicht zu Auszeiten verurteilt oder bekommen Belohnungen, wenn sie uns gehorchen. Doch verwechseln Sie neue Mittel nicht mit neuen Zielen. Das Ziel ist noch immer Kontrolle, auch wenn wir diese mit moderneren Methoden sicherstellen. Der Grund dafür ist nicht der, dass uns unsere Kinder nicht am Herzen lägen. Es hat mehr damit zu tun, dass uns der ständige alltägliche Druck des Familienlebens überwältigt. Die Notwendigkeit, die Kinder ins Bett oder Auto, in die Badewanne und wieder heraus zu bekommen, macht es uns schwer, einen Schritt zurückzutreten und zu sehen, was wir eigentlich tun.

Wenn es uns nur darum geht, Kinder dazu zu bewegen, zu tun, was wir sagen, ist das unter anderem deshalb problematisch, weil es möglicherweise im Widerspruch zu anderen, höher gesteckten Zielen, die wir für sie haben, steht. Heute Nachmittag geht es Ihnen vielleicht nur darum, dass Ihr Sohn damit aufhört, im Supermarkt einen Aufstand zu machen, und sich damit abfindet, dass Sie ihm keine große, bunte Tüte Süßigkeiten, die als Frühstücksflocken getarnt sind, kaufen werden. Aber es lohnt sich, etwas weiter zu blicken. In den Workshops, die ich für Eltern leite, beginne ich gern mit der Frage: „Was sind Ihre *langfristigen* Ziele für Ihre Kinder? Welches Wort oder welcher Ausdruck kommt Ihnen in den Sinn, wenn Sie beschreiben möchten, wie Sie sich Ihre Kinder wünschen würden, wenn sie erwachsen sind?"

Denken Sie einen Moment darüber nach, wie Sie diese Frage beantworten würden. Wenn ich Elterngruppen auffordere, die wichtigsten langfristigen Ziele zu nennen, die sie für ihre Kinder haben, bekomme ich landesweit bemerkenswert ähnliche Antworten zu hören. Die Liste, die von einer Gruppe erstellt wurde, war typisch: Die Eltern sagten, sie wünschten sich, dass ihre Kinder glückliche, ausgeglichene, selbstständige, ausgefüllte, produktive, selbstbewusste, seelisch gesunde, freundliche, rücksichtsvolle, verantwortungsbewusste, liebevolle, wissbegierige und zuversichtliche Menschen würden.

Was an dieser Liste von Adjektiven interessant ist – und was daran nützlich ist, überhaupt über diese Frage nachzudenken –, ist, dass sie uns dazu anregt, uns zu fragen, ob das, was wir tun, mit dem im Einklang steht, was wir wirklich wollen. Helfen meine alltäglichen Erziehungsmethoden wohl meinem Kind, zu dem Menschen heranzuwachsen, den ich mir wünschen würde? Trägt das, was ich gerade im Supermarkt zu meinem Kind gesagt habe, wenigstens ein bisschen dazu bei, dass es ein glücklicher, ausgeglichener, selbstständiger, ausgefüllter und so weiter Mensch werden kann – oder ist es möglich (schluck), dass die Art, wie ich mit solchen Situationen umgehe, ein solches Ergebnis *weniger wahrscheinlich* macht? Falls ja, was sollte ich stattdessen tun?

Wenn Sie es zu entmutigend finden, sich vorzustellen, was für Menschen Ihre Kinder in vielen Jahren vielleicht sind, denken Sie darüber nach, was Ihnen heute wirklich wichtig ist. Stellen Sie sich vor, Sie wären bei einer Geburtstagsfeier oder im Flur der Schule Ihres Kindes. Hinter einer Ecke stehen zwei andere Eltern, die nicht wissen, dass Sie da sind. Sie hören, wie die beiden über… Ihr Kind reden! Von all dem, was sie sagen könnten – worüber würden Sie sich am meisten freuen?[1] Denken Sie einen Moment darüber nach, welches Wort oder welchen Satz Sie besonders gerne hören würden. Ich vermute – und hoffe –, dass es nicht der Satz wäre: „Mensch, dieses Kind tut alles, was man ihm sagt, und macht nie einen Mucks." Die entscheidende Frage ist, ob wir uns nicht manchmal so verhalten, als wäre es *das,* was uns am wichtigsten ist.

Vor fast fünfundzwanzig Jahren rezensierte eine Sozialpsychologin namens Elizabeth Cagan eine Reihe zeitgenössischer Erziehungsratgeber und kam zu dem Schluss, dass sie größtenteils eine pauschale Akzeptanz „elterlicher Vorrechte" mit „kaum ernsthafter Berücksichtigung der Bedürfnisse, Gefühle oder der Entwicklung eines Kindes" widerspiegelten. Die vorherrschende Grundannahme, fügte sie hinzu, sei offenbar die, dass die Wünsche der Eltern „automatisch legitim" seien und man daher nur über die Frage diskutieren müsse, wie man Kinder dazu bewegen könne, all das zu tun, was man ihnen sage.[2]

Leider hat sich seitdem nicht viel geändert. Jedes Jahr werden in den Vereinigten Staaten mehr als hundert Erziehungsbücher veröffentlicht,[3] außerdem zahlose Artikel in Elternzeitschriften, und die meisten sind voller Ratschläge, wie man Kinder dazu bringen kann, unsere Erwartungen zu erfüllen, wie man ihr Verhalten steuern kann, wie man sie dressieren kann, als ob es Haustiere wären. Viele dieser Ratgeber enthalten auch aufmunternde Worte über die Notwendigkeit, Kindern Paroli zu bieten und unsere Macht durchzusetzen – und in manchen Fällen werden jegliche Zweifel, die wir angesichts dessen haben mögen, explizit für unnötig erklärt. Diese Tendenz spiegelt sich sogar in den Titeln jüngst erschienener Bücher wider: *Keine Angst vor Disziplin; Eltern haben die Zügel in der Hand; Eltern an der Macht; Die Macht in die Hand nehmen; Zurück an der Macht; Disziplin für Ihr Vorschulkind – ohne schlechtes Gewissen; Weil ich die Mama bin – darum; Das Steuer in die Hand nehmen; Erziehung ohne Schuldgefühle; „Die Antwort lautet Nein"* und so weiter.

Einige dieser Bücher verteidigen altmodische Werte und Methoden („Dir wird der Hintern ganz schön wehtun, wenn dein Vater nach Hause kommt"), während sich andere für neumodische Verfahren einsetzen („Gut gemacht! Du hast Pipi ins Töpfchen gemacht, Schatz! Jetzt kannst du deinen Aufkleber haben!"). Doch in keinem Fall fordern sie uns auf, uns zu vergewissern, ob das, was wir von unseren Kindern verlangen, auch vernünftig – oder in ihrem Interesse – ist.

Wie Ihnen vielleicht aufgefallen ist, enthalten viele dieser Bücher Vorschläge, die sich als, sagen wir mal, nicht sonderlich hilfreich erweisen, auch wenn sie bisweilen mit Hilfe absurd unrealistischer Eltern-Kind-Dialoge, die zeigen sollen, wie gut sie funktionieren, veranschaulicht werden.[4] Zwar kann es frustrierend sein, über Methoden zu lesen, die sich als unwirksam erweisen, doch es ist viel gefährlicher, wenn in Büchern überhaupt nicht die Frage gestellt wird, was wir eigentlich unter „wirksam" verstehen. Wenn wir uns keine Gedanken über unsere Ziele machen, haben wir nichts weiter als Praktiken, die nur dazu dienen sollen, Kinder dazu zu bewegen, zu tun, was man ihnen sagt. Das heißt, wir konzentrieren uns nur darauf, was für uns am bequemsten ist, nicht darauf, was sie brauchen.

Noch ein Wort über Erziehungsratgeber: Der Rat, den die meisten von ihnen geben, beruht nur auf der willkürlichen Meinung des Autors, illustriert durch sorgfältig ausgesuchte Anekdoten, die seine Sichtweise stützen. Selten wird überhaupt erwähnt, was Forschungen über die betreffenden Themen zu sagen haben. Ja, es ist möglich, das Erziehungsregal in Ihrer örtlichen Buchhandlung Titel für Titel durchzugehen, ohne überhaupt zu merken, dass es eine bedeutende Menge wissenschaftlicher Studien über verschiedene Erziehungsmethoden gibt.

Ich weiß, manche Leser sind skeptisch, wenn behauptet wird, „Studien zeigten", dies und das sei wahr, und das ist auch verständlich. Erstens sagen Menschen, die mit solchen Sätzen um sich werfen, oft nicht, von welchen Studien sie eigentlich reden, geschweige denn, wie sie durchgeführt wurden oder wie signifikant ihre Ergebnisse waren. Und zweitens stellt sich wieder diese vertrackte Frage: Wenn ein Forscher behauptet, er habe bewiesen, es sei wirksamer, seinem Kind gegenüber *x* zu tun als *y*, möchten wir ihn sofort fragen: „Was genau verstehen Sie unter *wirksam?* Meinen Sie, dass es Kindern in psychischer Hinsicht besser geht, wenn man *x* tut? Führt *x* dazu, dass sich die Kinder mehr Gedanken darüber machen, welche Auswirkungen ihr Handeln auf andere Menschen hat? Oder ist bei Anwendung von *x* einfach nur die Wahrscheinlichkeit, blinden Gehorsam zu erreichen, größer?"

Manche Experten und auch manche Eltern scheinen sich nur für diese letzte Frage zu interessieren. Eine erfolgreiche Strategie ist nach ihrer Definition alles, was Kinder dazu bringt, Anweisungen zu befolgen. Ihre Sicht beschränkt sich mit anderen Worten darauf, wie Kinder sich *verhalten,* ohne zu berücksichtigen, was sie empfinden, wenn sie einer bestimmten Aufforderung nachkommen sollen, oder was sie über denjenigen denken, dem es gelungen ist, sie zum Befolgen der Anweisung zu bewegen. Dies ist eine recht zweifelhafte Weise, den Wert elterlichen Eingreifens zu beurteilen. Forschungsergebnisse legen nahe, dass sich selbst Erziehungsmethoden, die zu „wirken" scheinen, oft als sehr viel weniger erfolgreich herausstellen, wenn man sinnvollere Kriterien anlegt. Die Festlegung des Kindes auf ein bestimmtes Verhalten ist oft nur oberflächlich, und das Verhalten ist daher von kurzer Dauer.[5]

Doch das ist noch nicht alles. Das Problem liegt nicht nur darin, dass uns viel entgeht, wenn wir unsere Strategien nur danach beurteilen, ob sie Kinder dazu bringen, uns zu gehorchen, sondern auch darin, dass Gehorsam selbst nicht immer wünschenswert ist. Es gibt so etwas wie zu gutes Benehmen. In einer Studie etwa wurden Kleinkinder in Washington, D.C., beobachtet, bis sie fünf Jahre alt waren, und es wurde festgestellt, dass „häufige Fügsamkeit manchmal mit Verhaltensstörungen assoziiert" war. Umgekehrt könne ein gewisses Maß an Widerstand gegen die elterliche Autorität ein „positives Zeichen" sein. Andere Psychologen schildern im *Journal of Abnormal Child Psychology* ein beunruhigendes Phänomen, das sie als „zwanghafte Fügsamkeit" bezeichneten und bei dem Kinder aus Angst vor ihren Eltern alles tun, was man ihnen sagt — sofort und ohne nachzudenken. Auch viele Therapeuten haben sich zu den emotionalen Folgen eines exzessiven Bedürfnisses, Erwachsenen zu gefallen und zu gehorchen, geäußert. Sie weisen darauf hin, dass Kinder mit auffallend gutem Benehmen tun, was ihre Eltern von ihnen wollen, und das werden, was sich ihre Eltern von ihnen wünschen – jedoch oft um den Preis, dass sie ein Gefühl für sich selbst verlieren.[6]

Man könnte sagen, dass Disziplin Kindern nicht immer hilft, *Selbst*disziplin zu entwickeln. Doch selbst dieses zweite Ziel ist nicht immer so ausschließlich positiv, wie man denkt. Es ist nicht unbedingt besser, Kinder dazu zu bewegen, unsere Wünsche und Werte zu verinnerlichen, so dass sie auch dann, wenn wir nicht in der Nähe sind, tun, was wir wollen. Verinnerlichung – oder Selbstdisziplin – fördern zu wollen, kann auf den Versuch hinauslaufen, das Verhalten von Kindern per Fernsteuerung zu lenken. Das ist nur eine stärkere Form von Gehorsam. Schließlich ist es ein großer Unterschied, ob ein Kind etwas tut, weil es glaubt, es sei richtig, dies zu tun, oder ob ein Kind etwas nur aus Pflichtgefühl tut. Dafür zu sorgen, dass Kinder unsere Werte verinnerlichen, ist nicht dasselbe wie ihnen zu helfen, eigene Werte zu entwickeln.[7] Und es ist genau das Gegenteil von dem Ziel, dass Kinder selbstständig denken sollen.

Die meisten von uns, davon bin ich überzeugt, wünschen sich tatsächlich, dass unsere Kinder selbstständig denken, Durchsetzungsvermögen und innere Festigkeit haben… wenn sie mit ihren Freunden zusammen sind. Wir hoffen, dass sie Menschen, die andere schikanieren, die Stirn bieten und Gruppendruck widerstehen können, vor allem wenn es um Sex und Drogen geht. Doch wenn es uns wichtig ist, dass unsere Kinder nicht „Opfer der Ideen anderer" werden, müssen wir sie lehren, „selbst über alle Ideen, einschließlich der von Erwachsenen, nachzudenken".[8] Oder anders herum: Wenn wir zu Hause großen Wert auf Gehorsam legen, kann das dazu führen, dass unsere Kinder auch das befolgen, was Menschen außerhalb von zu Hause ihnen sagen. Die Autorin Barbara Coloroso bemerkt, dass sie Eltern von Teenagern oft klagen hört: „Er war so ein braves Kind, so wohlerzogen, hatte so gute Manieren, hat sich so gut gekleidet. Doch sehen Sie sich ihn jetzt an!" Darauf antwortet sie:

Seit er klein war, zog er sich so an, wie Sie es ihm sagten; er verhielt sich so, wie Sie es ihm sagten; er sagte das, was Sie ihm vorsagten. Er hat stets darauf gehört, dass ihm jemand anders sagte, was er tun sollte … Er hat sich nicht verändert. Er hört noch immer darauf, dass ihm jemand anders sagt, was er tun soll. Das Problem ist nur, dass derjenige nicht mehr Sie sind, sondern Leute in seinem Alter.

Je mehr wir über unsere langfristigen Ziele für unsere Kinder nachdenken, umso komplizierter wird es. Jedes Ziel könnte sich als problematisch herausstellen, wenn wir es isoliert betrachten: Nur wenige Eigenschaften sind so wichtig, dass wir bereit wären, alles andere zu opfern, um sie zu erreichen. (Zum Thema Glück etwa siehe Kapitel 10, Anmerkung 1.) Vielleicht ist es klüger, Kindern zu helfen, ein Gleichgewicht zwischen entgegengesetzten Eigenschaften zu erreichen – also etwa unabhängig, *aber auch* fürsorglich zu sein oder zuversichtlich *und dennoch* bereit, die eigenen Grenzen zu erkennen. Ebenso betonen manche Eltern vielleicht, ihnen sei es am wichtigsten, ihren Kindern zu helfen, sich selbst Ziele zu setzen und sie zu erreichen. Wenn wir derselben Ansicht sind, müssen wir uns auf die Möglichkeit gefasst machen, dass sie andere Entscheidungen treffen als wir und sich Werte zu eigen machen, die nicht dieselben sind wie unsere.

Das Nachdenken über langfristige Ziele kann uns in vielerlei Richtungen führen, doch was ich betonen will, ist, dass wir gründlich über diese Ziele nachdenken sollten. Sie sollten unser Prüfstein sein und uns daran hindern, im Treibsand des täglichen Lebens mit seiner ständigen Versuchung, alles zu tun, wodurch sich Folgsamkeit erreichen lässt, zu versinken. Als Vater zweier Kinder kenne ich die Frustrationen und Herausforderungen, die zu diesem Job dazugehören, nur zu gut. Es gibt Zeiten, wenn meine besten Strategien versagen, wenn mir die Geduld reißt, wenn ich einfach nur will, dass meine Kinder tun, was ich ihnen sage. Es ist schwer, den Gesamtzusammenhang im Blick zu behalten, wenn eins meiner Kinder im Restaurant herumkreischt. Im Übrigen ist es manchmal ebenso schwer, daran zu denken, was *wir* eigentlich für Menschen sein wollen, wenn wir gerade einen hektischen Tag erleben oder merken, wie uns weniger edle Regungen überkommen. Es ist schwer, aber es lohnt sich.

Manche Menschen begründen das, was sie tun, dadurch, dass sie die bedeutsameren Ziele – etwa den Versuch, ein guter Mensch zu sein oder sein Kind zu einem guten Menschen zu erziehen – als „idealistisch" abtun.

Doch das bedeutet nur, Ideale zu haben, ohne die wir nicht viel wert sind. „Idealistisch" muss nicht „praxisfern" bedeuten. Ja, sowohl pragmatische als auch moralische Gründe sprechen dafür, sich auf langfristige Ziele statt auf sofortige Folgsamkeit zu konzentrieren und daran zu denken, was unsere Kinder brauchen, statt nur daran, was wir von ihnen verlangen, und das ganze Kind statt nur das Verhalten zu sehen.

In diesem Buch werde ich erläutern, warum es sinnvoll ist, sich von den üblichen Strategien, Kinder als Objekte zu behandeln, abzuwenden und Wege zu finden, mit ihnen *zusammen*zuarbeiten. Zwar wird mit vielen Menschen – Erwachsenen wie Kindern – ständig etwas getan, als wären sie Objekte. Doch es genügt nicht, zu antworten: „Nun, so ist die Welt eben", wenn man etwas dagegen einwendet, Strafen und Belohnungen zu benutzen, um das Verhalten von Menschen zu steuern. Die entscheidende Frage lautet: Was für Menschen sollen unsere Kinder werden? Menschen, die Dinge so hinnehmen, wie sie sind, oder Menschen, die versuchen, etwas zu verbessern?

So etwas zu sagen, ist subversiv. Es verkehrt konventionelle Erziehungsratschläge ins Gegenteil und es stellt das kurzsichtige Bemühen, sie dazu zu bringen, nach unserer Pfeife zu tanzen, auf die Probe. Für manche von uns stellt es vielleicht vieles von dem, was wir tun – und möglicherweise auch das, was mit uns getan wurde, als wir klein waren –, in Frage.

In diesem Buch geht es nicht nur um Erziehungsmethoden, sondern umfassender um die Art, wie wir uns unseren Kindern gegenüber verhalten sowie darum, wie wir über sie denken und fühlen. Das Buch soll Ihnen helfen, zu Ihrer eigenen Intuition zurückzufinden und sich bewusst zu werden, was wirklich wichtig ist – nachdem der Schlafanzug angezogen ist, die Hausaufgaben erledigt und die Geschwisterstreitereien endlich beigelegt sind. Es fordert sie auf, Ihre grundlegenden Annahmen über Eltern-Kind-Beziehungen zu überdenken.

Vor allem bietet dieses Buch praktische Alternativen für die Taktiken, die wir manchmal versucht sind zu benutzen, um unsere Kinder dazu zu bewegen, sich besser zu benehmen oder erfolgreicher zu werden. Ich glaube, dass diese Alternativen unseren Kindern helfen können, zu guten Menschen heranzuwachsen – gut im umfassendsten Sinne des Wortes.

1 Wenn Elternliebe an Bedingungen geknüpft ist

Bisweilen hat mich der Gedanke getröstet, dass sich meine Kinder trotz all der Fehler, die ich als Vater gemacht habe (und die ich weiterhin machen werde), gut entwickeln werden, ganz einfach deshalb, weil ich sie aus ganzem Herzen liebe. Schließlich heilt Liebe alle Wunden. Alles besiegt die Liebe. Liebe bedeutet, sich nie dafür entschuldigen zu müssen, dass man heute Morgen in der Küche einen Wutanfall bekommen hat.

Dieser beruhigende Gedanke beruht auf der Vorstellung, es gäbe ein Ding namens Elternliebe, eine einzige Substanz, die man seinen Kindern in einer größeren oder kleineren Menge schenken könne (wobei eine größere Menge natürlich besser sei). Doch was ist, wenn sich diese Annahme als verhängnisvolle Vereinfachung erweist? Was ist, wenn es tatsächlich verschiedene Arten gibt, ein Kind zu lieben, und wenn nicht alle davon gleichermaßen wünschenswert sind? Die Psychoanalytikerin Alice Miller hat einmal bemerkt, es sei möglich, ein Kind hingebungsvoll zu lieben –

ihm jedoch nicht die Art von Liebe zu schenken, die es braucht. Falls sie Recht hat, ist nicht nur die Frage entscheidend, ob – oder wie sehr – wir unsere Kinder lieben. Es kommt auch darauf an, *wie* wir sie lieben.

Wenn wir das verstanden haben, könnten wir ziemlich schnell eine lange Liste verschiedener Arten elterlicher Liebe erstellen und Ratschläge geben, welche besser sind als andere. In diesem Buch wird ein solcher Unterschied näher beleuchtet: Kinder dafür zu lieben, *was sie tun,* oder Kinder dafür zu lieben, *wer sie sind.* Die erste Art von Liebe ist an Bedingungen geknüpft, das heißt, Kinder müssen sich unsere Liebe dadurch verdienen, dass sie sich so verhalten, wie wir es für angemessen halten, oder dadurch, dass ihre Leistungen unseren Erwartungen entsprechen. Die zweite Art von Liebe ist bedingungs*los:* Sie hängt nicht davon ab, wie sie sich verhalten, ob sie erfolgreich sind oder gute Manieren haben oder irgendetwas sonst.

Ich möchte das Konzept bedingungsloser Elternliebe mit einem Werturteil und einer Voraussage begründen. Das Werturteil lautet ganz einfach: Kinder sollten sich unsere Anerkennung nicht verdienen müssen. Wir sollten sie, wie meine Freundin Deborah sagt, „ohne jeden Grund" lieben. Darüber hinaus kommt es nicht nur darauf an, dass wir selbst davon überzeugt sind, sie bedingungslos zu lieben, sondern dass sie sich auch auf diese Weise *geliebt fühlen.*

Die Voraussage lautet, dass es sich positiv auswirken wird, wenn wir Kinder bedingungslos lieben. Es ist nicht nur in moralischer Hinsicht das Richtige, sondern es ist auch klug, dies zu tun. Kinder haben das Bedürfnis, so, wie sie sind, und als die Menschen, die sie sind, geliebt zu werden. Wenn sie das erleben, können sie sich selbst als im Grunde gute Menschen annehmen, auch wenn ihnen etwas misslingt oder sie einmal versagen. Und wenn dieses Grundbedürfnis erfüllt ist, sind sie auch freier, andere Menschen anzunehmen und ihnen zu helfen. Kurz gesagt, bedingungslose Liebe ist das, was Kinder brauchen, um zu gedeihen.

Dennoch tendieren wir Eltern oft dazu, unsere Anerkennung an Bedingungen zu knüpfen. Dies liegt nicht nur an den Überzeugungen, die uns vermittelt wurden, sondern auch an der Art, wie wir erzogen wurden. Man könnte sagen, wir wurden dazu konditioniert, unsere Liebe von Bedingungen abhängig zu machen. Die Wurzeln dieser Neigung reichen tief ins amerikanische (und auch deutsche) Bewusstsein. Tatsächlich scheint bedingungsloses Annehmen sogar als Vorstellung Seltenheitswert zu haben: Wenn man im Internet nach Varianten des Wortes *bedingungslos* sucht, stößt man größtenteils auf Diskussionen über Religion oder über Haustiere. Offenbar fällt es vielen Leuten schwer, sich Liebe zwischen Menschen ohne Bedingungen vorzustellen.

Für ein Kind beziehen sich diese Bedingungen zum Teil auf *gutes Benehmen* und zum Teil auf *Leistung*. In diesem und dem folgenden Kapitel geht es um das Benehmen und vor allem darum, wie viele verbreitete Erziehungsstrategien bei Kindern das Gefühl hervorrufen, sie würden nur dann akzeptiert, wenn sie sich so benehmen, wie wir es von ihnen verlangen. In Kapitel 5 werde ich erläutern, wie manche Kinder schlussfolgern, die Liebe ihrer Eltern hänge von ihrer Leistung – etwa in der Schule oder beim Sport – ab.

In der zweiten Hälfte dieses Buches mache ich konkrete Vorschläge, wie wir diesen Ansatz hinter uns lassen und unseren Kindern etwas schenken können, was der Art von Liebe, die sie brauchen, näher kommt. Zunächst jedoch möchte ich das Konzept von Elternliebe, die an Bedingungen geknüpft ist, umfassender untersuchen: welche Annahmen ihm zugrunde liegen (und inwiefern sich diese von denen unterscheiden, die bedingungsloser Liebe zugrunde liegen) und welche Auswirkungen es auf Kinder hat.

Zwei Arten, mit Kindern umzugehen: Annahmen, die ihnen zugrunde liegen

Meine Tochter Abigail machte einige Monate nach ihrem vierten Geburtstag eine schwierige Phase durch, vielleicht weil ein Rivale in die Familie gekommen war. Sie widersetzte sich, wenn man sie um etwas bat, war oft schlecht gelaunt, schrie, stampfte mit den Füßen auf. Alltägliche Rituale eskalierten schnell zu Machtkämpfen. Ich weiß noch, wie sie eines Abends versprochen hatte, nach dem Essen gleich in die Wanne zu gehen. Doch sie tat es nicht – und als wir sie an ihr Versprechen erinnerten, schrie sie so laut, dass ihr kleiner Bruder aufwachte. Als wir sie baten, leiser zu sein, schrie sie weiter.

Nun stellt sich folgende Frage: Sollten meine Frau und ich, nachdem sich alles wieder beruhigt hatte, zum normalen Abendritual, das darin bestand, mit Abigail zu kuscheln und ihr ein Buch vorzulesen, übergehen? Bei einem Erziehungsansatz, bei dem Elternliebe an Bedingungen geknüpft ist, lautet die Antwort nein: Wir würden ihr inakzeptables Verhalten belohnen, wenn wir die üblichen angenehmen Beschäftigungen darauf folgen ließen. Diese Beschäftigungen sollten heute ausfallen und man sollte ihr sanft, aber bestimmt mitteilen, warum diese „Konsequenz" verhängt werde.

Diese Handlungsweise kommt vielen von uns angenehm vertraut vor und stimmt mit dem überein, was in vielen Elternratgebern empfohlen wird. Darüber hinaus muss ich zugeben, dass ich eine gewisse Genugtuung dabei empfunden hätte, meine Autorität zu demonstrieren, weil ich mich über Abigails Trotz wirklich ärgerte. Ich hätte das Gefühl gehabt, dass ich, der Vater, mich durchsetzte, ihr klarmachte, dass sie sich nicht so aufführen durfte. Ich wäre wieder derjenige, der die Macht hätte.

Der bedingungslose Erziehungsansatz sagt jedoch, dass dies eine Versuchung sei, der man widerstehen sollte, und dass wir sehr wohl mit unserer Tochter kuscheln und ihr wie gewohnt eine Geschichte vorlesen sollten. Das bedeutet allerdings nicht, dass wir das, was gerade geschehen war, einfach ignorieren sollten. Bedingungslose Elternliebe ist kein schicker Begriff für die Vorstellung, man solle Kinder alles tun lassen, was sie wollen. Es ist sehr wichtig (sobald der Sturm vorüber ist), etwas zu lehren, gemeinsam nachzudenken – und genau das taten wir auch mit unserer Tochter, nachdem wir ihr eine Geschichte vorgelesen hatten. Was wir ihr vermitteln wollten, konnte sie viel besser lernen, wenn sie wusste, dass unsere Liebe zu ihr durch ihr Verhalten ungeschmälert war.

Ob wir uns darüber Gedanken gemacht haben oder nicht – jeder dieser beiden Erziehungsstile beruht auf ganz bestimmten Ansichten über Psychologie, über Kinder und sogar über die Natur des Menschen. Zunächst einmal steht der an Bedingungen geknüpfte Erziehungsansatz in einem engen Zusammenhang mit einer als Behaviorismus bekannten Gedankenrichtung, die im Allgemeinen mit B. F. Skinner verbunden wird. Sie zeichnet sich vor allem dadurch aus, dass sie den Blick ausschließlich auf das Verhalten richtet, wie der Name schon sagt. Gemäß dieser Ansicht ist an Menschen nur das von Bedeutung, was man sehen und messen kann. Einen Wunsch oder eine Angst kann man nicht sehen, daher konzentriert man sich nur darauf, was Menschen *tun*.

Weiterhin glaubt man, alle Verhaltensweisen träten nur auf, wenn sie „verstärkt" würden, und hörten ebenso wieder auf, wenn sie nicht „verstärkt" würden. Behavioristen gehen davon aus, dass sich alles, was wir tun, dadurch erklären lässt, ob es eine Art Belohnung nach sich zieht, sei es eine, die gezielt angeboten wird, oder eine, die von Natur aus auftritt. Wenn sich ein Kind seinen Eltern gegenüber liebevoll verhält oder seinen Nachtisch mit einem Freund teilt, liege das nur daran, dass dies in der Vergangenheit positive Folgen für es gehabt hat.

Kurzum: Äußere Faktoren, zum Beispiel wofür man schon einmal belohnt (oder bestraft) wurde, bestimmen, wie „wir uns verhalten" – und „wie wir uns verhalten", ist gleichbedeutend mit „wer wir sind". Sogar Menschen, die noch nie ein Buch von Skinner gelesen haben, scheinen seine Annahmen akzeptiert zu haben. Wenn Eltern und Lehrer ständig über das „Verhalten" eines Kindes sprechen, tun sie so, als käme es nur darauf an, was auf der Oberfläche zu sehen ist. Es spielt keine Rolle, was für ein Mensch ein Kind ist, was es denkt oder fühlt oder braucht. Vergessen Sie Motive und Werte: Es kommt nur darauf an, das, was sie tun, zu ändern. Das ist natürlich eine Aufforderung, sich auf Erziehungsmethoden zu verlassen, deren einziger Zweck darin besteht, ein bestimmtes Verhalten von Kindern zu fördern oder abzustellen.

Ein konkreteres Beispiel für alltäglichen Behaviorismus: Vielleicht sind Sie schon Eltern begegnet, die ihre Kinder zwingen, sich zu entschuldigen, wenn sie etwas Verletzendes oder Gemeines getan haben. („Kannst du sagen, dass es dir leid tut?") Was geschieht hier? Glauben die Eltern, dadurch, dass sie ihre Kinder dazu bewegen, diesen Satz auszusprechen, stellte sich auf wundersame Weise das Gefühl ein, es tue ihnen *wirklich* leid, trotz jedes gegenteiligen Anscheins? Oder, was noch schlimmer wäre, interessiert es Sie gar nicht, ob es dem Kind wirklich leid tut, weil Ehrlichkeit unwichtig ist und es nur darauf ankommt, die richtigen Worte auszusprechen? Durch erzwungene Entschuldigungen lernen Kinder nur, Dinge zu sagen, die sie gar nicht wirklich meinen – mit anderen Worten, zu lügen.

Doch dies ist nicht einfach eine isolierte Erziehungspraxis, die man überdenken sollte, sondern eins der vielen möglichen Beispiele dafür, wie das Skinnersche Denken – die alleinige Konzentration auf das Verhalten – unser Verständnis von Kindern eingeschränkt und der Art, wie wir mit ihnen umgehen, geschadet hat. Man kann dies auch bei Programmen feststellen, mit deren Hilfe kleine Kinder lernen sollen, alleine einzuschlafen oder aufs Töpfchen zu gehen. Vom Blickwinkel dieser Programme aus gesehen, spielt es keine Rolle, *warum* ein Kind im Dunkeln weint. Der Grund könnte Angst, Langeweile, Einsamkeit, Hunger oder sonst etwas sein. Ebenso ist es unwichtig, warum ein Kleinkind nicht in die Toilette pinkeln will, wenn seine Eltern es dazu auffordern. Experten, die Schritt-für-Schritt-Rezepte anbieten, damit Kinder „lernen", alleine in einem Zimmer zu schlafen, oder die uns empfehlen, das Pinkeln in die Toilette mit Sternchen, Süßigkeiten oder Lob zu belohnen, interessieren sich nicht für die Gedanken, Gefühle und Absichten, die einem Verhalten zugrunde liegen, sondern nur für das Verhalten als solches. (Zwar habe ich nicht nachgezählt, um den Beweis zu erbringen, aber ich würde versuchsweise folgende Faustregel vorschlagen: Der Wert eines Erziehungsbuches ist umgekehrt proportional zu der Anzahl der Erwähnungen des Wortes *Verhalten*.)

Kommen wir noch einmal auf Abigail zu sprechen. Bei einem an Bedingungen geknüpften Erziehungskonzept wird angenommen, dass wir, wenn wir ihr vorlesen oder auf andere Weise das Fortbestehen unserer Liebe zu ihr zum Ausdruck bringen, sie nur ermutigen, noch einen Tobsuchtsanfall zu bekommen. Sie lerne, es sei in Ordnung, das Baby zu wecken und sich gegen das Baden zu wehren, weil sie unsere Zuneigung angeblich als Verstärkung für das, was sie getan hat, interpretiert.

Bei einem bedingungslosen Erziehungsansatz sieht man diese Situation – und Menschen im Allgemeinen – völlig anders. Zunächst einmal sollten wir diesem Konzept zufolge darüber nachdenken, dass die Gründe für das, was Abigail getan hat, möglicherweise mehr „innen" als „außen" zu finden sind. Ihr Handeln kann nicht unbedingt auf mechanische Weise erklärt werden, indem man externe Faktoren wie positive Reaktionen auf früheres ähnliches Verhalten betrachtet. Vielleicht fühlt sie sich überwältigt von Ängsten, die sie nicht benennen kann, oder von Frustrationen, die sie nicht auszudrücken weiß.

Das bedingungslose Erziehungskonzept geht davon aus, dass Verhaltensweisen nur der äußere Ausdruck von Gefühlen und Gedanken,

Bedürfnissen und Absichten sind. Auf den Punkt gebracht: *Es geht um das Kind, das ein bestimmtes Verhalten zeigt, nicht nur um das Verhalten selbst.* Kinder sind keine Haustiere, die man dressiert, oder Computer, die man darauf programmiert, auf eine Eingabe immer gleich zu reagieren. Kinder verhalten sich aus vielen unterschiedlichen Gründen, die manchmal schwer zu ermitteln sind, so und nicht so. Doch wir können diese Gründe nicht einfach ignorieren und nur auf die Auswirkungen (sprich die Verhaltensweisen) reagieren. Ja, jeder dieser Gründe erfordert wahrscheinlich eine ganz unterschiedliche Vorgehensweise. Sollte es sich zum Beispiel herausstellen, dass Abigail so trotzig war, weil es sie verunsichert, dass wir ihrem kleinen Bruder so viel Aufmerksamkeit widmen, müssen wir uns damit auseinandersetzen und nicht einfach versuchen, die Art, wie sie ihre Angst zum Ausdruck bringt, zu unterdrücken.

Neben unseren Bemühungen, Gründe für bestimmte Verhaltensweisen zu finden und uns damit zu befassen, ist eines unbedingt erforderlich: Sie muss wissen, dass wir sie lieben, komme, was wolle. Ja, heute Abend ist es *besonders* wichtig für sie, mit uns kuscheln zu können, an dem, was wir tun, erkennen zu können, dass unsere Liebe zu ihr unerschütterlich ist. Das wird ihr helfen, diese schwierige Phase zu überstehen.

Auf jeden Fall wird das Verhängen von etwas, was auf eine Strafe hinausläuft, kaum einen konstruktiven Beitrag leisten. Wahrscheinlich wird sie daraufhin noch einmal zu weinen anfangen. Und selbst wenn diese Maßnahme sie vorübergehend zum Schweigen bringt oder sie daran hindert, ihre Gefühle morgen Abend zum Ausdruck zu bringen, aus Angst, dass wir dann auf Distanz zu ihr gehen, wird die Gesamtwirkung kaum positiv sein. Das liegt erstens daran, dass diese Maßnahme nicht berücksichtigt, was in ihrem Kopf vorgeht, und zweitens daran, dass das, was wir als Lektion für sie ansehen, in ihren Augen wie ein Liebesentzug wirkt. Im Allgemeinen wird sie sich dadurch noch unglücklicher, einsamer und hilfloser fühlen. Im Besonderen wird sie lernen, dass sie nur dann geliebt wird – und liebenswert ist –, wenn sie sich so verhält, wie wir es wollen. Die vorhandene Forschung, mit der ich mich gleich befassen werde, legt nahe, dass die Lage dadurch nur verschlimmert wird.

Im Lauf der Jahre habe ich über diese Dinge nachgedacht und bin zu der Überzeugung gelangt, dass sich ein an Bedingungen geknüpftes Erziehungskonzept nicht allein durch den Behaviorismus erklären lässt.

Noch etwas anderes spielt hier eine Rolle. Stellen Sie sich noch einmal die Situation vor: Ein kleines Mädchen schreit, offenbar ganz außer sich, und als sie sich wieder beruhigt hat, liegt ihr Vater mit dem Arm um sie im Bett und liest ihr eine Geschichte vor. Der Verfechter eines an Bedingungen geknüpften Erziehungskonzeptes erwidert darauf: „Nein, nein, nein, dadurch verstärken Sie nur ihr schlechtes Benehmen! Sie bringen ihr bei, es sei in Ordnung, ungezogen zu sein!"

Diese Interpretation spiegelt nicht nur eine Annahme darüber wider, was Kinder in einer bestimmten Situation lernen, sondern auch *wie* sie lernen. Sie zeugt von einer schrecklich negativen Ansicht über Kinder – und, davon abgeleitet, über die menschliche Natur. Sie beruht auf der Annahme, dass Kinder uns ausnutzen wollen, wo sie nur können. Wenn man ihnen den kleinen Finger reicht, nehmen sie gleich die ganze Hand. Sie ziehen den schlimmstmöglichen Schluss aus einer mehrdeutigen Situation (nicht „Ich werde trotzdem geliebt", sondern: „Ja! Es ist okay, Ärger zu machen!"). Ein Kind ohne Wenn und Aber anzunehmen wird dann nur als Erlaubnis interpretiert, sich selbstsüchtig, fordernd, gierig oder rücksichtslos zu benehmen. Zumindest teilweise beruht das an Bedingungen geknüpfte Erziehungskonzept also auf der zutiefst zynischen Überzeugung, das Annehmen von Kindern so, wie sie sind, gebe ihnen nur die Freiheit, schlecht zu sein – weil sie eben schlecht seien.[1]

Im Gegensatz dazu sollten wir uns beim bedingungslosen Erziehungskonzept als Erstes ins Gedächtnis rufen, dass Abigails Ziel nicht darin besteht, mich unglücklich zu machen. Sie handelt nicht böswillig. Sie teilt mir auf die einzige Weise, die sie kennt, mit, dass etwas nicht stimmt. Das kann etwas sein, was geschehen ist, etwas, was ihr unterschwellig schon eine Weile zu schaffen macht. Dieser Ansatz zeugt von Vertrauen in Kinder und stellt die Annahme in Frage, sie würden die falsche Lektion lernen, wenn man ihnen Zuneigung schenkt, oder sie *wollten* sich immer schlecht benehmen, wenn sie glaubten, damit durchkommen zu können.

Eine solche Sichtweise ist weder romantisch noch unrealistisch, noch leugnet sie die Tatsache, dass Kinder (und Erwachsene) manchmal gemeine Dinge tun. Kinder brauchen Anleitung und Hilfe, ja, aber sie sind keine kleinen Monster, die gezähmt oder gefügig gemacht werden müssen. Sie besitzen die Fähigkeit, mitfühlend oder aggressiv zu sein, altruistisch oder selbstsüchtig, kooperativ oder konkurrierend. Viel hängt davon ab, wie sie aufwachsen – einschließlich der Frage, ob sie das Gefühl haben, bedingungslos geliebt zu werden. Und wenn kleine Kinder einen Trotzanfall bekommen oder sich weigern, wie versprochen in die Badewanne zu gehen, lässt sich dies oft auf ihr Alter zurückführen – das heißt auf ihre Unfähigkeit, die Ursache ihrer Unzufriedenheit zu verstehen, ihre Gefühle auf angemessenere Weise auszudrücken, sich an ihre Versprechen zu erinnern und sie einzuhalten. Die Entscheidung zwischen einem an Bedingungen geknüpften und einem bedingungslosen Erziehungskonzept ist also eine Entscheidung zwischen zwei radikal unterschiedlichen Sichtweisen der menschlichen Natur.

Doch es gibt noch mehr Annahmen, die wir offenlegen sollten. In unserer Gesellschaft wird uns beigebracht, etwas Gutes müsse man sich stets verdienen und dürfe es niemals geschenkt bekommen. Viele Menschen werden sogar wütend, wenn sie glauben, diese Regel sei verletzt worden. Denken Sie zum Beispiel an die Ablehnung, die viele Menschen gegenüber Sozialhilfe und denjenigen, die sie beziehen, empfinden. Oder an die rasante Ausbreitung von leistungsorientierten Entlohnungssystemen am Arbeitsplatz. Oder an die vielen Lehrer, die alles, was Spaß macht, (etwa die Pause) als eine Art Lohn dafür definieren, dass die Schüler den Erwartungen des Lehrers entsprechen.

Letztlich spiegelt ein an Bedingungen geknüpftes Erziehungskonzept die Tendenz wider, fast jede Interaktion, sogar zwischen Mitgliedern einer Familie, als eine Art wirtschaftliche *Trans*aktion anzusehen. Die Gesetze des Marktes – Angebot und Nachfrage, wie du mir, so ich dir – haben den Status universeller und absoluter Grundsätze angenommen, als entspräche alles in unserem Leben, einschließlich unseres Verhaltens gegenüber unseren Kindern, dem Kauf eines Autos oder dem Mieten einer Wohnung.

Ein Autor eines Erziehungsratgebers – ein Behaviorist, was natürlich kein Zufall ist – drückt es so aus: „Wenn ich mit meinem Kind einen Ausflug machen oder wenn ich es umarmen und küssen möchte, muss ich mir erst sicher sein, dass es das auch verdient hat."[2] Bevor Sie dies als die Ansicht eines einzelnen Extremisten abtun, denken Sie daran, dass die berühmte Psychologin Diana Baumrind (siehe S.124) ein ähnliches Argument gegen ein bedingungsloses Erziehungskonzept vorbringt: „Das Gesetz der Wechselseitigkeit, des Bezahlens für einen erhaltenen Wert, ist ein Lebensgesetz, das für uns alle gilt."[3]

Auch scheinen viele Autoren und Therapeuten, die das Thema nicht explizit ansprechen, dennoch von einer Art ökonomischem Modell auszugehen. Wenn man zwischen den Zeilen liest, scheinen ihre Ratschläge auf der Ansicht zu beruhen, man solle Kindern das, was sie mögen, vorenthalten, wenn sie sich nicht so verhalten, wie wir es wollen. Schließlich sollte man nichts ohne Gegenleistung bekommen. Nicht einmal Glück. Oder Liebe.

Wie oft haben Sie Leute schon sagen gehört – nachdrücklich und trotzig –, etwas sei „ein Privileg und kein Recht"? Manchmal male ich mir aus, eine wissenschaftliche Studie durchzuführen, um zu ermitteln, welche Persönlichkeitsmerkmale im Allgemeinen bei Menschen zu finden sind, die diese Haltung vertreten. Stellen Sie sich jemanden vor, der darauf besteht, dass man alles, von Eis bis hin zu Aufmerksamkeit, davon abhängig machen sollte, wie Kinder sich benehmen, und es nie einfach verschenken sollte. Können Sie sich diese Person vorstellen? Welchen Gesichtsausdruck sehen Sie? Wie glücklich ist dieser Mensch? Genießt er oder sie es wirklich, mit Kindern zusammen zu sein? Hätten Sie diese Person gern zum Freund?

Wenn ich den Spruch „ein Privileg und kein Recht" höre, frage ich mich oft, was derjenige, der das sagt, überhaupt als Recht ansehen würde. Gibt es irgendetwas, auf das Menschen einfach einen Anspruch haben? Gibt es keine Beziehungen, auf die wir lieber keine Wirtschaftsgesetze anwenden wollen? Zwar erwarten Erwachsene, für ihre Arbeit entlohnt zu werden, ebenso wie sie erwarten, für Essen und Trinken bezahlen zu müssen. Doch die Frage ist, ob oder unter welchen Umständen eine ähnliche „Gegenseitigkeitsregel" auch für unseren Umgang mit Freunden und Familienmitgliedern gilt. Sozialpsychologen haben festgestellt, dass es tatsächlich Personen gibt, zu denen wir eine Art Austauschbeziehung haben: Ich tue nur etwas für dich, wenn du etwas für mich tust (oder mir etwas gibst). Doch sie fügen hinzu, dass dies (glücklicherweise) nicht für all unsere Beziehungen gilt, von denen manche auf Zuneigung statt auf Austausch beruhen. Eine Studie kam sogar zu dem Ergebnis, dass Menschen, die ihre Beziehungen zu ihrem Ehepartner als ein Tauschgeschäft sehen und darauf achten, genau so viel zu bekommen, wie sie geben, oft Ehen führen, die weniger befriedigend sind.[4]

Wenn unsere Kinder heranwachsen, werden sie reichlich Gelegenheit haben, wirtschaftlich zu agieren, ihre Rolle als Verbraucher und Arbeitskraft einzunehmen, wobei die Regeln des Eigeninteresses und die Bedingungen jedes wirtschaftlichen Austausches präzise kalkuliert werden können. Doch das bedingungslose Erziehungskonzept plädiert dafür, dass die Familie ein sicherer Hafen, ein Ort der Zuflucht vor solchen Geschäften sein sollte. Insbesondere sollte man in keiner Hinsicht für die Liebe seiner Eltern bezahlen müssen. Sie ist schlicht und einfach ein Geschenk. Es ist etwas, worauf alle Kinder ein Anrecht haben.

Wenn Ihnen das einleuchtet und auch andere der zugrunde liegenden Annahmen des bedingungslosen Erziehungskonzepts für Sie plausibel klingen – dass wir das ganze Kind und nicht nur einzelne Verhaltensweisen betrachten sollten, dass wir nicht stets das Schlechteste über die Neigungen von Kindern annehmen sollen und so weiter –, müssen wir all die konventionellen Erziehungsmethoden, die auf dem Gegenteil dieser Annahmen beruhen, in Frage stellen. Diese Praktiken, die das an Bedingungen geknüpfte Erziehungskonzept bestimmen, sind meistens Arten, mit Kindern *(als Objekten)* etwas zu tun, um Gehorsam herbeizuführen. Im Gegensatz dazu sind die Empfehlungen in der zweiten Hälfte dieses Buches, die sich ganz natürlich aus dem bedingungslosen Erziehungsansatz ergeben, Variationen des Themas, *mit* Kindern *zusammenzuarbeiten,* um ihnen zu helfen, gute Menschen zu werden und gute Entscheidungen zu treffen.

Die Unterschiede zwischen diesen beiden Konzepten könnte man also folgendermaßen zusammenfassen:

	BEDINGUNGSLOS	AN BEDINGUNGEN GEKNÜPFT
Blick richtet sich auf	Das ganze Kind (einschließlich der Gründe, Gedanken und Gefühle)	Verhalten
Sicht der menschlichen Natur	Positiv oder ausgeglichen	Negativ
Sicht der Elternliebe	Ein Geschenk	Ein Privileg, das verdient werden muss
Strategien	Zusammenarbeiten (Problemlösungen finden)	Mit Kindern als Objekten etwas tun (Kontrolle durch Belohnungen und Bestrafungen)

Die Folgen eines an Bedingungen geknüpften Erziehungskonzepts

Ebenso, wie es sein kann, dass unsere Erziehungsmethoden nicht im Einklang mit unseren langfristigen Zielen für unsere Kinder stehen (siehe Einleitung), kann es einen Widerspruch zwischen Methoden des an Bedingungen geknüpften Erziehungsansatzes und unseren tiefsten Überzeugungen geben. In beiden Fällen kann es sinnvoll sein, zu überdenken, was wir mit unseren Kindern tun. Doch die Argumente gegen ein an Bedingungen geknüpftes Erziehungskonzept hören nicht damit auf, dass es im Zusammenhang mit Werten und Annahmen steht, die viele von uns beunruhigend finden. Sie werden sogar noch stärker, wenn wir untersuchen, wie sich ein solcher Erziehungsstil tatsächlich auf Kinder auswirkt.

Vor fast einem halben Jahrhundert antwortete der bahnbrechende Psychologe Carl Rogers auf die Frage: „Was geschieht, wenn die Liebe der Eltern davon abhängt, was Kinder tun?" Er erklärte, dass die Empfänger einer solchen Liebe die Teile von sich, die nicht geschätzt werden, ablehnen. Schließlich sehen sie sich selbst nur dann als wertvoll an, wenn sie sich auf eine bestimmte Weise verhalten (oder entsprechend denken oder fühlen).[5] Das ist im Grunde ein Rezept für eine Neurose – oder schlimmer. In einer Publikation des irischen Department of Health and Children (die von anderen Organisationen auf der ganzen Welt verbreitet und übernommen wurde) sind zehn Beispiele für „emotionale Misshandlung" aufgeführt. Die Nummer zwei auf dieser Liste, gleich hinter „ständiger Kritik, Sarkasmus, Feindseligkeit oder Beschuldigung", lautet „an Bedingungen geknüpfte Erziehung, bei der das Maß an Zuneigung, das einem Kind gegenüber ausgedrückt wird, von seinem Verhalten oder seinen Handlungen abhängig gemacht wird".[6]

Wenn man sie fragte, würden die meisten Eltern beteuern, *natürlich* liebten sie ihre Kinder bedingungslos, und dies gelte trotz der Verwendung von Strategien, deren Problematik ich (und andere Autoren) herausgestellt habe. Manche Eltern würden vielleicht sogar sagen, dass sie ihre Kinder auf diese Weise disziplinieren, *weil* sie sie lieben. Doch ich möchte auf eine Bemerkung zurückkommen, die ich bisher nur nebenbei geäußert habe. *Welche Gefühle wir gegenüber unseren Kindern empfinden, ist nicht so wichtig wie die Frage, wie sie diese Gefühle erleben und wie sie unsere Art, mit ihnen umzugehen, ansehen.* Pädagogen erinnern uns daran, dass es in einer Klasse nicht so sehr darauf ankommt, was der Lehrer lehrt, wie darauf, was der Schüler lernt. So verhält es sich auch in Familien. Es kommt auf die Botschaft an, die bei unseren Kindern ankommt, nicht auf die, die wir zu senden glauben.

Forscher, die sich bemüht haben, die Auswirkungen unterschiedlicher Erziehungsstile zu untersuchen, hatten oft Schwierigkeiten, das, was bei den Leuten zu Hause tatsächlich geschieht, zu ermitteln und zu erfassen. Es ist nicht immer möglich, die relevanten Interaktionen aus erster Hand zu beobachten (oder auf Video aufzuzeichnen), daher mussten einige Versuche in Labors durchgeführt werden, wo ein Elternteil und ein Kind aufgefordert wurden, gemeinsam etwas zu tun. Manchmal werden Eltern auch befragt oder gebeten, einen Fragebogen auszufüllen, um Angaben über ihren Erziehungsstil zu machen. Wenn die Kinder alt genug sind, werden vielleicht *sie* gefragt, was ihre Eltern tun – oder, wenn sie schon erwachsen sind, was ihre Eltern früher getan haben.

Jede dieser Methoden hat ihre Nachteile und die Wahl der Methode kann sich auf die Studienergebnisse auswirken. Wenn Eltern und Kinder zum Beispiel aufgefordert werden, einzeln zu beschreiben, was bei ihnen zu Hause üblich ist, weichen ihre Schilderungen oft deutlich voneinander ab.[7] Wenn es eine objektive Möglichkeit gibt, die Wahrheit herauszufinden, erweisen sich die Berichte der Kinder über das Verhalten ihrer Eltern interessanterweise als genauso zutreffend wie die Berichte der Eltern über ihr eigenes Verhalten.[8]

Doch die entscheidende Frage lautet nicht, wer Recht hat, was sich ohnehin kaum beantworten lässt, wenn es um Gefühle geht. Vielmehr kommt es darauf an, wessen Sicht im Zusammenhang mit verschiedenen Auswirkungen auf die Kinder steht. Betrachten wir eine Studie, in der eine Variante des an Bedingungen geknüpften Erziehungsansatzes untersucht wurde. Kindern, deren Eltern angaben, auf diese Weise zu erziehen, ging es nicht schlechter als Kindern, deren Eltern angaben, anders zu erziehen. Doch als der Forscher die Kinder daraufhin einteilte, ob *sie* den Eindruck hatten, dass ihre Eltern diesen Erziehungsstil verwendeten, war der Unterschied auffallend. Im Durchschnitt ging es Kindern, die sagten, nach ihrem Empfinden sei die Zuneigung ihrer Eltern zu ihnen an Bedingungen geknüpft, nicht so gut wie Kindern, die den gegenteiligen Eindruck hatten.[9] Die Einzelheiten der Studie werde ich später diskutieren; hier geht es mir darum, dass das, was wir zu tun glauben (oder wovon wir überzeugt sind, dass wir es nicht tun), hinsichtlich der Auswirkungen auf unsere Kinder keine so große Rolle spielt wie die Art, wie *sie* unser Tun erleben.

Im Lauf der letzten Jahre hat es einen kleinen Anstieg der Forschungsarbeiten über den an Bedingungen geknüpften Erziehungsstil gegeben, und eine der bemerkenswertesten wurde 2004 veröffentlicht. Im Rahmen dieser Studie wurden über hundert Hochschulstudenten einzeln befragt, ob die Liebe, die sie von ihren Eltern bekommen hätten, von einem der folgenden vier Faktoren abhängig gewesen sei: ob der Betreffende als Kind (1) in der Schule erfolgreich gewesen sei, (2) sich beim Sport angestrengt habe, (3) sich anderen gegenüber rücksichtsvoll verhalten habe oder (4) negative Gefühle, wie etwa Angst, unterdrückt habe. Den Studenten wurden noch mehrere andere Fragen gestellt, unter anderem, ob sie tatsächlich dazu neigten, sich so zu verhalten (also ihre Gefühle zu verbergen, viel für Prüfungen lernten usw.), und wie sie sich mit ihren Eltern verstanden.

Es stellte sich heraus, dass das Knüpfen von Liebe an Bedingungen zumindest teilweise das erwünschte Verhalten hervorrief. Bei Kindern, die nur dann Anerkennung von ihren Eltern bekamen, wenn sie ein bestimmtes Verhalten zeigten, war es etwas wahrscheinlicher, dass sie sich entsprechend verhielten – sogar auf der Hochschule. Doch der Preis dieser Strategie war erheblich. Die Studenten, die glaubten, die Liebe ihrer Eltern zu ihnen sei an Bedingungen geknüpft, neigten viel eher dazu, sich abgelehnt zu fühlen und als Folge davon ihre Eltern nicht zu mögen und Groll gegen sie zu empfinden.

Sicher können Sie sich vorstellen, dass diese Eltern, wenn man sie gefragt hätte, alle verkündet hätten: „Ich weiß nicht, wie mein Kind auf so eine Idee kommt! Ich liebe es, egal, was geschieht!" Nur dadurch, dass die Forscher die (inzwischen erwachsenen) Kinder direkt befragten, bekamen sie eine ganz andere – und sehr beunruhigende – Geschichte zu hören. Viele der Studenten hatten den Eindruck, regelmäßig weniger Zuneigung bekommen zu haben, wenn es ihnen nicht gelungen war, ihre Eltern zu beeindrucken, oder wenn sie ihnen nicht gehorcht hatten – und bei eben diesen Studenten waren die Beziehungen zu den Eltern oft angespannt.

Zum Beweis führten die Forscher eine zweite Studie durch, diesmal mit über hundert Müttern erwachsener Kinder. Auch bei dieser Generation erwies sich das Knüpfen von Liebe an Bedingungen als schädlich. Die Mütter, die als Kinder den Eindruck gehabt hatten, nur geliebt zu werden, wenn sie die Erwartungen ihrer Eltern erfüllten, fühlten sich nun als Erwachsene weniger wertvoll. Erstaunlicherweise jedoch *neigten sie dazu, denselben Erziehungsstil zu verwenden, sobald sie Eltern wurden.* Die Mütter knüpften bei ihren eigenen Kindern Zuneigung an Bedingungen, „obwohl diese Strategie negative Auswirkungen auf sie gehabt hatte".[10]

Zwar ist dies (soweit ich weiß) die erste Studie, die zeigt, dass ein an Bedingungen geknüpfter Erziehungsstil an die eigenen Kinder weitergegeben werden kann, jedoch haben andere Psychologen ähnliche Belege für dessen Folgen gefunden. Manche davon werden im nächsten Kapitel diskutiert, in dem zwei bestimmte Arten, wie ein an Bedingungen geknüpfter Erziehungsansatz praktisch umgesetzt wird, geschildert werden. Doch auch in allgemeiner Hinsicht sind die Ergebnisse ziemlich erdrückend. So hat etwa eine Gruppe von Forschern an der Universität

Denver gezeigt, dass es bei Teenagern, die das Gefühl haben, bestimmte Bedingungen erfüllen zu müssen, um die Anerkennung ihrer Eltern zu gewinnen, passieren kann, dass sie sich schließlich selbst nicht mehr mögen. Das wiederum kann einen Heranwachsenden dazu bewegen, ein „falsches Selbst" zu konstruieren – mit anderen Worten, vorzugeben, er sei die Art von Mensch, den seine Eltern lieben werden. Diese verzweifelte Strategie, Anerkennung zu gewinnen, ist oft verbunden mit Depression, einem Gefühl der Hoffnungslosigkeit und einer Tendenz, das Gefühl für das eigene wahre Selbst zu verlieren. Irgendwann wissen solche Teenager vielleicht gar nicht mehr, wer sie wirklich sind, weil sie sich solche Mühe geben mussten, etwas zu sein, was sie nicht sind.[11]

Über Jahre hinweg haben Forscher festgestellt, dass „je mehr die Unterstützung (die man bekommt) an Bedingungen geknüpft ist, umso geringer das allgemeine Selbstwertgefühl" ist. Wenn Kinder Zuneigung nur unter bestimmten Bedingungen erleben, neigen sie dazu, auch *sich selbst* nur unter bestimmten Bedingungen zu akzeptieren. Im Gegensatz dazu tendieren diejenigen, die den Eindruck haben, bedingungslos angenommen zu werden – von ihren Eltern oder einer anderen Studie zufolge sogar von einem Lehrer –, dazu, ein besseres Selbstwertgefühl zu haben,[12] genau wie Carl Rogers es vorhersagte.

Und das führt uns zum eigentlichen Zweck dieses Buches, der zentralen Frage, über die Sie vielleicht einmal nachdenken können. In den Fragebögen, die verwendet werden, um den an Bedingungen geknüpften Erziehungsansatz zu untersuchen, werden Teenager oder Erwachsene meist gebeten, anzugeben, ob sie Sätzen wie den folgenden „stark zustimmen", „zustimmen", „neutral gegenüberstehen", „nicht zustimmen" oder „überhaupt nicht zustimmen": „Meine Mutter bewahrte selbst bei unseren schlimmsten Konflikten ein Gefühl liebevoller Verbundenheit zu mir" oder „Wenn mein Vater anderer Meinung ist als ich, weiß ich, dass er mich trotzdem liebt."[13] Wie würden Sie sich wünschen, dass *Ihre* Kinder eine derartige Frage in fünf oder zehn oder fünfzehn Jahren beantworten würden – und was glauben Sie, wie sie sie beantworten werden?

2 Liebe schenken und Liebe entziehen

Als Wissenschaftler in den 50er und 60er Jahren des 20. Jahrhunderts anfingen, Erziehungsmethoden zu untersuchen, neigten sie dazu, das, was Eltern mit ihren Kindern taten, danach zu klassifizieren, ob es auf Macht oder auf Liebe beruhte. Auf Macht beruhende Erziehungsmethoden umfassten Schlagen, Schreien und Drohen. Auf Liebe beruhende Erziehungsmethoden umfassten so ziemlich alles andere. Die Forschungsergebnisse zeigten schnell, dass Macht zu schlechteren Ergebnissen führte als Liebe.

Leider wurden unter dieser zweiten Rubrik sehr viele verschiedene Strategien in einen Topf geworfen. Manche bestanden daraus, vernünftig mit Kindern zu reden und ihnen etwas zu erklären, ihnen Wärme und Verständnis entgegenzubringen. Andere Methoden jedoch waren viel weniger liebevoll. Ja, manche von ihnen liefen darauf hinaus, durch Liebe *Kontrolle* über Kinder auszuüben, entweder indem ihnen Liebe entzogen wurde, wenn sie sich schlecht benahmen, oder indem man sie mit Aufmerksamkeit und Zuneigung überhäufte, wenn sie sich gut benahmen. Dies sind die beiden Gesichter des an Bedingungen geknüpften Erziehungsansatzes: „Liebesentzug" (Peitsche) und „positive Verstärkung" (Zuckerbrot). In diesem Kapitel möchte ich untersuchen, wie diese beiden Methoden in der Praxis aussehen, welche Folgen sie haben und welche Gründe es für diese Folgen gibt. Später werde ich das Konzept der Bestrafung noch genauer betrachten.

Auszeit von der Liebe

Wie alles andere kann Liebesentzug auf verschiedene Weise und in unterschiedlichen Intensitätsgraden eingesetzt werden. An einem Ende der Skala kann ein Elternteil als Reaktion auf etwas, was das Kind getan hat, ein ganz klein wenig zurückweichen, kühler und weniger herzlich werden – vielleicht ohne sich dessen überhaupt bewusst zu sein. Am anderen Ende der Skala kann eine Mutter oder ein Vater ganz direkt verkünden: „Ich hab dich nicht lieb, wenn du dich so benimmst" oder: „Wenn du so etwas tust, will ich überhaupt nicht in deiner Nähe sein."

Manche Eltern entziehen ihre Liebe einfach dadurch, dass sie sich weigern, auf ihr Kind zu reagieren – das heißt, indem sie es absichtlich ignorieren. Vielleicht sprechen sie es nicht aus, doch die Botschaft, die sie senden, ist ziemlich klar: „Wenn du etwas tust, was mir nicht gefällt, schenke ich dir keine Aufmerksamkeit. Ich tue so, als wärst du gar nicht hier. Wenn du willst, dass ich dich wieder zur Kenntnis nehme, solltest du mir lieber gehorchen."

Wieder andere Eltern trennen sich räumlich von ihrem Kind. Dies kann man auf zweierlei Art tun. Die Mutter oder der Vater kann entweder selbst weggehen (woraufhin das Kind möglicherweise schluchzt oder in Panik schreit: „Mama, komm zurück! Komm zurück!") oder das Kind in sein Zimmer oder an einen anderen Ort verbannen, wo der Elternteil nicht ist. Diese Taktik könnte man zutreffend als erzwungene Isolierung bezeichnen. Doch dieser Ausdruck wäre vielen Eltern unangenehm, daher wird meist eine harmlosere Bezeichnung verwendet, die uns ermöglicht, das, was wirklich dabei geschieht, nicht beim Namen nennen zu müssen. Der verbreitete Euphemismus lautet, wie Sie vielleicht schon erraten haben, *Auszeit*.

In Wirklichkeit ist diese sehr beliebte Erziehungsmethode eine Form von Liebesentzug – zumindest dann, wenn Kinder gegen ihren Willen fortgeschickt werden. Nichts ist verkehrt daran, einem Kind die Möglichkeit zu geben, in sein Zimmer oder an einen anderen angenehmen Ort zu gehen, wenn es wütend oder aufgeregt ist. Wenn sich das Kind selbst entschieden hat, etwas Zeit alleine zu verbringen, und wenn es alle Aspekte (wann es gehen kann, wohin es gehen kann, was es tun kann und wann es wieder zurückkommen kann) selbst bestimmen kann, wird dies nicht als Verbannung oder Strafe erlebt und ist oft hilfreich. Darum geht es mir hier jedoch nicht. Ich meine „Auszeit" in dem Sinne, wie der Begriff gewöhnlich verwendet wird, als Urteil, das von der Mutter oder dem Vater verhängt wird: Einzelhaft.

Einen Hinweis zum Wesen dieser Methode liefert der Ursprung des Begriffs. *Auszeit* im pädagogischen Sinne ist dem Ausdruck *Auszeit von positiver Verstärkung* entnommen. Diese Methode wurde vor fast einem halben Jahrhundert zum Trainieren von Versuchstieren entwickelt. B. F. Skinner und seine Schüler bemühten sich beispielsweise, Tauben beizubringen, als Reaktion auf blinkende Lichter auf bestimmte Tasten zu drücken, und zu diesem Zweck experimentierten sie mit verschiedenen Systemen, Futter als Belohnung für das anzubieten, was die Forscher wollten. Manchmal probierten sie auch aus, die Vögel zu bestrafen, indem ihnen das Futter vorenthalten wurde oder indem alle Lampen ausgeschaltet wurden, um zu sehen, ob dies das Verhalten, auf die Tasten zu picken, „auslöschen" würde. Die Versuche wurden auch an anderen Tierarten durchgeführt. So veröffentlichte ein Kollege Skinners im Jahr 1958 einen Artikel mit dem Titel „Verhaltenssteuerung bei Schimpansen und Tauben durch Auszeit von positiver Verstärkung".

Binnen weniger Jahre erschienen in denselben Zeitschriften über experimentelle Psychologie mehrere Artikel mit Titeln wie „Dauer der Auszeit und Unterdrückung von abweichendem Verhalten bei Kindern". Die Kinder, für die im Rahmen der betreffenden Studie Auszeiten verhängt wurden, wurden als „zurückgebliebene Heimkinder" beschrieben. Doch bald wurde diese Art des Eingreifens ganz allgemein empfohlen, und so-

gar Erziehungsexperten, die über die Vorstellung, Kinder wie Versuchs-
tiere zu behandeln, entsetzt gewesen wären, gaben Eltern enthusiastisch
den Rat, ihren Kindern eine Auszeit zu geben, wenn sie etwas Falsches
getan hatten. Rasch wurde die Auszeit zu dem „in der Fachliteratur am
häufigsten empfohlenen Verfahren zur Disziplinierung vorpubertärer
Kinder".[1]

Wir sprechen also von einer Methode, die ursprünglich zur *Steuerung
tierischen Verhaltens* eingesetzt wurde. Jedes dieser drei Worte kann Anlass zu Fragen geben, die uns beunruhigen können. Dem letzten Wort
sind wir natürlich schon begegnet: Sollten wir unseren Blick nur auf
das *Verhalten* richten? Bei einer Auszeit geht es, wie bei allen Bestrafungen und Belohnungen, nur um die Oberfläche. Sie dient ausschließlich
dazu, ein Geschöpf zu bewegen, etwas Bestimmtes zu tun (oder damit
aufzuhören).

Das Wort in der Mitte – *tierischen* – erinnert uns daran, dass die Behavioristen, die die Methode der Auszeit erfanden, der Ansicht waren,
Menschen unterschieden sich nicht sehr von anderen Arten. Zwar „zeigen" wir ein komplexeres Verhalten, einschließlich der Sprache, doch
die Grundsätze des Lernens sind angeblich ziemlich ähnlich. Wer diese Überzeugung nicht teilt, denkt vielleicht lieber noch einmal darüber
nach, ob er bei seinen Kindern eine Methode anwendet, die für Vögel
und Nagetiere entwickelt wurde.

Und schließlich bleibt noch die Frage, die sich durch dieses ganze
Buch zieht: Ist es sinnvoll, der Erziehung unserer Kinder ein Modell der
Steuerung, der Kontrolle, zugrunde zu legen?

Selbst wenn die Geschichte und die theoretische Grundlage Sie nicht
beunruhigen, betrachten Sie noch einmal den ursprünglichen Titel *Auszeit von positiver Verstärkung.* Meist sind ja Eltern nicht gerade dabei,
ihren Kindern Aufkleber oder Süßigkeiten zu geben, und beschließen
plötzlich, damit aufzuhören. Was also ist die positive Verstärkung, die
ausgesetzt wird, wenn ein Kind eine Auszeit bekommt? Manchmal macht
es vielleicht gerade etwas, was Spaß macht, und wird gezwungen aufzuhören. Doch das ist nicht immer der Fall – und selbst wenn es so ist,
steckt noch mehr dahinter, denke ich. Wenn man ein Kind fortschickt,
ist das, was ihm wirklich weggenommen oder entzogen wird, Ihre Gegenwart, Ihre Aufmerksamkeit, *Ihre Liebe.* Vielleicht haben Sie das noch

nicht so gesehen. Ja, möglicherweise bestehen Sie darauf, Ihrer Liebe zu Ihrem Kind habe sein Fehlverhalten nichts anhaben können. Doch wie wir gesehen haben, kommt es darauf an, wie sich die Dinge für das Kind darstellen.

Die Folgen des Liebesentzugs

In einem späteren Kapitel werde ich mehr über Alternativen zu Auszeiten sagen. Doch schauen wir uns zunächst das ganze Konzept des Liebesentzugs einmal genauer an. Für viele Menschen würde die erste Frage lauten, ob diese Methode funktioniert. Jedoch erweist sich diese Frage wieder als komplizierter, als sie scheint. Wir müssen fragen: „Was heißt ‚funktioniert‘?", und wir müssen eine zeitweilige Änderung des Verhaltens gegen mögliche tiefer greifende und länger andauernde negative Folgen abwägen. Mit anderen Worten, wir müssen über die kurzfristigen Auswirkungen hinausblicken und wir müssen auch darauf achten, was sich *unter* der Oberfläche des sichtbaren Verhaltens abspielt. Denken Sie an die im letzten Kapitel beschriebene Befragung von Hochschulstudenten, bei der sich herausstellte, dass sich durch eine an Bedingungen geknüpfte Liebe zwar das Verhalten von Kindern mitunter erfolgreich ändern lässt, jedoch zu einem gewaltigen Preis. Dasselbe gilt auch für die konkrete Methode des Liebesentzugs.

Betrachten wir diesen Bericht der Mutter eines kleinen Jungen, den wir Lee nennen wollen:

Vor einiger Zeit stellte ich fest, dass ich, wenn Lee anfing Theater zu machen, gar nicht drohen musste, ihm irgendwelche schönen Dinge zu verbieten; ich musste nicht einmal laut werden. Ich teilte ihm nur ruhig mit, dass ich jetzt das Zimmer verlassen würde. Manchmal brauchte ich bloß auf die andere Seite des Zimmers zu gehen, von ihm weg, und zu sagen, ich würde warten, bis er aufhörte, zu schreien oder sich zu wehren oder was auch immer. Meistens war das erstaunlich wirkungsvoll. Er bettelte dann: „Nein, nicht!", und wurde sofort ruhig oder tat, was ich ihm gesagt hatte. Anfangs zog ich daraus den Schluss, dass eine leichte Hand genügte. Ich konnte ihn dazu bringen, zu tun, was ich wollte, ohne ihn bestrafen zu müssen. Aber ich musste ständig an die Angst denken, die ich in seinen Augen sah. Mir wurde klar, dass das, was ich tat, für Lee eine Strafe war – vielleicht nur eine symbolische, aber eine, die ihm verdammt viel Angst einjagte.

Eine bedeutende Studie über die Wirksamkeit des Liebesentzugs stützt im Prinzip die Schlussfolgerung dieser Mutter: Manchmal scheint diese Methode tatsächlich zu wirken, doch das bedeutet nicht, dass wir sie anwenden sollten. Anfang der 80er Jahre des 20. Jahrhunderts untersuchten Forscher des amerikanischen National Institute of Mental Health (NIMH), was Mütter mit ihren ungefähr ein Jahr alten Kindern machten. Offenbar wurde Liebesentzug – das bewusste Ignorieren eines Kindes oder das Erzwingen einer Trennung – in der Regel mit anderen Strategien kombiniert. Unabhängig davon, um welche Methoden es sich dabei handelte – vom Erklären bis hin zum Schlagen –, steigerte die zusätzliche Anwendung von Liebesentzug die Wahrscheinlichkeit, dass diese noch sehr kleinen Kinder die Wünsche ihrer Mütter befolgen würden, zumindest im Moment.

Doch die Forscher waren angesichts dessen, was sie sahen, eher besorgt als beruhigt und sie betonten, dass sie Eltern nicht raten würden, Liebesentzug anzuwenden. Erstens wiesen sie darauf hin, dass „Disziplinartechniken, die sofortige Folgsamkeit wirksam sicherstellen, nicht unbedingt auf lange Sicht wirksam sind". Zweitens stellten sie fest, dass „Kinder auf Liebesentzug möglicherweise auf eine Weise reagieren, die in den Augen der Eltern Anlass zu weiteren Disziplinarmaßnamen gibt". So kann ein Teufelskreis entstehen, bei dem Kinder schreien und protestieren, was zu weiterem Liebesentzug führt, was wiederum zu weiterem Schreien und Protestieren führt und so weiter. Und schließlich waren die Forscher auch dann, wenn diese Methode zum Erfolg führte, besorgt darüber, *warum* sie funktionierte.[2]

Vor vielen Jahren stellte ein Psychologe namens Martin Hoffman die Unterscheidung zwischen auf Macht beruhenden und auf Liebe beruhenden Erziehungsmethoden in Frage, indem er darauf hinwies, dass Liebesentzug, ein verbreitetes Beispiel für die zweite Methode, in Wirklichkeit viel mit härteren Formen von Bestrafung gemeinsam hat. Bei beiden Methoden wird Kindern vermittelt, dass wir ihnen, falls sie etwas tun, was uns nicht gefällt, Leid zufügen werden, um ihr Verhalten zu ändern. (Die einzige Frage ist dann nur noch, welche *Art* von Leid wir ihnen zufügen werden: körperlichen Schmerz durch Schlagen oder seelischen Schmerz durch erzwungene Isolierung.) Und beide beruhen darauf, dass Kinder dazu bewegt werden, sich auf die Folgen ihres Handelns *für sich selbst* zu konzentrieren, was natürlich etwas ganz anderes ist, als Kinder dazu zu erziehen, darüber nachzudenken, wie sich ihr Handeln auf andere Menschen auswirkt.

Hoffman äußerte daraufhin eine noch überraschendere Vermutung: In manchen Situationen könne Liebesentzug sogar schlimmer als andere augenscheinlich härtere Strafen sein. „Auch wenn Liebesentzug für das Kind keine körperliche oder materielle Bedrohung darstellt", schrieb er, „kann er emotional verheerender sein als Durchsetzung von Macht, weil er die elementare Drohung des Verlassenwerdens oder der Trennung beinhaltet." Außerdem „weiß die Mutter oder der Vater, wann es wieder vorbei sein wird, doch ein sehr junges Kind weiß das möglicherweise noch nicht, weil es vollkommen von den Eltern abhängig ist und ihm darüber hinaus die Erfahrung und das Zeitgefühl fehlen, um zu erkennen, dass die Haltung der Eltern nur vorübergehend so ist"[3].

Selbst Kinder, denen klar ist, dass Mama oder Papa irgendwann wieder mit ihnen sprechen (oder sie von ihrer Auszeit befreien) werden, erholen sich vielleicht nicht ganz von den Nachwirkungen dieser Bestrafung. Methoden des Liebesentzugs können zwar erfolgreich dazu führen, dass das Verhalten eines Kindes für Erwachsene akzeptabler wird, doch die Triebkraft hinter diesem Erfolg ist die tief empfundene „Angst vor einem möglichen Verlust der elterlichen Liebe"[4], sagt Hoffman. Eben das stimmte auch die Forscher vom NIMH nachdenklich, obwohl sie festgestellt hatten, dass Liebesentzug zu zeitweiligem Gehorsam führen kann. Ja, eine andere Gruppe von Psychologen beobachtete, dass diese Form der Disziplinierung „ein Kind oft länger in einen Zustand emotionalen Unbehagens versetzt"[5] als eine Prügelstrafe.

Es gibt nicht sehr viele wissenschaftliche Forschungsarbeiten über Liebesentzug, doch die wenigen, die es gibt, haben erschreckend übereinstimmende Ergebnisse zutage gebracht. Kinder, bei denen diese Methode angewandt wird, neigen dazu, ein geringeres Selbstwertgefühl zu haben. Sie zeigen Anzeichen einer allgemein schlechteren emotionalen Gesundheit und sind möglicherweise sogar stärker gefährdet, straffällig zu werden. Wenn wir die umfassendere Kategorie der „psychologischen Kontrolle" seitens der Eltern zugrunde legen (Liebesentzug gilt als „definierendes Merkmal" einer solchen Kontrolle), können wir feststellen, dass bei älteren Kindern, die so behandelt werden, die Wahrscheinlichkeit, Depressionen zu entwickeln, im Vergleich zu Gleichaltrigen erhöht ist.[6]

Keine Frage: Eltern haben erhebliche Macht, „ihre Kinder aufgrund ihres Bedürfnisses nach elterlicher Zuneigung und Anerkennung und ihrer Angst vor Verlust der emotionalen Unterstützung der Eltern zu manipulieren"[7]. Jedoch ist diese Angst etwas anderes als beispielsweise die Angst vor der Dunkelheit, aus der die meisten Menschen irgendwann herauswachsen. Vielmehr ist es die Art von Angst, die ebenso dauerhaft wie erdrückend sein kann. Wenn wir jung sind, ist für uns nichts wichtiger als das, was unsere Eltern für uns empfinden. Ungewissheit darüber oder Panik davor, verlassen zu werden, können ihre Spuren bis ins Erwachsenenalter hinterlassen.

Daher ist es absolut einleuchtend, dass die auffallendste langfristige Auswirkung von Liebesentzug Angst ist. Menschen, die von ihren Eltern so behandelt wurden, neigen oft auch als junge Erwachsene noch dazu, ungewöhnlich ängstlich zu sein. Viele von ihnen haben Angst, Ärger zu zeigen. Sie neigen zu erheblichen Versagensängsten. Und ihre Beziehungen zu anderen Erwachsenen sind oft durch das Bedürfnis, eine engere Bindung zu vermeiden, beeinträchtigt –vielleicht weil sie in der Angst leben, erneut verlassen zu werden. (Erwachsene, die in der Kindheit Liebesentzug erlebt haben, haben möglicherweise „beschlossen, dass ‚die Bedingungen dieses Vertrags unmöglich zu erfüllen sind'. Das heißt, sie konnten nie damit rechnen, die Anerkennung und Unterstützung ihrer Eltern, die sie brauchten, zu verdienen, und daher versuchen sie nun ihr Leben so zu gestalten, dass sie nicht von Schutz und emotionalem Beistand anderer abhängig sind."[8])

Damit will ich nicht sagen, das Leben Ihres Kindes sei ganz sicher verpfuscht, nur weil Sie es einmal in sein Zimmer geschickt haben, als es vier Jahre alt war. Gleichzeitig ist jedoch diese Liste möglicher Folgen nichts, was ich mir heute Morgen unter der Dusche überlegt habe. Sie beruht nicht auf Spekulationen oder auch auf Anekdoten von Therapeuten. Kontrollierte Studien haben einen Zusammenhang zwischen all diesen Ängsten und der früheren Anwendung von Liebesentzug durch die Eltern erwiesen. In Erziehungsratgebern werden diese Daten fast nie erwähnt, doch ihre Gesamtwirkung muss ernst genommen werden.

Noch ein weiteres Forschungsergebnis sollte genannt werden: die Folgen für die *moralische* Entwicklung der Kinder. Im Rahmen einer Studie an Siebtklässlern stellte Hoffman fest, dass die Anwendung von Liebesentzug mit einer weniger entwickelten Form von Moralität assoziiert war. Bei der Entscheidung, wie sie sich anderen Menschen gegenüber verhalten sollten, berücksichtigten diese Kinder weder die jeweiligen Umstände noch die Bedürfnisse einer bestimmten Person. Da sie gelernt hatten, genau das zu tun, was man ihnen sagte, um die Liebe ihrer Eltern nicht zu verlieren, neigten sie dazu, einfach nur auf eine starre, pauschale Art Regeln anzuwenden. Wenn es uns ein ernstes Anliegen ist, unseren Kindern zu helfen, zu mitfühlenden und psychisch gesunden Menschen heranzuwachsen, müssen wir uns bewusst werden, wie schwer das ist, wenn wir uns auf Liebesentzug – oder, wie wir später sehen werden, auf irgendeine Art von Strafen – stützen.

Belohnungen nützen nichts

Finden Sie es beunruhigend zu hören, dass Auszeiten und andere „mildere" Formen von Bestrafungen in Wirklichkeit vielleicht gar nicht so harmlos sind? Dann machen Sie sich jetzt auf etwas gefasst. Die Kehrseite des Liebesentzugs – das heißt, die andere Methode, die im Zusammenhang mit einer an Bedingungen geknüpften Liebe steht – ist nichts anderes als positive Verstärkung, ein Konzept, das bei Eltern, Lehrern und anderen Leuten, die mit Kindern zu tun haben, enorm beliebt ist. Selbst Menschen, die Warnungen hinsichtlich der unbeabsichtigten Folgen strafender Disziplin aussprechen, fordern uns meist völlig bedenkenlos auf, unsere Kinder zu loben, wenn sie sich gut benehmen.

Etwas mehr Hintergrundangaben sind hier angebracht.[10] In unserer Kultur gibt es am Arbeitsplatz, in der Schule und in der Familie zwei grundlegende Strategien, mittels derer Menschen mit mehr Macht versuchen, Menschen mit weniger Macht zum Gehorchen zu bewegen. Eine davon ist das Bestrafen von Ungehorsam. Die andere ist das Belohnen von Gehorsam. Die Belohnung kann eine Bezahlung oder ein Privileg sein, ein Sternchen oder eine Süßigkeit, ein Aufkleber oder die Mitgliedschaft in einer angesehenen studentischen Vereinigung. Doch auch Lob kann eine Belohnung sein. Um zu verstehen, was es bedeutet, wenn Sie zu Ihrem Kind „Gut gemacht!" sagen, müssen Sie die ganze Zuckerbrot-und-Peitsche-Philosophie, zu der eine solche Bemerkung gehört, verstehen.

Als Erstes gilt es zu verstehen, dass Belohnungen auffallend unwirksam darin sind, die Qualität der Arbeit oder der schulischen Leistungen von Menschen zu verbessern. Eine große Anzahl von Studien kam zu dem Schluss, dass sowohl Kinder als auch Erwachsene *weniger* Erfolg bei vielen Aufgaben haben, wenn ihnen eine Belohnung dafür angeboten wird, sie zu erledigen – oder sie gut zu erledigen. Die ersten Wissenschaftler, die das entdeckten, waren davon ganz überrascht. Sie hatten erwartet, eine Art Prämie für gute Leistungen würde Menschen motivieren, bessere Leistungen zu erbringen, doch sie stellten immer wieder fest, dass das Gegenteil zutraf. So haben Studien wiederholt gezeigt, dass Schüler unter ansonsten gleichen Voraussetzungen in der Regel besser lernen, wenn es keine Einsen zur Belohnung gibt – das heißt in Klassen, wo Leistungsbeschreibungen ohne Noten verwendet werden.

Doch was ist, wenn wir den Blick mehr auf Verhalten und Werte als auf Leistungen richten? Natürlich müssen wir zugeben, dass sich mit Belohnungen – ebenso wie mit Bestrafungen – oft zeitweiliger Gehorsam erkaufen lässt. Wenn ich Ihnen jetzt sofort tausend Dollar dafür anbieten würde, dass Sie Ihre Schuhe ausziehen, würden Sie wahrscheinlich darauf eingehen – und ich könnte triumphierend verkünden, dass „Belohnungen zum Erfolg führen". Doch ebenso wenig wie Bestrafungen können sie jemandem helfen, sich für eine Aufgabe oder Tat wirklich zu *engagieren,* einen Grund zu haben, damit weiterzumachen, auch wenn es keine Entlohnung mehr dafür gibt.

Tatsächlich haben etliche Versuche gezeigt, dass Belohnungen nicht nur unwirksam sind – sondern oft sogar kontraproduktiv. Beispielsweise haben Forscher festgestellt, dass Kinder, die dafür belohnt wurden, etwas Nettes zu tun, sich selbst weniger oft als nette Menschen ansehen. Stattdessen neigen sie dazu, ihr Verhalten auf die Belohnung zurückzuführen. Und wenn kein Lohn mehr zu erwarten ist, helfen sie weniger oft als Kinder, die von Anfang an keinen Lohn dafür bekamen. Auch helfen sie weniger oft, als sie es selbst früher getan haben. Schließlich haben sie gelernt, dass man nur jemandem hilft, um eine Belohnung zu bekommen.

Kurzum: Es geht fast immer nach hinten los, wenn man Kindern so etwas wie einen Hundekuchen dafür anbietet, dass sie das tun, was wir wollen. Doch das liegt nicht daran, dass wir die falschen Hundekuchen genommen oder sie nach einem schlechten System verteilt hätten. Vielmehr ist der Grund der, dass das ganze Konzept, Menschen durch Belohnungen (oder Bestrafungen) ändern zu wollen, problematisch ist. Für Eltern ist es oft nicht leicht, herauszufinden, was daran problematisch ist, und oft höre ich von Eltern, die ein vages Unbehagen dabei empfinden, wenn sie ihre Kinder belohnen, aber nicht wirklich benennen können, warum sie sich dabei nicht wohl fühlen.

Eine Hilfe, um zu verstehen, was das Problem ist, ist Folgendes: Die meisten von uns gehen davon aus, es gäbe eine bestimmte Sache namens „Motivation", von der Menschen viel, wenig oder gar nichts besitzen könnten. Natürlich wünschen wir uns, dass unsere Kinder große Mengen davon besitzen, mit anderen Worten, dass sie hochmotiviert sind, ihre Hausaufgaben zu erledigen, verantwortungsvoll zu handeln und so weiter.

Doch die Schwierigkeit liegt darin, dass es in Wirklichkeit verschiedene Arten von Motivation gibt. Die meisten Psychologen unterscheiden zwischen der *intrinsischen* und der *extrinsischen* Motivation. Intrinsische Motivation bedeutet im Wesentlichen, dass einem das, was man tut, aus sich heraus Freude bereitet, während extrinsische Motivation heißt, dass man etwas als Mittel zum Zweck tut – um eine Belohnung zu bekommen oder eine Bestrafung zu vermeiden. Es ist der Unterschied zwischen dem Lesen eines Buches, weil man erfahren will, was im nächsten Kapitel passiert, und dem Lesen eines Buches, weil einem dafür ein Aufkleber oder eine Pizza versprochen worden ist.

Das Entscheidende hier ist nicht nur, dass extrinsische Motivation etwas *anderes* ist als intrinsische oder dass sie ihr *unterlegen* ist, obwohl beide Aussagen wahr sind. Was ich betonen möchte, ist, dass die extrinsische Motivation dazu neigt, die intrinsische zu *untergraben*. In dem Maße, wie die extrinsische Motivation steigt, sinkt meist die intrinsische

Motivation. *Je mehr jemand dafür belohnt wird, etwas zu tun, umso höher ist die Wahrscheinlichkeit, dass er das Interesse an dem, was er tun musste, um die Belohnung zu bekommen, verliert.* Natürlich gibt es bei einer Zusammenfassung psychologischer Erkenntnisse in einem Satz immer Einschränkungen und Ausnahmen, doch die grundlegende Aussage ist von Dutzenden von Studien an Menschen unterschiedlichen Alters, Geschlechts und kulturellen Hintergrunds – und mit einer Vielzahl unterschiedlicher Aufgaben und Belohnungen – bewiesen worden.[11]

Kein Wunder also, dass Kinder, die für ihre Hilfsbereitschaft belohnt werden, schließlich weniger hilfsbereit sind, wenn die Belohnungen ausbleiben. Es gibt auch noch etliche andere Beweise. Wenn man kleinen Kindern ein ihnen unbekanntes Getränk gibt, werden diejenigen, die dafür belohnt werden, es zu trinken, es nächste Woche weniger gern mögen als Kinder, die dasselbe getrunken haben, ohne eine Belohnung dafür bekommen zu haben. Oder wenn man Kinder für den Versuch, ein Puzzle zu legen, bezahlt, neigen sie dazu, mit dem Spiel aufzuhören, nachdem das Experiment vorbei ist – während diejenigen, die keine Bezahlung erhalten, danach oft von sich aus weitermachen.

Die Moral, die wir aus all dem ziehen, ist, dass es keine Rolle spielt, wie sehr Ihr Kind „motiviert" ist, etwas zu tun (aufs Töpfchen zu gehen, Klavier zu üben, zur Schule zu gehen, was auch immer). Vielmehr sollten Sie die Frage stellen, *wie* Ihr Kind motiviert ist. Anders ausgedrückt, es kommt nicht auf den Grad, sondern auf die Art der Motivation an. Und die Art, die durch Belohnungen erzeugt wird, schmälert gewöhnlich die Art, die wir uns für unsere Kinder wünschen: ein echtes Interesse, das auch anhält, wenn die Belohnungen längst nicht mehr da sind.

Nicht so positive Verstärkung

Und jetzt zu der wirklich schlechten Nachricht: Was für materielle (Geld oder Lebensmittel) und für symbolische Belohnungen (Noten oder Sternchen) gilt, kann auch auf verbale Belohnungen zutreffen. In vielen Fällen kann es ebenso unheilvolle Auswirkungen haben, wenn man Kinder lobt, wie wenn man ihnen andere Arten von Belohnungen gibt.

Zunächst einmal kann die Bemerkung „Gut gemacht!" beeinträchtigen, wie gut etwas tatsächlich gemacht wird. Forscher stellen immer wieder fest, dass Menschen, die dafür gelobt werden, eine kreative Aufgabe gut bewältigt zu haben, oft bei der nächsten Aufgabe ins Straucheln geraten. Warum? Erstens, weil das Lob Druck erzeugt, „weiter so" zu machen, und dieser Druck wirkt als Hemmnis. Zweitens, weil das *Interesse* der Menschen an dem, was sie tun, nun möglicherweise gesunken ist (weil es jetzt vor allem darum geht, mehr Lob zu bekommen).[12] Und drittens, weil sie lieber kein Risiko eingehen – eine Voraussetzung für Kreativität –, wenn sie darüber nachdenken, wie sie dafür sorgen können, dass die positiven Kommentare auch weiterhin kommen.

Auch wenn es nicht um Leistung geht, funktioniert positive Verstärkung nicht besser. Ebenso wie andere Belohnungen und wie Bestrafungen kann sie bestenfalls das Verhalten eines Kindes vorübergehend ändern. So mochten Kinder, die dafür gelobt wurden, jenes unbekannte Getränk zu trinken, es daraufhin viel weniger – genauso wie die Kinder, die materielle Belohnungen dafür bekommen hatten. (Die Forscherin hatte mit diesem Ergebnis übrigens nicht gerechnet: Sie hatte vermutet, Lob würde sich nicht so destruktiv wie andere extrinsische Anreize auswirken.)

Noch beunruhigender ist eine Studie, bei der festgestellt wurde, dass kleine Kinder, die von ihren Eltern oft für Zeichen von Großzügigkeit und Hilfsbereitschaft gelobt wurden, dazu neigten, im Alltag ein bisschen *weniger* großzügig und hilfsbereit als andere Kinder zu sein – wiederum ebenso wie Kinder, die materielle Belohnungen bekamen. Jedes Mal, wenn sie „schön geteilt!" oder „ich bin so stolz auf dich, dass du hilfst" hörten, ließ ihr Interesse am Teilen oder Helfen ein wenig nach. Sie sahen diese Dinge dann nicht mehr als etwas in sich selbst Wertvolles an, sondern nur als etwas, was sie tun mussten, um noch einmal dieselbe Reaktion von einem Erwachsenen zu bekommen. In diesem Fall waren es die Großzügigkeit und Hilfsbereitschaft, die zu Mitteln zum Zweck wurden. In anderen Fällen könnte es Malen oder Schwimmen oder Rechnen oder irgendetwas anderes sein, das wir mit positiver Verstärkung belohnen.

Lob zeugt wie andere Belohnungen gewöhnlich davon, dass der Blick auf das Verhalten gerichtet wird – das bereits erwähnte Vermächtnis des Behaviorismus. Wenn wir anfangen, über die Motive nachzudenken, die dem Handeln der Menschen zugrunde liegen, erscheint es plötzlich einleuchtend, dass positive Verstärkung fehlschlagen könnte. Denn wenn wir uns wünschen, dass sich ein Kind zu einem aufrichtig mitfühlenden Menschen entwickelt, genügt es nicht festzustellen, ob das Kind gerade jemandem geholfen hat. Uns sollte auch die Frage nach dem *Warum* interessieren.

Nehmen wir das Beispiel von Jack: Er teilte sein Spielzeug mit einem Freund in der Hoffnung, dass seine Mutter dies bemerken und ihn mit Lob überschütten würde („Ich finde es wirklich toll, dass du Gregory auch spielen lässt"). Zack dagegen teilte sein Spielzeug mit seinem Freund, ohne zu wissen oder sich dafür zu interessieren, ob seine Mutter das bemerkte. Er tat es einfach deshalb, weil er nicht wollte, dass sein Freund traurig war. Wenn man Kinder lobt, weil sie etwas teilen, werden diese unterschiedlichen Motive meist außer Acht gelassen. Ja, ein solches Lob kann sogar das weniger wünschenswerte Motiv stärken und die Wahrscheinlichkeit erhöhen, dass die Kinder in Zukunft nur noch das Lob im Blick haben.

* * *

Bisher ist mein Hauptargument gewesen, dass Lob oft kontraproduktiv ist, weil es eine extrinsische Motivation darstellt. Doch nun möchte ich das Konzept des Lobens von einem neuen Blickwinkel aus betrachten. Das Problem ist nicht nur, dass es eine Belohnung ist. Das Problem ist, dass *positive Verstärkung ein Beispiel für eine an Bedingungen geknüpfte Erziehung ist.*

Denken Sie darüber nach: Was ist das Spiegelbild des Liebesentzugs – dem Versagen von Zuneigung, wenn Kinder etwas tun, was uns nicht gefällt? Es müsste wohl das Bekunden von Zuneigung sein, wenn sie etwas tun, was uns gefällt: das selektive Bekunden bedingter Zuneigung, oft in der expliziten Hoffnung, dieses Verhalten zu verstärken. Lob ist nicht nur etwas anderes als bedingungslose Liebe; es ist ihr genau entgegengesetzt. Dadurch vermittelt man einem Kind: „Du musst nach meiner Pfeife tanzen, damit ich Unterstützung und Freude zum Ausdruck bringe."

Fürsorgliche Eltern sind aufmerksam und oft (wenn auch nicht immer) beschreiben sie etwas, was das Kind getan hat, und fordern es auf, darüber nachzudenken, was das bedeutet. „Gut gemacht!" jedoch ist keine

Beschreibung, sondern ein Urteil. Und das hat beunruhigende Auswirkungen darauf, wie Kinder unsere Gefühle für sie wahrnehmen. Anstelle von „ich hab dich lieb" kommt ein Lob vielleicht als „ich hab dich lieb, weil du das und das gut gemacht hast" an. Dazu ist es gar nicht nötig, dass wir das explizit *aussprechen* – was natürlich auch fast niemand tut. Es genügt, dass wir es *tun* – das heißt, dass wir Liebe und Freude nur unter bestimmten Bedingungen äußern. (Umgekehrt findet auch Liebesentzug oft statt, ohne dass die Mutter oder der Vater sagt: „Ich hab dich nicht lieb, weil du das und das nicht gut gemacht hast." Doch in beiden Fällen ist die Botschaft ganz eindeutig.)

Als meine Frau und ich vor ein paar Jahren eine Babysitterin suchten, begegneten wir einer jungen Frau, die ihre Erziehungsphilosophie knapp zusammenfasste: „Durch gutes Benehmen gewinnen Kinder meine Aufmerksamkeit." Wahrscheinlich wollte sie ihr Konzept einem Erziehungsansatz gegenüberstellen, bei dem es vor allem darum geht, Kinder für schlechtes Verhalten zu tadeln. Doch wir wussten sofort, dass wir sie nicht in der Nähe unserer Kinder haben wollten. Wir wollten nicht, dass unsere Kinder je den Eindruck bekämen, die Aufmerksamkeit der Babysitterin würde in Abhängigkeit davon bemessen, wie sie sich benähmen – mit anderen Worten, dass diese Frau sie nur ansehen und ihnen nur zuhören würde, wenn sie der Ansicht war, sie hätten es verdient.

Dennoch bin ich dieser Frau dankbar dafür, dass sie mir geholfen hat, mir darüber klar zu werden, was genau mir nicht recht war und warum. Auch bin ich froh über die Erkenntnis, zu der mir jemand anders verhalf, eine Frau im Publikum bei einem Vortrag, den ich vor einiger Zeit hielt. Ich kann mich nicht mehr an ihren Namen erinnern oder auch nur daran, in welcher Stadt ich gerade war. Alles, was ich noch weiß, ist, dass sie zu mir kam und sagte, sie habe von der Schule ihres Kindes gerade einen Autoaufkleber bekommen, auf dem stand:

> Ich bin stolz auf mein Kind,
> das Schüler des Monats ist.

Sie erzählte, sobald sie nach Hause gekommen sei, habe sie sich eine Schere geholt, die untere Hälfte abgeschnitten und die verbliebenen sechs Wörter – also das, was die erste Zeile gewesen war – auf ihr Auto geklebt. Mit ein wenig Einfallsreichtum hatte sie nicht nur der Versuchung widerstanden, ein an Bedingungen geknüpftes Erziehungskonzept zu vertreten, sondern daraus eine Gelegenheit gemacht, die Bedingungslosigkeit des Stolzes, den sie für ihr Kind empfand, zu beteuern.

Ich sollte noch einmal betonen, dass man keine absoluten Aussagen über menschliches Verhalten machen kann. Ob positive Verstärkung schädliche Auswirkungen hat (und wenn ja, wie schädlich), kann von mehreren Faktoren abhängen. Es spielt eine Rolle, *wie* es gemacht wird: wie das Lob formuliert wird, welcher Ton dabei verwendet wird und ob es unter vier Augen oder vor anderen ausgesprochen wird. Es spielt eine Rolle, *wer* gelobt wird: Das Alter und Temperament des Kindes und noch weitere Variablen sind zu berücksichtigen. Und es spielt eine Rolle, *warum* gelobt wird: wofür Kinder gelobt werden und welchen Zweck man beim Loben verfolgt – oder vielmehr, welchen Zweck man in den Augen des Kindes verfolgt. Es ist ein Unterschied, ob man Kinder für etwas beglückwünscht, was einfach nur Ihr Leben einfacher macht (zum Beispiel wenn sie ordentlich essen), oder ob man sie für etwas beglückwünscht, was wirklich eindrucksvoll ist. Es ist ein Unterschied, ob man Freude über blinden Gehorsam (etwa wenn Ihr Kind eine Regel von Ihnen befolgt) oder Freude über eine wirklich durchdachte Frage zum Ausdruck bringt.

Es gibt also Möglichkeiten, die negativen Auswirkungen des Lobens zu minimieren. Doch viel wichtiger ist, dass selbst die besseren Versionen nicht ideal sind. (Aus diesem Grund schlage ich in Kapitel 8 *Alternativen* zum Loben und nicht etwa andere, vielleicht nicht ganz so schlimme Arten, zu loben, vor.) So stimmt es sicher, dass gegen den Ausdruck spontaner Begeisterung über etwas, was Kinder getan haben, weniger einzuwenden ist als gegen den Einsatz positiver Verstärkung mit dem Zweck, sie zu einer Änderung ihres Verhaltens zu bewegen. Nur Letzteres ist gezielte Manipulation im Sinne Skinners. Doch das ist keine Garantie dafür, dass Ersteres harmlos ist.

In manchen Fällen dient eine Bemerkung wie „Gut gemacht! Du hast nicht über die Linien gemalt", oder, an einen Teenager gewandt,

„Gut gemacht! Du bist nicht über die durchgezogene Linie gefahren" vielleicht nur dazu, eine Information mitzuteilen, und fungiert nicht als verbaler Anreiz, das Verhalten zu wiederholen. Doch wie lautet die Information, die hier vermittelt wird? Wir sagen dem Kind nicht nur, was es getan hat; wir sagen ihm, dass wir das, was es getan hat, *für gut befinden*. Wird es daraus schließen, wir freuten uns gemeinsam mit ihm über seine Leistung? Das wäre der günstigste Fall. Doch aus einem Muster selektiver Verstärkung kann das Kind leicht schließen, dass es nur dann unsere Anerkennung findet, wenn es das tut, was uns gefällt. (Schau, wie begeistert Papa ist, wenn ich den Ball treffe … und *nur*, wenn ich den Ball treffe.)

Daraus wiederum entwickelt sich oft eine an Bedingungen geknüpfte Anerkennung des eigenen *Selbst*. Die Kette könnte folgendermaßen aussehen: (1) „Ich finde es gut, wie du das und das gemacht hast" kann für ein Kind klingen wie: (2) „Ich finde *dich* gut, weil du das und das gemacht hast", und das wiederum kann implizieren: (3) „Ich finde dich *nicht* gut, wenn du das und das nicht machst." Der letzte Schritt ist, dass das Kind den Eindruck gewinnt: (4) „Ich bin nicht gut, wenn ich das und das nicht mache." Wenn Lob von einem an Bedingungen geknüpften Erziehungsstil zeugt, kann es unabhängig von den Motiven des Lobenden und selbst dann, wenn kein gezielter Lenkungsversuch vorliegt, gefährlich sein. Das gilt vor allem dann, wenn unsere positiven Bemerkungen und anderen Ausdrucksarten von Liebe größtenteils für Situationen reserviert sind, in denen das Kind etwas tut, was uns gefällt.

Vielleicht sind Sie schon Menschen begegnet, die ähnliche Bedenken zum Thema Loben zu haben scheinen, doch möglicherweise erheben sie nur Einspruch dagegen, *wie oft* wir Kinder loben oder dass Kinder heutzutage nicht viel zu tun brauchen, um ihren Eltern ein „gut gemacht!" zu entlocken. Gewiss ist an dieser Beobachtung etwas dran. Ja, ich habe schon Eltern auf dem Spielplatz zu ihrem Kleinkind „gut geschaukelt!" flöten hören. (Du liebe Güte, das liegt an der Schwerkraft!) Dennoch sehe ich diesen Einwand kritisch. Zum einen geht er am Wesentlichen vorbei: Gegen positive Verstärkung ist nicht nur deshalb etwas einzuwenden, weil sie zu häufig und schon für Kleinigkeiten eingesetzt wird. Die Probleme liegen viel tiefer.

Zum anderen trägt diese Kritik das Potential in sich, die Lage noch schlimmer zu machen. Wer verkündet, es sei sinnlos, Kindern für jede Kleinigkeit den Kopf zu tätscheln, fügt meistens hinzu, wir sollten beim Loben selektiver, anspruchsvoller sein – was bedeutet, dass Kinder mehr leisten sollten, um sich unsere Anerkennung zu verdienen. Und das bedeutet natürlich, dass unsere Erziehung noch stärker an Bedingungen geknüpft würde, als sie es bereits ist. Wahrscheinlich haben diese Kritiker Recht mit ihrer Beobachtung, wenn man Kinder ständig lobte, würde das Lob zu einem Hintergrundgeräusch, das von den Kindern kaum mehr wahrgenommen würde. Darauf könnten wir erwidern: Gut! Wenn Lob zeitlich und von der Formulierung her auf die größtmögliche Wirkung ausgelegt ist, müssen wir uns wirklich Sorgen machen. Denn dann ist (zumindest vom Blickwinkel des Kindes aus) die Bedingungslosigkeit unserer Liebe am stärksten gefährdet.

In den 70er Jahren des 20. Jahrhunderts stellte Mary Budd Rowe, eine Forscherin in Florida, bei der Untersuchung verschiedener Unterrichtsmethoden etwas Interessantes fest: Kinder, die von ihren Lehrern oft gelobt wurden, wirkten zaghafter bei ihren Antworten. Sie neigten mehr als andere Kinder dazu, in einem fragenden Tonfall zu antworten („ähm, Photosynthese?"). Sie teilten anderen Schülern seltener ihre Ideen mit und blieben auch nicht so häufig bei einer einmal angefangenen Aufgabe. Außerdem zogen sie eigene Vorschläge oft zurück, sobald der Lehrer anderer Ansicht war.[13]

Diese Studie bestätigte etwas, was wir auch bei uns zu Hause beobachten können: Das Selbstvertrauen und vielleicht auch das Selbstwertgefühl von Kindern kann in Folge unserer Reaktionen wachsen oder schrumpfen. Kinder richten den Blick im übertragenen und bisweilen auch im wörtlichen Sinne auf uns, um zu sehen, ob wir das, was sie getan haben, gutheißen. (Es ist ein bisschen wie bei Kleinkindern, die sich nach unserer Reaktion richten, wenn sie hinfallen, und an unserem Gesichtsausdruck abzulesen versuchen, ob sie sich wehgetan haben. Wenn wir beunruhigt wirken – „O mein Gott! Schatz, alles in Ordnung mit dir?" –, ist die Wahrscheinlichkeit höher, dass sie in Tränen ausbrechen.)

Loben führt dazu, dass Kinder weniger in der Lage oder bereit sind, Stolz auf ihre eigenen Leistungen zu empfinden – oder zu entscheiden, was überhaupt eine Leistung *ist*. In extremen Fällen können sie „süchtig" nach Lob werden und auch als Erwachsene noch von der Bestätigung anderer abhängig sein, überglücklich oder niedergeschlagen sein, je nachdem, ob ihr Partner, ihr Chef oder jemand anders, den sie als Autorität ansehen, ihnen sagt, sie hätten etwas gut gemacht oder nicht.

Alle kleinen Kinder haben ein tiefes Bedürfnis nach der Anerkennung ihrer Eltern. Das ist der Grund, weshalb Lob kurzfristig oft „funktioniert", um sie dazu zu bewegen, das zu tun, was wir wollen. Doch wir haben die Verantwortung, ihre Abhängigkeit nicht um unserer eigenen Bequemlichkeit willen auszunutzen – und genau das tun wir, wenn wir sie demonstrativ anlächeln und etwas sagen wie: „Ich finde es wirklich toll, wie schnell du dich heute Morgen für die Schule fertig gemacht hast!" Es kann sein, dass sich Kinder durch diese „mit Zuckerguss überzogene Kontrolle"[14] manipuliert fühlen, auch wenn sie nicht recht erklären können warum. Doch unabhängig davon, ob sie es durchschauen und sich dagegen auflehnen oder nicht, hat diese Methode etwas entschieden Unangenehmes. Im Grunde ist sie nicht viel anders, als ob Sie warten würden, bis Ihr Kind Durst bekommt, und ihm nur Wasser gäben, wenn es etwas täte, was Ihr Leben ein bisschen leichter macht.

Zudem lässt positive Verstärkung oft einen Teufelskreis entstehen, der an den erinnert, der beim Liebesentzug zu beobachten ist: Je mehr wir loben, umso mehr wächst das Bedürfnis unserer Kinder nach Lob. Sie wirken unsicher, sehnen sich danach, dass wir ihnen noch einmal den Kopf tätscheln; wir tun es und ihr Verlangen steigert sich noch. Carol Dweck, Psychologin an der Columbia University, hat Voruntersuchungen angestellt, die vielleicht erklären können, was hier geschieht. Wenn wir Bemerkungen äußern, die „eine bedingte Anerkennung andeuten (und dadurch vermutlich das Gefühl eines nur bedingten Wertes aufkommen lassen)", beginnen kleine Kinder, Zeichen von Hilflosigkeit zu zeigen. Positive Verstärkung ist eine Form bedingter Liebe, und Dweck argumentiert, es sei nicht nur eine bestimmte Eigenschaft oder ein Verhalten, das wir nur unter gewissen Bedingungen akzeptierten. Vielmehr sehe das Kind sein „ganzes Selbst" nur dann als gut an, wenn es den Eltern gefällt. Dies ist eine wirksame Art, das Selbstwertgefühl zu untergraben. Je öfter wir „gut gemacht!" sagen, umso schlechter wird das Selbstwertgefühl des Kindes und umso mehr Lob braucht es.[15]

Natürlich sollte uns das skeptisch hinsichtlich der Behauptung machen, Lob sei in Ordnung, weil Kinder offenbar danach verlangten. Wenn Sie Geld verdienen müssen und der einzige verfügbare Job aus sich ständig wiederholender, stumpfsinniger Plackerei besteht, nehmen Sie ihn vielleicht als letzten Ausweg an. Doch das bedeutet nicht, dass Sie eine solche Arbeit gutheißen. Es heißt nur, dass man das nimmt, was man bekommen kann. Was Kinder wirklich brauchen, ist Liebe ohne Bedingungen. Doch wenn alles, was ihnen angeboten wird – als einzige Alternative zu Kritik oder Missachtung – Anerkennung ist, die auf dem beruht, was sie getan haben, saugen sie die auf und verlangen vielleicht mit einem vagen Gefühl der Unzufriedenheit nach mehr. Manche Eltern, die in ihrer Kindheit zu wenig bedingungslose Liebe bekommen haben, diagnostizieren dieses Problem traurigerweise falsch und glauben, es habe ihnen an Lob gefehlt. Dann überschütten sie ihre Kinder mit „gut gemacht!" und sorgen so dafür, dass wieder eine Generation nicht das bekommt, was sie wirklich braucht.

Viele Eltern haben mir gesagt, es sei hart, diese Erklärungen zu hören, besonders beim ersten Mal. Es ist schon schlimm genug, wenn jemand andeutet, dass Sie bei Ihren Kindern vielleicht etwas falsch machen, doch es ist noch schlimmer, gesagt zu bekommen, dass genau das, was man richtig zu machen glaubte und worauf man bisher stolz war – etwa darauf, die eigenen Kinder zu loben, damit sie ein gutes Selbstwertgefühl entwickeln –, in Wirklichkeit vielleicht mehr Schaden als Nutzen anrichtet.

Manche Leute erwidern darauf: „Was ist die Alternative?" Das ist eine sehr vernünftige Frage, sofern wir uns mit Alternativen zum ganzen Konzept einer an Bedingungen geknüpften Erziehung befassen (wie ich es später tun werde), statt nur oberflächliche Änderungen dessen, was wir zu Kindern sagen – eine neue, verbesserte Version des Lobens –, anzustreben.

Manche Leute fühlen sich bei diesen Gedanken unbehaglich und machen nervöse Witzchen: „Haha. Dann kann ich Ihnen wohl nicht sagen, dass mir Ihr Buch gefallen hat, weil ich Sie dadurch ja loben würde. Hahaha."[16] Das ist verständlich. Es dauert eine Weile, bis man eine neue Vorstellung akzeptieren kann, vor allem eine, die uns veranlasst, vieles von dem, was wir bisher getan haben und wovon wir ausgegangen sind, zu überdenken. Wir müssen uns an das neue Konzept gewöhnen, es ausprobieren und während der Übergangsphase kann sich unser Unbehagen auf vielerlei Weise Ausdruck verschaffen.

Manche Leute fragen sich, ob das bedeutet, dass sie schlechte Eltern seien, weil sie sich lange auf Liebesentzug und positive Verstärkung verlassen haben (selbst wenn sie diese Bezeichnungen nie verwendet haben). In den meisten Fällen ist es jedoch einfach so, dass niemand ihnen bisher die Möglichkeit aufgezeigt hat, die Dinge so zu sehen, oder ihnen Beweise präsentiert hat, die Zweifel aufkommen lassen an all den ständigen unkritischen Ratschlägen, unsere Kinder öfter zu loben oder Auszeiten zu verhängen.

Manche Leute allerdings fragen weder nach Alternativen, noch versuchen sie, lustig zu sein, noch machen sie sich Sorgen. Stattdessen tun sie diese Kritik ab und weisen (mit einer gewissen Berechtigung) darauf hin, dass wir mit unseren Kindern viel Schlimmeres tun könnten, als Enthusiasmus über das, was sie getan haben, zum Ausdruck zu bringen. In der Tat wird Kindern jeden Tag viel Schlimmeres angetan. Jedoch ist das keine gute Grundlage für einen Vergleich – jedenfalls nicht für Menschen, die die besten Eltern sein wollen, die sie sein können. Wichtig ist, dass wir etwas Besseres tun können.

Die Kontroverse zum Thema Selbstwertgefühl

Liebesentzug und positive Verstärkung können eine Reihe beunruhigender Folgen haben, von einem Gefühl der Hilflosigkeit bis hin zu einer mangelnden Bereitschaft, anderen zu helfen, und (wenn die Kinder erwachsen sind) von der Angst, verlassen zu werden, bis hin zu einem Groll gegenüber ihren Eltern. Doch die Auswirkung, die sich durch die in diesem und dem vorigen Kapitel zusammengefassten Forschungsergebnisse hindurchzieht, hat damit zu tun, wie sich Menschen, die einer an Bedingungen geknüpften Erziehung ausgesetzt waren, selbst einschätzen.

Die übliche Bezeichnung dafür ist *Selbstwertgefühl,* was im Lauf der letzten Jahrzehnte zu einer Art Schlagwort geworden ist. Bevor ich dieses Kapitel abschließe, möchte ich ein paar Seiten dafür aufwenden, dieses Konzept zu analysieren, weil es für den an Bedingungen geknüpften Erziehungsansatz wichtig ist. Etliche Leute aus den Bereichen Psychologie und Pädagogik, ganz besonders jene, die mit dem, was als Selbsthilfebewegung bezeichnet wird, zu tun haben, scheinen zu glauben, ein starkes Selbstwertgefühl sei gut, ein geringes sei schlecht, und wenn man den Grad des Selbstwertgefühls bei jemandem steigere, führe das automatisch zu einer Reihe positiver Auswirkungen: akademischen Leistungen, konstruktiven Lebensentscheidungen und so weiter. Auf der anderen Seite ist Selbstwertgefühl zum Blitzableiter für Gesellschaftskonservative geworden, zum Kürzel für alles, was sie als Fehlentwicklungen in unserer Gesellschaft und besonders unseren Schulen ansehen.

Meiner Ansicht nach sind beide Positionen problematisch. Vor ein paar Jahren habe ich mich recht umfassend mit der vorliegenden Forschung beschäftigt[17] und etwas überrascht festgestellt, dass ein höheres Selbstwertgefühl nicht immer von besseren Ergebnissen begleitet ist, und selbst wenn dies der Fall ist, bedeutet dies nicht, dass es die besseren Ergebnisse *hervorgerufen* hätte.

Allerdings bringt mich das nicht in das Feld derjenigen, die vom ganzen Konzept des Selbstwertgefühls nichts halten. Manche sind dieser Ansicht, weil sie glauben, wenn Kinder im Grunde mit sich selbst zufrieden seien, hätten sie keine Motivation, irgendetwas zu leisten. Wenn ihre Aufmerksamkeit auf den Wert dessen, wer sie sind, statt auf das, was sie tun, gerichtet sei, würden sie wahrscheinlich nicht viel leisten. Man müsse unzufrieden sein, um etwas zu lernen oder herzustellen. Wer es zu etwas bringen will, muss leiden.

Diese Behauptung beruht auf mehreren falschen Prämissen, die ich in Kapitel 5 näher erläutern werde. Im Moment möchte ich aber nur auf Folgendes aufmerksam machen: Zwar behaupten viele Kritiker, ein höheres Selbstwertgefühl habe keinerlei positive Auswirkungen, jedoch liegt der Kern ihrer Argumentation darin, dass Selbstwertgefühl einfach etwas Schlechtes sei, unabhängig von seiner Wirkung. Für sie ist der schlimmste Begriff, den sie sich vorstellen können, *Wohlfühlpädagogik,* was andeutet, dass sie offenbar glauben, mit sich selbst zufrieden zu sein habe etwas zutiefst Suspektes an sich. Knapp unter der Oberfläche ihrer Polemik lauert die Angst, Kinder könnten sich zufrieden fühlen, ohne sich das Recht verdient zu haben, so zu empfinden. Hier haben wir die Welt der Tatsachen verlassen und sind durch die Hintertür in das Reich der moralistischen Grundüberzeugungen eingetreten. Dies ist ein Ort puritanischer Inbrunst, wo Menschen nur im Schweiße ihres Angesichts essen dürfen und Kinder keine gute Meinung von sich selbst haben dürfen, wenn sie nicht eine greifbare Leistung vorweisen können.

Mit anderen Worten, die Konservativen richten sich eigentlich gegen ein *bedingungsloses* Selbstwertgefühl. Jedoch erkennen Forscher gerade, dass eben diese Dimension entscheidend ist, um die Lebensqualität von Menschen einschätzen zu können. Wenn wir uns für die psychische Gesundheit eines Menschen interessieren, ist die entscheidende Frage vielleicht nicht die, wie viel Selbstwertgefühl er besitzt. Vielmehr kommt es darauf an, wie stark sein Selbstwertgefühl je nachdem, was in seinem Leben geschieht – etwa wie erfolgreich er ist oder was andere von ihm denken –, *schwankt*. Das wirkliche Problem besteht gar nicht darin, dass jemand ein zu geringes Selbstwertgefühl hat („Ich hab das Gefühl, nicht viel wert zu sein"), sondern dass sein Selbstwertgefühl zu sehr an Bedingungen geknüpft ist („Ich hab nur dann das Gefühl, etwas wert zu sein, wenn …").[18]

Edward Deci und Richard Ryan, zwei in der Forschung tätige Psychologen, die die Wichtigkeit dieser Unterscheidung betont haben, räumen ein, dass selbst Menschen mit etwas, was dem „wahren" – oder bedingungslosen – Selbstwertgefühl nahe kommt, „sich wahrscheinlich freuen, wenn ihnen etwas gelingt, und enttäuscht sind, wenn etwas misslingt. Doch ihr Gefühl des eigenen Werts würde nicht in Abhängigkeit von ihren Leistungen schwanken, daher würden sie sich nicht als etwas Besseres oder als überlegen fühlen, wenn sie Erfolg haben, oder deprimiert und wertlos, wenn sie versagen."[19]

Diese extreme Schwankung ist nur eine der Folgen davon, das eigene Selbstwertgefühl darauf zu stützen, ob eine Reihe von Erwartungen – seien es die anderer Leute oder die eigenen – erfüllt werden oder nicht. Eine ganz aktuelle Studie kommt zu dem Ergebnis, dass ein an Bedingungen geknüpftes Selbstwertgefühl bei Hochschulstudenten mit „einer erhöhten Wahrscheinlichkeit, zu trinken, um soziale Anerkennung zu erreichen und soziale Ausgrenzung zu vermeiden", verbunden ist. Andere Forschungsarbeiten stellen einen Zusammenhang zu Ängstlichkeit, Feindseligkeit und einer defensiven Grundhaltung her. Solche Menschen neigen dazu, um sich zu schlagen, wenn ihr Selbstwertgefühl bedroht ist, was regelmäßig geschehen kann. Ebenso kann es sein, dass sie an Depressionen leiden und sich in selbstzerstörerisches Verhalten flüchten. Wenn sie sich nur wohlfühlen, wenn sie glauben, gut *auszusehen*, können sie anfällig für Essstörungen sein.[20]

Im Gegensatz dazu stellt sich heraus, dass ein bedingungsloses Selbstwertgefühl – eben das, worüber man sich in manchen Kreisen lustig macht – das beste Ziel ist, das man anstreben kann.[21] Menschen, die in der Regel nicht glauben, ihr Wert hinge von ihrer Leistung ab, neigen eher dazu, Misserfolge nur als vorübergehende Rückschläge anzusehen, als Probleme, die man lösen kann. Auch neigen sie offenbar weniger zu Ängsten oder Depressionen.[22] Und noch etwas: Sie neigen auch weniger dazu, sich Sorgen um das Thema Selbstwertgefühl zu machen! Viel Zeit mit der Überlegung zu verbringen, wie gut man wohl ist, oder mit dem gezielten Versuch, sein Selbstwertgefühl zu steigern, funktioniert meist nicht besonders gut und ist auch ein schlechtes Zeichen. Es weist auf andere Probleme hin – speziell darauf, dass das Selbstwertgefühl verletzlich und an Bedingungen geknüpft ist. „Ein Paradox des Selbstwertgefühls: Wenn man es braucht, hat man es nicht, und wenn man es hat, braucht man es nicht."[23]

Was bringt Menschen dazu, diesen unglücklichen Zustand eines an Bedingungen geknüpften Selbstwertgefühls zu entwickeln? Welche Umstände führen dazu, dass sie sich selbst nur für gut halten, *wenn…?* Eine wahrscheinliche Ursache ist Wettbewerb: eine Situation, in der jemand nur dann Erfolg haben kann, wenn andere versagen, und wo der Ruhm nur für den Sieger reserviert wird. Das ist eine ausgezeichnete Methode, um den Glauben von Menschen an sich selbst zu untergraben und zu lehren, man sei nur dann etwas wert, wenn man triumphiert.[24] Es gibt auch Grund zu der Annahme, dass ein an Bedingungen geknüpftes Selbstwertgefühl die Folge eines Erziehungsstils sein kann, bei dem Kinder zu stark kontrolliert werden, wie ich im folgenden Kapitel erläutern werde.

Vor allem jedoch scheint ein an Bedingungen geknüpftes Selbstwertgefühl daher zu rühren, dass man von anderen nur unter gewissen Bedingungen anerkannt wird. Dies führt uns wieder dahin zurück, womit wir angefangen haben: Wenn Kinder das Gefühl haben, von ihren Eltern nur unter bestimmten Bedingungen geliebt zu werden – ein Gefühl, das typischerweise durch die Verwendung von Methoden des Liebesentzugs und der positiven Verstärkung hervorgerufen wird –, fällt es ihnen sehr schwer, sich selbst anzunehmen. Und von da an geht alles bergab.

3 Zu viel Kontrolle

Neulich kam meine Frau nachmittags mit unseren Kindern von einem Ausflug in den Park zurück. Sie schüttelte den Kopf und sprudelte hervor: „Ich kann es kaum fassen, wie manche Eltern mit ihren Kindern sprechen – so erniedrigend und feindselig. Warum *haben* sie überhaupt Kinder?" Da ich selbst auch schon mehr als einmal etwas Ähnliches erlebt hatte, beschloss ich, etwas von dem, was wir in der Stadt hörten und sahen, aufzuschreiben. Innerhalb weniger Tage hatte ich unter anderem folgende Beobachtungen notiert:

- Ein Kleinkind wurde scharf zurechtgewiesen, weil es im Kinderbereich der öffentlichen Bücherei mit einem Stoffbär geworfen hatte, obwohl niemand sonst in der Nähe war.

- Ein Junge, der im Supermarkt gefragt hatte, ob er ein Plätzchen haben dürfte, bemerkte, dass ein anderer kleiner Junge eins aß. Als er seine Mutter darauf hinwies, sagte sie zu ihm: „Nun, das liegt sicher daran, dass *er* aufs Töpfchen geht."

- Ein kleiner Junge stieß einen lauten Freudenschrei aus, als er auf dem Spielplatz von einer Schaukel sprang. Daraufhin zischte seine Mutter: „Hör sofort mit dem Blödsinn auf! Das Schaukeln hat sich für heute erledigt. Noch einmal, und du bekommst eine Auszeit."

- An einem Wassertisch im Kindermuseum versuchte eine Mutter, ihren kleinen Sohn an allem Möglichen zu hindern, indem sie fälschlich behauptete, in dem Museum aufgestellte Schilder verböten genau das, was er gerade vorhatte – zum Beispiel: „Auf dem Schild steht, dass man nicht spritzen darf." Als er fragte warum, antwortete sie: „Es steht eben drauf."

Schon bald gab ich es wieder auf, mir Notizen zu machen. Abgesehen von der schieren Menge dieser Vorfälle, glichen sie sich untereinander auch ziemlich und es schien mir bald überflüssig und deprimierend zu sein, sie festzuhalten. Immer wieder erlebten wir, wie Eltern auf dem Spielplatz unvermittelt verkündeten, es sei Zeit zu gehen, und manchmal sogar ihr Kind am Arm packten. (Wenn es daraufhin weinte, wurde das gewöhnlich darauf zurückgeführt, dass es „müde" sei.) Wir sahen Eltern, die unwissentlich einen Feldwebel imitierten, der seine Truppen einschüchtert – Nase an Nase, wobei sie ihren Finger nur Zentimeter vor dem Gesicht des Kindes in die Luft stießen und brüllten. Und wie oft hatten wir in Restaurants beobachtet, wie Eltern an ihren Kindern herumfuhrwerkten – ihre Manieren korrigierten, sie wegen ihrer Haltung zurechtwiesen, Bemerkungen darüber machten, was (und wie viel) sie aßen, und ganz allgemein das Essen zu etwas machten, von dem die Kinder so schnell wie möglich flüchten wollten. (Kein Wunder, dass so viele Kinder bei Mahlzeiten mit der Familie keinen Hunger haben, jedoch kurze Zeit später Appetit bekommen.)

Lassen Sie mich Ihnen versichern: Bevor ich eigene Kinder hatte, habe ich viel härter geurteilt. Solange man nicht selbst einen Kinderwagen geschoben hat, begreift man nicht wirklich, wie so winzige Menschen es schaffen können, einen auf die Palme und ans Ende seiner Geduld zu bringen. (Natürlich kann man dann auch nicht die Augenblicke übernatürlichen Glücks, die sie einem bescheren können, genießen.) Das versuche ich im Hinterkopf zu behalten, wenn mich das Verhalten anderer Eltern zusammenzucken lässt. Und ich sage mir, dass ich die Geschichte der Familie, die ich nur ein paar Minuten beobachtet habe, ja nicht kenne – dass ich nicht weiß, was die Mutter oder der Vater an dem Morgen vielleicht erlebt hat und was das Kind gerade getan hat, bevor ich zufällig auf dem Schauplatz erschien.

Dennoch. Trotz allem, was wir vielleicht berücksichtigen sollten, und aller Umstände, die wir bedenken sollten, ist eine Beobachtung festzuhalten: Für jedes Kind, das in der Öffentlichkeit unbeaufsichtigt herumrennt, gibt es Hunderte von Kindern, die von ihren Eltern unnötig eingeschränkt, angeschrieen, bedroht oder schikaniert werden, Kinder, deren Protest routinemäßig ignoriert und deren Fragen abgetan werden, Kinder, die sich daran gewöhnt haben, auf ihre Bitten ein automatisches „Nein!" zu hören und ein „Weil ich es gesagt habe!", wenn sie nach einem Grund fragen.

Sie brauchen mir das nicht einfach so zu glauben. Tun Sie so, als wären sie Anthropologe, und beobachten Sie genau, was vor sich geht, wenn Sie das nächste Mal auf einem Spielplatz, in einem Einkaufszentrum oder auf einer Geburtstagsparty sind. Sie werden nichts sehen, was Sie noch nie gesehen haben, aber vielleicht bemerken Sie Einzelheiten, auf die Sie bisher kaum geachtet hatten. Vielleicht bieten sich einige Verallgemeinerungen über das, was sie miterleben, an. Doch seien Sie gewarnt: Es ist nicht immer angenehm, für das, was um einen herum vorgeht, sensibilisiert zu werden. Wenn Sie zu genau hinschauen, ist ein Tag im Park plötzlich kein Tag im Park mehr. Eine Mutter aus Kalifornien schrieb mir:

Waren Sie in letzter Zeit mal im Supermarkt? Es ist schlimmer denn je geworden! Zu sehen, wie Eltern Bestechungen, Demütigungen, Strafen, Belohnungen und allgemein beleidigende Taktiken einsetzen, ist fast unerträglich. Was ist nur aus meiner schönen rosaroten Brille geworden?

Jedes „Wenn du dich nicht beruhigst, gehen wir nie mehr einkaufen!" und „Wenn du aufhörst zu schreien, gehen wir ein Eis essen, Schatz!" droht mich zu ersticken. Wie habe ich es früher nur geschafft, das auszublenden?

Denken Sie noch einmal über die in den letzten beiden Kapiteln beschriebenen Methoden eines an Bedingungen geknüpften Erziehungsstils nach. Ein Grund, weshalb sie so schädlich sind, hat damit zu tun, dass das Kind die Erfahrung macht, von außen gesteuert zu werden. Anders herum läuft es ähnlich: Wenn wir Strafen, Belohnungen und andere Strategien zur Manipulation kindlichen Verhaltens einsetzen, bekommt das Kind vielleicht den Eindruck, es werde nur geliebt, wenn es unseren Anforderungen entspricht. Ein an Bedingungen geknüpfter Erziehungsstil kann die Folge zu starker Kontrolle sein, selbst wenn er nicht beabsichtigt war, und umgekehrt kann Kontrolle die destruktiven Auswirkungen erklären helfen.

Doch übermäßige Kontrolle ist schon an sich ein Problem und verdient ein eigenes Kapitel. Sie ist nicht auf eine bestimmte Form der Disziplinierung beschränkt, auf eine Auszeit oder eine Tabelle mit Sternchen, eine Tracht Prügel oder ein „gut gemacht", ein gewährtes oder entzogenes Vergnügen. Eine Methode durch eine andere zu ersetzen bewirkt nicht viel, wenn wir uns nicht mit der folgenden grundlegenden Tatsache auseinandersetzen: *Das verbreitetste Erziehungsproblem in unserer Gesellschaft ist nicht zu große Toleranz, sondern die Angst vor zu großer Toleranz.* Wir fürchten uns so davor, Kinder zu verwöhnen, dass wir sie im Endeffekt oft übertrieben kontrollieren.

Zugegeben, manche Kinder werden verwöhnt – und manche werden vernachlässigt. Doch worüber im Allgemeinen viel seltener diskutiert wird, ist die Epidemie, Kinder bis ins Kleinste hinein zu managen, so zu tun, als seien sie Ableger von uns, die uns gehörten. Daher lautet eine wichtige Frage, auf die ich später zurückkommen werde, wie wir Orientierung bieten und Grenzen setzen können (was beides nötig ist), ohne es mit der Kontrolle zu übertreiben. Zunächst jedoch müssen wir uns darüber klar werden, inwieweit wir es vielleicht tatsächlich übertreiben und warum das eine Versuchung ist, der wir widerstehen sollten.

Die Art, wie mit vielen Kindern umgegangen wird, zeugt von mangelndem Respekt für ihre Bedürfnisse und Vorlieben – ja, von einem mangelnden Respekt für Kinder, Punkt. Viele Eltern verhalten sich so, als glaubten sie, dass Kinder gar keinen Respekt wie den, den man Erwachsenen entgegenbringt, *verdienten.* Vor vielen Jahren forderte uns der Psychologe Haim Ginott auf, einmal darüber nachzudenken, wie wir reagieren würden, wenn unser Kind versehentlich etwas liegen gelassen hätte, was ihm gehörte – und es damit zu vergleichen, wie wir reagieren würden, wenn ein chronisch vergesslicher Freund von uns dasselbe täte. Kaum jemand käme auf den Gedanken, einen anderen Erwachsenen in dem Ton auszuschimpfen, der gegenüber Kindern an der Tagesordnung ist: „Was ist nur los mit dir? Wie oft muss ich dir noch sagen, dass du nachsehen sollst, ob du alles hast, bevor du gehst? Meinst du, ich hätte nichts Besseres zu tun als …" und so weiter. Zu einem Erwachsenen würden wir wahrscheinlich einfach nur sagen: „Hier ist dein Schirm."[1]

Manche Eltern greifen aus reiner Gewohnheit ein und bellen: „Hör auf zu rennen!", auch wenn kaum ein Risiko besteht, sich oder andere zu verletzen oder etwas zu beschädigen. Manche erwecken den Eindruck, als versuchten sie, ihrem Kind seine eigene Machtlosigkeit unter die Nase zu reiben und ihm zu zeigen, wer der Boss ist: „Weil ich die Mama bin, deshalb!" „Solange du die Füße unter meinen Tisch stellst…" Manche versuchen, durch körperliche Gewalt Kontrolle über Kinder auszuüben, während andere Schuldgefühle einsetzen („Nach allem, was ich für dich getan habe! Du brichst mir das Herz…"). Manche Eltern meckern ständig an ihren Kindern herum, ermahnen und kritisieren sie permanent. Andere lassen sich gar nicht anmerken, dass sie gegen das, was ihre Kinder tun, etwas haben, bis sie anscheinend aus dem Nichts heraus explodieren; eine unsichtbare Grenze – die vielleicht mehr mit der Stimmung des Erwachsenen als mit dem Verhalten des Kindes zu tun hat – ist überschritten worden, und plötzlich wird die Mutter oder der Vater erschreckend wütend und wendet Zwang an.

Natürlich tun nicht alle Eltern all diese Dinge und manche tun nie irgendetwas davon. Studien haben ergeben, dass Überzeugungen und Verhaltensweisen im Bereich der Kindererziehung unter anderem je nach Kultur, sozialer Schicht und ethnischer Zugehörigkeit und danach, wie viel Druck die Eltern selbst erleben, variieren. (Siehe Anhang für nähere Angaben zu diesen Themen.) Darüber hinaus versichern uns Forscher, dass die meisten Eltern nicht immer denselben Erziehungsstil anwenden, sondern dazu neigen, auf verschiedene Arten von Fehlverhalten unterschiedlich zu reagieren.[2]

Doch die interessanteste Frage ist vielleicht, wie Eltern überhaupt entscheiden, was „Fehlverhalten" eigentlich ist. Manche wenden diese Bezeichnung regelmäßig auf Dinge an, die Sie oder ich als harmlose Handlungen ansehen würden – und gehen dann scharf gegen ihre Kinder vor.[3] Dies mag Teil eines Erziehungsstils sein, der manchmal als „autoritär" bezeichnet wird. Solche Eltern sind eher streng und fordernd als tolerant und ermutigend. Sie geben selten Erklärungen oder Rechtfertigungen für die Regeln ab, die sie vorschreiben. Sie erwarten nicht nur absoluten Gehorsam und setzen reichlich Strafen ein, um diesen zu erreichen, sondern sind auch der Ansicht, es sei wichtiger für Kinder, sich Autoritäten zu fügen, als selbstständig zu denken oder die eigene Meinung auszudrücken. Sie bestehen darauf, Kinder müssten sorgfältig überwacht werden; und wenn Regeln verletzt werden – was ihren dunklen Verdacht darüber, wie Kinder wirklich sind, nur bestätigt –, neigen autoritäre Eltern zu der Annahme, das Kind habe die Regel mit voller Absicht übertreten, unabhängig von seinem Alter, und müsse nun zur Rechenschaft gezogen werden.

Erschreckenderweise sind dieselben Themen der „Unterwürfigkeit gegenüber den Forderungen der Eltern und... eine frühe Unterdrückung von Impulsen, die für die Eltern nicht hinnehmbar waren" in einem klassischen, nach dem Zweiten Weltkrieg durchgeführten Forschungsprojekt zu finden, das sich mit dem psychologischen Gerüst des Faschismus und insbesondere der Kindheit von Menschen befasste, die damit aufwachsen, ganze Gruppen von Menschen zu hassen, und machtbesessen zu sein scheinen.[4]

Natürlich sind das die Extreme des breiten Spektrums der Kontrolle. Wenn man von solchen extremen Fällen hört, ist es ganz natürlich zu sagen: „Nun, offenbar bin ich ja nicht so. Ich bin weder autoritär, noch würde ich mein Kind auf dem Spielplatz anschreien, nur weil es Spaß hat." Doch fast jeder gibt zumindest gelegentlich dem Impuls der übertrieben starken Kontrolle nach. Manche tun dies aufgrund ihrer Überzeugung,

Kinder müssten lernen zu tun, was man ihnen sagt (denn schließlich wissen es Erwachsene doch besser als Kinder, oder?). Manche Menschen haben eine kontrollierende Persönlichkeit und haben sich von Anfang an angewöhnt, ihren Kindern ihren Willen aufzuzwingen.[5] Andere sind einfach hin und wieder ratlos, vor allem, wenn ihr Kind sich gegen sie auflehnt. Und vielen Eltern liegt das Wohlergehen ihrer Kinder wirklich am Herzen, jedoch haben sie nie die Möglichkeit in Erwägung gezogen, dass das, was sie tun, übermäßige und kontraproduktive Kontrolle darstellt.

Für die meisten von uns ist es leicht, Paradebeispiele schlechter Erziehung zu beobachten, Eltern, die ihre Kinder viel stärker kontrollieren als wir, und dann befriedigt festzustellen: „Wenigstens würde ich das nie tun." Doch die wirkliche Herausforderung besteht darin, über die Dinge zu reflektieren, *die wir tun,* und uns zu fragen, ob sie wirklich im Interesse unserer Kinder sind.

Welche Kinder tun, was man ihnen sagt?

Lassen wir die ehrgeizigen Ziele, die wir für unsere Kinder haben, einmal außer acht und richten den Blick nur darauf, was sie dazu bewegt, unseren Bitten Folge zu leisten. Wenn es uns nur darum ginge, sie zu bewegen, jetzt sofort, während wir da stehen, irgendetwas zu tun oder mit etwas aufzuhören, müssten wir zugeben, dass es manchmal funktioniert, wenn man seine Macht einsetzt, um dieses Verhalten zu erzwingen – zum Beispiel indem man droht, straft oder lautstark Forderungen stellt.[6] Doch im Allgemeinen sind Kinder, die tun, was man ihnen sagt, oft die, deren Eltern nicht mit dem Einsatz von Macht arbeiten, sondern eine warme und sichere Beziehung zu ihnen entwickelt haben. Ihre Eltern behandeln sie mit Respekt, verwenden so wenig Kontrolle wie möglich und legen Wert darauf, Gründe und Erklärungen für das, worum sie bitten, zu liefern.

In einer klassischen Studie unterschieden die Forscher zwischen der Art Mutter, die sensibel, tolerant und kooperativ ist, und der, die davon ausgeht, dass sie „jedes Recht hat, mit ihrem Kind zu tun, was sie will, ihm ihren Willen aufzwingt, es nach ihren Vorstellungen formt und es willkürlich unterbricht, ohne seine Bedürfnisse, Wünsche oder das, was es gerade tut, zu berücksichtigen". Und siehe da, die Mütter der ersten Kategorie – die weniger stark auf Kontrolle setzten – waren es, deren kleine Kinder eher dazu neigten, zu tun, was ihnen gesagt wurde.[7]

In einer zweiten Studie war die Wahrscheinlichkeit, einer bestimmten Aufforderung Folge zu leisten, bei den Zweijährigen am höchsten, deren Eltern „sehr klar sagten, was sie wollten, sich jedoch nicht nur die Einwände ihrer Kinder anhörten, sondern darüber hinaus noch auf eine Weise, die Respekt für die Autonomie und Individualität der Kinder ausdrückte, darauf eingingen"[8].

Eine dritte Studie erhöhte quasi das Risiko, indem sie sich auf Vorschulkinder konzentrierte, die als besonders aufsässig galten. Einige ihrer Mütter wurden gebeten, so mit den Kindern zu spielen, wie sie es gewöhnlich taten, während die anderen aufgefordert wurden, „sich auf jede Beschäftigung einzulassen, die das Kind wählte, und die Art und Regeln der Interaktion vom Kind bestimmen zu lassen". Sie wurden gebeten, dem Kind nichts zu befehlen, es nicht zu kritisieren und nicht zu loben. (Beachten Sie, dass auch Loben neben anderen Formen der Manipulation eingeschlossen wurde.) Nach dem Spiel richteten die Mütter auf die Bitte der Versuchsleiter an ihre Kinder eine Reihe von Aufforderungen, die mit dem Wegräumen der einzelnen Spielsachen zu tun hatten. Das Ergebnis: Die Kinder, über die weniger Kontrolle ausgeübt worden war – das heißt diejenigen, die mehr über ihr Spiel hatten bestimmen dürfen –, neigten mehr dazu, die Anweisungen ihrer Mütter zu befolgen.[9]

So bemerkenswert diese Versuchsergebnisse auch sein mögen – die Probleme, die mit traditioneller, auf Kontrolle beruhender Erziehung verbunden sind, werden noch deutlicher, wenn wir uns ansehen, was Kinder tun, *nachdem der Erwachsene das Zimmer verlassen hat.* Ein Forscher fragte sich nicht nur, welche Kleinkinder wohl eine Bitte, etwas zu tun (aufzuräumen), befolgen würden, sondern auch, welche Kinder die Bitte, etwas nicht zu tun (nämlich mit bestimmten Spielsachen zu spielen), befolgen würden, wenn sie alleine im Raum wären. Die Antwort auf beide Fragen war dieselbe: Die Kinder, die sich nach den Anweisungen richteten, waren die, deren Mütter sie im Allgemeinen unterstützten, liebevoll waren und gewaltsame Kontrolle vermieden.[10]

Es gibt noch viel mehr Beweismaterial. Zwei Psychologen untersuchten, was die aufrichtige, „engagierte" Folgsamkeit im Gegensatz zur widerwilligeren, „situationsbezogenen" Folgsamkeit fördert. Zwei andere wollten wissen, was ein Kind dazu bewegt, die Anweisungen eines Erwachsenen, der nicht seine Mutter oder sein Vater ist, zu befolgen.[11] In beiden Fällen waren die Ergebnisse besser, wenn Kinder bei Eltern aufwuchsen, die sie mit Respekt behandelten und auf sie eingingen, als bei solchen, die den Schwerpunkt auf Kontrolle legten.

Ein Grund, weshalb ein strenger, autoritärer Erziehungsstil meist nicht besonders gut funktioniert, ist, dass wir unsere Kinder letzten Endes nicht steuern können – jedenfalls nicht dort, wo es darauf ankommt. Es ist sehr schwierig, ein Kind dazu zu bewegen, dieses Lebensmittel statt jenem zu essen oder hierhin statt dorthin zu pinkeln, und es ist einfach unmöglich, ein Kind zu zwingen, einzuschlafen, mit dem Schreien aufzuhören, uns zuzuhören oder zu respektieren. Diese Dinge sind für Eltern am anstrengendsten, eben weil wir hier an die natürlichen Grenzen dessen stoßen, was ein Mensch einem anderen aufzwingen kann. Besonders bei Säuglingen und dann wieder bei Jugendlichen erweist sich das Ziel der Kontrolle letztlich als Illusion.[12] Doch leider hindert uns das nicht, neue, schlauere oder gewaltsamere Strategien auszuprobieren, um Kinder zum Gehorchen zu bewegen. Und wenn diese Methoden versagen, wird das oft als Beweis dafür angesehen, dass … noch mehr davon nötig sei.

Gegensätzliche Extreme

Es hat etwas Paradoxes, dass gerade die Eltern, denen das Kontrollieren ihrer Kinder am wichtigsten ist, letztlich oft am wenigsten Kontrolle über sie haben. Doch das ist noch nicht alles. Viel bedeutender ist die Tatsache, dass dieser machtzentrierte Ansatz nicht nur ineffektiv ist, sondern auch furchtbaren Schaden anrichtet, selbst wenn er zu funktionieren scheint. Wie der verstorbene Thomas Gordon, Begründer des Parent Effectiveness Training, einmal zu mir sagte: „Eine autokratische Umgebung macht die Menschen krank."

Natürlich werden nicht alle Menschen auf die gleiche Art krank. Psychotherapeuten haben schon lange erkannt, dass eine einzige Ursache zu ganz unterschiedlichen Ergebnismustern führen kann. So setzen manche Menschen, die Zweifel an ihrem eigenen Wert haben, sich ständig selbst herab und verhalten sich unsicher, während andere mit den gleichen Zweifeln arrogant und selbstgefällig wirken, weil sie offenbar versuchen, ihr geringes Selbstwertgefühl durch ihr Auftreten auszugleichen. Diese anscheinend gegensätzlichen Persönlichkeiten können demselben Ursprung entstammen.

Ähnlich verhält es sich bei Kindern, deren Eltern auf absoluter Kontrolle bestehen. Manche dieser Kinder werden *übermäßig folgsam,* andere *übermäßig aufsässig.* Betrachten wir beide Reaktionen nacheinander.

Viele Eltern träumen davon, Kinder zu haben, die stets tun, was man ihnen sagt, doch wie ich schon in der Einleitung erläutert habe, ist es eigentlich kein gutes Zeichen, wenn Kinder durch Einschüchterung zum Gehorsam bewegt werden. Bei Erwachsenen machen wir uns über „Ja-Sager", die immer derselben Meinung sind wie ihr Chef, lustig – wie kommen wir dann auf den Gedanken, „Ja-Sager-Kinder" wären ideal?

1948 wurde in der Zeitschrift *Child Development* eine der ersten Studien zu diesem Thema veröffentlicht. Das Ergebnis der Studie war, dass Kinder im Vorschulalter, deren Eltern starke Kontrolle über sie ausübten, dazu neigten, „ruhig zu sein, sich gut zu benehmen und sich nicht aufzulehnen". Jedoch interagierten sie nur wenig mit anderen Kindern, und es schien ihnen an Neugier und Originalität zu mangeln. „Autoritäre Kontrolle… führt zu Konformität, jedoch auf Kosten der persönlichen Freiheit", schloss der Forscher aus seinen Beobachtungen.[13]

Über vier Jahrzehnte später erschien in derselben Zeitschrift eine Studie an rund 4100 Jugendlichen. Wieder lautete das Ziel der Studie, das psychische und soziale Wohlergehen dieser Jugendlichen zu untersuchen und dies dazu in Bezug zu setzen, wie sie erzogen wurden. Es stellte sich heraus, dass diejenigen, die autoritäre Eltern hatten, oft ein hohes Maß an „Gehorsam und Übereinstimmung mit den Erwartungen der Erwachsenen" aufwiesen. Jedoch fügten die Forscher hinzu: „Diese Jugendlichen scheinen einen Preis hinsichtlich ihres Selbstbewusstseins bezahlt zu haben – sowohl, was ihr Selbstvertrauen angeht, als auch im Hinblick darauf, wie sie ihre eigenen sozialen und akademischen Fähigkeiten wahrnehmen. Die Ergebnisse deuten darauf hin, dass eine Gruppe junger Menschen zum Gehorsam gezwungen wurde."[14]

Übermäßige Folgsamkeit ist also eine mögliche Folge übermäßiger Kontrolle. Jedoch treibt derselbe Erziehungsstil manche Kinder auch in das andere Extrem – dazu, dass sie sich gegen alles und jedes auflehnen. Ihr Wille, ihr Urteilsvermögen, ihr Bedürfnis, etwas Selbstbestimmung über ihr Leben zu haben, sind unterdrückt worden, und sie können nur dadurch ein Gefühl von Autonomie wiederbekommen, dass sie sich übermäßig viel auflehnen.

Wenn wir Kinder dazu bringen, sich machtlos zu fühlen, weil wir sie zwingen, sich unserem Willen zu unterwerfen, löst das oft heftige Wut aus, und nur weil diese Wut in dem Augenblick nicht zum Ausdruck gebracht werden kann, bedeutet das nicht, dass sie verschwindet. Was mit der Wut geschieht, hängt von der Persönlichkeit des Kindes und den genauen Umständen ab. Manchmal kommt es zu weiteren Gefechten mit den Eltern. Wie die Autorin Nancy Samalin bemerkt: „Selbst wenn wir ‚gewinnen', verlieren wir. Wenn wir Kinder durch Gewalt, Drohungen oder Strafen zum Gehorchen bewegen, fühlen sie sich hilflos. Dieses Gefühl der Hilflosigkeit können sie nicht ausstehen, daher provozieren sie eine weitere Konfrontation, um zu beweisen, dass sie noch eine gewisse Macht haben."[15] Und von wem lernen sie, diese Macht zu benutzen? Von uns. Ein autoritärer Erziehungsstil macht sie nicht nur wütend, sondern lehrt sie auch, diese Wut gegen andere Menschen zu richten.[16]

Es kann passieren, dass solche Kinder ständig das Bedürfnis verspüren, Autoritätsfiguren eine lange Nase zu machen. Manchmal bringen sie die ganze Feindseligkeit mit in die Schule oder auf den Spielplatz. (Studien lassen darauf schließen, dass Kinder stark kontrollierender Eltern – sogar Kinder, die erst drei Jahre alt sind – besonders dazu neigen, sich Gleichaltrigen gegenüber störend und aggressiv zu verhalten, woraufhin diese vielleicht nichts mehr mit ihnen zu tun haben wollen.[17] Natürlich ist eine solche erzwungene Isolation nicht gut für ihre Entwicklung.)

Es kommt auch vor, dass ein Kind Angst hat, sich offen aufzulehnen, jedoch einen Weg findet, es hinter dem Rücken seiner Eltern zu tun. Ein autoritärer Erziehungsstil kann dazu führen, dass die Kinder sich so gut benehmen, dass die ganze Nachbarschaft die Eltern darum beneidet. Doch oft haben diese Kinder nur gelernt, ihr Fehlverhalten, das bisweilen erschreckend bösartig sein kann, besser zu verbergen. Nach außen hin scheinen sie perfekt zu sein, doch in Wirklichkeit führen sie ein „Doppelleben", wie ein Therapeut es formuliert hat: „Die Kontrolle der Erwachsenen und ihre Machtausübung (machten es) nötig, eine Art Doppelleben zu etablieren – eines, zu dem die Eltern zugelassen waren, und eines, von dem sie möglichst nichts wissen sollten."[18] Solche Kinder können ein erhöhtes Risiko haben, diverse psychische Störungen zu entwickeln. Auch können sie große Angst vor den Menschen entwickeln, die sie so behandelt haben, und sich dauerhaft von ihnen entfremden. Ähnlich wie eine an Bedingungen geknüpfte Liebe kann eine starke Kontrolle manchmal auf kurze Sicht zu Erfolgen führen, jedoch um den Preis, dass unsere Beziehung zu unseren Kindern im Lauf der Zeit schwer geschädigt wird.

Eine Mutter berichtete in einem Online-Diskussionsforum von einem verblüffenden Erlebnis. Sie erzählte, wie sie die Weihnachtsfeiertage einmal bei den Verwandten ihres Mannes verbracht habe, die mit strenger Disziplin erzogen worden waren und ihre Kinder nun ebenso erzogen. Während der Feiertage erzählten sie Geschichten über ihre diversen Jugendstreiche. „Diese wohlerzogenen, regelmäßig disziplinierten, höflichen Kinder verwandelten sich jedes Mal, wenn ihre Eltern ihnen den Rücken zuwandten, in wilde Rowdys", berichtete sie. „Sie taten Dinge, die mir nie eingefallen wären." Auf ihrer Seite der Familie habe es dagegen „nie einen Verhaltensplan gegeben, ein Bonus- oder Bestrafungssystem, Stubenarrest, eine Tracht Prügel oder ein Wegnehmen von Vergnügungen". Und ebenso wenig, beteuert sie, habe es ernsthaftes Fehlverhalten gegeben.

Damit will ich nicht sagen, man müsse sich immer gleich Sorgen machen, wenn ein Kind sich auflehnt. Ein gewisses Maß an Nein-Sagen ist völlig normal und gesund, vor allem im Alter von etwa zwei oder drei Jahren und dann wieder im frühen Teenageralter. Vielmehr meine ich hier ein übertriebenes, reaktives Sich-Auflehnen, das länger andauert und tiefer geht. Solche Kinder sind der lebende Beweis dafür, dass ein Erziehungsstil, der vor allem Gehorsam zum Ziel hat, oft sogar nach seinen eigenen Maßstäben versagt, ganz abgesehen davon, dass er eine Menge weiterer Probleme schafft.

Was ist die Alternative dazu, übermäßig folgsam zu sein *oder* sich übermäßig viel aufzulehnen? Was kennzeichnet solche Kinder? Wenn sie von ihren Eltern – und später auch von anderen Leuten – um etwas gebeten werden, sagen sie manchmal ja und manchmal nein und fühlen sich weder gezwungen, die Bitte zu befolgen, noch sich dagegen aufzulehnen. Oft tun sie das, worum man sie bittet, vor allem wenn sie den Eindruck haben, dass es vernünftig oder demjenigen, der die Bitte äußert, sehr wichtig ist. Mit einiger Wahrscheinlichkeit sind dies die Kinder von Eltern, die eine gute Vertrauensgrundlage aufgebaut haben, indem sie sie mit Respekt behandeln, ihre Bitten begründen und unrealistische Erwartungen an den Gehorsam der Kinder vermeiden. Solche Eltern haben sich mit der Tatsache angefreundet, dass ihre Kinder sich behaupten, indem sie sich ab und zu auflehnen, und sie überreagieren nicht, wenn dies geschieht.

Zu viel essen, weniger Freude an dem, was man tut – und andere Folgen von Kontrolle

In Kapitel 2 habe ich die Auswirkungen eines an Bedingungen geknüpften Selbstwertgefühls geschildert und die Arbeiten der an der Universität Rochester tätigen Psychologen Richard Ryan und Edward Deci erwähnt. (Deci war auch an der Studie an Hochschulstudenten beteiligt, bei der diverse negative Folgen eines an Bedingungen geknüpften Erziehungsstils festgestellt wurden.) Diese beiden Forscher sowie ihre Mitarbeiter und ehemalige Studenten haben im Lauf der vergangenen Jahrzehnte Beweismaterial dafür zusammengetragen, dass es meist ungünstige Folgen hat, wenn sich Menschen verschiedenen Alters kontrolliert fühlen, ganz gleich, ob die Kontrolle durch Strafen, Belohnungen, durch eine an Bedingungen geknüpfte Liebe, durch offenen Zwang oder andere Mittel erreicht wird.

Im Hinblick auf die Erziehung von Kindern haben sie festgestellt, dass je stärker sich Kinder eingeschränkt und kontrolliert fühlen, umso höher die Wahrscheinlichkeit „offenen Widerstands gegen das, was Sozialisierer fördern wollen", ist – und umso instabiler ist meist auch die Identität oder das Selbstgefühl des Kindes.[19] Betrachten wir noch einmal die Studie an Hochschulstudenten. Warum richtete es solchen Schaden an, wenn sie von ihren Eltern die Botschaft „Ich liebe dich nur, wenn du…" zu hören bekamen? Weil diese Botschaft dazu führte, dass sie sich von innen kontrolliert fühlten. Sie wuchsen mit dem Gefühl auf, sie müssten sich auf eine bestimmte Weise verhalten – oder Erfolg haben –, um ihren Eltern zu gefallen und letztlich um mit sich selbst zufrieden sein zu können. Die zentrale Formulierung in dem Satz ist *sie müssten:* Sie fühlten sich psychologisch gesehen nicht frei, anders zu handeln.

Eine Verinnerlichung des Drangs, sich gut zu benehmen, hart zu arbeiten oder sonst etwas zu tun, um Mama oder Papa zu gefallen, ist nichts Gutes, wenn man nicht das Gefühl hat, dass das Handeln einer echten Entscheidung entspringt. Und laut dieser Studie war das bei den Hochschulstudenten nicht der Fall. Diejenigen, die glaubten, ihre Eltern liebten sie nur unter bestimmten Bedingungen, neigten viel eher zu der Aussage, ihr Handeln beruhe oft mehr auf einem „starken inneren Druck" als auf „dem Gefühl, wirklich eine Entscheidung getroffen zu haben". Sie äußerten auch, dass ihr Glücksgefühl über einen Erfolg gewöhnlich nur von kurzer Dauer sei, ihre Meinung über sich selbst stark schwanke und dass sie sich oft schuldig fühlten oder schämten.[20]

Deci und Ryan sind der Überzeugung, dass Kinder nicht nur mit bestimmten grundlegenden Bedürfnissen einschließlich des Bedürfnisses, in einem bestimmten Maß selbst über ihr Leben bestimmen zu können, geboren werden, sondern auch mit der Fähigkeit, Entscheidungen auf eine Weise zu treffen, die ihren Bedürfnissen entspricht; sie verfügen über ein „Gyroskop natürlicher Selbstregulierung". Wenn wir Kinder übermäßig kontrollieren – etwa indem wir ihnen Belohnungen und Lob dafür anbieten, dass sie tun, was wir wollen –, beginnen sie von externen Steuerungsquellen abhängig zu werden. Das Gyroskop gerät ins Wanken und sie verlieren ihre Fähigkeit der Selbstregulierung.[21]

Essen

Das Essen ist ein sehr deutliches Beispiel dafür. Zwar stimmt es, dass sich Kinder nicht immer die gesündesten Dinge zum Essen aussuchen. (Daher müssen wir ihnen erklären, was gut für ihren Körper ist und was nicht, und ihnen eine begrenzte Auswahl bieten, so dass alles, wofür sie sich entscheiden, in Ordnung ist.) Doch andererseits nehmen kleine

Kinder auch ohne unser Eingreifen langfristig in der Regel so viele Kalorien zu sich, wie sie brauchen. Manchmal essen sie tagelang so wenig, dass wir uns Sorgen machen, und dann verschlingen sie plötzlich riesige Portionen. Wenn sie etwas Dickmachendes essen, nehmen sie danach meist weniger oder etwas Kalorienarmes zu sich. Im Hinblick darauf, wie viel sie essen, scheinen Kinder also eine erstaunliche Fähigkeit der Selbstregulierung zu haben.

Es sei denn, wir versuchen, das Kommando über ihren Körper zu übernehmen. Vor ein paar Jahren führten zwei Ernährungswissenschaftler in Illinois einen faszinierenden Versuch durch. Sie beobachteten 77 Kinder zwischen zwei und vier Jahren und brachten auch in Erfahrung, inwieweit ihre Eltern Kontrolle über ihre Essgewohnheiten auszuüben versuchten. Sie stellten fest, dass Eltern, die darauf bestanden, dass ihre Kinder nur zu den Mahlzeiten (und nicht dann, wenn sie Hunger hatten) aßen, oder die sie aufforderten, ihren Teller leer zu essen (selbst wenn sie offenbar keinen Hunger hatten), oder die Essen (vor allem den Nachtisch) als Belohnung einsetzten, am Ende Kinder hatten, denen die Fähigkeit, ihre Kalorienaufnahme zu regulieren, abhanden gekommen war. Manche der Eltern schienen selbst Probleme mit dem Essen zu haben und diese an ihre Kinder weiterzugeben. Doch was auch immer der Grund für diese übermäßige Kontrolle war – sie begann schon ihren Tribut zu fordern, noch bevor manche der Kinder aus den Windeln heraus waren. Die Kinder hatten „wenig Gelegenheit, ihre Nahrungsaufnahme selbst zu steuern" und hörten auf, den Hinweisen ihres Körpers darüber, wann sie Hunger hatten, zu vertrauen. Eine Folge: Viele von ihnen begannen schon dick zu werden.[22]

Moral

Diese Feststellung über das Essen ist für sich gesehen interessant und erschreckend, doch sie ist nur ein Beispiel einer umfassenderen Gefahr. Die äußere Regulierung kann die Entwicklung der inneren Regulierung nicht nur auf dem Gebiet des Essens, sondern auch im Bereich der Ethik stören. Ein autoritärer Erziehungsstil fördert die moralische Entwicklung von Kindern nicht, sondern kann sie sogar untergraben. Wer gedrängt wird, zu tun, was man ihm sagt, wird kaum dazu neigen, selbst über ein ethisches Dilemma nachzudenken. Daraus kann schnell ein Teufelskreis entstehen: Je weniger ein Kind die Chance bekommt, Entscheidungen darüber zu treffen, wie es richtig handeln soll, umso höher ist die Wahrscheinlichkeit, dass es auf eine Weise handelt, die für die Eltern Anlass ist, seine Unverantwortlichkeit als Grund dafür anzuführen, dass sie ihm weiterhin die Entscheidungsfreiheit verweigern.

Eine häufig erwähnte Rezension der Forschungen über die kindliche Entwicklung berichtet, dass Kinder autoritärer Eltern bei bestimmten Beurteilungskriterien zwar keine Auffälligkeiten zeigen, was den Widerstand gegenüber Versuchungen angeht, jedoch bedeutsamere Hinweise darauf schließen lassen, dass sie „weniger Anzeichen eines ‚Gewissens' zeigen und mehr zu einer äußeren statt einer inneren Orientierung in der Frage, was das ‚richtige' Verhalten in moralischen Konfliktsituationen ist, neigen"[23].

Interesse

Eine weitere Folge zu starker Kontrolle: Wenn Kinder sich gezwungen fühlen, etwas zu tun – oder wenn sie in der *Art,* wie sie etwas tun, zu sehr gegängelt werden –, neigen sie dazu, sich weniger für das, was sie tun, zu interessieren und etwas Schwieriges schneller aufzugeben. Im Rahmen eines spannenden Versuchs wurden Eltern aufgefordert, sich auf den Fußboden neben ihre sehr kleinen Kinder – die noch keine zwei Jahre alt waren und mit Spielsachen spielten – zu setzen. Manche Eltern rissen die Aufgabe gleich an sich oder stießen barsche Anweisungen hervor („Leg das Bauklötzchen drauf. Nein, nicht dahin. *Da!*"). Andere waren damit zufrieden, ihre Kinder erkunden zu lassen, ermutigten sie und boten Hilfe nur bei Bedarf an. Später wurde den Kleinkindern etwas anderes zum Spielen gegeben, diesmal ohne das Beisein ihrer Eltern. Sobald sie allein waren, neigten die Kinder der stark kontrollierenden Eltern eher dazu, aufzugeben, statt zu versuchen, herauszufinden, wie das neue Spielzeug funktionierte.

Rund zehn Jahre später kam eine andere Studie bei sechs- und siebenjährigen Kindern zu sehr ähnlichen Ergebnissen: Diejenigen, deren Eltern auf eine stark kontrollierende Weise mit ihnen gespielt hatten (ihnen gesagt hatten, was sie tun sollten, sie kritisiert oder gelobt hatten), schienen das Interesse an dem, was sie taten, zu verlieren. Sie spielten weniger mit den Spielsachen, wenn sie allein waren, und sie sagten auch, die Spielsachen machten ihnen weniger Spaß, als dies bei den Kindern mit weniger stark kontrollierenden Eltern der Fall war.[24]

Fähigkeiten

Die erste dieser Studien, die ein Abnehmen des kindlichen Interesses zeigten, wurde Mitte der 80er Jahre des 20. Jahrhunderts von Wendy Grolnick, einer ehemaligen Schülerin von Deci und Ryan, und ihren Mitarbeitern durchgeführt. (Die zweite Studie wurde von Deci selbst und anderen durchgeführt.) Rund zwei Jahrzehnte später entdeckte Grolnick, dass eine starke Kontrolle durch die Eltern nicht nur dazu führt, dass Kinder weniger *Interesse* an dem, was sie tun, haben: Sie kann auch zur Folge haben, dass Kinder schlechtere *Leistungen* bei dem, was sie tun, erreichen. Bei dieser Studie beobachtete sie, wie Drittklässler und ihre Eltern bei Projekten zusammenarbeiteten, die Hausaufgaben ähnelten (bei einem ging es um die Verwendung von Landkarten, bei einem anderen um Reimschemata von Gedichten). Nach der gemeinsamen Arbeit wurde jedes Kind allein gelassen und gebeten, ähnliche Aufgaben auszuführen. Die Kinder, die von ihren Eltern stärker kontrolliert worden waren, erbrachten alleine schlechtere Leistungen.[25]

Interessanterweise waren die Eltern, die am meisten Kontrolle ausübten (zumindest bei der Aufgabe mit den Gedichten), diejenigen, die sich selbst kontrolliert fühlten – durch die Mitteilung des Versuchsleiters, die für die Aufgaben benötigten Fähigkeiten ihrer Kinder würden getestet werden.[26] Dasselbe geschieht oft bei Lehrern: Wenn ihnen Druck gemacht wird, „die Anforderungen zu erhöhen", werden sie zu Drillmeistern. Die Ironie liegt darin, dass ihre Schüler daraufhin letztlich weniger erreichen als Schüler in Klassen, wo weniger Wert auf „Rechenschaftspflicht" gelegt wird.[27]

In ihrem sehr nützlichen und prägnanten Buch *The Psychology of Parental Control* fasst Grolnick eine Menge anderer Forschungsarbeiten zusammen, die zeigen, dass „ein kontrollierender Erziehungsstil im Zusammenhang steht mit einem geringeren Grad intrinsischer Motivation, geringerer Internalisierung von Werten und Moralvorstellungen, einer schlechteren

Selbstregulierung" und einem schlechteren Selbstwertgefühl – ganz zu schweigen von den „unerwünschten Nebenwirkungen für die Eltern-Kind-Beziehung". Sie fügt hinzu: „Diese Dinge betreffen nicht nur die Entwicklung und das Wohlergehen der Kinder, sondern auch ihren Erfolg als glückliche, seelisch gesunde Erwachsene im Lauf ihres Lebens." Ihre Untersuchung der Daten legt eindeutig den Schluss nahe, dass Kinder zwar in verschiedenen Altersstufen unterschiedliche Bedürfnisse haben, die Auswirkungen einer zu starken Kontrolle jedoch unabhängig vom Alter schädlich sind. Und während Erziehungsstile zwar eindeutig je nach ethnischer Zugehörigkeit, sozialer Schicht und Kultur variieren, scheint zu viel Kontrolle überall negative Auswirkungen zu haben.[28]

Natürlich lassen Begriffe wie *übermäßig* und *zu viel* die Frage aufkommen, ob es ein ideales Maß an Kontrolle gibt. Meine Antwort lautet, dass es bei dem Versuch, herauszufinden, was für Kinder gut ist, mehr um eine qualitative als um eine quantitative Frage geht. Je nachdem, wie wir *Kontrolle* definieren, ist es vielleicht sinnvoller, nach Alternativen dazu zu suchen, statt einfach weniger davon einzusetzen. Beispielsweise brauchen Kinder *Struktur* in ihrem Leben – und manche brauchen mehr als andere –, doch das ist nicht dasselbe wie die Aussage, sie brauchten einfach eine mäßige Menge an Kontrolle.[29] Wie können wir diese beiden Dinge voneinander unterscheiden? Gewiss gibt es hier Grauzonen, doch im Allgemeinen werden vernünftige Strukturen nur, wenn sie nötig sind, auf flexible Weise, ohne unnötige Einschränkungen und nach Möglichkeit unter Beteiligung des Kindes geschaffen. Das Ergebnis wirkt ganz anders als bei der Verwendung von Zwang oder Druck zum Durchsetzen des Willens, was man meist unter Kontrolle versteht.

Als Eltern sollten wir über die Einzelheiten im Leben unserer Kinder Bescheid wissen und daran beteiligt sein. Nichts in diesem Buch sollte als Argument dafür interpretiert werden, sich zurückzulehnen und Kinder sich selbst erziehen zu lassen. Wir könnten sagen, es ist unsere Aufgabe, „die Kontrolle zu behalten", in dem Sinne, dass wir eine gesunde und sichere Umgebung schaffen, Orientierung bieten und Grenzen setzen – aber es ist nicht unsere Aufgabe, „Kontrolle auszuüben" im Sinne davon, absoluten Gehorsam zu verlangen oder mit Druck oder ständiger Gängelung zu arbeiten. Ja, auch wenn es paradox klingen mag: Wir müssen die Kontrolle darüber haben, ihnen zu helfen, Kontrolle über ihr eigenes

Leben zu erlangen. Das Ziel ist Emanzipation statt Konformität und die Methoden sind von Respekt statt von Zwang geprägt.

Es mag Zeiten geben, zu denen ein gewisses Maß an Kontrolle – im üblichen Sinne – unvermeidlich ist, und dann besteht die Kunst tatsächlich darin, es nicht zu übertreiben. Doch wir müssen unser Denken für eine Herangehensweise an die Erziehung öffnen, die sich grundsätzlich von Kontrolle unterscheidet, statt nur einen glücklichen Mittelweg zwischen „zu viel" und „zu wenig" Kontrolle finden zu wollen. In Kapitel 9 werde ich einige Vorschläge machen, wie uns das gelingen kann.

4 Strafen sind schädlich

Strafe … Kontrolle … autoritäre Erziehung … Liebesentzug … an Bedingungen geknüpfte Zuneigung – all diese Konzepte überlappen sich. Das Erste jedoch ist uns am vertrautesten und am leichtesten zu verstehen. Kinder zu bestrafen heißt ganz einfach, dass man etwas für sie Unangenehmes herbeiführt – oder sie daran hindert, etwas Angenehmes zu erleben –, gewöhnlich mit dem Ziel, ihr zukünftiges Verhalten zu ändern. Mit anderen Worten, der Strafende fügt ihnen Leid zu, um ihnen eine Lektion zu erteilen.[1]

Grundsätzliche Fragen darüber, ob dieser Ansatz klug ist, können aufkommen, noch bevor wir uns die Ergebnisse wissenschaftlicher Forschungen ansehen. Beispielsweise stellt sich uns vielleicht die Frage: Wie hoch ist die Wahrscheinlichkeit, dass es sich auf lange Sicht als vorteilhaft erweisen wird, wenn man Kinder mit Absicht unglücklich macht?

Und: Wenn Strafen so wirksam sind, warum muss ich sie bei meinem Kind dann immer wieder einsetzen?

Die vorhandene Forschung trägt nicht dazu bei, solche Zweifel zu zerstreuen. Die Ergebnisse einer klassischen, im Jahre 1957 veröffentlichten Erziehungsstudie schienen selbst die Autoren zu überraschen. Nach Durchsicht aller Daten aus ihren Untersuchungen bei Kindergartenkindern und ihren Müttern berichteten sie: „Die unglücksseligen Auswirkungen der Bestrafung ziehen sich wie ein düsterer Faden durch unsere Feststellungen." Bestrafung erwies sich als kontraproduktiv, unabhängig davon, ob die Eltern sie einsetzten, um Aggressionen, übermäßige Abhängigkeit, Bettnässen oder sonst etwas zu unterbinden. Die Forscher stellten durchgehend fest, dass Bestrafung „auf lange Sicht unwirksam als Methode zur Eliminierung das Verhaltens, auf das sie gerichtet ist"[2] war. Jüngere und besser angelegte Studien haben diese Schlussfolgerung noch bestätigt und beispielsweise festgestellt, dass Eltern, die „das Verletzen von Regeln bei ihren Kindern zu Hause bestraften, oft Kinder hatten, die außerhalb von zu Hause in großem Umfang Regeln verletzten"[3].

Inzwischen gibt es eine eindrucksvolle Sammlung von Forschungsergebnissen, welche die zerstörerischen Auswirkungen körperlicher Bestrafung im Besonderen – also des Verprügelns, Verteilens von Ohrfeigen und anderen Zufügens körperlicher Schmerzen als Form der Disziplinierung – demonstrieren. Die Daten zeigen auf erdrückende Weise, dass körperliche Bestrafung Kinder aggressiver macht und eine Vielzahl anderer negativer Folgen nach sich zieht. (Es ist nicht einmal klar, ob sich damit vorübergehende Folgsamkeit erreichen lässt.)[4] Wenn man Kinder schlägt, erteilt man ihnen ganz klar „eine Lektion": und zwar die, dass man den eigenen Willen Schwächeren gegenüber durchsetzen kann, indem man ihnen wehtut.

Ich glaube, die Forschungsergebnisse stützen eine Null-Toleranz-Politik gegenüber körperlicher Bestrafung, weil sie unnötig, unnütz und potentiell sehr gefährlich ist. Doch auch dies ist vielleicht ein Bereich, in dem Daten nicht unbedingt notwendig sind. Grundlegende Werte können genügen, um unsere Ablehnung zu rechtfertigen. So widerwärtig es auch ist, dass manche Männer ihre Frauen oder Freundinnen schlagen – es ist wohl noch schlimmer, wenn Erwachsene Kinder schlagen, auf welche Weise und aus welchem Grund auch immer.

Doch wie sich die Probleme mit dem Konzept der Kontrolle nicht auf Strafen allein beschränken, sind die Schwierigkeiten, die Strafen mit sich bringen, nicht auf körperliche Strafen allein beschränkt. Die verstorbene Soziologin Joan McCord hat es gut ausgedrückt:

> Wenn Eltern und Lehrer körperliche Strafen durch andere Arten von Strafen ersetzten, würden sie Kindern dadurch zwar nicht beibringen, zu schlagen, zu hauen und zu treten; aber sie würden dennoch die Vorstellung aufrechterhalten, das Zufügen von Schmerz sei eine legitime Art, Macht auszuüben. … Die Folge kann eine nicht weniger starke Untergrabung von Mitgefühl und sozialem Interesse sein.[5]

Mit anderen Worten, das Problem liegt darin, Kinder zu zwingen, etwas Unangenehmes über sich ergehen zu lassen. Dieses Unangenehme kann ein körperlicher Übergriff sein, Entzug von Zuneigung oder von Aufmerksamkeit, Demütigung, Isolierung oder etwas anderes.

Dies möchte ich betonen, denn selbst manche Autoren, die sich klar gegen körperliche Bestrafung aussprechen, scheinen einfach davon auszugehen, dass andere Arten von Strafen harmlos oder sogar notwendig seien. (Drei leuchtende Ausnahmen, die wortgewandt über die Probleme geschrieben haben, die im Konzept der Bestrafung an sich liegen, sind Thomas Gordon, Haim Ginott und William Glasser.)

Einige Ratgeber haben inzwischen auf die verständliche Abneigung vieler Eltern gegenüber Methoden der Bestrafung reagiert, indem sie sie unter dem Etikett „Konsequenzen" neu verpackt haben. In manchen Fällen ist die Änderung rein semantischer Natur – in der stillschweigenden Annahme, ein freundlicherer Name würde dieselben Praktiken weniger anstößig machen. Doch manchmal wird auch behauptet, wenn die Strafe weniger hart sei, in einem „logischen Zusammenhang" zum Fehlverhalten stehe oder vorher klar angekündigt werde, sei es in Ordnung, Strafen zu verwenden – und man solle sie gar nicht als Strafen ansehen.

Ich kaufe ihnen das nicht ab. Und, was noch wichtiger ist, ich glaube nicht, dass Kinder uns das abkaufen. Zwar stimmt es sicherlich, dass man etwas Schlechtes noch schlimmer machen kann, indem man Aspekte wie Unberechenbarkeit und mangelnde Klarheit hinzufügt – oder indem man es wirklich übertreibt oder übermäßig gemein dabei vorgeht –, jedoch sind dies nicht die Hauptgründe dafür, dass Strafen die erwähnten schädlichen Auswirkungen haben.

Wenn wir ankündigen, wie wir vorhaben, unsere Kinder zu bestrafen („Denk daran, wenn du *x* machst, mache ich mit dir *y*"), beruhigt das vielleicht *unser* Gewissen, weil wir sie vorher gewarnt haben, doch in Wirklichkeit haben wir ihnen nur gedroht. Wir haben ihnen im Voraus genau gesagt, welches Leid wir ihnen zufügen werden, wenn sie nicht gehorchen. So vermitteln wir ihnen eine Botschaft des Mistrauens („Ich glaube nicht, dass du ohne Angst vor Bestrafung das Richtige tust"), bringen Kinder zu der Ansicht, sie leisteten unseren Bitten nur aus äußeren Gründen Folge, und betonen ihre Machtlosigkeit. All die negativen Auswirkungen, die aufgrund von Logik, Erfahrungen und Forschungsergebnissen zu erwarten sind, werden mit einiger Wahrscheinlichkeit ungeachtet dieser geringfügigen Änderungen – und ungeachtet dessen, ob wir der Strafe einen anderen Namen geben – eintreten.[6]

Manchmal wird Eltern geraten, eine Auszeit zu verhängen, statt ihre Kinder zu verprügeln – als ob es nur diese beiden Möglichkeiten gäbe. In Wirklichkeit sind, wie wir gesehen haben, beide Methoden Formen von Bestrafung. Sie unterscheiden sich nur darin, ob den Kindern körperliches oder emotionales Leid zugefügt wird. Wenn wir gezwungen wären, uns für eines von beidem zu entscheiden, wäre eine Auszeit natürlich einem Verprügeln vorzuziehen. Übrigens ist es auch vorzuziehen, Kinder zu verprügeln, statt sie zu erschießen, aber das ist kein besonders gutes Argument für das Verprügeln.

Eine andere Version von dem, was man als „Bestrafung light" bezeichnen könnte, ist unter dem Begriff „natürliche Konsequenzen" bekannt – eine Aufforderung an Eltern, ihre Kinder durch Untätigkeit zu disziplinieren, indem sie sich weigern, ihnen zu helfen. Wenn ein Kind zu spät zum Essen kommt, sollen wir es hungern lassen. Wenn es seinen Regenmantel in der Schule vergisst, sollen wir es am nächsten Tag nass werden lassen. Angeblich lehrt dies das Kind, pünktlicher, weniger vergesslich oder was auch immer zu sein. Doch viel eindrucksvoller wird für es die Lektion sein, dass wir hätten helfen können – und es nicht getan haben. Wie zwei Autoren in ihrer Diskussion dieser Methode erläutern: „Wenn man daneben steht und zulässt, dass etwas Schlechtes geschieht, erlebt das

Kind die doppelte Enttäuschung, dass etwas schief gegangen ist und das Kind einem offenbar nicht wichtig genug war, um auch nur einen Finger zu rühren, um das Unglück zu vermeiden. Die Methode der ‚natürlichen Konsequenzen' ist in Wirklichkeit eine Form von Bestrafung."[7]

Eine der auffallendsten Eigenschaften von Strafen – jeder Art von Strafen – ist, dass sie einen Teufelskreis für alle Beteiligten schafft, ähnlich wie beim Liebesentzug und bei der positiven Verstärkung. Ganz gleich, wie oft wir gesehen haben, wie das bestrafte Kind vor Wut oder Schmerz um sich schlägt, egal, wie oft eine Strafmaßnahme keine Verbesserung herbeigeführt hat (und wahrscheinlich alles noch schlimmer gemacht hat), gehen wir davon aus, die einzig mögliche Reaktion bestehe darin, erneut zu strafen – und legen vielleicht sogar noch einen drauf. Interessanterweise haben Forschungen ergeben, dass die schlimmsten Auswirkungen nicht auf das ursprüngliche Eingreifen der Eltern zurückzuführen sind, sondern vielmehr auf den Einsatz von Strafe, *nachdem* das Kind die erste Aufforderung nicht befolgt hat. Der reaktive Einsatz von Strafen, die Entscheidung, Strafen zu verwenden, nachdem wir bereits mit dem Kind aneinandergeraten sind, ist das, was am beunruhigendsten ist. Daher ist es gerade dann, wenn wir besonders wütend oder frustriert sind, am wichtigsten, nicht zu strafen.[8]

Von noch größerer Bedeutung ist allerdings der Teufelskreis, der nicht gleich bei der Auseinandersetzung mit dem Kind entsteht, sondern *im Lauf der Zeit* – so, wie sich die Ereignisse über viele Jahre hinweg entwickeln. Ein Kind immer wieder zu bestrafen kann dazu beitragen, dass es zu einem Jugendlichen heranwächst, der sich gegen alles und jedes auflehnt; dennoch wird uns geraten, mit den Strafen weiterzumachen und sie sogar zu verschärfen: Wir sollen dem ungehorsamen Teenager Hausarrest erteilen, ihm sein Taschengeld streichen, unsere Macht einsetzen, um zu *erzwingen*, dass er sich verantwortungsvoll verhält. *Je mehr diese Strategie versagt, umso mehr nehmen wir an, das Problem liege beim Kind statt in der Strategie selbst.* Und falls wir uns die Zeit nehmen, darüber nachzudenken, was wir tun, gehen wir davon aus, dass wir die Methode nur ineffektiv einsetzen – statt zu erkennen, dass das Problem im Konzept selbst, Kindern Leid zuzufügen, um ihnen eine Lektion zu erteilen, liegt. Ginott hatte absolut Recht: „Fehlverhalten und Bestrafung sind keine Gegensätze, die einander aufheben; vielmehr erzeugen und verstärken sie einander."[9]

Warum Bestrafung versagt

Dass es nicht funktioniert, Kinder zu bestrafen, ist angesichts der vorhandenen Forschungsergebnisse kaum zu leugnen. Schwieriger ist es, mit Sicherheit zu sagen, *warum* Bestrafung nicht funktioniert. Dennoch können wir einige Vermutungen wagen.

- *Sie macht Menschen wütend.* Wie bei anderen Formen von Kontrolle macht das Zurückgreifen auf strafende Konsequenzen oft den Empfänger der Strafe wütend, und diese Erfahrung ist für ihn doppelt schmerzlich, weil ihm die Macht fehlt, etwas daran zu ändern. Was die Geschichte uns im Hinblick auf Nationen lehrt, spiegelt wider, was die Psychologie uns im Hinblick auf Individuen lehrt: Wenn sie eine Gelegenheit dazu haben, werden diejenigen, die sich als Opfer fühlen, möglicherweise selbst zu Tätern.

- *Sie ist ein Vorbild für den Gebrauch von Macht.* Körperliche Bestrafung dient Kindern als Beispiel für Gewalt – das heißt für die Anwendung von Gewalt, um Probleme zu lösen. Im Grunde wird durch jede Bestrafung etwas Ähnliches gelernt. Die Lektion, die wir im Sinn hatten, als wir die Kinder bestraften („Tu *x* nicht noch einmal"), lernen Kinder vielleicht und vielleicht auch nicht. Doch ganz gewiss lernen sie, dass die wichtigsten Menschen in ihrem Leben, ihre Vorbilder, Probleme zu lösen versuchen, indem sie Macht anwenden, um den anderen unglücklich zu machen, damit er gezwungen ist zu kapitulieren. Strafen machen ein Kind nicht nur wütend; gleichzeitig „bieten sie ihm ein Vorbild, seine Feindseligkeit nach außen hin auszudrücken"[10], wie ein Forscher bemerkt. Mit anderen Worten, sie lehren es, dass Macht vor Recht geht.

- *Sie verliert mit der Zeit ihre Wirksamkeit.* Wenn Kinder älter werden, wird es immer schwieriger, etwas ausreichend Unangenehmes, das man ihnen zufügen kann, zu finden. (Ebenso wird es zunehmend schwerer, ausreichend attraktive Belohnungen zu finden.) Irgendwann fangen Ihre Drohungen an, hohl zu klingen, und Ihre Kinder tun „du hast Hausarrest!" oder „diese Woche gibt's kein Taschengeld für dich!" achselzuckend ab. Das beweist weder, dass Kinder hart im Nehmen oder stur sind, noch bedeutet es, dass Sie Hilfe brauchen, sich diabolischere Möglichkeiten auszudenken, wie Sie Ihren Kindern Leid zufügen können. Vielmehr deutet es darauf hin, dass der Versuch, Kindern zu helfen, gute Menschen zu werden, indem man sie für schlechte Dinge bestraft, vielleicht von Anfang an eine törichte Strategie war. Sehen Sie es einmal so: Wenn sich kleine Kinder fragen, warum sie nett sein oder bestimmten Versuchungen widerstehen sollten, haben Eltern die Wahl. Sie können sich auf den Respekt und das Vertrauen stützen, das sie durch die bedingungslose Liebe zu ihren Kindern aufgebaut haben, und ihnen mit Hilfe von Vernunft und Überzeugungskraft erklären, welche Auswirkungen es auf andere Menschen hat, wenn sie dies statt jenes tun. Oder sie können einfach auf nackte Macht zurückgreifen: „Wenn du das nicht sein lässt, wirst du bestraft." Das Problem bei der zweiten Herangehensweise ist, dass Sie, wenn Ihre Macht zu schwinden beginnt – und das wird passieren –, nichts mehr übrig haben. Wie Thomas Gordon bemerkt hat: „Die unvermeidliche Folge des ständigen Einsatzes von Macht, um seine Kinder zu kontrollieren, wenn sie klein sind, ist, dass man nie lernt, Einfluss auszuüben." Je mehr man auf Strafen zurückgreift, „umso weniger echten Einfluss werden Sie daher auf ihr Leben haben"[11].

- *Sie untergräbt die Beziehung zu unseren Kindern.* Wenn wir strafen, machen wir es unseren Kindern sehr schwer, uns als liebevolle Verbündete anzusehen, was für eine gesunde Entwicklung unabdingbar ist. Stattdessen werden wir (in ihren Augen) zu Vollstreckern, denen man aus dem Weg gehen sollte. Noch sehr junge Kinder beginnen zu begreifen, dass ihre Eltern, diese gewaltigen, allmächtigen Menschen, von denen sie völlig abhängig sind, sie bisweilen *mit Absicht* unglücklich machen: Diese Riesen, die mich halten und schaukeln, mich füttern und mir die Tränen mit Küssen trocknen, geben sich manchmal große Mühe, mir Dinge, die ich mag, wegzunehmen, oder bringen mich dazu, mich wertlos zu fühlen, oder hauen mich auf den Hintern (obwohl sie *mir* ständig sagen, ich soll mich vernünftig ausdrücken). Sie sagen mir, sie verhalten sich so, weil ich irgendwas getan hätte, aber ich weiß nur, dass ich nicht mehr sicher bin, ob ich ihnen vertrauen oder mich bei ihnen ganz sicher fühlen kann. Es wäre

ziemlich dumm von mir, wenn ich ihnen gegenüber zugeben würde, dass ich wütend bin oder dass ich irgendwas Schlechtes getan
habe, denn ich habe die Erfahrung gemacht, dass sie dann vielleicht
eine Auszeit verhängen, in einer ganz lieblosen Stimme mit mir reden oder mich sogar hauen. Daher halte ich lieber Abstand zu ihnen.

- *Sie lenkt Kinder von den wichtigen Dingen ab.* Stellen Sie sich vor, einem Kind wird gesagt, es muss in sein Zimmer gehen und sein Lieb-
lingsprogramm im Fernsehen verpassen, weil es seinen Bruder gerade
gehauen hat. Werfen wir kurz einen Blick zu ihm hinein, wie es da
auf seinem Bett sitzt. Was meinen Sie, was ihm durch den Kopf geht?
Wenn Sie vermuten, dass es über sein Verhalten nachdenkt, vielleicht
sogar nachdenklich zu sich selbst sagt: „Weißt du, jetzt sehe ich ein,
dass es falsch ist, anderen wehzutun" – dann schicken Sie Ihre Kinder
unbedingt weiterhin in ihr Zimmer, wenn sie sich daneben benehmen.
Falls Sie jedoch – wie jeder, der schon einmal einige Zeit mit einem
echten Kind verbracht hat (oder selbst eins gewesen ist) – dieses Szenario lächerlich unwahrscheinlich finden, warum sollten Sie dann
überhaupt diese – oder irgendeine andere – Strafe verhängen? Der Gedanke, Auszeiten seien eine akzeptable Form der Disziplinierung, weil
sie Kindern Zeit gäben, über Dinge nachzudenken, beruht auf einer
absurd unrealistischen Grundannahme. Strafen bringen Kinder nicht
dazu, den Blick darauf zu richten, was sie getan haben, und schon gar
nicht darauf, warum sie es getan haben oder was sie stattdessen hätten tun sollen. Vielmehr führt eine Strafe dazu, dass sie darüber nachdenken, wie gemein ihre Eltern sind und vielleicht auch wie sie sich
rächen können (an dem Kind, das ihnen den Ärger eingebrockt hat).
Vor allem werden sie über die Strafe selbst nachdenken: wie ungerecht
sie ist und wie sie ihr beim nächsten Mal entgehen können. Kinder zu
bestrafen – mit der Drohung, wieder dasselbe zu tun, wenn sie in Zukunft Missfallen erregen – ist eine ausgezeichnete Methode, um ihre
Fähigkeit zu perfektionieren, einer Entdeckung zu entgehen. Wenn
Sie zu einem Kind sagen: „Ich will nicht noch einmal sehen, dass du
so was machst", denkt das Kind: „In Ordnung. Beim nächsten Mal
siehst du mich nicht dabei." Auch dient es als starker Anreiz zum
Lügen. (Kinder, die nicht bestraft werden, haben dagegen weniger

Angst, zuzugeben, was sie getan haben.) Jedoch reagieren strafende Eltern auf die vorhersehbare Unehrlichkeit, die mit traditioneller Erziehung einhergeht – „Ich war das nicht! Es war schon kaputt!" –, meist nicht, indem sie ihre Verwendung von Strafen in Frage stellen, sondern indem sie das Kind erneut bestrafen, diesmal weil es gelogen hat.

- *Sie macht Kinder egozentrischer.* Mit dem Wort *Konsequenzen* wird viel um sich geworfen, nicht nur als Euphemismus für Bestrafung, sondern auch als Rechtfertigung dafür – wenn etwa behauptet wird: „Kinder müssen lernen, dass ihr Verhalten Konsequenzen hat." Aber Konsequenzen für wen? Die Antwort, die jede Bestrafung gibt, lautet: für sie selbst. Die Aufmerksamkeit eines Kindes wird ganz darauf ausgerichtet, welche Folgen es für es selbst haben wird, wenn es eine Regel verletzt oder sich gegen einen Erwachsenen auflehnt – das heißt, mit welchen Konsequenzen das Kind rechnen muss, wenn es erwischt wird. Wenn wir bestrafen, bringen wir Kinder dazu, sich zu fragen: „Was wollen die (die Erwachsenen, die die Macht haben) von mir und was passiert mir, wenn ich es nicht tue?" Dies ist ein Spiegelbild der Frage, die sich zu Hause oder in der Schule stellt, wenn Kindern eine Belohnung für gutes Verhalten versprochen wird: „Was wollen die (die Erwachsenen, die die Macht haben) von mir und was bekomme ich, wenn ich es tue?" Bei beiden Fragen spielt ausschließlich das Eigeninteresse eine Rolle. Und beide sind völlig anders als das, von dem wir uns wünschen würden, dass Kinder sich das fragen – etwa: „Was für eine Art Mensch will ich sein?" Zwei Forscher erklärten ihre Feststellung, dass das Bestrafen von Kindern ihre moralische Entwicklung beeinträchtigt, damit, dass Strafen „den Blick des Kindes auf die Folgen seines Verhaltens für den Akteur, das heißt für das Kind selbst, richten"[12]. Je mehr wir auf Strafkonsequenzen, einschließlich Auszeiten – oder auf Belohnungen, einschließlich Lob –, zurückgreifen, umso geringer wird die Wahrscheinlichkeit, dass unsere Kinder darüber nachdenken, welche Auswirkungen ihr Verhalten auf andere Menschen hat. (Dagegen steigt vielleicht die Wahrscheinlichkeit, dass sie eine Kosten-Nutzen-Analyse durchführen – das heißt, dass sie das Risiko, erwischt und bestraft zu werden, gegen das verbotene Vergnügen abwägen.)

Diese Reaktionen – das Kalkulieren des Risikos, das Überlegen, wie man es vermeiden kann, erwischt zu werden, das Lügen, um sich selbst zu schützen – leuchten von der Perspektive des Kindes aus durchaus ein. Sie sind vollkommen vernünftig. Was sie jedoch nicht sind, ist moralisch, und das liegt daran, dass Bestrafung – *jede* Art von Bestrafung, da es in der Natur der Sache liegt – moralisches Denken behindert. Wenn Verfechter traditioneller Erziehungsmethoden also betonen, Kinder müssten schließlich später in der „echten Welt" auch die Konsequenzen ihres Verhaltens tragen, könnte man logischerweise die Frage stellen, welche Arten von Menschen sich wohl nur dadurch von unethischem Verhalten abbringen lassen, dass sie den Preis dafür bezahlen müssen (wenn sie erwischt werden). Unsere Antwort müsste lauten: die Art von Menschen, von denen die meisten von uns hoffen, dass unsere Kinder nicht so werden.

* * *

Bisher habe ich vor allem praktische Argumente angeführt. Nach allen aussagekräftigen Kriterien funktioniert Bestrafung einfach nicht gut und es ist unrealistisch, zu erwarten, dies ließe sich durch mehr Strafen (oder eine andere Art von Strafen) ändern. Doch was sollen wir Eltern entgegnen, die behaupten, Erklären, Begründen, Einfühlen und Ähnliches könne nur begrenzte Auswirkungen haben und man müsse daher dem, was man zu Kindern sage, „Nachdruck verleihen" und „für ihre Aufmerksamkeit sorgen", indem man ihnen auch eine Konsequenz auferlegt?

Zunächst einmal sollte uns auffallen, dass diese Behauptung auf der Annahme beruht, ohne das Hinzuziehen irgendeiner Methode zur Zwangsvollstreckung würden Kinder die wichtigsten Menschen, die es für sie auf der Welt gibt, ignorieren. Das ist eine harte Behauptung. Gewiss ignorieren Kinder manchmal bestimmte Dinge, die wir ihnen sagen, und demonstrieren bemerkenswerte Fähigkeiten des selektiven Hörens, wenn wir sie zum Essen rufen oder sie aufzuräumen bitten; jedoch bedeutet das nicht, dass sie unsere Worte oder Taten nicht wahrnehmen. Im Gegenteil, auch die Worte der sanftesten Eltern – vielleicht sollte ich auch sagen: *besonders* die der sanftesten Eltern – haben einen enormen Einfluss allein aufgrund der Person, die sie ausspricht.

Aber könnte man nicht argumentieren, Drohungen und Strafen stellten die Aufmerksamkeit von Kindern auf andere Weise sicher? Ja, jedoch ist die Art, wie sie dies tun, furchtbar kontraproduktiv. Eben die Eigenschaften jeder Strafe, die es unmöglich machen, sie zu ignorieren, sorgen auch dafür, dass sie zu nichts Gutem führen kann. Was hier die Aufmerksamkeit der Kinder sicherstellt, ist Schmerz – neben der Tatsache, dass jemand, von dem sie abhängig sind, den Schmerz hervorgerufen hat. Es ist kaum wahrscheinlich, dass dies die Wirkung zeitigen wird, die die meisten von uns anstreben.

Manche Eltern rechtfertigen ihre Verwendung von Strafen, indem sie betonen, sie liebten ihre Kinder von ganzem Herzen. Dies ist zweifellos wahr. Jedoch schafft es eine zutiefst verwirrende Situation für die Kinder. Es ist für sie schwer zu begreifen, warum jemand, der sie eindeutig liebt, ihnen dennoch von Zeit zu Zeit Leid zufügt. So entsteht die verzerrte Vorstellung, die Kinder vielleicht ihr Leben lang mit sich herumtragen, jemanden zu lieben bedeute auch, ihm Schmerz zuzufügen. Oder sie lernen einfach, dass Liebe an Bedingungen geknüpft ist, dass sie nur Bestand haben kann, solange der andere genau das tut, was man will.

Eine weitere Rechtfertigung lautet, eine Strafe sei nicht schädlich, solange sie aus einem guten Grund verhängt und dieser Grund dem Kind erklärt werde. Doch die Wahrheit ist: Erklärungen minimieren die negativen Auswirkungen von Bestrafungen nicht so sehr, wie Bestrafungen die positiven Auswirkungen von Erklärungen minimieren.[13] Stellen Sie sich vor, Sie erklären Ihrem Kind die Lage und versuchen ihm klarzumachen, welche Gefühle sein Verhalten bei jemand anderem hervorgerufen hat. Sie sagen: „Annie, als du Jeffrey die Legosteine weggenommen hast, hast du ihn traurig gemacht, weil er jetzt nicht mehr damit spielen kann." Doch was geschieht, wenn Sie außerdem die Gewohnheit haben, Ihr Kind für bestimmte Vergehen zu bestrafen? Es kann sein, dass der Nutzen Ihrer Erklärung dadurch quasi ausgelöscht wird. Wenn Annie aus Erfahrung weiß, dass Sie sie auf den stillen Stuhl schicken oder sonst etwas Unangenehmes mit ihr machen werden, denkt sie nicht an Jeffrey. Sie macht sich nur Sorgen, was das Ganze für sie bedeuten wird. Je mehr sie sich aus Erfahrung vor einer möglichen Bestrafung fürchtet, umso geringer ist die Wahrscheinlichkeit, dass sie in moralischer Hinsicht etwas Wichtiges lernen kann.

Wenn Sie alles aus diesem Kapitel mit der Diskussion in Kapitel 2 verbinden, wird ein umfassenderes Muster sichtbar. Was ich als Methode beschrieben habe, mit Kindern als Objekten etwas zu tun, und wozu eine an Bedingungen geknüpfte Erziehung zählt, existiert in Wirklichkeit in Form eines Kontinuums – etwa so:

$$\longleftarrow \hspace{8cm} \longrightarrow$$

| harte körperliche Bestrafung | gemäßigtere körperliche Strafen | andere Strafen | materielle Belohnungen | verbale Belohnungen |

Damit will ich nicht sagen, es sei in moralischer Hinsicht gleichwertig, ob man sein Kind schlägt oder ob man „gut gemacht!" zu ihm sagt. Doch beides ist vom Konzept her miteinander verbunden. Meine Sorge gilt *all* diesen Methoden sowie den Annahmen, die sie miteinander verbinden. Nach meiner Erfahrung neigen Eltern weniger dazu, die Alternative, mit dem Kind zusammenzuarbeiten, auszuprobieren, solange sie der Meinung sind, es genüge, einfach eine der Methoden auf der rechten Seite des obigen Diagramms zu verwenden. Daher habe ich so viel Zeit für die Erklärung aufgewandt, wie wichtig es ist, das ganze Modell abzulehnen.

Darüber hinaus habe ich auch eine Sichtweise in Frage gestellt, die man als „je mehr, desto besser" bezeichnen könnte. Damit meine ich die Tendenz, Argumente abzutun, weshalb eine bestimme Erziehungsmethode schlecht sei und durch eine andere ersetzt werden sollte. „Warum machen wir nicht einfach beides?", fragen manche Leute. „Es gibt doch keinen Grund, irgendwas aus der Werkzeugkiste zu werfen. Man sollte alles benutzen, was funktioniert."

Zunächst einmal sollten wir wieder einmal entgegnen: „Inwiefern funktioniert es – und zu welchem Preis?" Doch das wirkliche Problem besteht darin, dass verschiedene Methoden manchmal gegeneinander arbeiten. So kann Bestrafung den Nutzen guter Erziehungsmethoden zunichte machen, wenn beides miteinander kombiniert wird.[14]

Sie erinnern sich vielleicht an die von Generationen von Bauern und Lebensmittelhändlern bestätigte Volksweisheit, dass ein fauler Apfel hundert gesunde ansteckt. Es wäre sicher etwas weit hergeholt, von einer Art psychologischem Äthylen zu sprechen, das traditionellen Erziehungsmethoden entströmt, in Analogie zu dem Gas, das faule Äpfel absondern. Doch ganz offenbar kann das Bemühen um optimale Ergebnisse es notwendig machen, gewisse Praktiken aufzugeben, statt bloß andere, bessere Methoden hinzuzufügen. Wir müssen das Schlechte, wie Strafen und Belohnungen, über Bord werfen, damit das Gute funktionieren kann.[15]

5 Zum Erfolg gedrängt

Es ist wenig bekannt, dass das Wort Stress zur Beschreibung der emotionalen Verfassung eines Menschen eigentlich eine Metapher ist. Ursprünglich war der Begriff auf die wissenschaftliche Untersuchung von Metallen und anderen Werkstoffen beschränkt. Er bezog sich auf die Belastung oder Verformung, die infolge starker Krafteinwirkung eintreten kann. Eine Stahlstange kann nur eine bestimmte Belastung – auf Englisch „stress" – aushalten, bevor sie zerbricht.

Was stellt für Kinder eine vergleichbare Krafteinwirkung dar? Und was geschieht mit ihnen, wenn sie „zerbrechen"?

Sobald das Alter eines Kindes zweistellig wird, steigt der Einsatz im Erziehungsspiel. Jugendliche können in größere Schwierigkeiten geraten, und wenn sie sich (verständlicherweise) gegen zu starke Kontrolle auflehnen, sind die Eltern oft versucht, auf noch engere Regulierung und härtere Bestrafungen zurückzugreifen. Jedoch können ältere Kinder auch aus einem anderen Grund Stress erleben. Zunehmend wird ihnen deutlich gemacht, dass von ihnen erwartet wird, nicht nur folgsam, sondern auch erfolgreich zu sein, sich nicht nur gut zu benehmen, sondern auch gute Leistungen zu erbringen.

Seit ein paar Jahrzehnten warnen uns Bücher von Psychologen und anderen Autoren, dass Kinder zu sehr gehetzt werden, dass zu viel Druck auf sie ausgeübt und ihr Alltag zu sehr verplant wird. Im Rahmen einer im Jahr 2002 veröffentlichten Studie wurden erschreckend hohe Prozentsätze von Alkoholkonsum (vor allem bei Jungen) und Depressionen (vor allem bei Mädchen) unter Elf- und Zwölfjährigen in wohlhabenden Vororten festgestellt. Die Forscher führten diese Symptome bezeichnenderweise darauf zurück, dass diese Kinder bereits dazu gedrängt wurden, alles zu tun, um einen Platz an einem Elite-College zu ergattern.

Darüber hinaus neigten Siebtklässler, die berichteten, dass ihre Eltern viel Wert auf schulische Leistungen legten, zu Anzeichen von Anspannung und „fehlangepasstem Perfektionismus". Diese Probleme traten bei Klassenkameraden, deren Eltern es mehr um das *Wohlergehen* ihrer Kinder als um ihre *Leistungen* ging, wesentlich seltener auf.[1] Beachten Sie, dass diese beiden Ziele nicht nur unterschiedlich sind, sondern bisweilen entgegengesetzte Wege erfordern. Und wie der Psychoanalytiker Erich Fromm einst beklagte, sind „nur wenige Eltern mutig und unabhängig genug, mehr an das Glück ihrer Kinder als an ihren ‚Erfolg' zu denken".[2]

In extremen Fällen kann das Drängen zum Erfolg soweit gesteigert werden, dass die Gegenwart des Kindes im Grunde an die Zukunft verpfändet wird. Aktivitäten, die einen Sinn oder Freude ins Leben bringen könnten, werden dem ständigen Bemühen, das Kind auf Harvard vorzubereiten, geopfert. Solche Eltern haben ständig das Endresultat im Sinn und wägen jede Entscheidung darüber, was ihre Kinder in der Schule oder sogar nach der Schule tun sollen, danach ab, inwiefern es zu zukünftigem Ruhm beitragen könnte. Sie ziehen keine Kinder groß, sondern Lebensläufe, und wenn die Kinder zur High School kommen, haben sie gelernt, sich allein deshalb für Aktivitäten anzumelden, um Hochschulzulassungsgremien zu beeindrucken. Dabei ignorieren sie (und verlieren schließlich aus den Augen), was sie persönlich im Hier und Jetzt interessant finden. Sie haben sich angewöhnt, Lehrer zu fragen: „Müssen wir das wissen?" statt „Was bedeutet das?", während sie sich verbissen bemühen, ihren Notendurchschnitt zu verbessern oder bei der Zulassungsprüfung zum Studium noch ein paar Punkte herauszuholen.

Ein solcher Leistungsdruck herrscht in vielen Familien, in denen die Kinder sich wunderbar benehmen und ihren Eltern oder Lehrern nie Ärger machen. Vor allem sehr erfolgreiche Eltern (damit meine ich Eltern, die finanziell erfolgreich sind, nicht unbedingt Menschen, die *als* Eltern erfolgreich sind) stellen vielleicht starke und oft unrealistische Forderungen an ihren Nachwuchs. Die erwähnte Studie an Elf- und Zwölfjährigen hatte den provokanten Titel „Privilegiert, aber unter Druck? Eine Studie an wohlhabenden Jugendlichen" und einer der Autoren hatte zuvor festgestellt, dass bei wohlhabenden Teenagern Suchtmittelmissbrauch und Ängste weiter verbreitet sind als bei ärmeren Gleichaltrigen in der Innenstadt.[3]

Es lohnt sich, dies gegenüber Eltern von Teenagern (oder zukünftigen Teenagern) in reicheren Vororten zu erwähnen. Allerdings kann es sein, dass manche Einzelheiten in den Büchern, die vor den Folgen eines zu starken Leistungsdrucks bei Kindern warnen, in weniger reichen Gegenden nicht so sehr von Belang sind. Nicht alle Kinder haben nach der Schule einen Terminplan, der selbst für einen Firmenchef anstrengend wäre – und wenn es doch so ist, hat das vielleicht mehr mit der Notwendigkeit zu tun, einen Job zu ergattern, sobald sie alt genug sind. Manche Eltern haben größere Sorgen über die Rückzahlung des Kredits für ihr Auto als über die Ermittlung der besten Strecke, um mit ihrem Luxusgefährt von der Musik- zur Gymnastikstunde zu kutschieren. Und wenn es auch Eltern gibt, die quasi als Vollzeitberater für die „Karriere" ihrer Kinder fungieren, so sollten wir doch nicht vergessen, dass sich manche Eltern in der Innenstadt nur vorstellen können, wie es sein mag, so viel Geld (und Zeit) zur Verfügung zu haben, um so etwas zu tun.

Kurz gesagt, welche Art von Druck Kinder erleben, hängt auch vom Wohnort ab. Das bedeutet jedoch nicht, dass nur reiche Kinder unter Druck stehen. Eltern aus der Arbeiterschicht, die selbst viel zu kämpfen haben, sind vielleicht fest entschlossen, ihren Kindern Möglichkeiten zu bieten, die sie selbst nie gehabt haben, und noch entschlossener, dafür zu sorgen, dass ihre Kinder diese Möglichkeiten wirklich ausnutzen. Die Art von Stress, die dadurch erzeugt wird, ist nicht ganz das Gleiche wie das, was Kinder erleben, deren Eltern rein aus Prinzip darauf bestehen, einen Privatlehrer zu engagieren. Aber Stress ist es so oder so.

Die Auswirkungen sind besonders schädlich, wenn Kinder (unabhängig vom Elterneinkommen oder ethnischem Hintergrund) unter Druck gesetzt werden, nicht nur gute Leistungen, sondern bessere Leistungen als andere zu erbringen. Solche Kinder lernen, alle um sich herum als mögliche Hindernisse für ihren eigenen Erfolg anzusehen. Die vorhersehbaren Folgen sind unter anderem Entfremdung und Aggression, Neid (gegenüber Gewinnern) und Verachtung (gegenüber Verlierern). Oft leidet ihr Selbstwertgefühl ebenso wie ihre Beziehungen. Denn wenn das eigene Gefühl von Kompetenz davon abhängt, dass man über andere triumphiert, wird man sich bestenfalls manchmal beruhigt und bestätigt fühlen. Per Definition kann nicht jeder gewinnen.

In den 80er Jahren des 20. Jahrhunderts befragten zwei Psychologen über achthundert High-School-Schüler und stellten fest, dass diejenigen, die konkurrenzbetont geworden waren, „durch ihre größere Abhängigkeit von evaluations- und leistungsbasierter Bewertung des persönlichen Wertes" auffielen. Im Klartext: Ihr Selbstbild hing davon ab, wie gut sie bei bestimmten Aufgaben abschnitten und was andere über sie dachten.[4] Durch Konkurrenz wird das Selbstwertgefühl an Bedingungen geknüpft und unsicher, und dies gilt für Gewinner wie für Verlierer gleichermaßen. Außerdem beschränken sich diese Auswirkungen nicht auf „übermäßige" Konkurrenz. Vielmehr muss offenbar immer, wenn Kinder so gegeneinander aufgestellt werden, dass nur eins Erfolg haben kann, indem es andere zum Scheitern bringt, in psychischer Hinsicht ein Preis gezahlt werden.

All dies bietet sozusagen eine neue Perspektive, aus der wir Warnungen betrachten sollen, wir täten zu viel für unsere Kinder, verwöhnten sie, spielten eine zu große Rolle in ihrem Leben. Die wirkliche Frage, würde ich entgegnen, lautet nicht, wie viel wir tun, sondern *was* wir tun. Natürlich ist es sinnvoll, uns etwas zurückzunehmen, wenn wir uns allzu sehr darauf versteift haben, unsere Kinder zu besseren Leistungen anzutreiben – oder, noch schlimmer, wenn wir versucht haben, sie als überlegen gegenüber Gleichaltrigen zu positionieren. Doch das heißt nicht, dass wir als Eltern weniger tun sollten. Vielmehr sollten wir bessere Eltern werden – etwa indem wir unsere Kinder mehr unterstützen und weniger kontrollieren. (In Kapitel 7 bis 10 werde ich mehr darüber sagen, wie man das tun kann.)

Statt bloß zu fragen, ob wir zu viel für unsere Kinder tun, könnte es nützlicher (wenn auch möglicherweise beunruhigender) sein, zu fragen, *für wen* wir es tun. Auf den ersten Blick wirkt es vielleicht so, als stellten Eltern, die ihre Kinder ständig antreiben, deren Glück über ihr eigenes, wie es in einem kürzlich erschienenen Buch über „Übereltern" ausgedrückt wurde. Doch sehen Sie genau hin: In manchen Fällen handelt es sich in Wirklichkeit um ein Phänomen, das als BIRG (Basking in Reflected Glory – sich im Ruhme anderer sonnen) bezeichnet wird. Dieser Begriff bezieht sich gewöhnlich auf den Stolz und Jubel von Sportfans, wenn ihre Mannschaft gewinnt, doch er scheint auch eine treffende Beschreibung für Eltern zu sein, die aus dem Erfolg ihrer Kinder ein Gefühl stellvertretender Genugtuung ableiten. Gemeint sind Eltern, die einem wenige Minuten, nachdem man sie kennengelernt hat, erzählen, dass ihr Kind ins Begabtenprogramm aufgenommen wurde, es ins Tennis-Nationalteam geschafft hat oder zum Studium in Stanford zugelassen worden ist. (Über diese Haltung habe ich mich früher oft lustig gemacht, indem ich meinen Freunden verkündete, ich mache mir schreckliche Sorgen, weil meine Tochter beim Lesen noch immer die Lippen bewege, obwohl sie schon zwei Jahre alt sei.)

Natürlich ist nichts schlimm daran, auf unsere Kinder stolz zu sein. Doch wenn die Prahlerei übermäßig erscheint – wenn sie zu stark oder zu häufig ist oder zu schnell beginnt –, kann es sein, dass die Identität des betreffenden Elternteils etwas zu sehr in den Leistungen des Kindes aufgeht. Das ist vor allem dann der Fall, wenn das Prahlen eher triumphierend als liebevoll klingt. Es hat einen Unterton von Konkurrenz und deutet gar nicht so subtil an, das Kind sei nicht nur schlau, sondern schlauer als jedes andere Kind. (Dasselbe gilt für die in den USA allgegenwärtigen Autoaufkleber: *Mein Kind ist Klassenbester an der So-und-So-Schule* – mit dem stillschweigend mitgemeinten PS: *Und Ihr Kind nicht.*)[5]

Wenn man solchen Eltern zuhört, kommt einem der Verdacht, dass diese Leistungen nicht wirklich von alleine gekommen sind, sondern dass ein Elternteil, der dem Kind kaum von der Seite weicht, es pausenlos antreibt und dessen Liebe vielleicht nicht zu groß, aber zu sehr an Bedingungen geknüpft ist, das Kind dazu gedrängt hat. Man fragt sich unwillkürlich, ob diese Kinder glauben, sie würden auch dann geliebt, wenn sie nicht mehr so einen tollen Eindruck machten. Die unbewusste Gleichung: „Mein Kind ist ein Erfolg, daher bin ich auch einer" – oder vielleicht sogar: „Mein Kind ist ein Erfolg, und ich bin der Grund dafür" – steht in direktem Zusammenhang zu Taktiken wie dem selektiven Einsatz positiver Verstärkung, bei dem die Kinder herausfinden, dass sie es zu etwas bringen müssen, um Lächeln und Umarmungen zu bekommen, und dass ihre Eltern nicht deswegen stolz auf sie sind, weil sie so sind, wie sie sind, sondern nur deswegen, weil sie etwas Bestimmtes tun.

Als ich jung war, versuchten manche Eltern, ihre Kinder ein Jahr früher in die Vorschule zu schicken, oder bemühten sich darum, dass sie später ein Schuljahr überspringen konnten, damit sie schneller weiterkämen auf dem Weg nach… wohin auch immer sie eilten. Heutzutage legt dieselbe Art von Eltern in den USA Wert darauf, ein Jahr zu *warten,* damit sie älter – und dadurch vermutlich geschickter – als ihre Klassenkameraden sind. (Diese Praxis wird als *„Redshirting"* bezeichnet – ein dem Wettkampfsport entnommener Begriff.) Dieser Strategiewandel um 180 Grad ist beinahe komisch, doch in beiden Fällen lautet die wirkliche Frage, ob die Entscheidung tatsächlich auf der Grundlage dessen, was das Beste für das Kind ist, getroffen wird.[6] Wieder müssen wir nicht nur die Frage stellen, ob die Eltern selbst eine Rolle spielen, sondern auch, welche Rolle sie spielen und was ihr zugrunde liegendes Motiv ist.

In der Schule

Wenn man den Blick wirklich darauf richtet, was am meisten im Interesse des Kindes ist – und wenn man bereit ist, konventionelle Ansichten in Frage zu stellen –, kann es passieren, dass man einige sehr verbreitete Annahmen über das Wesen des Erfolgs über den Haufen wirft. Denken Sie zum Beispiel an Noten. Selbst viele umsichtige und respektvolle Eltern glauben einfach, es sei ein gutes Zeichen, wenn Kinder gute Noten bekommen. Daher freuen sie sich, wenn dies bei ihren Kindern der Fall ist. Noch bevor ich die Methoden, die manche Eltern einsetzen, damit Kinder auf dieses Ziel hinarbeiten, genauer beleuchte, möchte ich jedoch zur Vorsicht mahnen, was das ganze Konzept der Noten angeht.

Meine Sorge gründet sich darauf, dass es unterschiedliche Arten von Motivation gibt, die nicht alle gleichermaßen wünschenswert sind (siehe S.43 – 44). Es besteht ein gewaltiger Unterschied zwischen einem Schüler, dessen Ziel es ist, eine gute Note zu bekommen, und einem Schüler, dessen Ziel es ist, ein Problem zu lösen oder eine Geschichte zu verstehen. Darüber hinaus lassen Forschungsergebnisse darauf schließen, dass oft drei Dinge passieren, wenn Kinder gedrängt werden, bessere Noten in der Schule anzustreben: Sie verlieren das Interesse am Lernen selbst, sie versuchen, schwierige Aufgaben zu vermeiden, und sie neigen weniger dazu, gründlich und kritisch nachzudenken.[7] Betrachten wir nun jedes dieser drei Dinge.

1. Ähnlich wie Kinder, die für ihre Großzügigkeit belohnt werden, oft schließlich weniger großzügig werden, neigen Schüler, die Einsen bekommen – oder genauer: Schüler, deren Hauptziel darin besteht, Einsen zu bekommen – dazu, sich weniger für das, was sie lernen, zu interessieren. Dies ist nicht bei jedem Kind der Fall; manche scheinen eine natürliche Immunität gegenüber den destruktiven Auswirkungen von Noten zu haben. Doch für die meisten Kinder ist das Risiko sehr groß. Soweit ich weiß, wurde bei jeder einzelnen Studie zu diesem Thema festgestellt, dass Schüler, denen gesagt wird, eine Aufgabe werde benotet, in der Regel weniger Freude an dem haben, was sie tun – und weniger dazu neigen, in ihrer Freizeit damit weiterzumachen –, als Schüler, die sich mit genau derselben Aufgabe beschäftigen, jedoch ohne dass Noten erwähnt werden. Sogar eine tolle Geschichte oder ein aufregendes naturwissenschaftliches Projekt wird schnell weniger reizvoll, wenn es als etwas dargestellt wird, was man erledigen muss, um eine Eins oder hundert Punkte oder ein Sternchen zu ergattern. Je mehr ein Kind an Noten denkt, umso höher ist die Wahrscheinlichkeit, dass seine natürliche Neugier auf die Welt zu schwinden beginnt.

2. Noten bringen Schüler dazu, sich für die leichtestmögliche Aufgabe zu entscheiden, wenn sie die Wahl haben. Man braucht ihnen nur klarzumachen, dass das, was sie tun, für ihre Note „zählt", schon neigen sie dazu, unnötige Risiken zu vermeiden. Kinder brauchen nicht lange, um herauszufinden, dass die Entscheidung für einfachere Auf-

gaben der sicherste Weg zu besseren Ergebnissen ist. Sie entscheiden sich für ein kürzeres Buch oder einen Aufsatz zu einem vertrauteren Thema, um die Wahrscheinlichkeit, schlecht abzuschneiden, zu senken. Das heißt nicht, dass sie „unmotiviert" oder faul wären. Vielmehr zeugt es davon, dass sie vernünftig vorgehen. Sie reagieren auf Erwachsene, die ihnen sagen, das Ziel bestehe darin, eine gute Note zu bekommen, und damit die Botschaft senden, dass *Erfolg wichtiger ist als Lernen*. Im Rahmen einer Studie wurde festgestellt, dass Eltern, denen Leistung als wichtigstes Ziel galt, es besser fanden, wenn ihre Kinder Projekte wählten, „die nur minimale Mühe erforderten und wahrscheinlich zum Erfolg führten", als wenn sie sich für Projekte entschieden, „wo sie eine Menge neuer Dinge lernen, aber auch viele Fehler machen könnten"[8]. Wenn Eltern dagegen von Anfang an klarstellen, dass das Lernen (und die Freude am Lernen) wichtiger sind als die Qualität des Ergebnisses, sind Kinder eher bereit, sich anzustrengen, sich an etwas Interessantes und Neues heranzuwagen, auch wenn sie nicht sicher sind, wie gut ihnen dies gelingen wird.

3. Das Streben nach guten Noten führt oft dazu, dass Schüler oberflächlicher nachdenken. Vielleicht überfliegen sie Bücher danach, „was sie wissen müssen", und tun nur das, was verlangt wird, aber nicht mehr. Vielleicht ersinnen sie Tricks, um bei der Prüfung gut abzuschneiden. Vielleicht schummeln sie sogar. Kinder, die dieses Spiel gut spielen, bestehen die Prüfung, bekommen eine Eins und erfreuen ihre Eltern. Doch erinnern sie sich danach noch an das, was sie gelernt haben? Überlegen sie sich neue, originelle Arten, Probleme zu lösen? Stellen sie durchdachte Fragen zu dem, was der Lehrer gesagt hat, oder denken sie kritisch über den Inhalt des Buches nach? Stellen sie Zusammenhänge zwischen unterschiedlichen Ideen her und betrachten ein Thema aus unterschiedlichen Blickwinkeln? Manchmal vielleicht, jedoch zeigen Forschungsergebnisse, dass all dies weniger wahrscheinlich ist, wenn es nicht so sehr darum geht, etwas zu verstehen, als ein glänzendes Zeugnis zu bekommen. Der Titel eines wissenschaftlichen Artikels über Belohnungen im Allgemeinen ist gleichzeitig eine gute Beschreibung von Noten im Besonderen: „Feinde des Forschungstriebs".

Kurzum: Je mehr wir uns wünschen, dass unsere Kinder 1.) lebenslang lernen und echtes Interesse an Worten, Zahlen und Ideen haben, 2.) es vermeiden, sich immer nur auf das Leichte und Sichere zu beschränken, und 3.) anspruchsvolle Denker werden, umso mehr sollten wir alles tun, was wir können, um ihnen zu helfen, den Gedanken an Noten zu vergessen. Noch besser wäre es, wenn wir Lehrer und Schulleiter ermutigen könnten, die Verwendung von Noten auf ein Minimum zu reduzieren (oder sogar ganz abzuschaffen). Als jemand, der mit Pädagogen im ganzen Land zusammenarbeitet, kann ich Ihnen berichten, dass viele der Schulen, die sich wirklich für qualitativ hochwertige Lernbedingungen – und dafür, dass die Schüler ihre natürliche Liebe zum Lernen nicht verlieren – einsetzen, Wert darauf legen, in Buchstaben oder Zahlen ausgedrückte Noten ganz zu vermeiden. Stattdessen finden sie aussagekräftigere und weniger destruktive Methoden, etwa schriftliche Berichte oder persönliche Gespräche, um den Eltern mitzuteilen, wie gut ihre Kinder zurechtkommen und wo sie vielleicht Hilfe brauchen. Und nein, diese Schüler haben keine Schwierigkeiten, trotz der fehlenden Noten zum Studium zugelassen zu werden.

Natürlich sind solche Schulen noch in der Minderheit. Die meisten verlassen sich weiterhin auf herkömmliche Zeugnisse, und es ist verständlich, dass Eltern bei guten Noten beruhigt sind und sich bei schlechten Sorgen machen. Wir werden vom Strom der anderen mitgerissen. Wir wollen, dass unsere Kinder gute Noten bekommen, weil sie das beste Indiz für schulischen Erfolg zu sein scheinen, und außerdem haben nur wenige von uns je etwas von den schädlichen Auswirkungen von Noten – oder den Alternativen zu Noten – gehört. Darüber hinaus wurden *wir* früher, als wir in der Schule waren, ja auch bewertet und benotet. Doch das macht es nur noch wichtiger, die potentielle Schädlichkeit einer Praxis, die uns längst selbstverständlich erscheint, zu verstehen und zu erkennen, dass die wichtige Frage nicht lautet, was für Noten unsere Kinder bekommen, sondern ob sie Noten für wichtiger als das Lernen an sich halten.

Noten sind in sich schon problematisch. Doch wenn wir unsere Kinder wirklich drängen, damit sie bessere Noten bekommen – wenn wir also ein problematisches Ziel wählen und es mit einer problematischen Methode verbinden –, verdoppelt sich der Schaden.

Es lässt sich ziemlich klar beweisen, dass zu viel Kontrolle *im Allgemeinen* negative Auswirkungen nicht nur auf die psychische Gesundheit von Kindern, sondern auch auf ihre schulischen Leistungen haben kann. Die Wahrscheinlichkeit ist geringer, dass Kinder im Hinblick auf verschiedene Beurteilungskriterien schulischer Leistungen erfolgreich sind, wenn ihre Eltern ihnen nicht viel Gelegenheit geben, Entscheidungen zu treffen oder ein Gefühl von Selbstbestimmung zu erleben.[9] Außerdem ist klar, dass zu viel elterliche Kontrolle, *die sich speziell auf schulische Aufgaben bezieht,* potentiell schädlich ist. Diese Schlussfolgerung ergibt sich aus der Studie, die zeigte, dass Kinder weniger gut lernen, wenn ihre Eltern starke Kontrolle über sie ausüben, wenn sie mit ihnen Hausaufgaben machen (S. 73).

Doch nun möchte ich noch hinzufügen, dass *Kontrolle, die sich speziell auf die Noten bezieht,* ebenfalls schlecht ist. Manche Eltern versprechen ihren Kindern alles Mögliche, von Süßigkeiten über Geld bis hin zu Autos, wenn sie ein gutes Zeugnis nach Hause bringen. (Da Noten selbst gewöhnlich als extrinsische Motivatoren fungieren, läuft das darauf hinaus, eine Belohnung für eine Belohnung anzubieten.) Manche Eltern üben Kontrolle in Form von Bestrafung aus und drohen ihren Kindern diverse unangenehme Dinge an, wenn es keine guten Nachrichten aus der Schule gibt. Zwei verschiedene Studien haben bewiesen, dass diese Taktik bestenfalls nicht hilft und schlimmstenfalls das Problem noch verschärft. Kinder, denen Anreize für gute Noten angeboten oder die für schlechte Noten bestraft wurden, neigten dazu, weniger Interesse am Lernen zu zeigen und in Folge dessen später auch weniger gute Leistungen in der Schule zu erbringen, offenbar als direkte Auswirkung dieser elterlichen Eingriffe. Ja, je mehr die schulischen Leistungen des Kindes das Hauptanliegen der Eltern waren, umso schlechter fielen die Leistungen des Kindes aus.[10]

Dieses Paradox erinnert natürlich auffallend daran, wie autoritäre Erziehungsmethoden die Wahrscheinlichkeit, dass Kinder tun, was man ihnen sagt, senken können. In beiden Fällen erleben wir, wie Kontrolle oft nach hinten losgeht. Was Noten angeht, bestätigen die Forschungen nur, was viele von uns beobachtet haben: Wenn man Kinder sehr stark drängt – sagen wir, ihre Hausaufgaben zu machen –, versuchen sie oft, ihre Autonomie zu wahren, entweder durch offene Rebellion oder durch eine Art passiven Widerstand: Sie vergessen ihre Hausaufgaben, sie jammern, sie verschieben das Lernen und finden andere Beschäftigungen. Je mehr man ihnen Vorhaltungen über die Wichtigkeit guter Noten macht, oder je mehr man Zuckerbrot und Peitsche einsetzt, damit es sich für sie lohnt, gute Noten zu bekommen, desto mehr nehmen sie die Kontrolle übel und desto tiefer sinken ihre Noten.

Was uns daran beunruhigen sollte, ist nicht, dass Kinder auf diese Weise vielleicht schlechtere Noten bekommen. Schließlich habe ich ja argumentiert, Noten seien nicht so furchtbar wichtig. Was uns dagegen wirklich Sorgen machen sollte, ist die Möglichkeit, dass Kinder sich gegen den Druck, in der Schule besser zu werden, wehren, indem sie sich weniger Mühe geben, mit dem Ergebnis, dass sie tatsächlich weniger lernen. Ganz abgesehen von enttäuschenden Zeugnissen: Wenn wir Kinder zu stark antreiben, kann dies dazu führen, dass sie weniger (oder weniger gründlich) nachdenken.

Natürlich kann es auch vorkommen, dass Zwang zum Erfolg führt, dass manche Kinder, wenn wir die Schrauben fester anziehen, ihre Nase tatsächlich in die Bücher stecken und ihre Noten verbessern, genau so, wie wir es geplant hatten. Vielleicht gelingt es uns sogar, sie auf die Hochschule unserer – Entschuldigung, ihrer – Wahl zu bekommen. Doch auch hier ist, ebenso wie auf dem Gebiet der Erziehung, gewöhnlich ein hoher Preis für einen solchen Triumph zu zahlen. Wie hat sich unser Eingreifen darauf ausgewirkt, wie Kinder sich selbst und uns sehen? Welchen Einfluss hat der Stress auf ihre emotionale Gesundheit? Und was ist mit ihrem *Interesse* am Lesen und am Denken? Wenn Noten an sich schon dazu führen können, dass Lernen als lästige Pflicht erscheint, stellen Sie sich vor, wie sich dieser Effekt vervielfacht, wenn die Eltern zusätzlich Druck machen, die Noten zu verbessern.

„Ich höre Eltern nie darüber sprechen, wie man Kindern helfen kann, das Lesen lieben zu lernen", bemerkt ein New Yorker Lehrer. „Immer nur höre ich sie darüber sprechen, wie sie die Kinder so früh wie möglich zum Lesen bekommen können."[11] Und diese verkehrten Prioritäten haben Auswirkungen, die ebenso vorhersehbar wie von Dauer sind. Ein Freund von mir, der Schüler in Florida berät, erzählte mir beispielsweise einmal von einem Klienten von sich, der ausgezeichnete Leistungen auf der High School erbrachte. Für seine Hochschulbewerbung brauchte er nur noch einen glänzenden Essay zu schreiben – dann wäre die Sache geritzt. „Fangen wir mit ein paar Büchern an, die Sie beeindruckt haben", schlug der Berater vor. „Erzählen Sie mir von einem Buch, das Sie zum Vergnügen gelesen haben – nicht für die Schule." Ein betretenes Schweigen folgte. Er konnte keine Bücher aufzählen – die ganze Vorstellung, zum Vergnügen zu lesen, war diesem überragenden Schüler fremd. Wenn ich diese Geschichte bei Vorträgen Eltern und Pädagogen erzählte, habe ich stets überall im Publikum Köpfe nicken sehen. Mancherorts sind solche Schüler eher die Regel als die Ausnahme. Warum sollten sie etwas lesen wollen, was nicht von ihnen verlangt wurde? Keine Note? Keine Prüfung? Kein Sinn!

Paradoxerweise sind manche Eltern froh, wenn sie ihre Kinder nicht mehr ständig anspornen, ermahnen und antreiben müssen, sich mehr anzustrengen. Irgendwann verinnerlichen die Kinder den Druck und nehmen sozusagen die Peitsche selbst in die Hand. Sie haben das Gefühl, irgendetwas stimmte mit ihnen nicht, wenn sie keinen Erfolg haben. Jetzt ist die Motivation, zu lernen und etwas zu leisten, zwar eine *innere,* aber ganz sicher keine *intrinsische* Motivation. Sie tun es von sich aus, haben jedoch nicht das Gefühl, sich frei dafür entschieden zu haben – und sie empfinden auch keine Freude daran. Eine solche Art von Verinnerlichung sollten wir fürchten und zu vermeiden suchen. Schließlich verschwindet die Neugier, die aus jungen Kindern hervorsprudelt, nicht einfach von Natur aus, wie es Milchzähne tun. Vielmehr wird sie von bestimmten Dingen, die in Familien und Schulen geschehen – die aber nicht geschehen müssen –, erstickt.

Also: Noten sind schlecht und die Verwendung von Kontrolle, um Kinder zu besseren Noten anzutreiben, ist noch schlechter. Am schlimmsten ist es jedoch, wenn diese Kontrolle auf eine Erziehung hinausläuft, bei der die Liebe an Bedingungen geknüpft ist. Manche Eltern geben ihren Kindern kein Geld für eine Eins, sondern belohnen sie mit Zuwendung und Anerkennung. Im Grunde benutzen sie ihre Liebe als Instrument, um ihre Kinder dazu zu bringen, erfolgreich zu sein – was dazu führen kann, dass die Kinder das Gefühl haben, die positiven Gefühle ihrer Eltern ihnen gegenüber würden mit ihrem Notendurchschnitt steigen und sinken.

Die Lage ist besonders bedenklich, wenn Liebe „an die Erfüllung sehr hoher und oft unrealistischer Erwartungen geknüpft wird", wie ein Forscher es formulierte. Wenn Kinder das Gefühl haben, sie müssten dauernd etwas Beeindruckendes tun, damit ihre Eltern stolz auf sie sind, wird ihr Selbstwertgefühl gleichermaßen von bestimmten Bedingungen abhängig sein. „Manche dieser Kinder leben in ständiger Angst davor, ihre Eltern zu enttäuschen", bemerkt Lilian Katz, eine Expertin für frühkindliche Bildung. Ja, eine neue Studie ist zu dem Ergebnis gekommen, dass Kinder, deren Eltern Methoden des Liebesentzugs anwenden, besonders zu ungesunden Versagensängsten neigen. (Interessanterweise legt die Studie auch nahe, dass die Entscheidung der Eltern, diese Methoden anzuwenden, in einem Zusammenhang zu ihrer eigenen Versagensangst stehen könnte.)[12]

Abgesehen davon, dass diese Methode psychologisch destruktiv wirkt, kann sie auch buchstäblich kontraproduktiv sein und (wieder einmal) genau das untergraben, was die Eltern eigentlich fördern wollten. Beispielsweise neigen manche Kinder zu etwas, das als „Selbstbehinderung" bezeichnet wird: Sie hören auf, sich anzustrengen, um eine Entschuldigung für ihren Misserfolg zu haben. Dadurch können sie weiterhin an der Idee festhalten, sie seien schlau. Sie können sich einreden, dass sie vielleicht eine unglaublich gute Leistung zustande gebracht hätten, wenn sie vorher gelernt *hätten*. Je verletzlicher ihr Selbstwertgefühl ist, umso verlockender ist der Drang, es zu schützen, indem sie einfach aufgeben. Anders ausgedrückt: Durch die Behinderung ihrer Leistung erhöhen sie zwar die Wahrscheinlichkeit, zu versagen, doch sie tun dies, um sich nicht selbst als Versager ansehen zu müssen – und um nicht glauben zu müssen, sie seien es nicht wert, geliebt zu werden.

Beim „Spiel"

In manchen Familien geht es beim Erfolg mehr um Sport als um akademische Leistungen. Doch der Druck, diesen Erfolg zu erreichen, und die damit verbundenen Kosten sind im Grunde ähnlich. Wendy Grolnick, deren Forschungen über elterliche Kontrolle ich bereits geschildert habe, war nicht nur über die Ergebnisse ihrer wissenschaftlichen Studien erstaunt, sondern auch angesichts dessen, was sie in der Stadt beobachtete. Beispielsweise erzählt sie, wie sie sich einmal bei einem Schwimmtreffen mit der Mutter eines Jungen unterhielt und merkte, wie die Mutter ständig den Plural benutzte, etwa: „Wir haben entschieden, dass wir dieses Jahr schwimmen", obwohl sie offensichtlich nicht davon sprach, selbst ins Wasser zu steigen. Dann stieg ihr Sohn aus dem Schwimmbecken, ging offenbar aufgebracht zu ihr herüber und sagte, er habe genug vom Schwimmwettbewerb. Die Mutter rang sichtlich um Fassung, blickte sich um, ob irgendwer zuhörte, und teilte ihrem Sohn mit, er werde weiterschwimmen, ob er wolle oder nicht. Als der Junge protestierte, sagte sie: „Wenn du heute nicht schwimmst, ist es vorbei. Das wirst du mir nicht noch mal antun." Der Junge fing unglücklich zu schluchzen an.

Wer öfter in einem Baseballstadion, auf einem Fußballplatz oder einer Hockeybahn war, hat ähnliche Geschichten von erschreckendem Verhalten von Eltern zu erzählen. Väter und Mütter, die Schiedsrichter, Trainer, gegnerische Mannschaften, sogar ihre eigenen Kinder anschreien, sind offenbar überall anzutreffen; das Problem ist allgegenwärtig geworden. Doch noch aufschlussreicher sind vielleicht die Eltern, die nicht mit so harter Hand erziehen, die betonen, es sei nicht so furchtbar wichtig, zu gewinnen. Zwar distanzieren sie sich vom Verhalten der laut schimpfenden Eltern, dennoch machen sie ihren Kindern klar, dass Teilnahme an Wettkampfsport erwartet wird. Und Erfolg auch.

Nach einem meiner Vorträge kamen Eltern zu mir und betonten: „Wir verlangen von unserem Zach nur, dass er sein Bestes tut." Darauf möchte ich erstens erwidern, dass die Verpflichtung, bei einem Spiel sein Bestes zu tun, etwas völlig anderes ist, als einfach Spaß zu haben. Und zweitens dürfte es Zach oft klar sein, dass sich unter diesen beruhigenden Versicherungen noch etwas anderes verbirgt. Meine Frage lautet: „Wenn Zach nach Hause kommt und sagt, er habe sein Bestes getan, reagieren Sie genauso, wie wenn er mit einem Pokal nach Hause kommt? Falls nicht, hat er wahrscheinlich inzwischen gemerkt, dass Ihre Aufmerksamkeit und Freude zumindest teilweise von seiner Leistung abhängen – oder genauer: davon, dass er gegen andere Kinder gewonnen hat." Es spielt keine Rolle, ob es um einen Pokal oder eine Eins geht, darum, das entscheidende Tor zu schießen, oder darum, auf die Liste der besten Schüler zu kommen. Entscheidend ist, dass Kinder in solchen Familien das Gefühl haben, erfolgreich sein zu müssen, um geliebt zu werden.

Extreme Fälle sind Eltern, die den Triumph ihrer Kinder brauchen, um sich selbst erfolgreich zu fühlen. Doch auch Menschen, die nicht so sind, auch die, die stolz darauf sind, es nicht zu übertreiben, sollten vielleicht ihr tägliches Verhalten überdenken und das, was sie tun, dagegen abwägen, was sie sich langfristig für ihre Kinder wünschen. Ist es wahrscheinlich, dass unsere Ziele erreicht werden, wenn wir unsere Kinder zum Erfolg drängen? Wenn sie es größtenteils für uns tun? Wenn es ihnen nicht wirklich Spaß macht, sie sich aber nicht trauen, das zu sagen?

Vor vielen Jahren war ich Gast bei einer bekannten Nachmittagstalkshow. Neben mir saß ein siebenjähriger Junge namens Kyle, dessen Eltern den größten Teil ihrer Zeit und eine unglaublich hohe Summe Geld für das Projekt aufwandten, aus ihm einen Tennisstar zu machen. Seine Mutter betonte, es sei ausschließlich die Entscheidung des Jungen, Tennis zu spielen – auch wenn sie selbst ein Tennisstar war und seine Intensivstunden angefangen hatten, als er zwei Jahre alt gewesen war. (Später rutschte ihr irgendwas darüber heraus, warum sie und ihr Mann ihn in den Tennissport und nicht in einen anderen Sport „gesteckt" hätten.) Wir erfuhren, dass er täglich zwei bis fünf Stunden trainierte, und sahen ein Video, auf dem er voller Energie Aufschläge zurückschlug und kreuz und quer über den Platz hüpfte. In den letzten Augenblicken der Sendung, als der Abspann auf dem Bildschirm erschien, fragte jemand im Publikum Kyle, wie er sich fühle, wenn er verliere. Darauf senkte Kyle den Kopf und antwortete mit schwacher Stimme: „Ich schäme mich."

Diese leise, knappe Antwort kommt mir in den Sinn, wenn ich daran denke, welche Folgen es haben kann, Kinder anzutreiben. Zum Glück gehen die meisten Eltern nicht so weit wie die von Kyle, doch die Scham, die er empfand, wenn er verlor, wenn er die Menschen enttäuschte, die Erfolge von ihm erwarteten, wenn nicht so gar verlangten, dürfte vielen Kindern vertraut sein.

Vielleicht liegt das Problem zum Teil beim Tennis selbst und bei anderen Sportarten. Ebenso, wie es bessere Möglichkeiten gibt, Aussagen über die schulische Leistung von Kindern zu machen, als Noten zu vergeben, glaube ich, dass es bessere Möglichkeiten für Kinder gibt, Spaß zu haben (und sich zu bewegen und körperliche Fähigkeiten zu entwickeln), als Spiele zu spielen, bei denen man nur Erfolg haben kann, wenn man andere zum Verlieren bringt.[14] Doch auch Eltern, die solche Alternativen nicht in Betracht ziehen wollen, sollten sich vielleicht die Frage stellen, ob ihre Kinder Sport als etwas ansehen, das eher Arbeit als Spiel ist – und wenn ja, warum.

Ohne Druck kein Ruck?

Als ich Anfang der 80er Jahre mit dem begann, was zu einer mehrjährigen Untersuchung der Folgen von Konkurrenz wurde, stellte ich ein paar Mutmaßungen darüber an, was ich wohl feststellen würde. Ich dachte mir, die Daten würden zeigen, dass Konkurrenz nicht gut für unsere psychische Gesundheit oder für unsere Beziehungen ist. Damit hatte ich Recht. Doch ich rechnete auch mit Ergebnissen, die bestätigen würden, dass das, was ich immer gehört hatte, stimmte: dass Konkurrenz viele Menschen „motiviert", ihr Bestes zu geben. Daher könnte das Fehlen von Konkurrenz in Zusammenhang mit niedrigeren Leistungen bei der Arbeit und in der Schule stehen. Möglicherweise müssten wir daher im Hinblick auf Spitzenleistungen Abstriche in Kauf nehmen, um gesündere, glücklichere Menschen zu haben.

Aber da hatte ich mich gründlich getäuscht. Die Forschungsergebnisse zeigten auf überwältigende Weise, dass Konkurrenz Menschen daran hindert, bei der Arbeit oder beim Lernen ihr Bestes zu geben. Aus verschiedenen Gründen ist es für eine optimale Leistung nicht nur unnötig, dass Menschen versuchen, einander zu übertreffen, sondern es ist im Gegenteil sogar nötig, dass sie frei von einem derartigen Ziel sind. Es sind keine Abstriche zu machen. Zusammenarbeit ist sinnvoller als Konkurrenz, wenn es uns vor allem um Resultate geht – ebenso, wie dies der Fall ist, wenn wir den Schwerpunkt darauf legen, wie die Menschen sich fühlen und wie sie sich selbst und ihre Mitmenschen sehen.

Ich erwähne das an dieser Stelle, weil manchmal angenommen wird, bei einem bedingungslosen Erziehungsansatz müssten auf ähnliche Weise Abstriche in Kauf genommen werden. Es wird in etwa so argumentiert: Wenn wir wissen, dass wir nur dann Anerkennung bekommen, wenn wir hart arbeiten oder bestimmte Ergebnisse erreichen, neigen wir dazu, eben dies zu tun. Eine Gruppe von Psychologen stellte die Gegenfrage: „Wenn Menschen in allen Lebensbereichen bedingungslos geliebt würden, hätten sie dann noch denselben Drang, erfolgreich zu sein?"[15]

Das ist eine wichtige Frage und ich möchte mit vier Argumenten darauf antworten. Erstens würde diese Art zu denken, selbst wenn sie sinnvoll wäre, wahrscheinlich nur auf Erwachsene zutreffen. Kinder haben das Bedürfnis, bedingungslos geliebt zu werden. Selbst wenn man der Meinung ist, es sei für jeden Menschen gut, sich nur dann akzeptiert zu fühlen, wenn man Erfolg hat, scheint es doch wichtig, mit der sicheren Grundlage, vorbehaltlos angenommen zu werden, ins Leben zu starten.

Zweitens lohnt es sich zu fragen, worauf sich eigentlich die Entscheidung stützen soll, ob wir jemanden schätzen sollen oder nicht. „Hart arbeiten" und „Ergebnisse erzielen" sind im Grunde zwei sehr unterschiedliche Dinge. Wenn wir Ergebnisse verlangen, was tun wir dann mit Menschen, die ihr Bestes geben, jedoch aus verschiedenen Gründen – von denen viele außerhalb ihres Einflussbereichs liegen – ihr Ziel nicht erreichen? Und wenn wir unsere Anerkennung stattdessen von harter Arbeit abhängig machen, liegt die Schwierigkeit darin, dass dies nicht immer messbar ist. Einer hat sich vielleicht mehr angestrengt, während ein anderer länger gearbeitet hat. Letztlich scheint es ziemlich töricht zu sein, Liebe oder Anerkennung auf etwas so schwer Fassbares wie Bemühen abstimmen zu wollen.

Drittens: Selbst wenn sich durch eine an Bedingungen geknüpfte Anerkennung Ergebnisse erzielen ließen, müssen wir wiederum all die versteckten Kosten bedenken – das heißt die umfassenderen, tieferen und länger andauernden Folgen einer Strategie, die auf den ersten Blick zu funktionieren scheint. Selbst wenn Abstriche im Hinblick auf die Ergebnisse zu machen wären, überwiegen die Nachteile einer an Bedingungen geknüpften Anerkennung fast mit Sicherheit den Vorteil, dass vielleicht mehr erreicht würde. Diese Nachteile zeigen die in Kapitel 1 und 2 geschilderten Forschungsarbeiten erschreckend deutlich. Wenn sich zum Beispiel die erwähnten Hochschulstudenten in dem verzweifelten Versuch, die Zuneigung ihrer Eltern zu gewinnen, beim Studium tatsächlich mehr Mühe gäben (siehe S. 30 – 31 und 69 – 70), würden nur wenige von uns sagen, dies sei den Preis wert, dass sie Groll gegen ihre Eltern empfänden und sich schuldig, unglücklich und unfrei fühlten. Wenn Menschen bedingungslos geliebt würden, fühlten sie sich dann noch in gleicher Weise zum Erfolg getrieben? Jeder, der begreift, was es heißt, sich getrieben zu fühlen, würde erwidern: „Hoffentlich nicht!"

Doch dass Menschen sich nicht getrieben fühlen, muss nicht heißen, dass sie nicht erfolgreich sind. Und dies ist mein viertes und letztes Argument. Ebenso wenig wie beim Thema Konkurrenz müssen auch hier in Wirklichkeit gar keine Abstriche in Kauf genommen werden, weil eine an Bedingungen geknüpfte Anerkennung gewöhnlich *nicht* zum Ziel führt – nicht einmal zu dem begrenzten Ziel einer höheren Leistung. Bestenfalls beschränkt sich ihre Wirksamkeit auf manche Menschen bei manchen Aufgaben und in manchen Situationen.

Wer etwas anderes glaubt, geht von einer Reihe irriger Annahmen aus. Zunächst einmal nimmt er an, dass Menschen, die in der Überzeugung, im Wesentlichen kompetent zu sein, aufwachsen durften, keinen Grund hätten, irgendetwas zu leisten. Ich hörte einmal, wie jemand diese Meinung mit der Erklärung, es liege „in der menschlichen Natur, so wenig wie nötig zu tun", begründete. Dieses Vorurteil wird nicht nur von ein paar Studien, sondern von dem gesamten Zweig der Psychologie, der sich mit Motivation befasst, widerlegt.[16] Normalerweise ist es schwer, glückliche, zufriedene Menschen an dem Versuch zu *hindern,* mehr über sich selbst und die Welt zu erfahren oder eine Arbeit zu tun, auf die sie stolz sein können. Der Wunsch, so wenig wie möglich zu tun, ist eine Fehlentwicklung, ein Zeichen, dass irgendetwas nicht stimmt. Er kann darauf hinweisen, dass sich derjenige bedroht fühlt und daher auf eine Strategie der Schadensbegrenzung zurückgreift, oder darauf, dass Belohnungen und Strafen bei dem Betreffenden zu einem schwindenden Interesse an dem, was er tut, geführt haben, oder auch darauf, dass er eine bestimmte Aufgabe – möglicherweise zu Recht – als sinnlos und langweilig ansieht.

Nehmen wir einmal an, ein Kind tut in der Schule „so wenig wie nötig". Dabei könnte es sich, wie wir gesehen haben, um einen Fall von Selbstbehinderung handeln. (Dem Kind ist eingeredet worden, es sei dumm, daher strengt es sich nicht mehr an, um glauben zu können, es hätte ein gutes Ergebnis erzielt, wenn es sich bemüht hätte.) Oder es könnte eine Nebenwirkung extrinsischer Motivatoren sein: Das Kind strebt nach einer guten Note und erkennt, dass es eher eine bekommt, wenn es sich an das hält, was es schon weiß. Es könnte auch daran liegen, dass von dem Kind verlangt wird, schon wieder ein langweiliges Arbeitsblatt auszufüllen oder noch ein Kapitel eines trockenen Lehrbuchs zu lesen, statt etwas Sinnvolleres zu lernen. Gewiss könnten wir noch weitere Erklärungen dafür finden, weshalb das Kind so wenig wie nötig tut, und jede dieser Erklärungen würde Anlass zu Fragen darüber geben, was in seiner Schule oder Familie geschieht. Doch es gibt einfach keinen Grund zu der Annahme, diese Reaktion sei die unvermeidliche Folge der „menschlichen Natur".

Wie ich schon erläutert habe, neigen Kinder, die bedingungslos geliebt werden, mehr dazu, sich *selbst* bedingungslos anzunehmen. Das sollte uns jedoch nur beunruhigen, wenn wir positive Selbstachtung mit arroganter Selbstzufriedenheit verwechseln. Jemand, der ein Grundvertrauen in sich selbst und eine tiefe Überzeugung hat, ein guter Mensch zu sein, neigt deswegen nicht mehr dazu, nur herumzusitzen und nichts zu tun. Es gibt nicht den Hauch eines Beweises dafür, dass ein bedingungsloses Selbstwertgefühl Faulheit fördert oder dass man, um hohe Ansprüche an sich selbst zu haben, sich elend fühlen muss, wenn man sie nicht erreicht. Im Gegenteil, Menschen, die wissen, dass sie unabhängig von ihren Leistungen geliebt werden, erreichen letztlich oft ziemlich gute Leistungen. Das Wissen, bedingungslos angenommen zu werden, hilft ihnen, ein gesundes Selbstvertrauen zu entwickeln und Mut zu haben, Risiken einzugehen und neue Dinge auszuprobieren. Der Mut, etwas zu leisten, wurzelt in tiefer Zufriedenheit.

Dies steht in direktem Zusammenhang mit einer anderen, eng damit verbundenen Reihe von Annahmen von Menschen, die das Konzept eines an Bedingungen geknüpften Annehmens verteidigen. Diese Leute scheinen zu glauben, die unruhige Energie des ständigen Selbstzweifels sei notwendig, um etwas geschafft zu bekommen, die Angst vor dem Versagen motiviere Menschen, besser zu werden. Wiederum fällt es schwer, sich eine Sichtweise vorzustellen, die stärker in Widerspruch zu allem steht, was wir über Motivation und Lernen wissen. Vielleicht *wünschen* wir uns, dass sich Kinder nach einem Misserfolg umso mehr anstrengen, doch das heißt nicht, dass sie das auch tun werden. Wahrscheinlicher ist, dass sie damit rechnen, auch in Zukunft bei ähnlichen Aufgaben schlecht abzuschneiden. Diese Erwartung kann zu einer selbsterfüllenden Prophezeiung führen: Die Kinder fühlen sich unfähig und hilflos, und daher verhalten sie sich auf eine Weise, die diese Überzeugung bestätigt. Auch bevorzugen sie einfachere Aufgaben und interessieren sich weniger für das, was sie tun.[17] Selbst jene außergewöhnlichen Kinder, die sich wirklich reinknien und sich mehr anstrengen, wenn sie einmal scheitern, tun dies möglicherweise nur aufgrund eines zwanghaften Drangs, stolz auf sich selbst sein zu können, und nicht weil sie gerne lernen. Selbst wenn es ihnen also gelingt, zu begreifen, was sie heute lesen, kann es sein, dass sie morgen gar nicht lesen *wollen*.

Wenn man einmal darüber nachdenkt, ist es ganz einfach und offensichtlich: Angst vor einem Misserfolg ist überhaupt nicht dasselbe wie eine positive Einstellung zum Erfolg – ja, sie behindert diese sogar. Wir haben uns schon etliche Beweise dafür angesehen, dass ein an Bedingungen geknüpfter Erziehungsstil und ein an Bedingungen geknüpftes Selbstwertgefühl ungesund sind. Nun müssen wir hinzufügen, dass beides außerdem kontraproduktiv ist. Es führt zu „emotionsorientierter Bewältigung und Wiederherstellung des Selbst statt zu problemorientierter Bewältigung", wie zwei Forscher erklärten. Mit anderen Worten: Man ist so mit dem Versuch beschäftigt, mit den Folgen seines Scheiterns fertig zu werden, dass man nicht genügend Zeit und Energie hat, um zu tun, was für einen Erfolg nötig wäre.

Abgesehen von diesem praktischen Problem, fügten die Forscher hinzu, scheine die Vorstellung, man solle Kinder so erziehen, dass sie nur dann mit sich zufrieden sind, wenn sie sich dieses Recht durch Erfolge verdient haben, zu implizieren, „dass das geringe Selbstwertgefühl mancher Kinder berechtigt sei und dass Kinder, die nicht auf gesellschaftlich akzeptierte Weise etwas leisten, etwa indem sie gute Noten bekommen oder gut in Sport sind, zu Recht glaubten, sie seien keine wertvollen Menschen"[18].

Wie andere verhängnisvolle Botschaften, die Kinder hören, kommt diese manchmal von ihren Lehrern, Trainern und Gleichaltrigen, ganz zu schweigen von den Massenmedien und der Kultur, in der sie leben. Doch man kommt nicht an der Tatsache vorbei, dass der Druck, gute Leistungen zu erreichen – oder, noch schlimmer, andere leistungsmäßig zu überbieten – typischerweise zu Hause anfängt. In jedem Fall liegt es an uns als Eltern, diesem Druck entgegenzuwirken, diese Aussage, unsere Kinder würden nur unter bestimmten Bedingungen akzeptiert, in Frage zu stellen und dafür zu sorgen, dass sie sich geliebt fühlen, egal, was geschieht.

6 Was hindert uns daran, bessere Eltern zu sein?

Alles, was ich bisher erläutert habe, führt uns zu der einen großen Frage: Warum tun wir das? Wenn ein Erziehungsstil, der an Bedingungen geknüpft ist und auf Kontrolle beruht, wirklich so schlecht ist, wie ich sage – und vor allem wenn er so schlecht ist, wie wissenschaftliche Forschungen und praktische Erfahrungen gezeigt haben –, warum ist er dann so verbreitet? Oder, anders ausgedrückt, was hindert so viele von uns daran, bessere Eltern zu sein?

Vielleicht sind Sie inzwischen ganz gespannt darauf, mehr über die Alternativen zu hören. Doch konkrete Vorschläge, dies zu tun oder zu unseren Kindern jenes zu sagen, werden kaum Wurzeln schlagen und echte Auswirkungen haben, wenn wir uns nicht mit den Gründen befassen, weshalb wir so lange versucht waren, uns anders zu verhalten. Um unser Tun zu ändern, müssen wir auch unser Denken ändern. Und das bedeutet, dass wir den Ursprung unseres traditionellen, an Bedingungen geknüpften Erziehungsstils ermitteln müssen. Wenn wir diesen Schritt auslassen, werden wir ständig Gründe finden, neue Ideen abzulehnen, und selbst wenn wir sie ausprobieren, kehren wir vielleicht unwillkürlich zu dem zurück, was uns angenehm vertraut erscheint, sobald Schwierigkeiten auf dem Weg auftauchen.

Die Gründe, weshalb wir so erziehen, wie wir es tun, können grob in vier Kategorien eingeteilt werden: das, was wir sehen und hören, das, was wir glauben, das, was wir fühlen, und in Folge all dieser Dinge das, was wir fürchten. Diese Begriffe sind nicht sehr präzise und die Erklärungen überschneiden sich. Dennoch können wir gegenwärtige Erziehungsstile verstehen, indem wir zunächst die Einflüsse auf unser Verhalten untersuchen, die direkt an der Oberfläche sind. Danach können wir einige der Überzeugungen und kulturellen Normen betrachten, die diesen Einflüssen zugrunde liegen. Und schließlich können wir den Blick darauf richten, wie unsere Bedürfnisse und Ängste – die vor allem dadurch geprägt sind, wie *wir* erzogen wurden – unsere Art des Umgehens mit unseren eigenen Kindern beeinflussen.

Was wir sehen und hören

Gibt es Eltern, die nicht irgendwann ein wenig erschrocken festgestellt haben, dass sie zu ihren Kindern genau dasselbe – manchmal in genau demselben Ton – sagen, wie es ihre Eltern früher zu ihnen gesagt haben? Ich nenne das: „Wie ist meine Mutter in meinen Kehlkopf gekommen?" Das ist die offensichtlichste Erklärung dafür, wie wir mit unseren Kindern umgehen: Wie man Kinder angeblich erziehen soll, haben wir durch die Beobachtung dessen gelernt, wie man uns erzogen hat. Vielleicht haben wir bestimmte Regeln (im Haus wird nicht gerannt, es gibt erst Nachtisch, wenn man sein Essen aufgegessen hat) oder sogar bestimmte Wendungen übernommen („Wie oft muss ich dir noch sagen…?" – „Gut, aber komm dich hinterher nicht bei mir ausheulen, wenn du…"). Vor allem haben wir wahrscheinlich ein allgemeines Verständnis davon übernommen, wie die Rolle der Eltern aussehen sollte – das heißt, wie sich eine Mutter oder ein Vater den Kindern gegenüber verhalten sollte.

Je weniger wir uns dieses Lernprozesses bewusst sind, umso höher ist die Wahrscheinlichkeit, dass wir Erziehungsmuster nachahmen, ohne uns überhaupt zu fragen, ob sie sinnvoll sind. Es erfordert eine gewisse Mühe, scharfes Nachdenken und sogar Mut, einen Schritt zurückzutreten und zu entscheiden, welche Werte und Rituale einen Platz in unserer neuen Familie finden sollen und welche sinnlos oder sogar schädlich sind. Sonst folgen wir nur einem Drehbuch, an dessen Erstellung wir nicht beteiligt waren. Wir werden so ähnlich wie der mauernbauende Nachbar in Robert Frosts Gedicht, der „im Dunkel tappt", weil er „am Spruch des Vaters nicht zu rütteln" wünscht. Kurz gesagt, wir sollten die Frage: „Warum tust du das mit deinem Kind?" beantworten können, indem wir einen Grund dafür angeben, statt nur schulterzuckend murmeln zu müssen: „Na ja, *ich* bin halt auch so erzogen worden."

Was es für viele Eltern noch schwerer macht, sich für einen anderen Weg zu entscheiden, ist die Tatsache, dass *ihre* Eltern (und Schwiegereltern) sie vielleicht immer noch beeinflussen und explizite Urteile und Vorschläge äußern, wie man mit Kindern umgehen solle. Auch Freunde und sogar Fremde bieten oft allzu gerne ihren Rat an, ebenso wie Kolumnisten in Zeitungen, Talk-Show-Moderatoren und Autoren von Erziehungsbüchern. Dasselbe gilt für Kinderärzte, deren Vorurteile und Vermutungen zu psychologischen Themen oft nur aufgrund ihrer medizinischen Ausbildung ernst genommen werden. Vor kurzem erhielt ich eine E-Mail von einer Kinderärztin (und Mutter), die berichtete, nachdem sie von den schädlichen Auswirkungen von Belohnungen und Strafen als Erziehungsmittel gelesen habe, sei sie

frustriert gewesen, dass nichts davon in meiner [medizinischen] Ausbildung vorgekommen ist. Bei uns gab es nur den üblichen behavioristischen Lehrstoff, mit Auszeiten usw. – und obwohl ich tief im Innern wusste, dass es mir irgendwie nicht richtig erschien, konnte ich nicht erklären, warum. Ich erlebte, wie Eltern von Kindern, die ich von ihrer Säuglingszeit an kannte, mit ihren Fünfjährigen wieder zu mir kamen und sagten: „Es funktioniert einfach nicht." Eine Zeitlang glaubte ich, wir müssten einfach eine andere Methode der Verhaltenskorrektur anwenden. [Doch als ich anfing, mehr zu lesen], konnte ich kaum fassen, dass wir auf so eine furchtbare Art, Kinder zu erziehen, hereingefallen waren.

Wenn all die Ratschläge, die wir von Ärzten, Nachbarn und Verwandten bekommen, eine breite Vielfalt von Meinungen widerspiegelten, würden diese Weisheiten wahrscheinlich im Widerspruch zueinander stehen und sich vielleicht gegenseitig aufheben. Dann wäre der Einfluss auf uns nicht so groß (es sei denn, wir würden uns etwa die Ratschläge unserer Verwandten mehr zu Herzen nehmen als andere). Doch das, was wir aus unterschiedlichen Quellen hören, ist in Wirklichkeit gar nicht so unterschiedlich. Hier und da gibt es zwar Ausnahmen, aber im Allgemeinen gehen die Ratschläge, die wir bekommen, in dieselbe Richtung. Und das ist genau die Richtung, die wir meiner Ansicht nach in Frage stellen sollten.

Beispielsweise berichten frisch gebackene Eltern oft, dass die Großeltern sie – nach allen verfügbaren Forschungsergebnissen zu Unrecht – warnen, Babys würden verwöhnt, wenn man sie hochnimmt, sobald sie weinen. Und wenn Eltern ihrem Kind erlauben, sich an Entscheidungen über Dinge, die es betreffen, zu beteiligen, wird ihnen streng mitgeteilt: „Euer Kind hat euch um den kleinen Finger gewickelt."

Freunde und Nachbarn bringen es je nachdem, was für eine Persönlichkeit sie haben, auf offene oder subtile Weise zum Ausdruck, doch auch sie sind oft der Meinung, man müsse Kinder hart anfassen, wenn sie sich schlecht benehmen; häufig glauben sie, Probleme ließen sich durch mehr Disziplin oder „Grenzen setzen" lösen. In der Öffentlichkeit kann man die Kritik fremder Menschen förmlich spüren – meist ist es Kritik wegen angeblich zu großer Nachgiebigkeit, selten wegen zu starker Kontrolle. Und selbst wenn all diese Menschen ihre Meinung für sich behielten, beeinflusst uns die Art, wie sie ihre eigenen Kinder erziehen, vor allem, wenn wir Tag für Tag im Prinzip überall den gleichen Stil beobachten. Die schiere Allgegenwart des konventionellen Ansatzes lässt uns vielleicht annehmen, so viele Eltern könnten sich gewiss nicht täuschen.

Darüber hinaus tragen, wie bereits erwähnt, die meisten Autoren von Erziehungsratgebern nicht dazu bei, dieses Ungleichgewicht zu korrigieren. Wenn wir also Rat bei den Experten suchen, ist es wahrscheinlich, dass unsere Annahmen nur bestätigt werden. Wenn die Experten – und die Menschen in unserem Bekanntenkreis – uns statt dessen fragten, ob wir sicher sind, dass unser Handeln von bedingungsloser Liebe zu unseren Kindern zeugt, wenn sie uns daran erinnerten, dass Strafen und Belohnungen unproduktiv und unnötig sind, dann würden wir vielleicht noch einmal darüber nachdenken, was wir tun. Doch so, wie die Dinge stehen, haben wir kaum einen Anlass, überhaupt darüber nachzudenken.

Das, was wir sehen und hören, als Erklärung dafür anzusehen, weshalb viele von uns immer noch auf wenig wünschenswerte Weise mit unseren Kindern umgehen, ist soweit plausibel, doch es schiebt die Frage nur um eine Stufe zurück. „Einverstanden", könnten Sie antworten, „wir werden also von all den anderen Menschen beeinflusst. Aber warum behandeln die *ihre* Kinder so? Was bewegt so viele Eltern dazu, sich für diese Methode zu entscheiden und sie zu empfehlen?"

Ein Teil der Antwort ist vielleicht bei Faktoren zu finden, die der schlimmsten Art von Erziehungsmethoden innewohnen. Sogar sehr umsichtige Menschen können verlockt sein, Dinge zu tun, die keinen Sinn ergeben. Erstens sind schlechte Erziehungsmethoden einfach. Es verlangt nur sehr wenig von uns, auf Fehlverhalten von Kindern zu reagieren, indem wir ihnen etwas Unangenehmes zufügen. Strategien, mit Kindern als Objekten etwas zu tun, sind meist gedankenlos. Dagegen verlangen Strategien, mit ihnen zusammenzuarbeiten, viel mehr von uns. Und wenn wir mit Letzteren nicht einmal vertraut sind, kann es natürlich sein, dass wir mit Ersteren einfach deshalb weitermachen, weil wir nicht wissen, was wir sonst tun sollen.

Zweitens können schlechte Erziehungsmethoden „effektiv" sein. Damit meine ich, dass es viele Situationen gibt, in denen Bestechungen, Drohungen oder andere Formen zwangsweisen Eingreifens ein Kind dazu bringen können, einem Erwachsenen im Moment zu gehorchen. Mit der Drohung „Die Party am Samstag kannst du vergessen, wenn du nicht auf der Stelle mit dem Videospiel aufhörst!" kann man vielleicht erreichen, dass das Kind mit dem Spiel aufhört. Doch die Summe der negativen Auswirkungen all der Situationen, in der wir auf eine solche Strategie zurückgegriffen haben, ist nicht immer sofort sichtbar. Daher sehen wir keine Kehrseite, die uns zögern lassen würde, dasselbe noch einmal zu tun.

Was wir glauben

Die unmittelbaren, auf den ersten Blick sichtbaren Folgen herkömmlicher Erziehungsmethoden sowie der Einfluss der Menschen um uns herum können viel erklären. Jedoch glaube ich, wir müssen auch einige verbreitete Überzeugungen und Wertvorstellungen, aufgrund derer Menschen empfänglicher für diese Methoden sind, näher betrachten.

Wie wir Kinder sehen

Sind wir wirklich eine kinderfreundliche Gesellschaft? Natürlich liebt jeder von uns seine eigenen Kinder, doch es ist oft erschreckend, wie viele Eltern die Kinder anderer Leute geradezu verächtlich betrachten. Wenn wir darüber hinaus noch an die Menschen denken, die gar keine Kinder haben, wird es noch deutlicher, dass unsere Kultur weder eine besonders positive Einstellung zu Kindern im Allgemeinen hat, noch gibt es ein Übermaß an Zuneigung zu bestimmten Kindern, es sei denn, sie sind niedlich und haben gute Manieren. Wenn es überhaupt eine kollektive Liebe zu Kindern gibt, ist sie bestenfalls an Bedingungen geknüpft. Ja, Befragungen amerikanischer Erwachsener bringen übereinstimmend etwas zutage, was ein Zeitungsbericht als „verblüffendes Maß an Ablehnung nicht nur gegenüber Teenagern, sondern auch gegenüber kleinen Kindern" bezeichnete. Eine deutliche Mehrheit der US-Amerikaner sagt, sie missbilligten Kinder aller Altersstufen, bezeichnet sie als unhöflich, faul, verantwortungslos und meint, es fehle ihnen an Grundwerten.[1]

Politiker und Geschäftsleute verlangen gerne Schulen von „Weltklasse", jedoch bezieht sich das meist auf hohe Notendurchschnitte und die Ausbildung fähiger Mitarbeiter und nicht darauf, dass sie die Bedürfnisse der Kinder erfüllen, die diese Schulen besuchen. Zwar stimmt es, wie zwei Sozialwissenschaftler erklären, dass „manche Eltern, die über genügend Einkommen verfügen, reichlich Geld für ihre Kinder ausgeben und dadurch den Eindruck erwecken, wir seien eine kindzentrierte Gesellschaft" – ein Eindruck, der vielleicht dadurch noch verstärkt wird, wie auffallend Kinder als Zielgruppe von der Werbung und Unterhaltungsindustrie angesprochen werden. Doch die Autoren führen fort:

Öffentliche Ausgaben für Kinder sind oft spärlich und ständig Gegenstand von Auseinandersetzungen. Dies zeugt von der sonderbaren Vorstellung, Kinder hätten keinen Wert als das, was sie sind, sondern nur im Hinblick auf die Erwachsenen, die sie einmal sein werden… Der süßliche Mythos, Kinder seien Amerikas kostbarste natürliche Ressourcen, ist in der Praxis durch unsere Feindseligkeit gegenüber den Kindern anderer Leute und unserer fehlenden Bereitschaft, sie zu unterstützen, Lügen gestraft worden.[2]

Derzeit sind jedes Jahr über 1,3 Millionen Kinder in den Vereinigten Staaten obdachlos. 22 bis 26 Prozent der jüngeren Kinder in den USA gelten als arm – eine Rate, die wesentlich höher ist als in anderen Industrieländern.[3] Amerikaner sehen noch immer über das echte Leid hinweg, das sich hinter diesen Statistiken verbirgt, und dies sagt ebenso viel über unsere Einstellung gegenüber Kindern wie die hohe Anzahl von Menschen, die über „diese Kinder heute" meckern.

Der Punkt ist der: Wenn Kinder im Allgemeinen nicht besonders geschätzt werden, erhöht das die Wahrscheinlichkeit, dass Eltern, sogar im Grunde gute Eltern, ihre eigenen Kinder respektlos behandeln. Und in dem Maß, wie wir selbst ein düsteres Bild von Kindern haben, sind wir, wie in Kapitel 1 erläutert, vielleicht weniger geneigt, irgendeinem Kind – auch wenn es unser eigenes ist –bedingungslose Liebe zu schenken, da wir fürchten, es würde das nur ausnutzen und sich umso mehr herausnehmen. Wenn man Kindern nicht vertraut, gibt man sich alle Mühe, sie zu kontrollieren. Es ist kein Zufall, dass autoritäre Eltern, die absoluten Gehorsam verlangen, auch dazu neigen, Kindern – und manchmal Menschen im Allgemeinen – unschmeichelhafte Eigenschaften zuzuschreiben. Eine Studie an über dreihundert Eltern ergab, dass diejenigen, die eine negative Sicht der menschlichen Natur hatten, meist auch starke Kontrolle über ihre Kinder ausübten.[4]

Wie wir glauben, dass Kinder behandelt werden

Wie bereits erwähnt, halte ich die Wahrscheinlichkeit, dass Kindern allzu viel Freiheit gewährt wird, für viel geringer als die, dass sie von ihren Eltern unnötig eingeschränkt, angeschrien, bedroht oder schikaniert werden. Dies entspricht allerdings nicht der herkömmlichen Sichtweise. Es ist üblicher, die Epidemie strafender Erziehungsmethoden zu ignorieren und stattdessen den Blick auf gelegentliche Beispiele dafür, dass zu viel erlaubt wird, zu richten – manchmal geht das so weit, dass eine ganze Generation für verwöhnt erklärt wird. Es ist aufschlussreich und sogar ein wenig amüsant, dass ähnliche Mahnungen wahrscheinlich im Hinblick auf *jede* Generation im Lauf der Geschichte ausgesprochen wurden.

Jedoch hat dieses verzerrte Bild ernste Konsequenzen. Dadurch, dass der Eindruck erweckt wird, Kinder seien heute außer Kontrolle geraten, wird das Fundament für Ratschläge gelegt, wir sollten ihnen weniger nachgeben, wieder auf konventionellere Erziehungsmethoden zurückgreifen und so weiter. Eltern, die diese *Be*schreibung (von Kindern, die nicht genügend unter Kontrolle seien) akzeptieren, sind empfänglicher dafür, dass mehr Kontrolle *vor*geschrieben wird.

Genau dasselbe gilt für die Klage, Kinder hätten es heutzutage zu leicht, weil wir es damit übertreiben, sie vor den Schlägen des Lebens schützen zu wollen. Diese Behauptung wird typischerweise eher von unterhaltsamen Anekdoten als von irgendetwas, das Beweismaterial ähnelt, begleitet. Sie ist nicht deshalb so verbreitet, weil sie wahr wäre, sondern weil sie nützlich für die Rechtfertigung eines altmodischen Erziehungsstils ist, der Kindern wenig Unterstützung oder Stärkung bietet. Darüber hinaus ermöglicht uns diese Sicht des Problems, die Schuld bei Eltern oder Kindern zu suchen, statt den tiefer liegenden Ursachen von Problemen, die sich uns allen stellen, auf den Grund zu gehen.[5]

Die Tatsache, dass manche Kinder ignoriert und sich selbst überlassen werden und dass ihnen eine sinnvolle Beziehung zu Erwachsenen vorenthalten wird, ist weder ein Beweis dafür, dass wir in einer kindzentrierten oder zu nachgiebigen Kultur lebten, noch bedeutet es, dass Kinder zu wenig Frustrationen in ihrem Leben erlebten. In Wirklichkeit werden Kinder sehr oft frustriert, meist deshalb, weil ihr Standpunkt nicht ernst genommen wird. Eltern, die nicht wahrzunehmen scheinen, wenn ihre Kinder Fremde stören und Unheil anrichten, nehmen die Bedürfnisse ihrer Kinder oft genauso wenig wahr. Dies ist kein Argument für mehr Disziplin, sondern dafür, dass Erwachsene mehr Zeit mit Kindern verbringen, ihnen mehr Orientierung bieten und sie mit mehr Respekt behandeln sollten.

Wettbewerb

Wettbewerb wird manchmal als unsere Staatsreligion bezeichnet. Bei der Arbeit und beim Spiel, in der Schule und sogar zu Hause werden andere Ziele und Werte oft von dem ständigen Zwang, die Nummer Eins zu sein, in den Hintergrund gedrängt. Daher ist es keine Überraschung, dass viele Eltern ihre Kinder drängen, besser zu sein als andere Kinder – und dass sie zu diesem Zweck die Methoden des an Bedingungen geknüpften Erziehungsansatzes verwenden.

Darüber hinaus kann es geschehen, dass unsere Beziehung zu unseren Kindern als ein Spiel angesehen wird, bei dem nur einer gewinnen kann. Zahlreiche Erziehungsbücher bieten uns Ratschläge, wie wir unsere Schlachten gegen sie gewinnen können, wie wir sie überlisten und dazu bewegen können, unseren Forderungen Folge zu leisten, so dass wir als Sieger dastehen. Die eigentliche Frage ist natürlich, ob wir unsere Kinder wirklich als Gegner ansehen wollen, die es zu besiegen gilt. Wenn wir uns fragen, warum Eltern-Kind-Beziehungen so oft von Gegnerschaft geprägt sind, müssen wir dies als ein weiteres Symptom einer allzu wettbewerbsorientierten Gesellschaft verstehen. Die Mütter und Väter, die am stärksten dazu neigen, ihre Kinder zu kontrollieren, und die ihnen am meisten Schaden zufügen, sind diejenigen, die um jeden Preis gewinnen müssen.

Fähigkeiten von Kindern

Kinder hart anzufassen scheint davon zu zeugen, dass man nicht alles, was sie tun können, zu schätzen weiß und dass man sie nicht als Menschen mit einem eigenen, unverwechselbaren Standpunkt ansieht. Doch in einem anderen, bedeutenderen Sinn haben Menschen, die herkömmliche Erziehungsmethoden einsetzen, die Tendenz, zu *über*schätzen, was Kinder alleine schaffen können. Solche Eltern begreifen nicht – oder nehmen einfach nicht zur Kenntnis –, dass man von Kindern unter einem gewissen Alter einfach nicht erwarten kann, ordentlich zu essen oder sich in der Öffentlichkeit still zu verhalten. Junge Kinder verfügen noch nicht über die Fähigkeiten, aufgrund derer man sie vernünftigerweise für ihr Verhalten verantwortlich machen könnte, wie wir es bei Erwachsenen oder älteren Kindern tun.

Forschungsergebnisse bestätigen, dass Eltern, die „Kindern, die sich schlecht benehmen, mehr Kompetenz und Verantwortung zuschreiben", mehr dazu neigen, sich über sie zu ärgern, sie zu verurteilen und zu bestrafen. Sie sind enttäuscht angesichts dessen, was sie als unangemessenes Verhalten ansehen, und sie reagieren darauf, indem sie kleine Kinder dafür zurechtweisen, dass sie kleine Kinder sind. Es kann einem das Herz brechen, das zu beobachten. Eltern dagegen, die Verständnis für die entwicklungsbedingten Grenzen von Kindern haben, neigen eher zu „ruhigen Erklärungen und Argumenten" als Reaktion auf das gleiche Verhalten.[6] Sie wissen, dass es ihre Aufgabe ist, zu lehren – und zu einem gewissen Maß auch einfach Geduld zu haben.

Eltern, die ihre Kinder ausschimpfen und Zwangsmaßnahmen einsetzen, tun dies möglicherweise zum Teil deshalb, weil sie unrealistisch hohe Erwartungen an ihr Verhalten haben. Ähnlich unrealistische Erwartungen sind manchmal im Hinblick auf die geistigen Fähigkeiten zu beobachten. Wenn man ein fünfjähriges Kind drängt, richtig zu schreiben, lässt das darauf schließen, dass man nicht versteht, auf welche Weise Kinder sich die Sprache allmählich aneignen, und es führt dazu, dass Schreiben für das betreffende Kind zu einer unangenehmen Erfahrung wird. Viele Eltern, die stolz darauf sind, „hohe Maßstäbe" an ihre Kinder anzulegen, erwarten in Wirklichkeit vielleicht zu viel von ihnen – und machen es dann oft dadurch noch schlimmer, dass sie auf verschiedene Methoden der Kontrolle zurückgreifen, wenn ihre Erwartungen nicht erfüllt werden.

Konformität

Je mehr die Menschen einer Kultur Wert darauf legen, dass Kinder sich herkömmlichen Regeln und Autoritäten fügen (im Gegensatz zum eigenständigen Denken), desto höher ist Forschungen zufolge die Wahrscheinlichkeit, dass sie körperliche Strafen verwenden. Die Vereinigten Staaten sind oft als Land beschrieben worden, wo die Menschen Eigenständigkeit und Selbstbestimmtheit geradezu übertrieben schätzen. Doch auch hier legen manche Menschen und Subkulturen viel Wert auf Konformität. Je mehr das in einer Familie der Fall ist, umso mehr schränken die betreffenden Eltern ihre Kinder ein und wenden strikte Disziplin an, um sie in ihre Schranken zu weisen.[7]

Gerechtigkeit als Vergeltung

Viele Menschen glauben, wenn jemand – sogar ein kleines Kind – etwas Schlechtes tut, sollte demjenigen im Gegenzug ebenfalls etwas Schlechtes zugefügt werden. „Die Vorstellung, einen Täter für sein Vergehen leiden zu lassen, kann bis zu den ‚Blutrachepraktiken' primitiver Gesellschaften zurückverfolgt werden."[8] Sie steht auch im Zusammenhang mit einem ökonomischen Modell menschlicher Interaktion, das uns glauben lässt, alles, einschließlich Liebe, müsste verdient werden (siehe S. 25 – 27). Ganz gleich, ob Bestrafung funktioniert, ob sie irgendeine wünschenswerte Lektion erteilt oder eine konstruktive Auswirkung auf die Wertvorstellungen oder Verhaltensweisen von Kindern hat – viele Eltern setzen sie weiterhin ein, weil sie Strafe als moralische Notwendigkeit ansehen. Ja, man muss in unserer Kultur gegen den Strom schwimmen, wenn man sich entscheidet, auf kindliches Fehlverhalten auf irgendeine andere Weise als durch das Verhängen einer unangenehmen Konsequenz zu reagieren.

Religion

Es gibt keine Eins-zu-Eins-Übereinstimmung zwischen religiöser Überzeugung und Erziehungsphilosophie. Menschen unterschiedlichen Glaubens und Menschen, die überhaupt nicht religiös sind, gehen auf die verschiedensten Weisen mit ihren Kindern um. Dennoch kann nicht geleugnet werden, dass ein autoritärer Ansatz tief in bestimmten religiösen Glaubenssystemen verwurzelt ist. Ein Experte sagt: „Den Willen des Kindes zu brechen, ist stets die Hauptaufgabe gewesen, die Eltern von Generationen von Predigern nahegelegt wurde. Die in der Bibel verwurzelten Begründungen für mehr Disziplin, die diese Prediger anführten, spiegelten den Glauben wider, ein eigener Wille sei böse und sündhaft."[9] Diese Ideologie, die letztlich mit einer dunklen Sicht der menschlichen Natur verbunden ist, wurde schon vertreten, noch bevor die Pilgerväter in Amerika landeten, und ist noch heute in den Schriften von James Dobson und anderen Fundamentalisten zu finden. Manchmal wird das Wort *Liebe* verwendet, um ein unerbittliches Verfahren zu rechtfertigen, mittels dessen das Kind gezwungen wird zu kapitulieren.[10]

Zwar setzen viele religiöse Menschen das Konzept der Bedingungs-losigkeit mit Aspekten ihres Glaubens gleich; jedoch könnte man aus-gehend von den heiligen Schriften des Christen- und des Judentums auch argumentieren, dass die Gottheiten in diesen Religionen den Gipfel einer an *Bedingungen* geknüpften Liebe verkörpern. Sowohl im Alten als auch im Neuen Testament werden wiederholt großzügige Belohnungen für die Menschen, die angemessene Ehrfurcht zeigen, versprochen, und denen, die das nicht tun, werden schreckliche Bestrafungen angedroht. Gott liebt dich, wenn und nur wenn du ihn liebst – und in manchen Fällen, wenn man noch diverse andere Kriterien erfüllt. Wenn man tut, was einem aufgetragen wird, wird man reich und sieht seine Feinde ster-ben. Wenn man vom Glauben abkommt, wird man unter den Folgen, die in der Bibel mit fast sadistischer Detailtreue geschildert werden, zu leiden haben.[11] Und für manche Gläubige erwarten uns nach dem Tod natürlich noch bedeutendere Wohltaten oder Verdammungen. Es ist also nicht zu weit hergeholt, die Relevanz gewisser religiöser Traditionen für einen an Bedingungen geknüpften und auf Kontrolle beruhenden Er-ziehungsstil zu erwähnen.

Entweder-Oder-Denken

Wenn ich ein einziges Glaubenssystem nennen müsste, das der Verwen-dung zweifelhafter Erziehungsmethoden am stärksten Vorschub leistet, wäre das die Tendenz, anzunehmen, es gäbe nur zwei Arten, Kinder zu erziehen. Man kann dies tun oder jenes, und da die eine Option offen-sichtlich wenig reizvoll ist, bleibt einem nur die andere (die stets eine Form von Kontrolle beinhaltet).

Die am meisten verbreitete falsche Dichotomie lautet: „Wir müssen bei Kindern einen harten Kurs einschlagen und aufhören, sie alles tun zu lassen, wozu sie Lust haben." Traditionelle Disziplin wird allzu großer Frei-zügigkeit gegenübergestellt. Entweder bestrafe ich mein Kind oder ich lasse ihm „alles durchgehen". Entweder schlage ich einen harten Kurs ein oder ich verfolge überhaupt keinen Kurs. Wenn Kinder etwas Unangebrachtes tun, empfinden es die meisten von uns als nötig, *irgendetwas* zu tun, statt gar nichts zu tun. Und wenn sich unser Repertoire auf Strafen beschränkt, greifen wir in Ermangelung anderer Optionen darauf zurück.

Paradoxerweise sind Vernachlässigen und Bestrafen nicht einmal wirkliche Gegensätze. Auf beide trifft zu, dass sie absolut keine produktive, respektvolle Orientierung durch Erwachsene, wie Kinder sie brauchen, bieten. Es ist kein Wunder, dass manche Eltern abwechselnd strafen *und* vernachlässigen. Sobald sich eine dieser Optionen als verhängnisvoll erweist, schwenken sie auf die andere um. Eine Mutter gestand: „Ich erlaube meinen Kindern alles, bis ich sie nicht mehr ausstehen kann; dann werde ich so autoritär, dass ich mich selbst nicht ausstehen kann.“[12] In anderen Familien wiederum spielt jedes Elternteil eine der beiden Rollen. Einer setzt ständig Disziplin durch, während der andere alles erlaubt – als ob zwei problematische Strategien zusammen einen produktiven Ansatz ergeben würden.

Wenn wir gezwungen wären, zwischen diesen beiden Strategien zu wählen, so ist anhand der verfügbaren Daten nicht einmal klar zu sagen, dass Strafen besser wären als Vernachlässigung.[13] Doch wir *müssen* gar nicht wählen, denn es gibt bessere Möglichkeiten. Dass eiskalte Temperaturen unangenehm sind, bedeutet ja auch nicht, dass wir uns mit glühender Hitze abfinden müssten. Das Gleiche gilt übrigens auch für eine andere künstliche Entscheidung: „Statt Kinder zu bestrafen (oder zu kritisieren), wenn sie sich schlecht benehmen, versuchen Sie sie zu belohnen (oder zu loben), wenn sie sich gut benehmen.“ Das Problem ist, dass Belohnungen und Strafen im Grunde zwei Seiten derselben Münze sind... und diese Münze ist nicht sehr viel wert. Glücklicherweise gibt es Alternativen zu beiden Versionen der Zuckerbrot-und-Peitsche-Manipulation.

Theoretisch wäre es besser, aus drei Möglichkeiten statt nur aus zwei auszuwählen, doch auch hier müssen wir aufpassen. Einige Autoren, die über Disziplin und andere Themen schreiben, versuchen ihre Ansichten schmackhafter zu machen, indem sie sich als im vernünftigen „Mittelfeld“ zwischen zwei Extremen einordnen. Ihre Aussage lautet in etwa: Manche Ansätze gehen zu sehr in die eine, andere zu sehr in die andere Richtung, aber mein Ansatz ist genau richtig. „Die eine Richtung“ besteht dann gewöhnlich aus einem extrem strafenden, auf Macht beruhenden Erziehungsstil, während „die andere Richtung“ eine Form von Laissez-Faire-Vernachlässigung beschreibt.

An und für sich würden die meisten von uns sicher zustimmen, dass etwas zwischen diesen Extremen besser wäre – und bei manchen Themen empfehle ich tatsächlich einen „dritten Weg". Doch wir sollten uns nie überreden lassen, die Vorschläge von jemandem nur deshalb anzunehmen, weil sie zwischen zwei überzeichneten Alternativen angesiedelt sind. Außerdem beginnen manche Autoren mit einer Frage, die auf einer zweifelhaften Prämisse beruht, etwa: „Wie stark sollten wir Kontrolle über unsere Kinder ausüben?" Wählen Sie: (a) ständig und übermäßig, (b) überhaupt nicht oder (c) in einem idealen Maß, wie es im patentierten Fünf-Punkte-Programm des Autors erläutert wird. Statt uns für die offensichtliche Option zu entscheiden, sollten wir vielleicht in Frage stellen, wie das Thema formuliert wurde, und über Alternativen zum ganzen Konzept der Kontrolle nachdenken.

Tatsächlich kann es sein, dass die Option, die angeblich „einen vernünftigen Mittelweg" darstellt, gar nicht so vernünftig ist, wenn man sie nach ihren Vorzügen beurteilt. Ein Beispiel im Bereich der Erziehung ist das Schema von Diana Baumrind, das von vielen Forschern sowie Praktikern übernommen wurde. Sie schildert einerseits den „autoritären" und andererseits den „permissiven" Erziehungsstil und siedelt den „autoritativen" (soll heißen: genau richtigen) Erziehungsstil in der Mitte an. In Wirklichkeit ist der von ihr bevorzugte Stil – angeblich eine Mischung aus Festigkeit und Fürsorge – ganz traditionell und kontrollorientiert, wenn auch in geringerem Maß als bei Option (a). Wenn man Baumrinds Forschungsarbeiten gründlich liest, kommen Fragen hinsichtlich ihrer Empfehlungen auf, vor allem im Hinblick auf ihre Befürwortung einer „starken Kontrolle"[14].

Wir können versucht sein, einen bestimmten Ansatz zu akzeptieren, nur weil die Diskussion über Erziehung auf eine bestimmte Weise geführt wird und weil wir glauben, wir müssten eine angebotene Alternative wählen, wenn wir einen oder zwei andere Ansätze ablehnen. Zu erkennen, dass es viele Möglichkeiten gibt, Kinder großzuziehen, und den Gehalt verschiedener anderer Ideologien in Frage zu stellen, bedeutet, dass wir frei werden können, neue Wege zu erforschen, die vielleicht viel sinnvoller als die herkömmlichen Weisheiten sind.

Was wir fühlen

Unsere Eltern lehrten uns, wie man erzieht, zeigten uns durch ihr Beispiel, wie man mit Kindern redet und umgeht. Jedoch hat das, was wir in unseren Herkunftsfamilien erlebten, Auswirkungen auf uns – und damit auch darauf, was für Mütter und Väter wir werden –, die über bestimmte Kindererziehungsstrategien, die wir vielleicht nachahmen, hinausgehen. Kinder großzuziehen ist nicht einfach eine Fertigkeit, die man erlernt, wie Kochen oder Tischlerei; die beteiligten psychologischen Faktoren machen dieses Thema viel komplizierter. Und viele dieser Faktoren beeinflussen uns vielleicht, ohne dass wir uns dessen überhaupt bewusst sind.

Offen gesagt, vertiefe ich mich nur ungern in dieses Thema, weil viele der Diskussionen dazu, die von Verweisen auf das „innere Kind" wimmeln, mich auf die Palme bringen. Doch ich komme wohl nicht darum herum. Es ist sinnlos, darüber zu sprechen, was einen davon abhält, bessere Eltern zu sein, ohne zu reflektieren, inwieweit die Art, wie man selbst erzogen wurde, die eigene innere Architektur prägt. Sie hat nicht nur Einfluss darauf, was wir mit unseren Kindern tun, sondern auch darauf, was wir nicht tun. Sie wirkt sich darauf aus, wie man sich die Verantwortung mit dem anderen Elternteil teilt und ob man Jungen und Mädchen unterschiedlich behandelt. Sie hilft bei der Feststellung, ob das eigene Verhalten im Alltag von Respekt oder einem Mangel an Respekt zeugt. Sie steht in Zusammenhang damit, was einen wütend oder traurig macht und wie man diese Gefühle zum Ausdruck bringt.

Zugegeben, es müssen nicht immer komplizierte psychologische Erklärungen herangezogen werden, um zu begründen, warum wir als Eltern bisweilen schlechte Entscheidungen treffen. Manchmal verlieren wir einfach die Geduld, weil Kinder so viel davon erfordern: Sie können laut, unordentlich und egozentrisch sein. Wie ich schon am Anfang des Buches bemerkt habe, ist Kindererziehung nichts für Schwächlinge und manche Kinder sind schwerer großzuziehen als andere. Dennoch genügt die Tatsache, dass ein bestimmtes Kind besonders anstrengend ist, nicht als Erklärung dafür, warum seine Eltern Liebesentzug und andere Kontrollinstrumente einsetzen. Ja, etliche Forschungen lassen darauf schließen, dass der grundlegende Erziehungsstil von Eltern „bereits festgelegt ist, bevor sie direkte Erfahrungen mit ihren eigenen Kindern sammeln". Dieser Stil ist tief in den Erfahrungen verwurzelt, die sie vor langer Zeit gemacht haben.[15]

Vor kurzem hinterließ ein Mann eine Nachricht auf meiner Webseite, die auszugsweise lautete: „Wie ein Zuschauer bei einem Zugunglück beobachte ich, wie meine Freunde die gleichen Erziehungsmethoden einsetzen, die sie verletzten, als sie selbst klein waren. Es ist kein schöner Anblick." Auch, würde ich hinzufügen, ist es nicht leicht zu sagen, warum dies geschieht. Die Leute, von denen er berichtet, haben sich vermutlich nicht hingesetzt und bewusst entschieden, ihre eigenen Kinder genauso unglücklich zu machen, wie sie selbst waren. Irgendetwas anderes muss der Grund für diese Wiederholung sein. Etwas anderes muss der Grund für die sonderbare, unlogische, sogar tragische Tatsache sein, dass viele Menschen, die ihren eigenen Eltern höchst kritisch gegenüberstehen, letztlich selbst eine Familie schaffen, die derjenigen, aus der sie geflüchtet sind (oder aus der sie *glaubten,* geflüchtet zu sein), auf geradezu unheimliche Weise ähnelt.

Alice Miller erklärt dies so: „Viele Menschen geben die einst erfahrene Grausamkeit an andere weiter und erhalten dadurch das idealisierte Bild ihrer Eltern."[16] Sie geht davon aus, dass wir ein starkes, unbewusstes Bedürfnis haben, zu glauben, alles, was unsere Eltern mit uns getan hätten, sei in Wirklichkeit zu unserem Besten gewesen und sei aus Liebe geschehen. Für viele von uns sei es zu bedrohlich, auch nur die Möglichkeit in Erwägung zu ziehen, sie seien nicht ausschließlich wohlgesinnt – oder kompetent – gewesen. Um alle Zweifel zu beseitigen, tun wir daher mit unseren eigenen Kindern dasselbe wie das, was unsere Eltern mit uns getan haben.

Eine andere Erklärung für diese Tatsache bietet John Bowlby, der britische Psychiater, der das als Bindungstheorie bekannte Fachgebiet inspirierte. Er argumentierte, wenn man selbst keine empathische Erziehung erlebt habe, sei es schwer, zu empathischen Eltern zu werden. Das Gleiche könnte man im Hinblick auf bedingungslose Liebe sagen: Wenn man sie nicht bekommen hat, hat man sie auch nicht zu verschenken. Menschen, die als Kinder nur unter bestimmten Bedingungen auf Akzeptanz stießen, akzeptieren andere (einschließlich ihrer eigenen Kinder) später vielleicht ebenso nur unter gewissen Bedingungen. Dafür gibt es sogar Beweise (siehe S. 31). Solche Eltern haben gelernt, Liebe als seltenes Gut anzusehen, das rationiert werden muss. Sie glauben, Kinder müssten strenger Kontrolle unterworfen werden, wie sie es selbst erlebt haben.

Wenn die emotionalen Grundbedürfnisse nicht erfüllt worden sind, verschwinden sie im Allgemeinen nicht einfach, wenn wir älter werden. Vielmehr versuchen wir vielleicht immer noch, sie zu befriedigen, oft auf indirekte und komplizierte Weise. Dieses Bemühen erfordert manchmal eine erschöpfende, fast ständige Konzentration auf uns selbst, um zu beweisen, dass wir wirklich schlau oder attraktiv oder liebenswert sind. Darüber hinaus stellen die Menschen, die das Bedürfnis haben, dass wir uns auf *sie* konzentrieren, vor allem unsere Kinder, möglicherweise fest, dass wir ihnen emotional nicht zur Verfügung stehen. Denn wir sind zu sehr mit dem Versuch beschäftigt, das zu bekommen, was uns fehlt. Und, wie zwei kanadische Forscher gezeigt haben, neigen Eltern, die vor allem an ihre eigenen Bedürfnisse und Ziele denken, dazu, ihren Kindern weniger Akzeptanz entgegenzubringen – und mehr dazu, mit ihnen strafend und kontrollierend umzugehen –, als es Eltern tun, die die Bedürfnisse ihrer Kinder oder der ganzen Familie im Sinn haben. Diejenigen, die ihre eigenen Bedürfnisse gewohnheitsmäßig an die erste Stelle stellen, neigen auch eher zu der Ansicht, das Fehlverhalten ihrer Kinder geschehe mit böser Absicht und sei in ihrem Wesen oder ihrer Persönlichkeit begründet, statt sich aus einer bestimmten Situation zu ergeben.[17]

Kinder können in eine Lage geraten, in der sie das Gefühl haben, es sei ihre Aufgabe, ihre Eltern glücklich zu machen, sie zu beruhigen und zu bestätigen. Manchmal werden Kinder subtil aufgefordert, einem Elternteil das zu geben, was er vom anderen Elternteil (und vielleicht auch von sich selbst) nicht bekommt, und manchmal wird von ihnen auch erwartet, erwachsenenähnliche Gesellschaft zu bieten. Das Kind wird gedrängt, für Mutter oder Vater die Rolle eines Freundes oder sogar die Elternrolle zu spielen. All dies kann geschehen, ohne dass sich irgendwer dessen bewusst wird. Doch ganz gleich, ob das Kind herausfindet, wie es so werden kann, wie seine Mutter oder sein Vater es will, in jedem Fall kann seine Entwicklung darunter leiden, dass die Bedürfnisse des Elternteils in den Mittelpunkt gerückt sind.

Was wir fürchten

Wenn wir all die Gefühle, Überzeugungen und Verhaltensweisen, die uns beeinflussen, zusammennehmen – persönliche und kulturelle, bewusste und unbewusste Einflüsse –, stellen wir vielleicht fest, dass sie sich zum Teil dadurch auf unseren Erziehungsstil auswirken, dass sie uns Angst machen. Bei manchen Menschen sind die Ängste überwältigender und weniger rational als bei anderen, doch all diese Ängste können einen Teil der Erklärung dafür liefern, warum Kinder auf die von mir geschilderten Weisen behandelt werden.

Angst vor Unzulänglichkeit als Eltern

Ehrlich gesagt, wäre ich beunruhigt, wenn frischgebackene Eltern sich gar keine Sorgen über das, was vor ihnen liegt, machen würden. Meine Frau und ich erinnern uns noch gut daran, wie es war, als an die Stelle des Adrenalin- (und Oxytocin-) Schubs etwas trat, das an Panik grenzte: Wir standen draußen vor dem Krankenhaus, nachdem die Krankenversicherung beschlossen hatte, wir seien lange genug da gewesen, wir umklammerten eine Babyschale, in der ein Neugeborenes schlummerte, wir sahen aus wie das sprichwörtliche Reh im Scheinwerferlicht und dachten: „Hier muss irgendein Irrtum vorliegen. Wir wissen doch gar nicht, wie man sich um so eins kümmert." (Es wäre noch schlimmer gewesen, wenn uns klar gewesen wäre, dass wir nicht nur ein Baby nach Hause brachten, sondern auch ein zukünftiges dreijähriges, achtjähriges und vierzehnjähriges Kind.)

Niemand legt es darauf an, schlechte Eltern zu werden. Wir alle lieben unsere Kinder und wünschen uns mehr als alles andere, dass sie gesund und glücklich sind. Doch manchmal fühlen wir uns auch hilflos und verwirrt, frustriert, wenn es nicht so läuft wie geplant, und insgeheim (oder gar nicht so insgeheim) zweifeln wir daran, ob wir in der Lage sind, richtig zu handeln. Die Angst vor Ratlosigkeit kann in verschiedene Richtungen führen, die alle problematisch sind. Es kann sein, dass sich solche Eltern allzu leicht auf Ratschläge verlassen, die beruhigend, jedoch schlecht sind. („Ich weiß nicht, was ich tun soll, also hol ich mir einfach Rat bei meiner Schwiegermutter, die sehr selbstsicher wirkt, wenn sie erklärt, man sollte Babys alleine lassen, um sich „auszuschreien'", oder: „Ich richte mich einfach nach diesem Experten, der empfiehlt, ich soll meinem Kind jedes Mal, wenn es tut, was ich ihm sage, ein Sternchen in seinen Verhaltensplan kleben.")

Die Angst vor Inkompetenz[18] bewegt manche Eltern dazu, allen Forderungen ihrer Kinder nachzugeben, was natürlich etwas ganz anderes ist, als ihre Bedürfnisse zu erfüllen und mit ihnen zusammenzuarbeiten, um Probleme zu lösen. Andere Eltern wiederum überspielen ihre Zweifel, indem sie so tun, als seien sie sich absolut sicher und hätten stets das Ruder in der Hand. Nach einer Weile wird die Rolle der streng kontrollierenden, stets autoritativen Eltern so angenehm, dass sie vergessen, dass es nur eine Rolle ist und warum sie angefangen haben, sie zu spielen. Solche Eltern führen oft starre Regeln für Kinder ein, die nie in Frage gestellt oder abgeändert werden dürfen, so als wollten sie alle, einschließlich sich selbst, davon überzeugen, dass sie wirklich wüssten, was sie tun.

Angst vor Machtlosigkeit

Jeder von uns war einst vollkommen hilflos und von jemand anderem abhängig. Auf einer unbewussten Ebene fürchten manche Menschen, wenn der dünne Lack des Erwachsenseins angekratzt wäre, würde sich die Zeit zurückdrehen, und sie wären wieder völlig machtlos. Sie reagieren auf diese Angst, indem sie so tun, als wären sie als Erwachsene *nie* hilflos. Weil es erschreckend ist, keine Kontrolle zu haben, reden sie sich ein, sie hätten stets alles unter Kontrolle.

Jedoch kann daraus leicht das Bedürfnis erwachsen, Macht über andere auszuüben, die Oberhand zu haben und ein Gefühl des Triumphs zu erleben, Meinungsverschiedenheiten selbst mit den eigenen Kindern als Schlachten anzusehen, die gewonnen werden müssen. Solche Menschen fürchten, wenn sie einen Zollbreit nachgeben, wenn sie ihre Meinung ändern, wenn sie zugeben, dass sie Unrecht haben, wenn sie nicht energisch genug auftreten, würden sie alles verlieren.

Dies gilt vor allem für Menschen, die in traditionellen Familien, wo das Wort der Eltern Gesetz war, aufgewachsen sind. Sie haben als Kinder die Erfahrung gemacht, dass „niemand bereit war, in Konfliktsituationen auf ihre Bedürfnisse und Wünsche einzugehen", wie zwei Forscher es formulieren. Das so erzeugte Gefühl der Machtlosigkeit verschwindet nie ganz, was zur Folge hat, dass diese Menschen Jahre später vielleicht versuchen, einen gewissen Grad an Kontrolle zu erlangen, indem sie Macht über ihre eigenen Kinder ausüben.[19] Daher neigen, so paradox es auch erscheinen mag, die Eltern, „die selbst den Eindruck haben, zu wenig Macht zu haben, am meisten dazu, Methoden erzwungener Kontrolle einzusetzen"[20].

Bei manchen dreht sich das ganze Leben um das Bedürfnis, so zu erscheinen oder zu handeln, als hätten sie viel Macht, um die Angst davor, jemand anderem ausgeliefert zu sein, zu verscheuchen. Ihr Streben, Kontrolle über andere auszuüben, beschränkt sich nicht auf Kinder; sie fühlen sich verpflichtet, zu demonstrieren, dass sie auch anderen Erwachsenen überlegen sind. Jedoch ist es leichter und wird gesellschaftlich eher akzeptiert, wenn man sich gegenüber Kindern so verhält. Norman Kunc, der Workshops über integrative Bildung und machtfreie Praktiken leitet, weist darauf hin, dass das, „was wir als ‚Verhaltensprobleme' bezeichnen, oft legitime Konfliktsituationen sind; wir nennen sie einfach Verhaltensprobleme, weil wir mehr Macht als die Kinder haben". (Man darf ja nicht sagen, der eigene Ehepartner hätte ein Verhaltensproblem.)[21]

Studien zeigen, dass Eltern, die ihre Kinder misshandeln, dazu neigen, „sich selbst als Opfer der bösen Absichten der Kinder zu sehen". Doch was war zuerst da: das Verhalten oder die Meinung? Vielleicht versuchen wir dadurch, dass wir uns selbst als die Opfer ansehen oder darüber reden, wie uns ein Kind „manipulieren" wolle, „unsere negative Reaktion zu rechtfertigen, indem wir beim Kind nach ebenso negativen Motiven suchen"[22].

Selbst Eltern, die ihre Kinder keineswegs misshandeln, lassen sich oft von dem Bedürfnis nach Kontrolle und der Angst, sie zu verlieren, leiten. Für die meisten von uns ist es beunruhigend, festzustellen, dass sich nachts jemand in unser Haus geschlichen und unseren hilflosen Säugling durch ein Kleinkind mit einem eigenen Willen ersetzt hat. Was einmal ein entzückendes Baby war, besitzt jetzt die Frechheit, seine eigenen Pläne zu verfolgen und sich manchen unserer Forderungen zu widersetzen. Können wir der Versuchung widerstehen, uns zu überlegen, wie wir unser Kind überlisten können? Wird es uns gelingen, die Vorgehensweise, mit einem Baby als Objekt etwas zu tun, dadurch zu ersetzen, dass wir *mit* einem Kind *zusammen*arbeiten? Das ist ein Test, den nicht alle von uns bestehen. (Rund zehn Jahre später werden wir noch einmal auf die Probe gestellt, wenn das Bedürfnis des Kindes nach Autonomie aufs Neue aufwallt – und es ist noch schwieriger, jemanden, der älter, klüger und nicht mehr so abhängig von uns ist, zur Folgsamkeit zu bewegen.)

Oft bewegt uns unsere Angst dazu, uns stur zu stellen, was ein großer Fehler ist. Eines Abends widersetzt sich mein dreijähriger Sohn – größtenteils durch Untätigkeit und selektives Hören – meinen wiederholten Aufforderungen, mit dem Spielen aufzuhören und sich auszuziehen. Minuten vergehen, und ich stelle ihn vor die Wahl, sich selbst sein Hemd auszuziehen oder es von mir tun zu lassen. Er reagiert nicht, also ziehe ich es ihm aus und trage ihn nach oben. Er schreit laut, unglücklich, untröstlich, jammert, er habe sich selbst das Hemd ausziehen wollen. Ich erinnere ihn (sanft und ganz vernünftig, wie ich finde), dass er ja die Gelegenheit dazu hatte, sie aber nicht genutzt hat. Aber er weint und er ist erst drei, also ist es nur ein Selbstgespräch.

Jetzt will er wieder nach unten gehen und sich von mir das Hemd noch einmal anziehen lassen, damit er es sich selbst ausziehen kann. Nein, sage ich ihm, nun ist es zu spät. Ich denke an die Kleider, die noch ausgezogen werden müssen, und an das wartende Badewasser, das allmählich abkühlt. Aber er ist noch nicht bereit, den Blick nach vorne zu richten und weiterzumachen. Wir stecken in einer Sackgasse – bis mir klar wird, dass ich genauso irrational bin wie er. Mein Beharren darauf, es so zu machen, wie ich will, macht uns beide nicht nur unglücklich, sondern verschwendet auch Zeit. Also machen wir es so, wie er will: Wir gehen nach unten, ziehen sein Hemd an, er zieht das Hemd wieder aus, wir gehen nach oben, er steigt in die Badewanne. Doch in Folge meiner Weigerung, die Kontrolle aus der Hand zu geben, dauert es eine Stunde oder zwei, bis er wieder lächelt und unsere Beziehung wieder in Ordnung ist.

Angst davor, bewertet zu werden

Manche Eltern leben in Panik davor, was andere Leute – nicht nur ihre Freunde und Verwandten, sondern der namenlose und allgegenwärtige Richter, der unter dem Namen „die Leute" bekannt ist – von ihren Kindern und damit von ihren Erziehungsfähigkeiten halten. Diese Angst wirkt besonders lähmend, wenn sie von den beiden anderen oben geschilderten Ängsten begleitet wird. Doch auch relativ sichere Eltern fühlen sich manchmal unbehaglich angesichts der Möglichkeit, dass irgendwer da draußen denken könnte: „Mensch, diese Mutter hat wohl keine Ahnung, was sie da tut. Ich meine, sieh dir nur ihre Kinder an!"

Denken Sie einmal darüber nach, wie oft unser Verhalten gegenüber unseren Kindern von der Sorge geprägt ist, wie andere Erwachsene uns ansehen werden. Ein Erwachsener gibt unserem Baby etwas, und wir ergreifen das Wort: „Sag danke!" – das soll an das Baby gerichtet sein, obwohl es offensichtlich noch nicht „danke" sagen kann und vielleicht auch noch zu jung ist, um von unserem Beispiel zu lernen. In Wirklichkeit sprechen wir durch das Kind mit dem Erwachsenen, um klar zu machen, dass *wir* wissen, wie man höflich antwortet und wie man Kinder richtig erzieht.

Wie gesagt, neigen Menschen in unserem Kulturkreis viel eher dazu, Eltern zu kritisieren, weil sie in ihren Augen zu wenig statt zu viel Kontrolle ausüben, und meist äußern sich die Menschen eher deshalb positiv über Kinder, weil sie sich „gut benehmen", als weil sie beispielsweise neugierig sind. Wenn man also die elterliche Angst, bewertet zu werden, mit der zu erwartenden Tendenz dieser Bewertung kombiniert, kommt man auf folgende wenig überraschende Tatsache: Wir neigen am meisten dazu, auf Zwang zurückzugreifen und uns von dem Bedürfnis, Kontrolle über unsere Kinder auszuüben, lenken zu lassen, wenn wir in der Öffentlichkeit sind.[23] Wie viele andere Ängste kann auch diese eine selbsterfüllende Prophezeiung in Gang setzen, so dass ein hartes Durchgreifen bei unseren Kindern aus Angst davor, was andere Leute denken könnten, möglicherweise zu mehr von eben dem Verhalten, das wir nicht sehen wollen, führen kann.

Angst um die Sicherheit unserer Kinder

Alle fürsorglichen Eltern machen sich Sorgen um ihre Kinder, vor allem, wenn die Zeitungen voll sind mit furchterregenden Geschichten über schreckliche Dinge, die unschuldigen Menschen passieren. Bis ich selbst Vater wurde, war mir nicht bewusst, wie schwer es sein kann, zu entscheiden, wann diese Sorgen angemessen und wann sie übertrieben sind –

und wann unsere Reaktionen die Grenze überschreiten, die vernünftige Vorsichtsmaßnahmen von erdrückender Überbehütung trennt.

Dennoch ist ziemlich klar, dass manche Eltern ein unangemessenes Maß an Kontrolle über ihre Kinder mit dem Argument rechtfertigen, sonst würden schreckliche Dinge passieren. Ich spreche nicht davon, sein Kind im Auge zu behalten, mitzubekommen, was in seinem Leben geschieht, und altersgemäße Grenzen zu setzen. Solche Dinge sind natürlich sinnvoll. Vielmehr meine ich die in Kapitel 3 beschriebene Art von Kontrolle, bei der die Eltern dem Kind zu wenig Gelegenheit geben, Entscheidungen über das zu treffen, was es tut – angeblich zu seinem Schutz. (Noch schlimmer ist es, wenn zu viel Kontrolle über Kinder ausgeübt wird, weil wir um die Sicherheit von *Dingen* – das heißt, Gegenständen – fürchten.) Darunter können das Selbstvertrauen eines Kindes sowie seine Beziehung zu uns sehr leiden.

Angst, ein Kind als Baby zu behandeln

Nicht nur, weil sie das Windelwechseln leid sind, versuchen manche Eltern, die Sauberkeitserziehung zu beschleunigen, und nicht nur, weil sie den Wunsch haben, Kinder in die Wunder des geschriebenen Wortes einzuführen, drillen sie Vorschulkinder, Lesen und Schreiben zu lernen. Ich habe gesehen, wie Leute Kleinkinder gedrängt haben, mit dem Laufen anzufangen, sie kritisiert haben, wenn sie krabbelten, und darauf bestanden haben, sie könnten jetzt alleine die Treppe hochgehen. Ich habe beobachtet, wie Gabeln in sehr junge Hände gelegt wurden, begleitet von dem Befehl, „wie ein großer Junge zu essen".

Die Annahme, schneller sei immer auch besser, entspringt vielleicht der Angst, das Kind könnte zu langsam sein. Diese Angst kann die Ansicht widerspiegeln, ein Kind sollte nicht „wie ein Baby behandelt" werden. Es ist Zeit, es abzustillen, Zeit für die Sauberkeitserziehung, Zeit, es zum Laufen und Sprechen und dazu zu bewegen, mehr selbstständig zu machen. Eltern machen sich Sorgen, wenn sich ihr Kind so verhält, wie es in ihren Augen einem jüngeren Kind entspricht. Doch warum? Ein Freund von mir sieht die Dinge langfristig und fragt rhetorisch: „Glaubt ihr wirklich, euer Kind wird auf der weiterführenden Schule immer noch krabbeln (oder Trainingswindeln tragen)? Warum diese Eile?"

(Und wo wir gerade von der weiterführenden Schule sprechen: Wann haben Sie zum letzten Mal gehört, dass Eltern eines Heranwachsenden ihr Kind gedrängt hätten, schneller erwachsen zu werden – sich stärker zu schminken, auf mehr Partys ohne Erwachsenenaufsicht zu gehen, sexuell aktiver zu werden oder sich zu beeilen und jetzt schon den Führerschein zu machen?)

Eltern von Kindern mit Entwicklungsstörungen haben sich oft am ehesten mit einem langsamen Tempo abgefunden. Sie mussten ihren schlimmsten Ängsten ins Auge sehen und sie bewältigen. Doch *alle* Eltern sollten sich entspannen und ihre Kinder sich in ihrem Tempo entwickeln lassen. Es ist eine Sache, wenn man zu erschöpft ist, ein vierjähriges Kind zu tragen; doch es ist etwas anderes, wenn man sich weigert, es zu tragen, nur weil man sich Sorgen macht, dass Kinder in dem Alter einfach nicht mehr getragen werden *sollten* – und dass Kinder ganz allgemein immer alles tun sollten, wozu sie in der Lage sind.

In letzter Zeit macht es meiner neunjährigen Tochter Spaß, sich Fernsehsendungen anzusehen, die für viel jüngere Kinder gedacht sind. Anfangs beunruhigte mich das ein wenig. Doch dann wurden mir einige Dinge bewusst: Erstens bekommt sie tagsüber mehr als genug intellektuelle Anreize und hat es verdient, etwas leichte Unterhaltung zu genießen. (Wenn Erwachsene sich mit albernen Sitcoms oder Thrillern im Taschenbuchformat entspannen können, warum sollte eine Viertklässlerin nicht mit Vorschulsendungen „abhängen“ können?) Zweitens wurde mir klar, als ich einige der Sendungen mit ihr gemeinsam anschaute, dass sie ihre komplexen Fähigkeiten einsetzte, um die Entwicklung der Handlung vorherzusagen, Unstimmigkeiten zu kritisieren, alternative Handlungsabläufe für die Figuren zu überlegen und die technischen Tricks herauszufinden, mit deren Hilfe die verschiedenen Illusionen entstanden waren.[24] Drittens – und das ist das Wichtigste – macht das Sehen einer Fernsehsendung (oder das Lesen eines Buches) „unter ihrem Niveau“ sie nicht dümmer. Die wirkliche Gefahr besteht darin, sie zu drängen, schneller erwachsen zu werden.

Die Angst, ein Kind wie ein Baby zu behandeln, ist verwandt mit der Angst, unser Kind könnte hinter anderen zurückbleiben. Das erklärt die Popularität unheilvoller, Angst schürender Bücher mit Titeln wie *Was Ihr Kind im Alter von zwei Tagen wissen sollte*. Immer, wenn ich sehe, wie Eltern die anderen Kinder in einem Raum mustern, um auszuloten, wer schon was kann, erinnert mich das an Geschwister, die, wenn sie Nachtisch bekommen, sofort einen Blick auf die Portion des anderen werfen, um sich zu vergewissern, dass sie nicht größer ist. Der Zwang zu vergleichen spiegelt eine in unserer wettbewerbsverrückten Gesellschaft auf einzigartige Weise kultivierte Angst wider, andere Kinder könnten unseren voraus sein. Menschen, die sich verhalten, als sei die Kindheit ein Rennen, machen ihren Kindern stets auf vielerlei und unproduktive Weise Druck.

Angst vor einer zu liberalen Erziehung

Ebenso, wie die Sorge, die eigenen Kinder könnten von Gleichaltrigen überflügelt werden, im Zusammenhang mit einem ungesunden Drängen nach Erfolg steht, kann die Angst vor einer zu liberalen Erziehung eine ungesunde, übermäßige Kontrolle fördern. Wie bereits erwähnt, ist es nicht die Toleranz selbst, sondern die Angst davor, die die meisten ernsten Probleme in unserer Kultur schafft. Diese Angst wird von Erziehungsratgebern oft geschürt, wie Thomas Gordon bemerkt: „Erst klagen sie fälschlicherweise eine zu liberale Erziehung als die Übeltäterin an; dann machen sie Eltern Angst und reden ihnen ein, das Einzige, was sie tun könnten, um dagegen anzugehen, sei das Ausüben elterlicher Autorität – das heißt, sie sollen streng sein, Regeln festlegen und energisch durchsetzen, Grenzen setzen, Bestrafungen verwenden und Gehorsam verlangen.“[25]

Der empirische Zusammenhang zwischen Annahmen und Ängsten auf der einen und Erziehungspraktiken auf der anderen Seite ist gut belegt. So neigen Mütter, die glauben, Babys könnten durch zu viel Zuwendung verwöhnt werden, dazu, eine weniger unterstützende Umgebung zu bieten.[26] Doch auch bei älteren Kindern können wir kaum den Schaden ermessen, der dadurch entsteht, dass Eltern ein autokratisches Regiment führen oder ihre Akzeptanz an Bedingungen knüpfen, weil sie Angst haben, alles andere könnte auf eine zu liberale Erziehung hinauslaufen. Menschen von dieser Angst zu befreien, kann einen wesentlichen Beitrag dazu leisten, dass sie die liebenden Eltern werden, die sie sein könnten.

Nach meiner Erfahrung zeichnet großartige Eltern ihre Bereitschaft aus, sich beunruhigenden Fragen darüber, was sie getan haben und was früher mit ihnen getan wurde, zu stellen. Wenn vorgeschlagen wird, dass es vielleicht eine bessere Möglichkeit geben könnte, mit einem Konflikt mit ihren Kindern umzugehen, widerstehen sie der Versuchung, abwehrend zu antworten: „Na ja, meine Eltern haben bei mir genau dasselbe gemacht, und aus mir ist ja offenbar auch etwas geworden." Um in der Kunst der Kindererziehung besser zu werden, müssen wir bereit sein, auch Unangenehmes wahrzunehmen, um beurteilen zu können, was unsere Eltern richtig gemacht haben und wo wir vielleicht im Hinblick auf ihre Methoden etwas verbessern können. Diejenigen von uns, die das Glück hatten, mit Respekt behandelt zu werden, werden mit ihren eigenen Kindern natürlich ebenso umgehen wollen. Die übrigen von uns müssen sich vornehmen, ihre Kinder *nicht* so zu behandeln, wie wir behandelt wurden, sondern vielmehr so, wie wir gern behandelt worden wären.

Bei der Aufzählung von Annahmen etwa über Vergeltung und Religion, Wettbewerb und Konformität geht es mir nicht darum, diese Ansichten zu widerlegen, sondern sie zu beleuchten, damit wir uns klar werden können, ob sie unsere Art der Kindererziehung beeinflussen. Und da, wo es um zutiefst persönliche Dinge geht, ist mein Ziel notwendigerweise noch beschränkter. Abweichend von dem, was Sie vielleicht von manchen anderen Autoren gehört haben, stehen die Chancen auf einen bedeutsamen Wandel nur dadurch, dass man ein Buch liest, nicht gut. Ich kann nur hoffen, dass Freud Recht mit seiner Überlegung hatte, Einsicht sei der erste Schritt zur Änderung. Wirkliches Verstehen – die Art von Verstehen, an dem nicht nur der Kopf, sondern auch der Bauch beteiligt ist –, genügt vielleicht nicht, um es mit den eigenen Kindern anders zu machen, aber es ist wahrscheinlich notwendig.

Das Fazit lautet: Es ist unwahrscheinlich, dass wir unsere langfristigen Ziele für unsere Kinder erreichen, wenn wir nicht bereit sind, die folgende Frage zu stellen: *Ist es möglich, dass das, was ich mit meinen Kindern gerade gemacht habe, mehr mit meinen Bedürfnissen, meinen Ängsten und meiner eigenen Erziehung zu tun hat als damit, was wirklich in ihrem Interesse ist?* Die Antwort kann durchaus auch ein beruhigendes „Nein" sein – und hoffentlich wird es auf diese Frage im Lauf der Zeit mehr „Neins" als „Jas" geben. Doch wir müssen bereit sein, sie immer wieder zu stellen. Wenn wir in der Lage sind, die möglichen Gründe für unser Verhalten – die sich natürlich nicht auf die in diesem Kapitel erwähnten beschränken – zu betrachten, können wir einen Schritt weitergehen und uns konkreten Ideen zuwenden, wie wir bessere Eltern werden können.

7 Grundsätze bedingungsloser Elternliebe

Vielleicht sollte ich Sie warnen: Was jetzt folgt, ist kein Schritt-für-Schritt-Rezept, wie man gute Kinder erziehen soll. Erstens müsste ich selbst ein fast perfekter Vater sein – was ich nicht bin –, wenn ich anderen eine klare, absolut zuverlässige Anleitung zur Erziehung *ihrer* Kinder geben wollte. Zweitens habe ich meine Zweifel, ob so eine Vorgehensweise überhaupt klug wäre. Sehr konkrete Vorschläge („Wenn Ihr Kind *x* sagt, sollten Sie am Platz *y* stehen und folgenden Satz im Tonfall *z* zu ihm sagen…") zeugen von mangelndem Respekt sowohl gegenüber Eltern als auch gegenüber Kindern. Kinder zu erziehen ist nicht wie das Aufstellen eines Heimkinosystems oder das Zubereiten eines Auflaufs – es reicht nicht, einfach die Anweisungen eines Experten haargenau zu befolgen. Keine pauschale Formel kann für jede Familie und eine endlose Zahl von Situationen funktionieren. Ja, Bücher, die behaupten, solche Formeln anzubieten, werden zwar von Müttern und Vätern auf der verzweifelten Suche nach einem Wundermittel gern zur Hand genommen, doch gewöhnlich richten sie mehr Schaden an, als dass sie nutzen.

Was ich in diesem und den folgenden Kapiteln tun werde, ist, einige allgemeine Grundsätze darlegen, Denkmöglichkeiten, wie man Alternativen zu herkömmlichen Erziehungsmethoden finden kann. Diese sind aus der Forschung abgeleitet, aus einer Synthese der Arbeit anderer kritischer Berater, aus meiner eigenen Erfahrung und aus meiner Beobachtung anderer Familien. Sie müssen bei jeder Idee entscheiden, ob sie Ihnen vernünftig erscheint, und wenn ja, wie sie auf die Erziehung Ihrer eigenen Kinder angewendet werden kann.

Meine Empfehlungen sind, offen gesagt, schwieriger umzusetzen als die in vielen anderen Büchern. Es ist schwerer, dafür zu sorgen, dass sich unsere Kinder bedingungslos geliebt fühlen, als sie nur zu lieben. Es ist schwerer, in all ihrer Komplexität auf sie einzugehen, als den Blick nur auf ihr Verhalten zu richten. Es ist schwerer, Probleme gemeinsam mit ihnen zu lösen, ihnen Gründe dafür zu geben, das Richtige zu tun (ganz zu schweigen davon, ihnen zu helfen, ihre eigenen Gründe zu formulieren), als sie mit Zuckerbrot und Peitsche zu steuern. Mit Kindern zusammenzuarbeiten verlangt mehr von uns, als mit ihnen als Objekten etwas zu tun.

Seltsamerweise werden an Methoden des Zusammenarbeitens oft viel höhere Maßstäbe angelegt. Ein Forscher bemerkt, dass sich kleine Kinder häufig weiterhin schlecht benehmen, auch wenn man ihnen gesagt hat, sie sollten damit aufhören, und er stellt fest, dass Eltern daraus dann schließen, mit Kindern zu sprechen würde nicht funktionieren. Doch Strafen, einschließlich körperlicher Strafen, seien gewöhnlich auch nicht wirksam, erklärt er. Tatsächlich zeigte die Hälfte der Kleinkinder in einer Studie das gleiche Fehlverhalten innerhalb der nächsten zwei Stunden erneut – und vier Fünftel zeigten es im Laufe des Tages –, unabhängig davon, wie ihre Eltern beim ersten Mal reagiert hatten. „Der Unterschied ist der: Wenn körperliche Strafen nicht helfen, stellen Eltern deren Wirksamkeit dennoch nicht in Frage."[1] (Ja, in dem Fall wird häufig sogar angenommen, das Kind benötige *mehr* herkömmliche Disziplinierungsmaßnahmen.)

Bei keiner bestimmten Art des Einwirkens, weder von mir noch von jemand anderem, hat man eine Garantie, dass es wirksam ist. Doch der Versuch, einem Kind seinen Willen aufzuzwingen, ist fast mit Sicherheit *un*wirksam darin, irgendetwas anderes als verärgerten, vorübergehenden Gehorsam zu erreichen. (Wie wir in Kapitel 3 gesehen haben, wird oft nicht einmal das dadurch erreicht.) Die Vorgehensweise, die ich vorschlagen werde, hat viel größere Erfolgsaussichten und birgt viel weniger Risiken für die gesunde Entwicklung eines Kindes oder unsere Beziehung zu diesem Kind.

Die Abkehr von älteren Methoden muss jedoch von einer neuen Zielsetzung begleitet werden. Unsere Hauptfrage sollte nicht mehr lauten: „Wie bekomme ich mein Kind dazu, zu tun, was ich sage?", sondern: *„Welche Bedürfnisse hat mein Kind – und wie kann ich diese Bedürfnisse erfüllen?"* Nach meiner Erfahrung kann man viel von dem, was in Familien geschieht, vorhersagen, wenn man weiß, welche dieser beiden Fragen den Eltern wichtiger ist. Man braucht nicht einmal die Antworten zu kennen, die sie gefunden haben – sprich, welche Methoden verwendet werden, um Folgsamkeit zu erreichen (im ersten Fall) oder was das Kind ihrer Ansicht nach braucht (im zweiten Fall). Die Fragen sind das, was zählt.

Den Blick auf die Bedürfnisse der Kinder zu richten und mit ihnen zusammenzuarbeiten, um dafür zu sorgen, dass ihre Bedürfnisse erfüllt werden, bedeutet, *Kinder ernst zu nehmen.* Es bedeutet, sie als Menschen zu behandeln, deren Gefühle, Wünsche und Fragen wichtig sind. Die Wünsche eines Kindes können nicht immer erfüllt werden, aber sie können immer berücksichtigt werden, und man sollte nie einfach darüber hinweggehen. Es ist wichtig, ein Kind als jemanden mit einem einzigartigen Blickwinkel, mit sehr realen Ängsten und Sorgen (die oft ganz andere sind als unsere) und mit einer ganz eigenen Art zu denken (die nicht nur „süß" ist) anzusehen.

Wenn ich auf gewisse Erziehungsexperten und ihre kaltschnäuzigen Ratschläge unwillkürlich allergisch reagiere, liegt das meist daran, dass sie Kinder nicht zu respektieren – und in manchen Fällen nicht einmal zu *mögen* – scheinen. Den gleichen Maßstab lege ich an, wenn ich andere Eltern beobachte. Es geht mir weniger darum, ob sie die gleichen Entscheidungen treffen oder die gleichen Strategien verwenden wie ich, sondern vielmehr darum, ob ihr Handeln, ihre Worte und ihr Tonfall davon zeugen, dass sie ihre Kinder ernst nehmen.

Die folgenden drei Kapitel enthalten Vorschläge dafür, wobei es vor allem um drei Aspekte geht: bedingungslose Liebe auszudrücken, Kindern

mehr Gelegenheit zu eigenen Entscheidungen zu geben und sich vorzustellen, wie sich etwas aus der Perspektive des Kindes darstellt. Doch
zunächst möchte ich dreizehn Grundsätze vorschlagen. Jeder davon hat
praktische Konsequenzen, die möglicherweise überraschender und schwieriger umzusetzen sind, als die kurze Formel ahnen lässt.

Sie lauten wie folgt:

1. Denken Sie nach.
2. Überdenken Sie Ihre Forderungen.
3. Behalten Sie Ihre langfristigen Ziele im Blick.
4. Setzen Sie die Beziehung an die erste Stelle.
5. Ändern Sie Ihre Sichtweise, nicht nur Ihr Verhalten.
6. Zeigen Sie Respekt.
7. Seien Sie authentisch.
8. Reden Sie weniger, fragen Sie mehr.
9. Berücksichtigen Sie das Alter der Kinder.
10. Schreiben Sie Kindern das bestmögliche mit den Tatsachen
    zu vereinbarende Motiv zu.
11. Sagen Sie nicht unnötig nein.
12. Seien Sie nicht starr.
13. Seien Sie nicht in Eile.

1. Denken Sie nach

In einem Augenblick der Frustration nannte meine Frau einmal ein Dilemma beim Namen, das viele Eltern erleben. Sie sagte: „Ich weiß nicht,
wie ich die Kinder dazu bringen kann, zu tun, was ich sage, ohne dass
ich dazu etwas tun muss, was mir widerstrebt." Für dieses Problem gibt
es keine einfache Lösung, jedoch sollten wir eine bestimmte Reaktion
unbedingt vermeiden, nämlich unser Handeln so schönzureden, dass es
uns nicht mehr widerstrebt. Peng! Dilemma gelöst. Auf ähnliche Weise
gelingt es manchen Eltern, sich einzureden, die von ihnen eingeführten
Regeln – selbst die ohne überzeugenden Grund – seien irgendwie im
Interesse ihrer Kinder.

Die besten Eltern hören in sich hinein und machen es sich nicht immer leicht. Damit will ich nicht sagen, Sie sollten sich vor Gefühlen der Schuld und der Unzulänglichkeit verzehren; man kann auch zu selbstkritisch (oder auf unproduktive Weise kritisch) sein. Den meisten von uns täte es jedoch gut, mehr darüber nachzudenken, wie wir uns unseren Kindern gegenüber verhalten haben, um morgen bessere Eltern zu sein, als wir es heute sind.

Versuchen Sie herauszufinden, welche Triebfeder hinter Ihrem Erziehungsstil steckt. Je mehr Einblick Sie in sich selbst haben, umso besser können Sie begreifen, wie sich Ihre eigenen Bedürfnisse und Erfahrungen auf Ihre Art des Umgangs mit Ihren Kindern auswirken (zum Beispiel darauf, was Sie wütend macht und warum), und umso höher ist die Wahrscheinlichkeit, dass es Ihnen gelingt, besser zu werden. Oft stellt sich heraus, dass gerade die Eigenschaften, die manche Leute an ihren Kindern am meisten ärgern, unwillkommene Erinnerungen an ihre eigenen unangenehmen Merkmale sind. Der dänische Dichter und Wissenschaftler Piet Hein drückte es so aus: „Bei anderen am schwersten zu verzeihen sind die Fehler, die man selbst hat."

Kurz: Seien Sie ehrlich zu sich selbst, was Ihre Motive angeht. Seien Sie auch weiterhin beunruhigt über Dinge, die Sie tun, die wirklich beunruhigend sind. Und achten Sie auf Hinweise darauf, ob Ihre Art des Umgangs mit Ihren Kindern vielleicht in die Richtung eines kontrollierenden Stils gedriftet ist, ohne dass Ihnen das überhaupt bewusst war.

2. Überdenken Sie Ihre Forderungen

Eine ziemlich beunruhigende Möglichkeit ist folgende: Vielleicht liegt das Problem, wenn Ihr Kind nicht das tut, was Sie von ihm verlangen, gar nicht beim Kind, sondern bei dem, was Sie verlangen. Es ist erstaunlich, in wie wenigen Büchern für Eltern diese Möglichkeit überhaupt erwähnt wird. Bei der großen Mehrheit dieser Bücher wird das, was die Leser von ihren Kindern wollen, als Ausgangspunkt genommen, und dann werden Methoden geschildert, wie man Folgsamkeit erreichen kann. In den meisten Fällen beinhalten diese Methoden „positive Verstärkung" oder „Konsequenzen" – das heißt, Bestechungen oder Drohungen. In manchen Fällen beinhalten sie rücksichtsvollere und respektvollere Arten des Umgangs mit Kindern. Doch fast nie werden Eltern dazu angeregt, ihre Aufforderungen zu überdenken.

Zum Beispiel wird in einem kürzlich erschienenen Buch betont, wie wichtig es sei, mehr auf die Kinder einzugehen und geschickter darin zu werden, Verhandlungen zu führen, bei denen beide Seiten gewinnen. Ich fand die konkreten Ideen nützlich und den allgemeinen Ansatz erfrischend human. Doch wenn der Autor Ratschläge für Eltern bietet, die gefragt hatten, wie sie ihre Kinder dazu bekommen könnten, ihre Betten zu machen oder ihr Gemüse zu essen, scheint er gar nicht die Möglichkeit bedacht zu haben, dass diese Ziele selbst problematisch sein könnten. Wenn wir Kindern einigermaßen gesunde Mahlzeiten anbieten, ist es dann je nötig, sie zu zwingen, etwas Bestimmtes zu essen? Und warum muss der einzige Ort auf der Welt, der wirklich dem Kind gehört, nach den Maßstäben der Eltern in Ordnung gehalten werden? Selbst in relativ fortschrittlichen Büchern wird meist der Blick darauf gerichtet, *wie* – statt *ob* – man das Kind dazu bekommen soll, zu tun, was die Eltern wollen.

In manchen Fällen besteht das Problem darin, dass die elterlichen Forderungen im Widerspruch dazu stehen, was vernünftigerweise von Kindern in einem bestimmten Alter erwartet werden kann. (Mehr dazu später.) Doch selbst wenn ein Kind etwas tun *kann,* lohnt sich dennoch die Frage, ob es das auch tun *sollte.* Manche Eltern wollen wissen, wie sie ihre Kinder dazu bringen können, Klavier zu üben. Wichtiger ist jedoch die Frage: Wenn das Ganze eine Qual für das Kind ist, warum zwingen Sie es dann, Klavierstunden zu nehmen? Tun Sie das für das Kind oder für sich selbst? Könnte es dazu kommen, dass das Kind am Ende Musik nicht mehr leiden kann? Bei vielen anderen Themen ist es ähnlich.

Natürlich sind manche Dinge, die wir von Kindern erwarten, eindeutig vernünftig, auch wenn wir vielleicht uneinig darüber sind, welche Dinge in diese Kategorie gehören. Doch mir geht es hier vor allem um Folgendes: Bevor wir nach einer Methode suchen, um Kinder dazu zu bringen, das zu tun, was wir ihnen sagen, sollten wir uns erst die Zeit nehmen, den Wert oder die Notwendigkeit unserer Forderungen zu überdenken.

3. Behalten Sie Ihre langfristigen Ziele im Blick

Zu Beginn dieses Buches habe ich Sie angeregt, darüber nachzudenken, was Sie sich auf lange Sicht für Ihre Kinder wünschen, und die Möglichkeit in Betracht zu ziehen, dass bestimmte Erziehungsmethoden in Wirklichkeit der Umsetzung Ihrer Ziele im Wege stehen könnten. Nun, da wir einige dieser Methoden näher untersucht haben, ist es vielleicht sinnvoller, sie gegen jedes der von Ihnen bestimmten Ziele abzuwägen.

Nehmen wir beispielsweise an, Sie wünschen sich, dass Ihr Kind zu einem Menschen heranwächst, der (a) ethisch handelt, (b) in der Lage ist, gesunde Beziehungen zu pflegen, (c) intellektuell neugierig und (d) mit sich selbst grundsätzlich zufrieden ist. Die Aufgabe bestände dann darin, sich zu fragen, ob das Erreichen jedes dieser Ziele wahrscheinlicher oder weniger wahrscheinlich wird, wenn Sie Methoden des Liebesentzugs wie etwa Auszeiten verwenden, die von Ihnen gewünschten Verhaltensweisen selektiv verstärken oder (wenn auch nicht wörtlich) sagen: „Weil ich die Mutter (oder der Vater) bin, deshalb!" Ja, alles, was Sie regelmäßig im Umgang mit Ihren Kindern tun, sollte im Hinblick auf Ihre langfristigen Ziele beurteilt werden.

Eine solche Reflexion muss nicht immer ganz so systematisch erfolgen. Etwas allgemeiner ausgedrückt, sollten wir im Blick behalten, was wir wirklich anstreben. Allzu leicht verheddert man sich in den Details des täglichen Lebens, den Streitereien und Frustrationen, die die wichtigen Fragen in den Hintergrund drängen. Die gute Nachricht jedoch ist, dass Eltern, wenn es ihnen gelingt, ihr umfassenderes Ziel im Blick zu behalten – ja, wenn sie sich auf irgendetwas Anspruchsvolleres konzentrieren als nur darauf, dass ihre Kinder jetzt sofort gehorchen sollen –, dazu neigen, bessere Erziehungsfähigkeiten einzusetzen und bessere Ergebnisse zu erzielen.[2] Das Allermindeste, was notwendig ist, besteht darin, das Augenmaß zu wahren. Ob Ihr Kind heute den Kakao verschüttet, die Beherrschung verliert oder vergisst, die Hausaufgaben zu machen, ist nicht halb so wichtig wie das, was Sie tun, was Ihrem Kind entweder dabei hilft oder ihm eben nicht hilft, ein anständiger, verantwortungsbewusster, mitfühlender Mensch zu werden.

4. Setzen Sie die Beziehung an die erste Stelle

Wenn wir von übergeordneten Zielen sprechen, kann man gar nicht genug betonen, wie wichtig die von uns geschaffene Beziehung zu unseren Kindern ist. Mein Freund Danny fasste neulich zusammen, was er in all den Jahren, seit er Vater ist, gelernt hat: „Es kommt nicht unbedingt darauf an, Recht zu haben." Ja, darauf kommt es wirklich kaum an, wenn die eigenen Kinder zusammenzucken, sobald man den Raum betritt.

In ganz praktischer Hinsicht ist es leichter, Fehlverhalten anzusprechen und Probleme zu lösen, wenn sich Kinder in unserer Gegenwart sicher genug fühlen, um zu erklären, warum sie etwas Falsches getan haben. Die Wahrscheinlichkeit ist höher, dass sie zu uns kommen, wenn sie Schwierigkeiten haben oder einen Rat brauchen, und dass sie Zeit mit uns verbringen wollen, wenn sie das frei entscheiden können. Und wenn sie wissen, dass sie uns vertrauen können, werden sie eher tun, worum wir sie bitten, wenn wir ihnen sagen, dass es wirklich wichtig ist.

Natürlich ist eine stabile und liebevolle Beziehung nicht nur deshalb gut, weil sie nützlich ist; sie ist ein Ziel an sich. Daher müssen wir die Frage stellen, ob es das wert ist, diese Beziehung zu gefährden, um ein Baby dazu zu bringen, nachts durchzuschlafen, ein Kleinkind dazu, aufs Töpfchen zu gehen, oder ein größeres Kind dazu, auf seine Manieren zu achten. Es wird Situationen geben, in denen wir, um das Richtige zu tun, uns durchsetzen und in Kauf nehmen müssen, dass unsere Kinder über uns frustriert sind. Doch bevor wir kontrollierend eingreifen, bevor wir ein Kind unglücklich machen, und ganz gewiss bevor wir etwas tun, was so aufgefasst werden könnte, als knüpften wir unsere Liebe an Bedingungen, sollten wir uns absolut sicher sein, dass dies die mögliche Belastung für unsere Beziehung wert ist.[3]

5. Ändern Sie Ihre Sichtweise, nicht nur Ihr Verhalten

Eltern, die einen bedingungslosen Erziehungsansatz vertreten, verhalten sich nicht nur anders, etwa indem sie den Einsatz von Strafen vermeiden. Sie *sehen* die Dinge auch anders. Wenn ein Kind etwas Unangemessenes tut, neigen Eltern, die einen an Bedingungen geknüpften Erziehungsansatz vertreten, dazu, das als Verstoß wahrzunehmen, und

Verstöße scheinen natürlich „Konsequenzen" zu erfordern. Eltern, die einen bedingungslosen Erziehungsansatz vertreten, sehen dieselbe Handlung eher als Problem, das gelöst werden sollte, als Gelegenheit, etwas zu erklären, statt dem Kind Leid zuzufügen. Wieder geht es nicht nur um die Entscheidung, ob man reagiert, indem man mit dem Kind zusammenarbeitet oder indem man mit ihm als Objekt etwas tut; wichtig ist, dass diese Reaktionen darauf beruhen, wie man das Geschehene auffasst. Und wenn wir das Verhalten von Kindern als Gelegenheit sehen, etwas zu erklären, lassen wir sie am Prozess der Problemlösung teilhaben, was meistens eine wirksamere Problemlösung zur Folge hat.

6. Zeigen Sie Respekt

Wenn ich sage, man solle Kinder ernst nehmen, meine ich damit auch, sie mit Respekt zu behandeln. Mein Werturteil besagt, dass alle Menschen das verdienen. Meine Hypothese lautet, dass Kinder andere Menschen (auch Sie) eher respektieren werden, wenn sie selbst das Gefühl haben, respektiert zu werden. Selbst das Verhalten von Eltern, die ihre Kinder offensichtlich lieben, zeugt nicht immer von Respekt. Manche äußern sich abfällig oder sarkastisch. Sie gehen über die Bitten ihrer Kinder hinweg, tun ihre Wut einfach ab oder bagatellisieren ihre Ängste. Sie unterbrechen ihre Kinder auf eine Weise, wie sie es gegenüber anderen Erwachsenen nie wagen würden, und dennoch regen sie sich auf, wenn ihre Kinder sie unterbrechen. Und manche sprechen auch auf abwertende Weise *über* ihre Kinder: „Ach, sie spielt nur die beleidigte Leberwurst." „Ignorier ihn einfach, wenn er sich so benimmt."

Kinder respektvoll zu behandeln bedeutet, sich zu bemühen, so etwas nicht zu tun, doch es bedeutet auch, zu erkennen, dass sich Kinder in manchen Dingen besser auskennen als wir – und damit meine ich nicht nur, dass sie wissen, welche Dinosaurier Fleischfresser waren. Thomas Gordon hat es gut ausgedrückt: „Kinder wissen oft besser als Eltern, wann sie müde sind oder Hunger haben; sie kennen die Eigenschaften ihrer Freunde und ihre eigenen Ambitionen und Ziele besser; sie wissen besser, wie ihre verschiedenen Lehrer sie behandeln; sie kennen die Triebe und Bedürfnisse ihres Körpers besser; sie wissen besser, wen sie lieben und wen nicht, was sie schätzen und was nicht."[4] Jedenfalls können wir nicht immer davon ausgehen, dass wir aufgrund unserer größeren Reife mehr Einblick in unsere Kinder haben als sie selbst.

Daher ist es respektlos, wenn eine Mutter oder ein Vater einem Kind sagt, was es empfindet oder nicht – etwa wenn sie oder er auf die wütende Erklärung des Kindes, es hasse seinen Bruder, erwidert: „Warum sagst du denn so was? Natürlich hasst du ihn nicht!" Davon abgesehen, dass solche Antworten in der Situation nicht weiterhelfen, können sie als ein an Bedingungen geknüpftes Annehmen des Kindes aufgefasst werden. Das Kind kann dann glauben, seine Gefühle seien unwichtig, es stimme etwas nicht mit ihm, dass es so empfindet, und es könne nur geliebt werden, wenn es sich nur über Dinge aufregt, bei denen die Mama oder der Papa findet, es sei in Ordnung, sich darüber aufzuregen.

7. Seien Sie authentisch

Manchen Leuten wird vorgeworfen, sie versuchten, für ihre Kinder Freunde statt Eltern zu sein. Ich gebe zu, dass diese Verwechslung unangebracht und wenig hilfreich sein kann. Doch auch wenn wir mehr als Freunde sein müssen, dürfen wir nicht aufhören, Menschen zu sein. Wir sollten uns nicht so sehr hinter der Rolle des Vaters oder der Mutter verstecken, dass unsere Menschlichkeit (oder unsere menschliche Verbindung zu unseren Kindern) verschwindet.

Damit meine ich nicht, dass wir unseren Kindern alle vertraulichen Details unseres Lebens mitteilen sollten. Manche Dinge sagen wir ihnen erst, wenn sie alt genug dafür sind, und manche Dinge sagen wir ihnen nie. Doch bei der Art, wie manche Eltern mit ihren Kindern umgehen, fehlt eine bestimmte Dimension von Aufrichtigkeit, und dieser Mangel kann deutlich empfunden werden, selbst wenn die Kinder nicht ganz benennen können, was in der Beziehung fehlt oder nicht ganz stimmt.

Echte Menschen haben eigene Bedürfnisse, Dinge, die sie gerne tun, Dinge, die sie verabscheuen. Kinder sollten das wissen. Echte Menschen sind manchmal nervös, abgelenkt oder müde. Sie sind nicht immer sicher, was sie tun sollen. Manchmal sagen sie etwas, ohne nachzudenken, und bereuen es später. Wir sollten nicht vorgeben, kompetenter zu sein, als wir sind. Und wenn wir etwas vermasseln, sollten wir es zugeben: „Weißt du, Schatz, ich hab über das nachgedacht, was ich gestern

Abend gesagt habe, und ich glaube, dass ich vielleicht Unrecht hatte." Ich rate Ihnen, es sich zum Prinzip zu machen, sich mindestens zweimal im Monat bei Ihrem Kind zu entschuldigen. Warum zweimal im Monat? Das weiß ich nicht. Für mich klingt das ungefähr richtig. (Fast alle konkreten Ratschläge in Erziehungsratgebern sind ähnlich willkürlich. Wenigstens gebe ich es zu.)

Es gibt zwei Gründe dafür, sich zu entschuldigen. Der erste ist, dass Sie dadurch ein gutes Vorbild sind. Wie bereits erwähnt, ist es nicht sinnvoll, Kinder dazu zu *zwingen,* zu sagen, es täte ihnen leid, wenn es ihnen gar nicht leid tut. Viel wirksamer kann man ihnen die Idee des Entschuldigens näher bringen, indem man ihnen *zeigt,* wie man es macht. Zweitens werden Sie durch das Entschuldigen von Ihrem Supereltern-Sockel heruntergehoben und Ihre Kinder werden daran erinnert, dass Sie nicht fehlerfrei sind. Ja, das Entschuldigen zeigt Ihren Kindern, dass man (gegenüber sich selbst und anderen) zugeben kann, dass man Fehler macht und an manchen Dingen schuld ist, ohne das Gesicht zu verlieren oder sich hoffnungslos unzulänglich zu fühlen.

Die Gründe, weshalb es so wichtig ist, sich zu entschuldigen, sind gleichzeitig die Gründe dafür, dass die meisten Eltern es nicht tun. Schließlich kann es ein beruhigendes Gefühl sein, auf diesem Sockel zu stehen, in der Position der letzten und unanzweifelbaren Autorität zu sein. Indem man sich entschuldigt, macht man sich selbst verletzlich, was vielen von uns nicht leichtfällt – zum Teil wegen der extremen Verletzlichkeit und Hilflosigkeit, die wir als Kinder erlebt haben.

Darüber hinaus fürchten viele Eltern, sie könnten dadurch, dass sie sich für eine echte, herzliche Beziehung zu ihren Kindern öffnen, ihre Fähigkeit, Kontrolle über die Kinder auszuüben, gefährden. Viele Bestandteile eines an Bedingungen geknüpften Erziehungsansatzes lassen sich darauf zurückführen, dass die Kontrolle der Beziehung vorgezogen wird, wenn sich beide Ziele nicht miteinander vereinbaren lassen. Man kann dies sogar an der subtilen Art sehen, wie sich Eltern von ihren Kindern distanzieren, etwa indem sie von sich selbst in der dritten Person sprechen („Mama muss jetzt gehen"), auch wenn das Kind längst in der Lage ist, zu verstehen, wie Pronomen funktionieren.

Kinder blicken auch dann zu uns auf, wenn wir unsere Grenzen offen zugeben, wenn wir aus dem Herzen zu ihnen sprechen und wenn sie sehen können, dass wir ungeachtet all der Privilegien und der Weisheit des Erwachsenseins einfach Menschen sind, die sich bemühen, den eigenen Weg in der Welt zu finden, das Richtige zu tun, die Bedürfnisse von Menschen abzuwägen und stetig zu lernen – genau so, wie sie es tun. Ja, je aufrichtiger wir ihnen gegenüber sind, umso eher werden sie aufrichtigen Respekt für uns empfinden.

8. Reden Sie weniger, fragen Sie mehr

Kindern etwas vorzuschreiben (selbst wenn man dies freundlich tut) ist weit weniger produktiv, als sie zu bitten, ihre Ideen, Einwände und Gefühle zu äußern. Wenn wir dadurch, dass wir mit unseren Kindern darüber reden, was sie falsch gemacht haben, nicht das erhoffte Ergebnis erreichen, liegt das nicht daran, dass eine strengere Art der Disziplinierung nötig wäre. Es kann auch daran liegen, dass hauptsächlich wir geredet haben. Vielleicht waren wir so damit beschäftigt, sie dazu zu bewegen, unseren Standpunkt einzusehen, dass wir ihren gar nicht wirklich gehört haben. Gute Eltern zu sein hat mehr damit zu tun, zuzuhören als zu erklären.

Ein Vater aus Ontario schrieb mir, wie seine vierjährige Tochter eine Tüte Knabberzeug aus der Vorschule mitgebracht hatte.

Sie schüttete die Tüte auf dem Wohnzimmerfußboden aus, so dass ein großes Durcheinander entstand. Ich bat sie, die Sachen wieder zurück in die Tüte zu räumen und diese auf den Tisch zu stellen. Sie weigerte sich. Meine erste Reaktion war der Gedanke, sie wolle meine Autorität in Frage stellen. Sie hatte mir „nicht gehorcht", und daher war eine Bestrafung angebracht. Sonst würde sie in Zukunft nicht mehr auf mich hören. Doch stattdessen fragte ich sie: „Warum willst du die Sachen nicht wegräumen?" Sie antwortete: „Weil ich sie essen will." Daraufhin löste sich das Problem von selbst. Ich brauchte nur zu sagen: „Du kannst sie auch noch essen, wenn du sie in die Tüte geräumt hast – mir geht es nur darum, dass der Wohnzimmerfußboden sauber ist." Sie räumte die Sachen sofort in die Tüte und stellte sie auf den Tisch.

In der Regel sollte unsere oberste Priorität darin bestehen, den Ursprung des Problems herauszufinden, zu erkennen, was Kinder brauchen. Beispielsweise bekommen Zwei- und Dreijährige oft Trotzanfälle, weil sie einen holprigen Übergang vom Baby zum Kind erleben. Sie ringen mit den Reizen der Freiheit und Unabhängigkeit, der Macht, neue Dinge tun zu können, und versuchen gleichzeitig, mit unwillkommenen Grenzen für die Ausübung ihres Willens fertig zu werden. Sie wollen mehr Autonomie, als man ihnen gibt – und manchmal mehr, als sie bewältigen können. Es macht ihnen auch Angst, abseits von (und manchmal in Opposition zu) ihren Eltern zu stehen. Das Letzte, was sie während eines solchen Tumults brauchen können, sind Eltern, die sich nur darauf konzentrieren, Grenzen zu setzen und Kontrolle auszuüben.

Manchmal liegen die Gründe für störendes Verhalten bei einem bestimmten Kind oder einer bestimmten Situation. Solange Kinder noch zu klein sind, diese Gründe zu erklären – und manchmal sogar, sie zu begreifen –, müssen wir die Hinweise, die uns helfen können, zu verstehen, was vor sich geht, selbst zusammensetzen. Als mein Sohn Asa in seinem dritten Lebensjahr quengelig wurde und klammerte, wurde uns bewusst, dass dies wahrscheinlich mit dem Weggehen der Babysitterin zu tun hatte, die sich seit seiner Geburt zeitweise um ihn gekümmert hatte. Vermutlich trauerte er nicht nur um sie, sondern fragte sich auch auf irgendeine Weise, ob das bedeutete, dass auch Mama oder Papa eines Tages einfach verschwinden könnten. Ihm zu sagen, er solle nicht so ein Theater machen, wäre sinnlos und frustrierend gewesen.

Wenn Kinder alt genug *sind*, um uns zu sagen, warum sie unglücklich oder wütend sind, stellt sich die Frage, ob sie sich dafür sicher genug fühlen. Unsere Aufgabe ist es, dieses Gefühl der Sicherheit zu schaffen, ihnen zuzuhören, ohne zu werten, und sie wissen zu lassen, dass sie keine Schwierigkeiten dafür bekommen werden, dass sie uns sagen, was sie getan haben, und dass wir sie für ihre Gefühle nicht verurteilen werden. Ich sage das nicht, weil ich ein Relativist bin, der glaubt, alles, was Menschen tun, sei gleichermaßen berechtigt und könne nicht bewertet werden. Ich sage es, weil ich ein Pragmatiker bin, dem bewusst ist, dass man den Ursprung eines Problems kennen muss, um es zu lösen, und auch, dass Menschen, die Angst haben, bewertet zu werden, weniger dazu neigen, offen zu sprechen und einem die Informationen zu geben, die notwendig sind, um den Ursprung eines Problems zu verstehen. Dieses Credo – „Reden Sie weniger, fragen Sie mehr" – ernst zu nehmen ist daher ein guter Rat, nicht nur, um eine bessere Mutter oder ein besserer Vater zu werden, sondern auch, um ein besserer Ehepartner oder Freund, Manager oder Lehrer zu werden.

Allerdings ist nicht jede Art zu fragen gleichermaßen produktiv. Rhetorische Fragen, die gar nicht auf eine echte Antwort abzielen, sind bestenfalls nutzlos: „Warum kannst du die Leute nicht ansehen, wenn sie mit dir sprechen?" Noch schlimmer sind Fragen, auf die es nur eine richtige Antwort gibt und bei denen es für das Kind gar nicht darum geht nachzudenken, sondern nur darum, zu erraten, welche Antwort erwartet wird: „Was meinst du, was du zu deiner Schwester sagen könntest, weil du sie angerempelt hast?"

Die Autorin Barbara Coloroso hat eine kurze Liste ähnlicher „Fragen, die uns nirgendwohin führen", aufgestellt und schlägt vor, bevor man etwas frage, solle man „überlegen, warum man das fragt". Unsere Motive offenzulegen kann eine Orientierungshilfe sein, ob es sich lohnt, diese Frage zu stellen.[5] Hinweis: Wenn wir nicht ganz sicher sind, was das Kind sagen wird, und wenn wir für mehr als eine Antwort offen sind, ist die Wahrscheinlichkeit am größten, dass eine Frage sinnvoll ist.

Bisweilen ist es besser, weder zu reden *noch* zu fragen. In vielen Situationen geraten wir als Eltern in Schwierigkeiten, weil wir uns verpflichtet fühlen, etwas zu sagen, obwohl der beste Rat wäre zu schweigen. Die Kinderpsychologin Alicia Liebermann bemerkt, manchmal, wenn ein Kind sehr traurig sei, respektiere man seine Erfahrung am besten, indem man „einfach schweigend bei ihm bleibt. Durch Umarmen (wenn das Kind das zulässt) kann man Gefühle viel besser ausdrücken als durch Worte. Ja, unter solchen Umständen Sprache zu benutzen, bedeutet zwangsläufig, sie zu missbrauchen. Später wird noch Zeit zum Reden sein."[6]

Natürlich gibt es kein Rezept, wann man reden und wann man sich besser zurückhalten sollte. Manchmal reagieren wir auf die Traurigkeit, Wut oder das unangebrachte Verhalten von Kindern dadurch, dass wir zu viel reden, gelegentlich auch dadurch, dass wir zu wenig reden, und am häufigsten dadurch, dass wir auf eine Weise mit ihnen reden, die nicht besonders hilfreich ist. Im Allgemeinen jedoch kann die Empfehlung, weniger zu reden und mehr zu fragen, eine nützliche Richtschnur sein, vor allem, wenn wir sie auf eine Weise anwenden, die uns hilft unsere Kinder einzugehen und sie besser zu unterstützen.

9. Berücksichtigen Sie das Alter der Kinder

Jeder Rat in diesem Buch oder anderswo muss bei Kindern unterschiedlichen Alters vielleicht auf verschiedene Weise umgesetzt werden; unsere Art, mit Kindern umzugehen, muss sich im Lauf ihrer Entwicklung ändern. Wenn ein Baby beispielsweise anfängt zu weinen, weil Sie ihm einen unpassenden Gegenstand, mit dem es gespielt hat, weggenommen haben, ist es in Ordnung, es mit einem neuen Spiel oder Spielzeug abzulenken. Jedoch ist Ablenkung unwirksam und sogar kränkend im Umgang mit einem älteren Kind, ebenso, wie *Sie* sich gekränkt fühlten, wenn Sie sich über etwas beschwerten, das Sie störte, und Ihr Partner daraufhin gleich das Thema zu wechseln versuchte.

Eltern, die starke Kontrolle ausüben, neigen dazu, ihre Kinder nach unrealistisch hohen Maßstäben zu messen, teilweise deshalb, weil sie nicht begreifen, wie unrealistisch diese Maßstäbe sind.[7] So kann es beispielsweise sein, dass sie ein Kleinkind bestrafen, weil es nicht das tut, was es versprochen hat, oder dass sie von einem Vorschulkind verlangen, bei einem langen Familienessen still sitzen zu bleiben. Die Realität dagegen ist, dass sehr junge Kinder einfach nicht verstehen können, welche Verpflichtung ein Versprechen nach sich zieht; sie dafür zur Verantwortung zu ziehen ist, um einen von Experten für Frühpädagogik gern verwendeten Ausdruck zu verwenden, „entwicklungsgemäß unangemessen". Ähnlich unrealistisch ist die Erwartung, Kinder sollten sich lange still verhalten. Es ist ganz normal, dass sie unruhig oder laut sind, dass sie vergessen, ein batteriebetriebenes Spielzeug auszuschalten, und dass in unseren Augen winzige Veränderungen ihrer Umwelt sie verunsichern. Wir müssen unsere Erwartungen darauf abstimmen, wozu sie in der Lage sind.

10. Schreiben Sie Kindern das bestmögliche mit den Tatsachen zu vereinbarende Motiv zu

Dieser Satz der Autorin und Pädagogin Nel Noddings[8] ist einer der weisesten Ratschläge, denen ich je begegnet bin. Er gründet sich auf zwei

Tatsachen. Erstens: In der Regel wissen wir nicht mit Sicherheit, warum ein Kind etwas Bestimmtes getan hat. Zweitens: Unsere Annahmen über die Gründe dafür können eine selbsterfüllende Prophezeiung entstehen lassen. Wenn wir annehmen, ein unangebrachtes Verhalten des Kindes sei eine Folge seines bösen Verlangens, Unruhe zu stiften oder zu sehen, wie viel es sich erlauben könne – oder wenn wir solche Verhaltensweisen darauf zurückführen, das Kind sei ein geborener Unruhestifter –, kann es geschehen, dass das Kind genauso wird, wie wir es befürchten. Kinder konstruieren eine Theorie über ihre eigenen Motive, die zum Teil auf unseren Annahmen über ihre Motive beruht, und verhalten sich dann entsprechend: „Du glaubst, ich sei einfach böse und müsse ständig kontrolliert werden? Gut. Schau, wie ich mich verhalte, als hättest du Recht.“

Manchmal fordere ich Teilnehmer meiner Workshops auf, sich eine Situation aus ihrer Kindheit ins Gedächtnis zu rufen, in der sie etwas Falsches getan haben – oder in der ihnen vorgeworfen wurde, etwas Falsches getan zu haben. Ich bitte sie, zu versuchen, sich an möglichst viele Einzelheiten dieser Situation zu erinnern: was von einem Erwachsenen zu ihnen gesagt oder mit ihnen gemacht wurde und was daraufhin geschah. Ich staune immer darüber, wie lebhaft die Erinnerungen der Leute sind, als seien diese Dinge vor Wochen statt vor Jahrzehnten geschehen. Diese Übung ruft den Leuten oft ins Gedächtnis, wie eine Strafe aus der Sicht des Kindes empfunden wird, wie viel Schaden sie anrichtet und wie wenig sie nützt. Doch mir ist auch aufgefallen, wie häufig es bei diesen Geschichten darum geht, dass ein Lehrer oder Elternteil nicht alle Tatsachen kannte und voreilig den Schluss gezogen hatte, das Kind hätte etwas Schlechtes getan, auch wenn das gar nicht stimmte. Es ist gut, sich daran zu erinnern, selbst wenn es nur wäre, weil wir nicht wollten, dass unsere Kinder eines Tages ähnliche Geschichten über *uns* in Workshops erzählen.

Auch wenn Eltern nicht laut aussprechen, das Verhalten des Kindes sei darauf zurückzuführen, dass es ein Dummkopf, ein kleiner Zerstörer oder einfach böse sei, ist es von Bedeutung, ob sie glauben, dies sei der Fall. Es kommt nicht nur auf die Urteile an, die wir aussprechen, sondern auch auf die, die wir im Geiste fällen. Selbst wenn wir nie ein unfreundliches Wort über unsere Kinder sagen, wirken sich unsere Annahmen über ihre Motive stets auf die Art aus, wie wir mit ihnen umgehen. Je negativer diese Annahmen sind, umso mehr neigen wir dazu, unnötige Kontrolle über unsere Kinder auszuüben.

Die gute Nachricht ist die, dass wir statt des Teufelskreises einen „Glückskreis" schaffen können. Wenn wir keine konkreten Beweise für das Gegenteil haben, warum sollten wir dann nicht annehmen, dass es eine harmlose Erklärung für das Geschehen geben könnte? Vielleicht war das, was wie ein absichtlicher Aggressionsakt aussah, in Wirklichkeit nur ein Versehen? Vielleicht war das, was ein Diebstahl zu sein schien, tatsächlich nichts dergleichen? Wir können Kindern helfen, gute Werte zu entwickeln, indem wir sie so behandeln, als sei ihr Verhalten bereits durch diese Werte motiviert. Sie glauben dann an das Gute in sich und bestätigen unser Vertrauen in sie.

Der offensichtlichste Fall, wann es sinnvoll ist, Kindern das bestmögliche Motiv zuzuschreiben, hat mit fehlender Reife zu tun. Unfug lässt sich oft einfach durch fehlende Geschicklichkeit oder Anleitung erklären, den unschuldigen Wunsch, etwas zu erforschen, die Unfähigkeit, vorauszusehen, was passiert, wenn man diesen Gegenstand nimmt und das damit macht. Wenn Eltern ihre Kinder mit wütenden rhetorischen Fragen anschreien – „Warum um Himmels willen machst du das? Bist du doof?" –, stelle ich mir vor, wie das Kind antwortet: „Nein, ich bin nicht doof! Ich bin *drei!*" Und auch wenn Sie es vielleicht irgendwann leid sind, den Löffel zum x-ten Mal vom Boden aufzuheben, ist es wichtig, sich bewusst zu machen, dass ein einjähriges Kind ihn immer wieder vom Hochstuhl hinunterwirft, weil es Kindern in dem Alter Spaß macht, Dinge hinunterzuwerfen – nicht, weil es „Grenzen austestet", und ganz bestimmt nicht, weil es Mama unglücklich machen will. Dass das Verhalten eines Kindes negative Folgen für Sie hat, bedeutet nicht unbedingt, dass das auch die Absicht des Kindes war.

Wie kann man also stattdessen einen Glückskreis entstehen lassen? Ein Beispiel: Ein fünfjähriger Junge nahm einen großen Stein, und es sah so aus, als wollte er ihn gleich werfen. Ein Lehrer, der in der Nähe stand, sagte ganz gelassen: „Leih mir mal den Stein", und demonstrierte, indem er den Stein an den Kopf des Kindes hielt, wie dieser den Kopf eines Klassenkameraden treffen könnte. Danach gab der Lehrer dem Jungen den Stein zurück und sagte: „Trag ihn vorsichtig." Die Frühpädagogin Catherine Lewis erzählt diese Anekdote und bemerkt, wie überrascht sie war, dass der Lehrer „weder das Kind aufforderte, den Stein wegzulegen, noch andeutete, der Junge wolle ihn werfen". Vielmehr gab der Lehrer zu verstehen,

> es handele sich um ein Informationsproblem – der Junge habe nicht genügend darüber nachgedacht, dass der Stein anderen wehtun könnte. Das Verhalten des Lehrers ließ auch darauf schließen, dass er den Jungen für in der Lage hielt, Selbstbeherrschung auszuüben; denn schließlich gab er den Stein ja dem Jungen zurück; wenn er ihn dagegen weggenommen oder eine Strafe verhängt hätte, hätte der Junge daraus gefolgert, er sei nicht vertrauenswürdig oder unfähig zur Selbstbeherrschung; und es kann gut sein, dass er dann nur die Strafe – statt die Gefahr, andere zu verletzen – als Grund angesehen hätte, keine Steine zu werfen.

Lewis räumt ein, „wenn der Junge ein aus dem Gleichgewicht geratener Zwölfjähriger wäre, der wirklich vorhatte, einem Mitschüler wehzutun, würde er sich vielleicht einfach denken, der Lehrer sei ein Dummkopf, wenn dieser ihm den Stein zurückgäbe"[9]. Ebenso wäre es töricht oder unaufrichtig, zu behaupten, ein Kind, das ein anderes mit Absicht heftig getreten hat, habe es wahrscheinlich gar nicht böse gemeint.[10] Daher lautet Noddings' Motto, Kindern das bestmögliche *mit den Tatsachen zu vereinbarende* Motiv zuzuschreiben. Doch sehr oft kennen wir die Tatsachen gar nicht und wir sollten bestrebt sein, im Zweifel das Beste anzunehmen.

Wiederum ist dieser Rat besonders wichtig, wenn es um junge Kinder geht, deren anscheinendes Fehlverhalten in Wirklichkeit oft auf ihr Alter zurückzuführen ist (weshalb unsere positiven Annahmen in diesem Fall wahrscheinlich zutreffend sind) und deren Selbstgefühl noch in der Entwicklung begriffen ist (weshalb unsere positiven oder negativen Annahmen eine stärkere Wirkung auf sie haben). Doch auch im Umgang mit älteren Kindern sollte unsere erste Reaktion nicht darin bestehen, Vorwürfe zu machen: „Na, du hast bestimmt irgendwas getan, was ihn wütend gemacht hat." Vielmehr sollten wir mit unseren Kindern mitfühlen und versuchen zu verstehen, warum sie sich so verhalten haben.

11. Sagen Sie nicht unnötig nein

Die Ansicht, Eltern von heute sagten zu ihren Kindern nicht nein, lässt sich unter der allgemeiner gefassten Behauptung einordnen, Zügellosigkeit greife um sich und Kinder würden verwöhnt, weil die Eltern nicht genügend Kontrolle über sie ausübten. Diese Annahme habe ich schon erörtert, jedoch ist es vielleicht sinnvoll, sich mit der konkreten Frage zu befassen, wann man ein Machtwort sprechen soll.

Die Realität ist die, dass die meisten Eltern ständig nein sagen. Deskriptiven Studien zufolge werden insbesondere kleine Kinder alle paar Minuten daran gehindert, etwas zu tun, was sie wollen, oder dazu gedrängt, etwas zu tun, was sie lieber nicht tun würden.[11] (Falls Sie das nicht glauben, achten Sie einmal darauf, was in Ihrem Haus im Lauf eines Tages geschieht.) Natürlich können verantwortungsvolle Eltern nicht all diese eingreifenden Maßnahmen vermeiden. Jedoch lohnt es sich zu fragen, ob wir es damit übertreiben.

Wenn die Sicherheit gefährdet ist, müssen wir beispielsweise eingreifen, egal wie viel Frustration das hervorrufen mag. Doch selbst hier ist die Situation nicht immer eindeutig. Gemäß dem Gebot, das Alter der Kinder zu berücksichtigen, ist es wichtig, sich darüber klar zu werden, dass Kinder immer besser lernen, Gefahren vorauszusehen und zu vermeiden, je älter sie werden. (Natürlich steigt die Wahrscheinlichkeit, dass sie diese Fähigkeiten entwickeln, wenn sie die benötigte Unterstützung bekommen und mit Vertrauen und Respekt behandelt werden.) Das bedeutet, dass viele elterliche Einschränkungen immer weniger notwendig werden und zunehmend als einengend erlebt werden. Außerdem stellt sich natürlich die Frage, *wie* wir eingreifen, wenn wir das Gefühl haben, eingreifen zu müssen: sanft oder grob? Einfühlsam oder respektlos? Mit oder ohne Erklärung?

Selbst wenn es um kleine Kinder geht, lässt sich oft darüber streiten, ob das, was sie tun wollten, wirklich gefährlich war. Bisweilen berufen wir uns auf die Sicherheit, nur um einen Grund zu haben, nein sagen zu können. Vielleicht sagen wir Kindern, sie sollten aufhören, Dinge zu tun, die eigentlich ziemlich harmlos sind, oder wir sagen automatisch nein, wenn sie etwas Ungewöhnliches vorschlagen. Manchmal weigern wir uns, einem Kind etwas zu erlauben, nur weil es lästig für uns ist. Ihr

Vorschulkind möchte mit einer gewaltigen Bastelarbeit anfangen, und Sie wissen, dass dadurch mehr Unordnung entstehen wird, als Ihr Kind wegräumen kann. Ist es gerechtfertigt, wenn Sie nein sagen? Ihre sechsjährige Tochter möchte, dass Sie mal wieder bei einem langen Rollenspiel mitmachen, bei dem Sie beide so tun, als seien Sie Tiere. Sie haben im Moment nichts Dringendes zu tun, aber Sie sind diese Spiele leid und hätten es lieber, wenn sich Ihre Tochter alleine beschäftigt. Ihr zehnjähriger Sohn bittet Sie, ihm einen Imbiss zu bringen, während er fernsieht. Ist das eine verständliche Bitte, anlässlich derer Sie ein Beispiel geben können, wie man etwas Nettes für jemanden tun kann, oder sollten Sie darauf bestehen, dass sich Ihr Sohn selbst etwas zu essen holt? Und wo wir gerade dabei sind, ist es in Ordnung, wenn Ihr Kind beschließt, auf dem Boden zu schlafen? Oder beim Abendessen verkehrt herum auf dem Stuhl zu sitzen?

In diesen Fällen geht es nicht darum, Bedürfnisse von Kindern zu erfüllen. Es handelt sich um Wünsche, und daher ist es unmöglich, die richtige elterliche Antwort im Voraus festzulegen. Dennoch lautet meine Empfehlung, ja zu sagen, wann immer es möglich ist. Dies sollte die Standardantwort sein, das heißt, dass man einen guten Grund braucht, wenn man mit dem Vorgeschlagenen *nicht* einverstanden ist oder eingreift und etwas verbietet. Natürlich führt das zu der Frage, was einen guten Grund ausmacht, doch es ist eine vernünftige Art, das Thema anzugehen, vor allem, wenn wir uns angewöhnt haben, die meisten Bitten abzulehnen. (Später sage ich noch mehr über das gemeinsame Aushandeln von Lösungsmöglichkeiten als Alternative dazu, einfach etwas zu erlauben oder zu verbieten.)

Wenn ich sage, dass wir darauf achten sollten, nicht zu oft oder unnötigerweise nein zu sagen, meine ich damit nicht, es sei unwichtig, was für *uns* angenehm oder lästig ist und was wir wollen. Natürlich ist das auch wichtig. Jedoch sollte es keine derart große Rolle spielen, dass wir unsere Kinder unnötig einschränken und ihnen verbieten, Dinge auszuprobieren. Im Grunde genommen ist es überhaupt ziemlich lästig, ein Kind großzuziehen, vor allem, wenn man es gut machen will. Falls Sie nicht bereit sind, etwas von Ihrer Freizeit zu opfern, falls Sie möchten, dass Ihr Haus ruhig und sauber bleibt, sollten Sie vielleicht darüber nachdenken, lieber tropische Fische großzuziehen.

Manche Eltern argumentieren, es sei ein Wert in sich, Kindern etwas zu verbieten: „Kinder müssen sich an Frustrationen gewöhnen; sie sollten lernen, dass sie später auch nicht alles machen können, was sie wollen." Manchmal scheinen dies Eltern als Rechtfertigung dafür zu verwenden, dass sie nein sagen, und machen es sich auf diese Weise einfach, weil sie so keine anderen Gründe mehr zu nennen brauchen. Doch wenn man diese Behauptung ernst nimmt, braucht man nur zu beobachten, wie oft Kinder sogar in Familien, in denen die Eltern so oft wie möglich ja zu sagen versuchen, Frustrationen erleben. Es gibt mehr als genug Gelegenheiten, um zu lernen, wie man mit Grenzen umgeht, und um der Tatsache ins Auge zu sehen, dass es unmöglich ist, alles zu bekommen, was man will. Eltern brauchen nicht noch solche Gelegenheiten hinzuzufügen, indem sie nein sagen, wenn sie hätten ja sagen können. Außerdem ist die beste Vorbereitung für Kinder auf die Herausforderungen der „wirklichen Welt" das Erleben von Erfolg und Freude. Menschen können nicht besser mit Unglück umgehen, wenn sie als Kinder absichtlich unglücklich gemacht wurden.

Außer unserem Wunsch, dass unsere Kinder sich kompetent fühlen, es genießen, die Welt zu erkunden und neue Möglichkeiten ausprobieren (selbst wenn sie nicht wie geplant funktionieren), gibt es auch einen praktischen Grund dafür, unsere Neins zu beschränken. Es ist sehr schwierig, eine endlose Reihe von Verboten durchzusetzen. So entsteht ein Dilemma: Einerseits fühlen wir uns vielleicht gezwungen, nachzugeben und die Kinder am Ende doch einfach ihren Willen haben zu lassen. Die Folge ist, dass wir nicht mehr ernst genommen werden, wenn wir wirklich eine Grenze ziehen müssen. Andererseits kann es sein, dass wir uns weigern, etwas zu überdenken, und daher einen furchtbar großen Teil unserer Zeit in einem Zustand des Konflikts verbringen, was für alle Beteiligten höchst unangenehm ist. Mein Rat lautet: Überlegen Sie sich sorgfältig, wo Sie sich unbedingt durchsetzen wollen, und übertreiben Sie es nicht damit.

Natürlich geht es nicht nur darum, wie oft wir ja oder nein sagen. Beide Antworten können unter bestimmten Umständen unklug sein. Ebenso, wie man sich angewöhnen kann, die meisten Bitten eines Kindes abzulehnen, kann man auch leicht jedem Verlangen nachgeben: „Ach, dann nimm dir halt den blöden Keks."[12] Manchmal willigen wir aus

Faulheit ein; es ist leichter, dem Kind zu erlauben, was es will, besonders, wenn wir uns hilflos, verwirrt und frustriert im Hinblick darauf fühlen, wie wir mit den Forderungen unserer Kinder, die bisweilen unerbittlich wirken können, umgehen sollen.

Am meisten kommt es darauf an, welchen Grund wir für unsere Entscheidungen haben und in welchem Maß wir bereit sind, Orientierung zu bieten, den Weg der Kinder zu unterstützen, für sie da zu sein – all dies stellt eine viel größere Herausforderung dar, als einfach nur ja *oder* nein zu sagen. Das, wovon ich spreche, könnte man als achtsame Kindererziehung bezeichnen, das Gegenteil einer automatisierten Erziehung. Sie erfordert enorme Reserven an Aufmerksamkeit und Geduld. In manchen Fällen verlangt sie von uns, die Art, wie wir selbst erzogen wurden, zu hinterfragen.

Natürlich können wir nicht auf jede Bitte sorgfältig eingehen und die Folgen jeder möglichen Antwort durchdenken – vor allem, wenn wir uns gerade überlastet fühlen. Doch auch dann, wenn wir es nicht ständig schaffen können, sollten wir bemüht sein, es so oft wie möglich zu tun. Kurz: Sagen Sie nicht nein, wenn Sie es nicht unbedingt müssen. Und versuchen Sie, über den Grund für alles, was Sie sagen, nachzudenken.

12. Seien Sie nicht starr

Eine törichte Konsequenz ist das Kennzeichen ungeschickter Erziehung (wie Ralph Waldo Emerson beinahe gesagt hat). Setzen Sie sich bei besonderen Anlässen über die Regeln hinweg, sehen Sie ab und zu darüber hinweg, wann die Kinder ins Bett sollten, setzen Sie das Verbot, im Wohnzimmer zu essen, unter bestimmten Umständen außer Kraft. Machen Sie Ihren Kindern klar, dass das, was Sie tun, eine Ausnahme ist, etwas, das sie nicht ständig erwarten sollten, doch lassen Sie die Angst, einen Präzedenzfall zu schaffen, Sie nicht daran hindern, flexibel und spontan zu sein.

Das Gleiche gilt dafür, wie Sie auf ein Fehlverhalten reagieren sollten. Jede Handlung muss im Kontext verstanden werden, in Abhängigkeit konkreter Situationen und Gründe. Sie sollten berücksichtigen, dass ein Kind vielleicht einen schlechten Tag hat, oder die Möglichkeit in Erwägung ziehen, dass *Sie* sich heute Abend weniger tolerant als sonst fühlen.

Denken Sie außerdem daran, dass die Kinder, die am ehesten dazu neigen, sich über mangelnde Flexibilität zu beschweren – und wie Anwälte zu klingen, wenn sie verzweifelt mildernde Umstände anführen – diejenigen sind, deren Eltern Strafen einsetzen. Umgekehrt ist es erstaunlich, wie viel weniger angespannt und abwehrend alle sind und wie viel weniger Druck herrscht, auf einer gleichförmigen Definition von Gerechtigkeit zu bestehen („Immer, wenn dies passiert, muss jene Reaktion erfolgen"), wenn wir unseren Blick auf zu lösende Probleme statt auf zu bestrafende Vergehen richten. Das Verzichten auf Strafen gibt Eltern auch die Freiheit, auf jedes ihrer Kinder anders zu reagieren, ohne dadurch wütende Klagen auszulösen, ein Kind werde bevorzugt. Eine gerechte Behandlung von Geschwistern muss nicht immer eine gleiche Behandlung bedeuten, und es ist sehr viel leichter, flexibel zu sein, wenn niemand nur darauf achtet, welche Strafe verhängt wird.

Ich stimme mit vielen Beobachtern darin überein, dass es Kindern im Allgemeinen guttut, wenn es in ihrem Leben ein gewisses Maß an Berechenbarkeit gibt. Doch man übertreibt es leicht damit – oder, genauer, man übersieht leicht, dass Kinder auch andere Bedürfnisse haben, die möglicherweise wichtiger sind. Es ist wenig sinnvoll, eine Umgebung zu schaffen, die berechenbar unangenehm ist, etwa eine Familie, in der die Kinder fest damit rechnen können, übermäßig kontrolliert, ohne Respekt behandelt oder nur unter bestimmten Bedingungen geliebt zu werden. Es geht nicht nur darum, ob Kinder wissen, womit sie zu rechnen haben, sondern vielmehr darum, ob das, womit sie rechnen, sinnvoll ist.

Schließlich ist, neben unterschiedlichen Situationen und unterschiedlichen Kindern, auch noch zu berücksichtigen, dass Eltern oft unterschiedlich sind. Zwar stimmt es, dass Kinder, wenn die Mutter und der Vater sehr unterschiedliche Ansichten zu Fast Food oder dazu haben, wann die Kinder abends zu Hause sein sollten, schnell herausbekommen, wen sie am geschicktesten fragen oder wie sie den einen gegen den anderen ausspielen können. Doch auch hier kann es geschehen, dass man es mit der Konsequenz, zu der in Erziehungsratgebern so oft aufgerufen wird, übertreibt oder sie falsch anwendet. Wir sagen vielleicht, dass wir „eine einheitliche Front bieten", jedoch kann dies, wie Alice Miller erläutert hat, auf das Kind so wirken, als hätten sich zwei Riesen *gegen es* verbündet.[13] Außerdem tut es Kindern gut, zu sehen, dass auch Erwachsene manchmal unterschiedlicher Meinung sind, was deutlich macht, dass wir Menschen sind. Auf diese Weise können wir ihnen auch zeigen, wie man Meinungsverschiedenheiten respektvoll beilegen kann – oder auch, wie man lernen kann, Differenzen zu tolerieren. Diese wichtigen Lebenslektionen werden nicht vermittelt, wenn Eltern sich verpflichtet fühlen, vor den Kindern bei jedem Thema den gleichen Standpunkt zu vertreten, ganz abgesehen von der Unaufrichtigkeit, die dem innewohnt.

13. Seien Sie nicht in Eile

Früher habe ich Eltern kleiner Kinder diesen Rat eher im Scherz gegeben. Natürlich können wir uns nicht immer unseren Terminplan aussuchen, auch wenn es schön wäre, mehr Zeit zu haben. Doch inzwischen meine ich es ernster, dass es wichtig ist, zu tun, was wir können und so oft wir können, um Situationen zu vermeiden, in denen wir uns genötigt fühlen, Zwang zu verwenden. Eltern üben stärkere Kontrolle über ihre Kinder aus, wenn die Zeit knapp ist, und ebenso, wenn sie sich in der Öffentlichkeit befinden. Die Kombination dieser beiden Umstände ist fatal.

Wenn Sie etwas Zeit und Ruhe haben, setzen Sie sich (mit dem anderen Elternteil, falls vorhanden) hin, um zu überlegen, wo es vielleicht möglich wäre, Ihren Terminplan so zu ändern, dass die Wahrscheinlichkeit, Ihr Kind zur Eile antreiben zu müssen, sinkt. Wie wäre es, wenn wir eine Viertelstunde früher aufständen? Wenn wir samstags einkaufen gingen? Wenn wir die Badezeit änderten? Es ist oft leichter, als man glaubt, Eile zu vermeiden, mit dem Ziel, dass Kinder sich nicht gehetzt fühlen und es genießen können, Kinder zu sein.

Ein weiterer Vorteil: Die Umstrukturierung Ihres Terminplans ermöglicht Ihnen den Luxus, einfach zu warten, wenn Ihr Kind trotzig oder widerspenstig ist, statt ihm zu drohen oder auf andere Weise Ihren Willen aufzuzwingen. Wenn es sich weigert, etwas zu tun, was Ihrer Ansicht nach getan werden muss, können Sie sagen: „Es tut mir leid, Schatz, aber du musst deinen Mantel anziehen. Draußen ist es sehr kalt und wir müssen ein gutes Stück gehen. Aber wenn du lieber noch etwas warten willst, ist das auch in Ordnung. Sag mir Bescheid, wenn du soweit bist." (Ich habe festgestellt, dass ich den letzten Satz ziemlich oft verwende.) Wenn Sie sich etwas zurücknehmen und Ihren Kindern etwas Zeit geben, lenken sie meistens ein. Seien Sie sich jedoch bewusst, dass Sie Ihren Kindern zwar die Entscheidung überlassen, wann sie Ihrer Aufforderung Folge leisten, aber ihnen dennoch Ihren Willen aufzwingen, und daher sollte diese Methode nicht wahllos angewandt werden. Gemäß dem zweiten in diesem Kapitel erläuterten Grundsatz sollten Sie nur dann darauf bestehen, dass Ihre Aufforderungen befolgt werden, nachdem Sie ernsthaft darüber nachgedacht haben, ob eine bestimmte Aufforderung wirklich nicht verhandelbar ist und warum.

Selbst in Situationen, in denen wir etwas in Eile sind, ist es wichtig, nicht mit jeder Minute zu geizen und gleichzeitig Stunden zu vergeuden. Der Versuch, ein kleines Kind zur Eile anzutreiben, ist ein aussichtsloses Unterfangen. Daher ist es oft sinnvoll, jetzt ein bisschen Zeit aufzuwenden, um später mehr Zeit zu sparen. Eines Nachmittags schlief mein zweijähriger Sohn auf dem Weg zum Supermarkt ein. Wenn ich ihn in den Einkaufswagen gesetzt hätte und durch die Gänge geeilt wäre, wäre er unglücklich gewesen (und Unglück von Kindern ist wirklich ansteckend). Stattdessen weckte ich ihn sanft, setzte mich dann, obwohl ich nicht viel Zeit hatte, mit ihm im Laden ein paar Minuten ruhig hin und zeigte ihm Dinge, für die er sich interessierte, um ihm zu helfen, ganz allmählich aufzuwachen. Wir schafften es, den Einkauf ziemlich schnell und problemlos zu erledigen.

Hinter dieser ganzen Diskussion verbirgt sich noch etwas Allgemeineres: Statt zu versuchen, das Verhalten Ihres Kindes zu ändern, ist es gewöhnlich sinnvoller, die Umgebung zu ändern. Was für die Zeit gilt, gilt auch für den Raum. Ein verschlossenes Tor, das ein Kleinkind in Ihrem Garten hält, ist viel vernünftiger als der Versuch, das Kind durch Angst oder Überredung davon abzuhalten, auf die Straße zu spazieren. Tun Sie im Allgemeinen, was Sie können, um Probleme abzuwenden. Wenn Sie damit rechnen, dass es Ihrem Kind schwerfallen wird, (etwa in einem Restaurant) stillzusitzen, nehmen Sie Bücher, Spielsachen oder sonst etwas zur Unterhaltung mit, statt das Kind damit zu belasten, sich benehmen zu müssen.

Schließlich kann ich nicht widerstehen, darauf hinzuweisen, dass der Satz „Seien Sie nicht in Eile" noch eine weitere Bedeutung hat. Man kann ihn auch als Erinnerung verstehen, einen Gang herunterzuschalten und die Zeit mit seinen Kindern zu genießen. Als unser erstes Kind geboren war, schworen wir uns bald, eine schmutzige Windel auf den Nächstbesten zu werfen, der uns voller Ernst mitteilte: „Sie werden so schnell groß." Ja, ja, ja, sagten wir.

Aber es ist wahr.

8 Liebe ohne Wenn und Aber

Jemanden bedingungslos anzunehmen mag wünschenswert sein, doch ist es auch möglich? Bevor ich auf diese entscheidende Frage antworte, möchte ich klarstellen, wie die Frage gemeint ist. Es geht hier nicht darum, ob Menschen sich selbst bedingungslos annehmen können – das heißt, ob irgendwer ein wirklich bedingungsloses Selbstwertgefühl besitzt (siehe Anmerkung 21 zu Kapitel 2). Vielmehr wollen wir nun wissen, ob es realistisch ist, zu glauben, dass wir unsere Kinder als die Menschen, die sie sind, ohne Wenn und Aber annehmen und lieben können.

Ich glaube, hier lautet die Antwort eindeutig ja. Viele Eltern empfinden so. Doch ist es möglich, mit unseren Kindern Tag für Tag so umzugehen, dass sie nie an unserer Liebe zweifeln? Denken Sie daran, dass wir sie manchmal frustrieren müssen, indem wir nein sagen. Bisweilen werden wir ihnen gegenüber vielleicht ungeduldig oder sogar wütend.

Und Kindern fällt es oft schwer, die tiefer liegenden Gefühle von Menschen von vorübergehenden Launen zu unterscheiden. Können wir also sicherstellen, dass sie sich immer bedingungslos geliebt fühlen?

Wahrscheinlich nicht. Unser Ziel sollte aber sein, diesem Ideal so nahe wie möglich zu kommen. Schließlich mag auch das vollkommene Glück ein unerreichbares Ziel sein; es ist, wie ein Schriftsteller es ausgedrückt hat, ein imaginärer Zustand, den Erwachsene gewöhnlich Kindern zuschreiben und Kinder Erwachsenen. Jedoch hindert das die Menschen nicht daran (und sollte es auch nicht), zu versuchen, glücklicher zu werden, als sie es sind.[1] Dasselbe gilt für Güte, Weisheit und andere Werte, die unvollkommen verwirklicht sind.

Die Tatsache, dass viele Eltern ihre Kinder nur unter bestimmten Bedingungen anzunehmen scheinen, macht diese Praxis nicht weniger schädlich oder akzeptabler. Und denken Sie daran, dass es uns nicht darum geht, Kinder zu verwöhnen oder uns aus allem herauszuhalten. Eltern, die ihre Kinder bedingungslos lieben, spielen eine aktive Rolle in deren Leben, beschützen sie und helfen ihnen, Richtig und Falsch unterscheiden zu lernen. Kurz, die Frage lautet nicht, ob wir versuchen *sollten,* näher an das Ideal bedingungsloser Elternliebe heranzukommen. Auch gibt es kaum einen Zweifel daran, dass wir das *können.* Die Tatsache, dass unser Umgang mit unseren Kindern immer verbesserungsfähig sein wird, heißt nicht, dass wir uns nicht besser verhalten können, als wir es momentan tun. Wir können und wir sollten es tun. Die Frage lautet, wie.

Annäherung an bedingungslose Elternliebe

Der erste Schritt besteht einfach darin, sich des Konzepts bedingungsloser Elternliebe überhaupt bewusst zu sein. Je mehr wir in dieser Richtung denken und überlegen, ob das, was wir mit unseren Kindern tun und was wir zu ihnen sagen, als eine an Bedingungen geknüpfte Zuneigung aufgefasst werden könnte (und wenn ja, warum), umso wahrscheinlicher ist es, dass wir unser Verhalten ändern. Stellen Sie sich eine Mutter oder einen Vater vor, die oder der Folgendes berichtet: „Wir haben überlegt, was wir mit unserem Sohn tun sollten, weil er etwas Gehässiges gebrüllt und seine Tür zugeknallt hatte, nachdem ich ihn gebeten hatte, sein Zimmer aufzuräumen. Sollten wir ihm ein paar Minuten Zeit lassen, um sich zu beruhigen? Wie streng sollten wir sein? Ich habe früher nie wirklich darüber nachgedacht, aber jetzt frage ich mich, ob das, was wir überlegt hatten, mit ihm zu tun, bei ihm das Gefühl hervorrufen könnte, wir liebten ihn nicht, wenn er wütend ist." Ich denke, schon das bloße Erwägen dieser Möglichkeit ist ein Schritt in die richtige Richtung, unabhängig davon, wie diese Mutter oder dieser Vater schließlich mit der Situation umgeht.

Zweitens sollten wir uns angewöhnen, uns selbst eine ganz konkrete Frage zu stellen: „Wenn das, was ich gerade zu meinem Kind gesagt habe, zu mir gesagt worden wäre – oder wenn das, was ich gerade mit ihm gemacht habe, mit mir gemacht worden wäre –, würde *ich* mich dann bedingungslos geliebt fühlen?" Es ist nicht sehr kompliziert, diese Art von Umkehrung im Geiste durchzuführen, doch wenn man es regelmäßig tut, kann dies eine wahre Verwandlung herbeiführen.

Wenn die Antwort auf diese Frage eindeutig nein lautet, sollte uns das stutzen lassen. Vielleicht schließen wir daraus, dass wir das, was wir gerade getan haben, nicht noch einmal tun sollten. Vielleicht fühlen wir uns veranlasst, eine Entschuldigung anzubieten. Doch wenn wir diese Frage gar nicht stellen, ist es leicht, weiterhin alles, was wir tun, zu rechtfertigen. Ja, wenn manche Eltern merken, dass das, was sie gerade gesagt oder getan haben, negative Auswirkungen auf ihr Kind hat, sagen sie sich vielleicht einfach, das Kind sei zu empfindlich. Wenn wir uns dagegen fragen: „Wie hätte *ich* mich gefühlt?", ist es viel schwerer, uns aus der Verantwortung zu stehlen.

Sobald ein Kind geboren ist, ist es Zeit, über unseren Erziehungsstil und darüber, wie wir reagieren, wenn nicht alles glatt läuft, nachzudenken. Sorgen wir dafür, dass sich ein Säugling auch dann geliebt und angenommen fühlt, wenn er nicht aufhört zu weinen, wenn er die Windel, die wir ihm gerade angezogen haben, prompt voll macht, wenn er nicht „gut" schläft? Viele Leute werden ziemlich schnell Schönwettereltern und sind nur dann liebevoll und aufmerksam, wenn ihre Kinder unproblematisch sind. Bedingungslose Liebe zählt aber dann am meisten, wenn dies nicht der Fall ist.

Wenn Kinder älter werden, können sie unsere Geduld auf neue Weise auf die Probe stellen. Müssen wir die Möglichkeiten aufzählen? Sie sagen manchmal abscheuliche Dinge. Sie benehmen sich entsetzlich. Sie tun genau das, wovon wir ihnen gerade erst gesagt haben, sie sollten es nicht tun, was besonders solche Eltern zur Weißglut treibt, die aufgrund ihrer eigenen psychischen Probleme auf absolutem Gehorsam bestehen. Sie ziehen ein Elternteil auf auffällige Weise dem anderen vor, was man als nicht besonders herzerwärmend empfindet, wenn man der andere Elternteil ist. Sie finden heraus, wo wir am verletzlichsten sind, und nutzen das zu ihrem eigenen Vorteil aus. Und währenddessen müssen wir sie nicht nur weiterhin annehmen, sondern *ihnen* auch noch zeigen, dass wir sie weiterhin annehmen.

Mit anderen Worten: Wir müssen vermitteln, dass wir sie lieben, selbst wenn wir über das, was sie tun, nicht begeistert sind. Jedoch wird die Empfehlung, diese Unterscheidung zu machen, bisweilen ein wenig zu pauschal gegeben. Denn es ist oft sogar für einen Erwachsenen – und erst recht für ein Kind –, schwer, den Unterschied zu verstehen. Die Aussage: „Wir finden dich in Ordnung, aber nicht die Art, wie du dich benimmst", ist nicht sehr überzeugend, wenn nur wenig von dem, was das Kind tut, bei uns Anklang findet. „Was ist dieses seltsame ‚Ich', das ihr angeblich liebt", fragt sich das Kind vielleicht, „obwohl ich von euch doch ständig Missbilligung zu hören bekomme?" Thomas Gordon erläutert: „Eltern, die sehr viel von dem, was ihre Kinder tun oder sagen, nicht in Ordnung finden, rufen bei diesen Kindern zwangsläufig das Gefühl hervor, sie seien als Menschen nicht in Ordnung."[2] Daran ändert sich nichts, nur weil die Eltern daran denken, tröstend zu sagen: „Wir lieben *dich*, Schatz; wir hassen bloß so ziemlich alles, was du tust."

Zumindest sollte man sich darüber klar werden, dass verbale Beschwichtigungen keine Freibriefe dafür sind, Strafen oder andere Methoden der Kontrolle zu verwenden. Wenn wir eingreifen, indem wir mit Kindern als Objekten etwas tun, ist das dennoch schlecht und vermittelt den Kindern, dass wir sie nur unter bestimmten Bedingungen annehmen, selbst wenn wir ab und zu ein paar magische Worte aussprechen.

Was wir weniger tun sollten

Was sollen wir also tun, wenn Kinder sich auf eine Weise verhalten, die störend oder unpassend ist? Selbst wenn wir das, was sie getan haben, missbilligen und ihnen das auch mitteilen wollen, sollten wir bei unserer Reaktion das Gesamtbild im Blick behalten – vor allem die Notwendigkeit, dafür zu sorgen, dass sie das Gefühl haben, geliebt zu werden und liebenswert zu sein. Das Ziel ist, nicht in einen an Bedingungen geknüpften Erziehungsansatz abzurutschen. So kann es gelingen:

Beschränken Sie die Häufigkeit Ihrer Kritik

Beißen Sie sich auf die Zunge und schlucken Sie viele Ihrer Einwände herunter. Wenn Kinder das Gefühl haben, dass wir unmöglich zufriedenzustellen sind, versuchen sie es irgendwann gar nicht mehr. Wenn wir dagegen sorgfältig auswählen, wogegen wir etwas einwenden und was wir verbieten, zählt unser „Nein" bei den Gelegenheiten, wo wir es wirklich sagen müssen, mehr (S. 157). Doch vor allem können zu viel Kritik und Missbilligung dazu führen, dass ein Kind das Gefühl hat, nichts wert zu sein.

Beschränken Sie den Umfang jedes Kritikpunkts

Konzentrieren Sie sich darauf, was an dem, was Ihr Kind gerade getan hat, konkret verkehrt war („Deine Stimme klang eben sehr unfreundlich, als du mit deiner Schwester gesprochen hast"), statt anzudeuten, an dem Kind sei etwas verkehrt („Du bist so gemein zu anderen").

Beschränken Sie die Heftigkeit jedes Kritikpunkts

Es kommt nicht nur darauf an, wie oft Sie negativ reagieren, sondern auch darauf, *wie* negativ Sie jedes Mal reagieren. Sorgen Sie so sanft wie möglich dafür, dass Sie verstanden werden. Mit ein wenig Gefühl kann man viel erreichen; die Wirkung von dem, was wir sagen, wird kraft der Tatsache, dass wir Eltern sind, verstärkt. Selbst wenn Kinder uns nicht zuzuhören scheinen, nehmen sie von unseren negativen Reaktionen doch mehr wahr –

und sind oft tiefer davon berührt –, als sie sich anmerken lassen. Ja, vielleicht haben wir letztlich sogar mehr Einfluss auf die Kinder, wenn wir nicht mit harter Hand eingreifen. Seien Sie sich nicht nur dessen bewusst, was Sie sagen, sondern auch Ihrer Körpersprache, Ihres Gesichtsausdrucks und Ihres Tonfalls. Jeder dieser Aspekte kann mehr Missbilligung und weniger bedingungslose Liebe ausdrücken, als es Ihre Absicht war.

Suchen Sie nach Alternativen zur Kritik

Vielleicht ist es sinnvoll, bildlich gesprochen, nicht nur die Lautstärke herunterzudrehen, sondern einen anderen Sender einzuschalten. Wenn sich Kinder rücksichtslos, verletzend oder gemein verhalten, versuchen Sie dies als Gelegenheit zu sehen, ihnen etwas zu erklären. Statt zu sagen: „Was ist los mit dir? Hab ich dir nicht gerade erst gesagt, dass du das nicht tun sollst?!" – oder: „Ich bin von dir enttäuscht, wenn du das tust" –, helfen Sie dem Kind, die Folgen seines Verhaltens zu sehen, dass es die Gefühle anderer Menschen verletzen oder ihnen das Leben schwerer machen könnte.

Explizite negative Wertungen sind oft gar nicht nötig, wenn wir einfach sagen, was wir sehen („Jeremy sah irgendwie traurig aus, als du das zu ihm gesagt hast"), und Fragen stellen („Das nächste Mal, wenn du frustriert bist, was könntest du wohl tun, statt zu schubsen?"). Natürlich garantiert das keinen Erfolg, doch es steigert erheblich die Wahrscheinlichkeit, dass sich das Kind bemüht, sich vernünftiger zu verhalten. Dies wird noch wahrscheinlicher, wenn Sie das Kind auffordern, zu überlegen, wie man es besser machen könnte, indem man etwas wiederherstellt, repariert, ersetzt, aufräumt oder sich entschuldigt, je nachdem, was die Situation erfordert.

Es scheint auf der Hand zu liegen, dennoch vergessen wir oft, dass unser Ziel, auch wenn Kinder scheußliche Dinge tun, nicht darin bestehen sollte, dass sie sich schlecht fühlen oder dass eine bestimmte Verhaltensweise ausgemerzt werden soll. Vielmehr wollen wir die Art, wie sie denken und empfinden, beeinflussen, ihnen helfen, zu Menschen zu werden, die nichts Gemeines tun *wollen*. Und natürlich ist es auch unser Ziel, unsere Beziehung zu ihnen dabei nicht zu beschädigen.

Eine ganz konkrete Art, dafür zu sorgen, dass unser Eingreifen nicht so aufgefasst wird, als nähmen wir unsere Kinder nur unter bestimmten Bedingungen an, ist das Bemühen, nie nachtragend zu sein. Mit dem Aufruf, die „Elternrolle" zu übernehmen, ist meist gemeint, man solle die Zügel in die Hand nehmen, sich durchsetzen. Doch ich verwende diesen Ausdruck in dem Sinne, dass man über die Versuchung eines kindischen Wie-du-mir-so-ich-dir erhaben sein sollte: „Na schön! Wenn du nicht im Haushalt helfen willst, geb ich dir keinen Nachtisch! Das hast du nun davon!" In vielen Büchern wird derartiges Verhalten von Eltern sogar empfohlen (natürlich ohne das „Na schön!" und „Das hast du nun davon!"). Wenn man einmal darüber nachdenkt, ist es ziemlich offensichtlich, wie wenig hilfreich diese Art von Reaktion in Wirklichkeit ist.

Ich weiß noch, wie mein zweijähriger Sohn es eines Tages leid wurde, darauf zu warten, dass seine sechsjährige Schwester aufhörte, mit einem Spielzeug zu spielen, damit er damit spielen konnte. Er versuchte, es ihr zu entreißen, woraufhin sie wütend protestierte. Nachdem sie ihn abgewehrt hatte und wieder im Besitz des Spielzeugs war, verkündete sie: „Jetzt will ich es ihm überhaupt nicht mehr geben, weil er es mir wegnehmen wollte." Sie wollte ihm so eine Lektion erteilen und ihm klarmachen, dass er zur Strafe nicht an die Reihe kommen sollte, weil er etwas Falsches getan hätte. Die Frage ist: Wollen wir uns gegenüber unseren Kindern so verhalten, als wären auch wir sechs Jahre alt? Sehr viel von dem, was als Disziplin bezeichnet wird, besteht in Wirklichkeit nur aus Retourkutschen, die uns nur die Genugtuung verschaffen, dass wir nun „quitt" sind.

Eltern zu sein bedeutet, bestimmte Verpflichtungen zu haben, die nicht immer einfach zu erfüllen sind. Wenn mal wieder ein Essen, das wir für unsere Kinder gemacht haben, übrig geblieben ist, erinnert mich meine Frau stets daran, dass alles, was wir tun können, darin besteht, nahrhafte Mahlzeiten zuzubereiten (und dabei nach Möglichkeit die Vorlieben der Kinder zu berücksichtigen) und dann das Beste zu hoffen. Das ist nicht nur alles, was wir tun *können* – es ist auch das, was wir tun *müssen,* egal, wie viele dieser Mahlzeiten schließlich im Mülleimer landen.

So ist es mit der bedingungslosen Liebe. Wir tun unser Bestes, sie zu bieten, selbst wenn unsere Bemühungen weder gewürdigt noch erwidert zu werden scheinen. Manchmal verhalten sich Kinder uns gegenüber auf eine Weise, die auffallend an Liebesentzug erinnert. Sie fauchen uns vielleicht an: „Geh weg!" oder „Ich hab dich nicht mehr lieb!", wenn sie das Gefühl haben, wir hätten sie im Stich gelassen oder ihre Pläne durchkreuzt, selbst wenn es etwas ist, das uns trivial erscheint. Unsere Aufgabe ist es jedoch, ruhig zu bleiben, zu vermeiden, dass wir genauso handeln, und dies als das zu begreifen, was es ist – ein vorübergehender Ausdruck von Frustration. Es ist nicht so, dass sie uns wirklich nicht mehr liebten. Sogar Kinder, die misshandelt werden, lieben die, die sie misshandeln, weiterhin. Wir dürfen nie die fehlende Symmetrie hier vergessen. Es handelt sich nicht um eine Beziehung zwischen Erwachsenen, die gleich viel Macht haben. Selbst die kleinste Andeutung, dass Sie ihrem Kind Liebe vorenthalten, hat weitaus größere Auswirkungen, als ein gebrülltes „Ich hasse dich!" auf Sie hat (oder haben sollte).

Was wir mehr tun sollten

Wir sollten all das weniger tun, was so aufgefasst werden könnte, als nähmen wir unsere Kinder nur unter bestimmten Bedingungen an, doch wir müssen auch all das mehr tun, was zum Ausdruck bringt, dass wir unsere Kinder bedingungslos annehmen. Die erste Frage, die ich hier stellen möchte, ist so offensichtlich, dass viele von uns nie darüber nachdenken: In welcher Stimmung bin ich meist, wenn ich mit meinen Kindern zusammen bin? Natürlich ist das kein Problem für die Leute, deren strahlendes Lächeln nie schwindet, egal, was um sie herum geschieht. Sie können den ganzen Tag in einem Haus voll lärmender Kinder verbringen und dennoch geduldig auf jede Bitte eingehen und sich von einer endlosen Reihe von Forderungen nicht aus der Ruhe bringen lassen. Doch was ist mit dem Rest von uns, die solche chronisch glücklichen Eltern mit einer Mischung aus Neid und Ungläubigkeit betrachten? Wir können uns nicht einfach zwingen, fröhlichere oder geduldigere Menschen zu werden. Aber wir können und sollten uns gegenüber unseren Kindern um eine möglichst positive Haltung bemühen.

Statt Unterschiede hinsichtlich des Temperaments oder der Begabung als eine feste Größe anzusehen – manche Menschen sind so geboren, während andere von Natur aus eben so sind –, ist es meiner Ansicht nach hilfreicher, zu fragen, wie viel Mühe jeder von uns aufwenden muss, um das Gleiche zu erreichen. Dank seines räumlichen Vorstellungsvermögens kann sich mein Schwager mühelos sogar an Orten zurechtfinden, wo er vorher nie gewesen ist. Ich dagegen muss mir große Mühe geben, mich zu orientieren. Also tue ich genau das, wenn ich in einer fremden Umgebung bin.

Dasselbe gilt vielleicht auch für den Gemütszustand: Menschen, die nicht von Natur aus optimistisch und nachsichtig sind, haben eine Verpflichtung, zu versuchen, etwas mehr so zu sein, zumindest im Umgang mit ihren Kindern. Die Ergebnisse ihrer Bemühungen können dazu beitragen, ob und wie sich ihre Kinder geliebt fühlen. Wenn unsere Kinder wissen, dass wir froh sind, sie zu sehen, ist das ein Schritt in die Richtung, ihnen deutlich zu machen, dass wir sie bedingungslos annehmen. Wenn sie dagegen oft ein negatives Urteil von uns spüren – eine mürrische Laune (von der sie vielleicht zu Unrecht annehmen, sie sei ihre Schuld), eine Gereiztheit, bei der wir die Augen verdrehen und stöhnen –, kann das einen *ganz* anderen Eindruck vermitteln als den bedingungsloser Liebe.

Die dringlichere Frage lautet natürlich, wie wir auch dann unsere Liebe ausdrücken können, wenn Kinder Theater machen, obwohl sie es in unseren Augen eigentlich besser wissen müssten. (Schließlich haben wir es ihnen oft genug gesagt!) Hier wird meist angenommen, sie wollten „Grenzen austesten". Dies ist ein sehr beliebter Satz im Bereich der Erziehung und wird von Eltern oft als Rechtfertigung benutzt, um mehr oder engere Grenzen zu setzen. Manchmal wird die Annahme, Kinder wollten uns testen, sogar als Begründung angeführt, sie zu bestrafen. Mein Verdacht ist jedoch, dass Kinder durch ihr Fehlverhalten vielleicht etwas völlig anderes testen wollen – nämlich die Bedingungslosigkeit unserer Liebe. Vielleicht verhalten sie sich auf unannehmbare Weise, um herauszufinden, ob wir sie dann nicht mehr annehmen.

Unsere Reaktion sollte eine beharrliche Weigerung sein, in diese Falle zu tappen. Wir müssen ihnen versichern: „Egal, was du tust, egal, wie frustriert ich werde, ich werde nie, nie, nie aufhören, dich zu lieben." Es schadet nicht, das explizit zu sagen, doch wir müssen es auch durch unser Tun ausdrücken. Eltern mit einem bedingungslosen Erziehungsansatz bestätigen ihren Kindern regelmäßig, und besonders in Konfliktphasen, wie wichtig ihre Kinder ihnen sind. Wenn sich ein Kind auf eine Weise benimmt, die alles andere als wünschenswert ist, weisen solche Eltern es oft darauf hin, dass dieses Verhalten nur vorübergehend und untypisch ist und nicht wirklich das Kind widerspiegelt, das sie kennen und lieben. (Beachten Sie übrigens, dass die Empfehlung, die Bedingungslosigkeit unserer Zuneigung zu betonen, etwas völlig anderes ist als der üblichere Rat, abwechselnd mit Kritik und Lob zu arbeiten. Positive Urteile heben negative nicht auf, denn das Problem liegt im Urteil als solchem. Mehr dazu gleich.)

Diese Empfehlungen – wie das ganze Konzept des bedingungslosen Annehmens – gelten auch für Pädagogen. Marilyn Watson, eine Schulpsychologin, die Lehrern hilft, aus ihren Klassen soziale Gemeinschaften zu machen, betont, wie wichtig es für Schüler ist, das Gefühl zu haben, dass man ihnen vertraut und sie annimmt. Ein Lehrer kann deutlich machen, dass gewisse Handlungen falsch sind, aber gleichzeitig „eine sehr tiefe Art von Bestätigung bieten – die Bestätigung, dass ihm die Schüler dennoch am Herzen liegen und dass er sie nicht bestrafen oder im Stich lassen wird, selbst wenn sie etwas sehr Schlimmes tun". Diese Haltung ermöglicht es, dass „ihre besten Motive zum Vorschein kommen", und gibt ihnen so „den Raum und die Unterstützung, die notwendig sind, um zu reflektieren und sich selbständig für den moralischen Akt der Wiedergutmachung zu engagieren. Wenn wir wollen, dass unsere Schüler darauf vertrauen, dass uns etwas an ihnen liegt", folgert sie, „müssen wir ihnen unsere Zuneigung zeigen, ohne zu verlangen, dass sie als Gegenleistung ein bestimmtes Verhalten an den Tag legen oder bestimmte Leistungen erbringen. Es ist nicht so, dass wir uns nicht bestimmte Verhaltensweisen wünschten und sie erwarteten, das tun wir durchaus. Aber unsere Fürsorge oder Zuneigung hängt nicht davon ab."

Watson weist darauf hin, es sei leichter, diese Haltung auch gegenüber Kindern, die zu Beleidigungen und aggressivem Verhalten neigen, aufrechtzuerhalten, wenn man sich vor Augen führe, *warum* sie sich so benehmen. Es gehe darum, dass der Lehrer darüber nachdenkt, was diese Schüler (in emotionaler Hinsicht) brauchen und wahrscheinlich nicht bekommen haben. So könne der Lehrer „das verletzliche Kind hinter dem unangenehmen oder bedrohlichen Äußeren sehen"[3]. Lehrer wie Eltern können Provokationen als etwas ansehen, womit das Kind den Erwachsenen testet, um zu sehen, ob er seine Zuneigung zurückzieht.

Ein Lehrer reagierte auf einen Schüler, der ihn besonders hart auf die Probe stellte, indem er sich mit ihm hinsetzte und sagte: „Weißt du was? Ich mag dich wirklich sehr. Du kannst diesen ganzen Kram weitermachen, aber das wird meine Meinung nicht ändern. Ich habe den Eindruck, du versuchst, mich dazu zu bewegen, dich nicht mehr zu mögen, aber das funktioniert nicht. Das wird nie passieren." Dieser Lehrer fügte hinzu: „Bald darauf, allerdings nicht sofort, fing sein störendes Verhalten an, weniger zu werden."[4] Die Moral davon ist, dass ein bedingungsloses Annehmen nicht nur etwas ist, was alle Kinder verdienen, sondern auch eine erstaunlich wirksame Möglichkeit, ihnen zu helfen, nettere Menschen zu werden. (Natürlich ist es wichtig, dass wir es ernst meinen, wenn wir Kindern versichern, wir liebten sie, egal was sie tun. Es gibt nichts Schlimmeres als das hohle Zitieren eines Satzes, den man in einem Buch gelesen hat.)

Jenseits von Drohungen

Es ist nicht immer leicht, mit etwas aufzuhören, was Kindern auf subtile Weise und oft unbeabsichtigt den Eindruck vermittelt, sie müssten sich unsere Anerkennung verdienen. Doch merkwürdigerweise fällt es manchen Eltern schwerer, sich von Praktiken zu trennen, bei denen es ganz eindeutig um Macht geht – wo die elterliche Liebe als Instrument eingesetzt wird, um die Kinder zum Gehorsam zu bewegen. Die Verwendung von Strafen (einschließlich Auszeiten und anderer Formen von Liebesentzug) und Belohnungen (einschließlich positiver Verstärkung) macht es sehr viel unwahrscheinlicher, dass sich Kinder bedingungslos geliebt fühlen.

Und doch kann es aus den in Kapitel 6 umrissenen Gründen furchtbar schwer sein, diese Gewohnheiten aufzugeben. Wie ehemalige Raucher, die sich ständig beherrschen müssen, um nicht wieder eine Zigarette anzuzünden, sind wir noch immer empfänglich für die Anziehungskraft eines an Bedingungen geknüpften Erziehungsstils und die offensichtliche

Bequemlichkeit von Bestechungen und Drohungen. Sogar die diversen Prämissen des Behaviorismus, die diesen Methoden zugrunde liegen, können verführerisch sein. Dann und wann frage ich mich unwillkürlich, ob meine Kinder den Ausdruck meiner bedingungslosen Liebe zu ihnen womöglich als Belohnung für ihr Fehlverhalten ansehen könnten.

Natürlich weiß ich es besser. Wie bereits erwähnt, hat meine eigene Erfahrung bestätigt, was ich aus der Beobachtung exemplarischer Eltern gefolgert habe: *Strafen und Belohnungen sind nie ratsam und nie notwendig.* Doch bevor sie das einräumen, fragen viele Leute: „Was ist die Alternative?" So eine Frage ist komplizierter, als es scheint, denn es gibt keine bestimmte Methode, die als Ersatz für Strafen und Belohnungen dient. Was ich vorschlage, ist eine völlig andere Dynamik zwischen Eltern und Kind zu schaffen. Mit anderen Worten, die „Alternative" besteht nicht aus einer bestimmten Methode, sondern aus all dem, was in der zweiten Hälfte dieses Buches erläutert wird.

Wie Sie vielleicht bemerkt haben, enthalten viele Erziehungsratgeber Vorschläge, wie man Strafen und Belohnungen wirksamer einsetzen kann – mit dem Ziel, die Kinder zum Nachgeben zu bewegen. Neulich musste ich im Supermarkt daran denken, als ich hörte, wie eine Mutter ihr Kind anfauchte: „Wenn du je wieder ins Geschäft mitkommen willst, *beruhige dich!"* (Natürlich war ihr Ton dabei alles andere als ruhig.) Mir kam der Gedanke, dass ein typischer Erziehungsexperte nun mit gewissem Recht darauf hinweisen würde, dass diese Drohung dumm war. Erstens ist die Aussicht, nicht wieder in den Supermarkt mitgeschleppt zu werden, für die meisten Kinder nicht gerade entsetzlich. Und selbst wenn dem so wäre, ist es praktisch ausgeschlossen, dass die Mutter sich daran hält und ihrem Kind für immer den Zutritt zu dem Geschäft verwehrt. Besonders Kinder, die noch zu jung sind, um alleine zu Hause zu bleiben, muss man manchmal mitnehmen, ob man will oder nicht. Daher lautet der Rat der Experten: Sprechen Sie nur Drohungen aus, die Sie tatsächlich wahrmachen können.

Doch Eltern das zu sagen ist so ähnlich, als warnte man Kinder, sie sollten nicht verkünden, dass sie einen Klassenkameraden nach der Schule zusammenschlagen werden, wenn sie sich nicht ganz sicher sind, dass sie die Schlägerei gewinnen. Mit anderen Worten, man richtet den Blick nur darauf, wie man besser darin werden kann, etwas moralisch nicht Einwandfreies (und Kontraproduktives) zu tun, statt auf die Frage, ob man es überhaupt tun sollte. Eltern, die einen bedingungslosen Erziehungsansatz verfolgen, wollen wissen, wie sie etwas *anderes* tun können, als zu drohen und zu strafen. Sie sehen ihre Beziehung zu ihren Kindern nicht als von Gegnerschaft geprägt, daher streben sie an, Kämpfe zu *vermeiden* statt zu gewinnen. Das Verwenden von Strafen macht es viel schwerer, dieses Ziel zu erreichen, und der Rat, wie man wirksamer strafen könnte, macht es schwerer, das zu verstehen.

Denken Sie einmal an die Art von Strafen, die als Liebesentzug bezeichnet werden können. Indem man ein Kind, das etwas Unangemessenes tut, ignoriert, es mit Missachtung straft, wendet man eine Methode des zeitweiligen emotionalen Verlassens an. Es ist, als löschten wir die Existenz des Kindes aus, solange es uns missfällt. Diese Methode beruht auf der behavioristischen Annahme, unsere Aufmerksamkeit sei nichts als ein „Verstärker", und wenn die Aufmerksamkeit ausbleibe, werde das Kind mit dem, was es tut, aufhören. Das ist eine unglaublich simplistische Analyse der Gründe für kindliches Verhalten, ohne Berücksichtigung der zugrunde liegenden Bedürfnisse, die dabei eine Rolle spielen, ganz zu schweigen von den Folgen für unsere Beziehung.

Der verstorbene Psychologe Herbert Lovett bemerkte einmal, wenn wir Kinder, die sich schlecht benähmen, ignorierten, sagten wir damit zu ihnen: „Wir wissen nicht, warum du das tust, und es interessiert uns auch nicht." Eine derartige Reaktion durch die Behauptung zu rechtfertigen, Kinder, die Theater machten, täten dies nur, „um Aufmerksamkeit zu bekommen", scheint laut Lovett zu implizieren, „wahrgenommen zu werden, sei ein mysteriöses oder dummes Bedürfnis". Es ist so ähnlich, als machte sich jemand darüber lustig, dass Sie mit Ihren Freunden essen gehen, und erklärte, Sie täten das nur wegen Ihres „Bedürfnisses nach Gesellschaft"[5].

Natürlich kann es vorkommen, dass ein Kind eine Bitte dauernd wiederholt. Sie erklären, warum es direkt vor dem Abendessen kein Stück Schokoladenkuchen bekommen kann; Sie lächeln verständnisvoll und geben zu, dass es schwer ist, etwas so Köstlichem zu widerstehen. Ihr Kind bittet wieder darum und wieder erklären Sie, warum Sie nein sagen. Bei der x-ten Verkündigung der Neuigkeit, dass es jetzt ganz, ganz unbedingt ein Stück Schokoladenkuchen haben will, merken Sie, wie

Ihnen die Geduld ausgeht. Sie weisen ruhig darauf hin, dass es nichts bringt, noch mal darum zu bitten, und Sie schlagen eine interessante Beschäftigung für Ihr Kind bis zum Abendessen vor. Doch wenn die Bitten um Schokoladenkuchen auch dann nicht aufhören, ist es meiner Ansicht nach in Ordnung, nicht mehr darauf zu antworten. Der Grund ist jedoch nicht der, dass Sie das Kind zum Schweigen bringen wollen (oder, in der seelenlosen Sprache der Behavioristen, „das Verhalten auslöschen" wollen). Vielmehr haben Sie einfach deswegen aufgehört zu antworten, weil es nicht mehr viel gibt, was Sie sagen können. Und Sie tun es so liebevoll, wie Sie können, angesichts der Tatsache, dass Sie beschäftigt sind und die Nase voll haben. Sie tun nicht so, als sei Ihr Kind nicht da; Sie machen deutlich, dass Sie es hören und wahrnehmen und sich für es interessieren. Vielleicht fühlt sich Ihr Kind trotzdem frustriert, aber im Idealfall wird es sich nicht ungeliebt fühlen.

Oder nehmen wir die andere verbreitete Form des Liebesentzugs, die man als Auszeit bezeichnet. Es geht nicht darum, sie zu verbessern oder sie geschickter einzusetzen; die Frage ist nicht, wie lange oder wo oder für welches Vergehen wir das Kind isolieren sollen. Vielmehr geht es darum, welche Strategien wir benutzen können, statt zu strafen. Wie bereits erwähnt, kann es durchaus hilfreich sein, einem Kind die Möglichkeit zu bieten, sich an einen angenehmen und beruhigenden Ort zurückzuziehen, wenn es durchdreht. Über diese Option sollte im Voraus gesprochen werden, auch, um deutlich zu machen, dass das Kind nicht gegen seinen Willen eingesperrt oder isoliert werden soll. Es entscheidet selbst, ob es in einem ruhigen Raum Luft holen und vielleicht etwas Dampf ablassen will, ohne Angst haben zu müssen, jemanden zu stören, und ob es vielleicht ein paar Minuten mit einem seiner Lieblingsbücher verbringen will. In einem Moment der Krise kann die Mutter oder der Vater das Kind sanft fragen, ob es das Bedürfnis danach hat. Doch selbst dieser Vorschlag sollte eher der zweite Schritt sein. Der erste besteht darin, zu fragen, was los ist, das Kind daran zu erinnern, dass sein Tun Auswirkungen auf andere hat, und zu erklären, warum manche Verhaltensweisen einfach nicht akzeptabel sind, gemeinsam nach Lösungen zu suchen und so weiter.

Und was ist, wenn die Umstände eine solche Diskussion im Augenblick unmöglich machen? Oder wenn das Kind so außer sich ist, dass man ihm einfach nicht erlauben kann, zu bleiben, wo es ist, es jedoch Ihren Vorschlag ablehnt, etwas Zeit alleine zu verbringen? In dem Fall besteht der letzte Ausweg darin, das Kind sanft aus der Situation und vom Ort des Problems zu entfernen – *aber nicht von Ihnen.* („Lass uns im Wohnzimmer kuscheln gehen.") Ein solches Eingreifen kann allerdings bedeuten, dem Kind Ihren Willen aufzudrängen, es zu etwas zu bewegen, was es eigentlich nicht möchte. Daher sollten Sie dies auf Ausnahmefälle beschränken. Doch achten Sie auch dann darauf, es so zu tun, dass Sie Ihre Liebe, Ihre Aufmerksamkeit und Ihre Gegenwart nicht vorenthalten.

Auch sollte ich darauf hinweisen, dass es in Ordnung ist, wenn *die Mutter oder der Vater* sich eine Auszeit nimmt. Wenn uns die Geduld ausgeht, wenn wir fürchten, etwas zu tun oder zu sagen, was wir bereuen werden, ist es sinnvoll, uns zu entschuldigen, um uns etwas abkühlen zu gehen. Natürlich sollten wir deutlich machen, dass wir das tun, weil *wir* uns beruhigen müssen, nicht, weil wir uns vom Kind zurückziehen wollen oder von ihm verlangen, sich unser Wohlwollen wieder zu verdienen.

Jenseits von Bestechungen

Was ist mit der anderen Version eines an Bedingungen geknüpften Erziehungsstils, die darin besteht, Kindern das, was sie brauchen (oder was ihnen einfach Freude macht) nur dann zu geben, wenn sie uns gehorcht oder zufriedengestellt haben? Die Alternative ist, ihnen ganz ohne Grund etwas zu geben, ab und zu ein besonderes Vergnügen oder Geschenk anzubieten – eine schöne Unternehmung, ein Buch oder ein Spielzeug –, einfach weil Sie sie lieben. Im Grunde ist es ziemlich beunruhigend, wenn man sich darüber klar wird, wie *lieblos* es sein kann, Kindern etwas als Belohnung dafür zu geben, dass sie getan haben, was wir wollten. Wenn wir allzu viele Dinge vom Verhalten eines Kindes abhängig machen, wird unsere Liebe selbst als abhängig von bestimmten Bedingungen wahrgenommen.

Natürlich werden Geschenke oft aus Gründen gemacht, die alles andere als ideal sind. So kaufen manche Eltern ihren Kindern Dinge, weil sie nicht genügend Zeit mit ihnen verbringen und deshalb ein schlechtes Gewissen haben. Und man kann es mit dem Schenken auch übertreiben. Wir wollen unsere Kinder nicht mit Kram überhäufen, vor allem, wenn ihre Zimmer schon so voll sind, dass sie fast platzen.[6]

Doch hier geht es mir darum, dass wir, wenn wir ihnen etwas geben, keine Bedingungen daran knüpfen sollen. Ein Geschenk sollte nie als Anreiz eingesetzt werden, um gutes Benehmen, gute Noten oder sonst etwas zu erreichen. Einmal hatte ich Karten für eine Kindertheateraufführung von *Der Zauberer von Oz* gekauft, denn meine Tochter war ganz versessen auf das Stück. Am Tag vor der Aufführung bekam sie wegen irgendetwas einen Wutanfall und ich musste gegen den Impuls ankämpfen, ihr anzudrohen, wir würden nicht zu dem Stück gehen, wenn sich ihr Verhalten nicht besserte. Ich machte mir klar, dass ich, wenn ich dieser Versuchung nachgäbe, die Unternehmung als Instrument der Kontrolle statt als Ausdruck von Liebe benutzen würde. Wir können nicht beides haben.

Zwar mag es möglich sein, Kinder mit zu vielen Dingen zu verwöhnen, jedoch ist es nicht möglich, sie mit zu viel (bedingungsloser) Liebe zu verwöhnen. Wie ein Autor es formulierte, besteht das Problem bei Kindern, die wir als verwöhnt bezeichnen würden, darin, dass sie „zu viel von dem bekommen, wozu sie Lust haben, und zu wenig von dem, was sie brauchen"[7]. Schenken Sie ihnen also ohne Einschränkung, ohne Vorbehalte und ohne Ausreden Zuwendung (die sie brauchen). Geben Sie ihnen so viel Aufmerksamkeit, wie Sie können, unabhängig von der Stimmung oder den Umständen. Machen Sie ihnen klar, dass Sie froh sind, mit ihnen zusammen zu sein, dass sie Ihnen wichtig sind, egal, was auch geschieht. Diese Grundhaltung ist, wie erwähnt, etwas völlig anderes als Lob, das nur als Reaktion auf etwas, was ein Kind tut, ausgeteilt wird.

Das heißt nicht, dass die Gefühle, die unsere Kinder in uns hervorrufen, vollkommen gleichmäßig und konstant sein müssten. Wie könnten sie auch? Kinder machen uns Freude, machen uns wütend und verwirren uns. Sie treiben uns Tränen in die Augen, einfach weil sie so hinreißend oder verletzlich oder auf einmal so erwachsen sind. Sie bringen uns auch zum Weinen, weil wir uns so über sie ärgern. Vielleicht erleben wir im Hinblick auf sie sogar zwei widersprüchliche Gefühle gleichzeitig. Und viel von dem, was wir empfinden, wird uns am Gesicht und an der Stimme anzumerken sein. Wir sind nicht immer begeistert, und unsere Kinder wissen das. Daher ist es so wichtig, dass wir uns bemühen, auf vielerlei Weise zum Ausdruck zu bringen, dass *unser grundsätzliches Ja zu ihnen eine Tatsache,* ein felsenfester Kern unter dem ist, was wir heute gerade empfinden und was sie heute gerade tun.

Auch sage ich nicht, man dürfe nicht stolz auf eine bestimmte Leistung sein. Doch merkwürdigerweise sind bedingungslos liebende Eltern ebenso stolz, wenn ihr Kind nicht erfolgreich ist. Es fiel mir schwer, dieses Paradox zu verstehen, bevor ich eigene Kinder hatte, und ich finde es noch immer schwer zu erklären. Sie können sich besonders darüber freuen, wenn Ihr Kind etwas Beeindruckendes tut, doch wiederum nicht auf eine Weise, die andeutet, Ihre Liebe hinge von solchen Ereignissen ab. Wenn Sie dieses Gleichgewicht wahren, sinkt die Wahrscheinlichkeit, dass Ihre Kinder das Gefühl haben, nur etwas wert zu sein, wenn sie Erfolg haben. Sie werden in der Lage sein, zu versagen, ohne daraus zu schließen, sie selbst seien Versager.

Die destruktivste Form von Lob ist die, deren explizites Ziel es ist, das, was das Kind tut, zu verstärken. Wenn uns geraten wird, „Kinder zu ertappen, wenn sie sich gut (sprich: gehorsam) benehmen", und ihnen dann einen verbalen Hundekuchen zu geben, ist das ein gezielter Versuch, sie mit einer an Bedingungen geknüpften Liebe zu manipulieren. Doch was ist, wenn unser Lob nur ein spontaner Ausdruck von Freude über etwas, was unsere Kinder getan haben, ist, ohne jeglichen Versuch, ein bestimmtes Verhalten zu „verstärken"?

Das ist unbestreitbar ein großer Fortschritt im Hinblick auf unsere Motive. Doch wieder geht es nicht um die Botschaft, die Sie gesendet haben – oder den Grund, weshalb Sie sie gesendet haben. Es geht um die Botschaft, die beim Kind angekommen ist. Was an einem positiven Urteil am bemerkenswertesten ist, ist nicht die Tatsache, dass es positiv ist. (Wenn dem so wäre, müsste die einzige echte Alternative zu Lob wohl Kritik sein.) Nein, am bemerkenswertesten ist, dass es ein Urteil ist. Warum empfinden wir das Bedürfnis, das, was unsere Kinder tun, dauernd zu bewerten und, wenn es uns gefällt, mit „gut gemacht" zu kommentieren? Aus diesem Blickwinkel wird deutlich, dass wir uns um eine Möglichkeit bemühen sollten, etwas Positives auszudrücken, ohne dies als Urteil zu formulieren.

Die gute Nachricht lautet: Es ist nicht nötig, Kinder zu bewerten, um sie zu ermutigen. Loben ist auch deshalb so verbreitet, weil nicht zwischen diesen beiden Dingen unterschieden wird. Dem, was Kinder tun, einfach Aufmerksamkeit zu schenken und Interesse daran zu zeigen ist eine Form von Ermutigung. Ja, es ist wichtiger als das, was wir sagen, nachdem Kinder etwas Großartiges getan haben. *Wenn bedingungslose Liebe und ehrlicher Enthusiasmus stets vorhanden sind, ist die Bemerkung „Gut gemacht!" nicht notwendig; wenn sie fehlen, hilft „Gut gemacht!" auch nicht.*

Doch falls Sie sich noch fragen, was Sie sagen können – es gibt einige Möglichkeiten, die gut zu einem bedingungslosen Erziehungsstil passen. (In der Tabelle auf S. 182 finden Sie Beispiele.) Eine Möglichkeit besteht darin, gar nichts zu sagen. Manche Leute bestehen darauf, wir müssten Kinder loben, wenn sie etwas Sinnvolles tun, weil diese Leute insgeheim oder unbewusst glauben, das, was die Kinder getan hätten, sei nur ein Zufallstreffer. Wenn Kinder von Natur aus schlecht sind, muss man ihnen einen künstlichen Grund geben, nett zu sein (das heißt, ihnen eine verbale Belohnung zukommen lassen); denn andernfalls wird sich das Geschehen nicht wiederholen. Falls diese zynische Annahme jedoch unbegründet ist, ist Lob nicht notwendig.

Anfangs kann es einem seltsam vorkommen, sich zurückzuhalten, wenn man es gewohnt ist, ständig solche Urteile von sich zu geben. („Gut gemalt!" „gut getrunken!" „gut gesabbert!"). Es mag Ihnen scheinen, als unterstützten Sie Ihr Kind nicht genug. Doch durch die Beobachtung vieler Eltern, mich selbst eingeschlossen, bin ich zu der Überzeugung gelangt, dass Lob weniger damit zu tun hat, was Kinder hören wollen, als mit dem, was wir sagen wollen. Und immer, wenn dem so ist, sollten wir das, was wir bisher getan haben, überdenken.

Wenn wir das Gefühl haben, es wäre angebracht, etwas zu sagen, können wir einfach schildern, was wir gesehen haben, und dem Kind die Entscheidung überlassen, was es darüber denkt (statt ihm zu sagen, was es denken soll). Eine einfache, urteilsfreie Aussage genügt, um Ihrem Kind mitzuteilen, dass Sie bemerkt haben, was es getan hat. Sie ermöglicht ihm auch, darauf stolz zu sein. Als es meiner Tochter in ihrem zweiten Lebensjahr endlich gelang, aus eigenem Antrieb die Treppe hinaufzukommen, freute ich mich natürlich sehr, hatte jedoch nicht das Bedürfnis, sie meinem Urteil zu unterwerfen. Ich sagte einfach: „Du hast es geschafft", damit sie wusste, dass ich es gesehen hatte und mich dafür interessierte, aber auch, damit sie auf sich selbst stolz sein konnte.

In anderen Situationen mag eine ausführlichere Beschreibung sinnvoll sein, doch auch diese braucht kein Urteil zu enthalten. Sie können einfach ein Feedback darüber geben, was Sie beobachtet haben. Wenn ein Kind etwas Fürsorgliches oder Großzügiges getan hat, können Sie es sanft darauf aufmerksam machen, welche Auswirkungen sein Handeln *auf den anderen* hat. Das ist etwas ganz anderes als Loben, wo der Schwerpunkt darauf liegt, was *Sie* von seinem Tun halten.

Besser als Beschreibungen sind oft Fragen. Warum sollten Sie Ihrem Kind sagen, was Sie über das, was es getan hat, denken, wenn Sie es fragen können, was es selbst denkt? Dies fördert sinnvolle Reflexion darüber, warum eine Art zu handeln vielleicht besser als eine andere ist. Und Fragen, die Sie Ihrem Kind über etwas stellen, was es geschrieben, gezeichnet oder hergestellt hat, regen es an, darüber nachzudenken, was ihm gelungen ist und wie es das hinbekommen hat. Dies kann zu weiteren Fortschritten anregen und sein Interesse an der Aufgabe selbst verstärken. Denken Sie daran, dass Lob Forschungen zufolge genau den gegenteiligen Effekt haben kann, indem es die Aufmerksamkeit des Kindes von der Aufgabe weglenkt und nur auf Ihre Reaktion richtet.

Vor kurzem war ich bei einem von der örtlichen Bücherei finanzierten Bastelnachmittag, bei dem Kinder Schneeflocken aus Pfeifenreinigern und Perlen herstellen sollten. Ein etwa vier- oder fünfjähriger Junge, der neben mir saß, zeigte seiner Mutter, was er gemacht hatte, und sofort sprudelte sie los, wie wunderbar es sei. Da ich der einzige andere Erwachsene am Tisch war, hielt er danach auch mir seine Schneeflocke hin, damit ich sie gut sehen könnte. Statt ein Urteil abzugeben, fragte ich ihn, ob sie ihm gefalle. „Nicht so sehr", gab er zu. Ich fragte, warum – und er fing an zu erklären, wobei sein Ton auf echtes Interesse daran, andere Möglichkeiten, wie er die Materialien hätte benutzen können, schließen ließ. Eben diese ausführliche Reflexion wird im Keim erstickt, wenn wir unsere Kinder mit Lob überschütten. Meist hören sie auf, über das, was sie getan haben, nachzudenken und zu sprechen, sobald wir ein Urteil darüber verkündet haben.

STATT ZU SAGEN…	PROBIEREN SIE EINMAL…
„Es gefällt mir, wie du…"	nichts zu sagen (und nur Aufmerksamkeit zu schenken)
„Gut gemalt! Ich finde diese Bilder toll!"	das, was Sie sehen, zu beschreiben, statt zu bewerten: „Oh, an den Füßen der Menschen, die du gerade gemalt hast, ist was Neues. Sie haben Zehen."
„Du hilfst so toll mit!"	zu erklären, wie sich das Verhalten des Kindes auf andere Menschen auswirkt: „Du hast den Tisch gedeckt! Mensch, jetzt kann ich in Ruhe kochen und hab weniger Arbeit."
„Du hast einen tollen Aufsatz geschrieben."	zum Nachdenken anzuregen: „Wie bist du auf diese Idee gekommen, die Aufmerksamkeit des Lesers gleich am Anfang zu fesseln?"
„Gut geteilt, Michael."	zu fragen, statt zu bewerten: „Warum hast du beschlossen, Deirdre etwas von deinem Stück Schokoladenkuchen abzugeben, obwohl du es nicht musstest?"

Bei allen vorgeschlagenen Reaktionen in der Tabelle wird der Eindruck vermieden, Ihre Anerkennung sei an Bedingungen geknüpft – wie ein herablassendes Tätscheln des Kopfes für das Erfüllen *Ihrer* Erwartungen. Doch gleichzeitig bieten sie die Wertschätzung, Ermutigung und Aufmerksamkeit, die Kinder brauchen. (Allein dadurch, dass man nichts sagt, erreicht man diese Ziele natürlich nicht, aber im Idealfall bieten wir unseren Kindern ständig all diese Dinge.)

Folgender Strategie stehe ich mit gemischten Gefühlen gegenüber: Wenn unser konkretes Ziel darin besteht, unseren Kindern zu helfen, großzügige Menschen zu werden, sollen wir ihnen laut dem Vorschlag eines Forschers einen Hang zur Großzügigkeit zuschreiben. Das, was jemand über sich selbst denkt, beeinflusst sein Handeln, und daher sollen wir Kinder davon überzeugen, Großzügigkeit sei bereits ihr Motiv. Wir wollen, dass sie sich selbst als fürsorgliche Menschen ansehen und nicht als solche, die nur dann etwas Nettes tun, wenn sie selbst einen Nutzen davon haben. Eine Studie hat gezeigt, dass bei Kindern, die einen Erwachsenen nachgeahmt hatten, der sich großzügig verhalten hatte, diejenigen, denen gesagt wurde, sie hätten so gehandelt, „weil du ein Mensch bist, der gerne anderen hilft", später großzügiger waren als die Kinder, die nur etwas abgegeben hatten, weil man es von ihnen erwartet hatte.[9]

Zwar ist diese Strategie zweifellos wirksamer als bloße positive Verstärkung, jedoch bin ich nicht sicher, ob sie weniger manipulativ ist. Auf diese Weise reagieren wir nicht authentisch und spontan auf das, was ein Kind getan hat, sondern sagen gezielt etwas (was stimmen mag oder nicht), um eine bestimmte Wirkung zu erreichen. Dennoch lohnt es sich, das Grundprinzip ernst zu nehmen: Statt Lob zu verwenden, das den Blick auf bestimmte Verhaltensweisen lenkt – und bei Kindern den Eindruck erwecken kann, sie würden nur unter bestimmten Bedingungen geliebt –, sollten wir ihnen helfen, darüber nachzudenken, wie sie sind und wie sie sein wollen.

Oft werde ich gefragt, ob dies alles bedeutet, wir sollten keine Komplimente mehr machen und nicht mehr danke sagen. Meine Antwort lautet: Es hängt von drei Dingen ab: warum wir es sagen, zu wem wir es sagen und welche Auswirkungen es hat.

Warum: Ist eine solche Bemerkung vor allem nett gemeint, damit sich der Betreffende gut fühlt („Was für ein hübsches Hemd!" „Ich freue mich wirklich, dass du mich besuchen kommst!")? Oder ist sie nur eine andere Form positiver Verstärkung, um das zukünftige Verhalten eines Menschen zu beeinflussen? Falls Letzteres der Fall ist, ändert es auch nicht viel, wenn man Lob zu einem Ausdruck der Dankbarkeit umformuliert.

Zu wem: „Danke" und sogar Kommentare, die sehr nach Lob klingen, machen mir viel weniger Sorge, wenn sie zwischen zwei gleichrangigen Erwachsenen ausgetauscht werden, besonders, wenn keiner von der Liebe oder Anerkennung des anderen abhängig ist. Wenn ich mich bei meiner Nachbarin dafür bedanke, dass sie mir ihr Auto geliehen hat, oder wenn ich einem Schriftstellerkollegen sage, wie gut mir sein Buch gefallen hat, geht es mir nicht darum, diese Menschen zu manipulieren, und selbst wenn das mein Ziel wäre, würde mir das wahrscheinlich nicht gelingen. Auch brauche ich mir keine Sorgen zu machen, die Bedingungslosigkeit meiner Liebe zu ihnen könnte Schaden nehmen, weil zwischen uns gar keine derartige Beziehung besteht. Doch wir müssen bei dem, was wir sagen (und wie und warum wir es sagen) viel mehr Sorgfalt aufwenden, wenn wir mit unseren Kindern sprechen.

Welche Auswirkungen: Auf dem Gebiet des Lobens gibt es viele Grauzonen, Fälle, bei denen nicht klar ist, ob eine Bemerkung schädlich oder harmlos ist. Mein Rat lautet, auf die Auswirkungen zu achten. Wenn Sie zu Ihren Kindern oft etwas sagen, was man als Lob auffassen könnte, achten Sie darauf, ob die Kinder solche Bemerkungen von Ihnen regelmäßig erwarten – und zu brauchen scheinen. Versuchen Sie herauszufinden, ob ihre intrinsische Motivation (ihr Engagement oder Interesse für etwas) infolge dieser Art von Äußerungen von Ihnen nachgelassen hat.

Kurz: Ich will nicht sagen, wir sollten aufhören, positive Dinge zu unseren Kindern zu sagen. Ich sage aber, wir sollten darauf achten, welche Bedeutung das, was wir sagen, eigentlich hat und wie es aufgefasst wird, statt nur zu versuchen, bestimmte Wörter zu benutzen oder zu vermeiden. Wenn Kinder den Eindruck haben, dass wir uns einfach gemeinsam mit ihnen über ihre Leistungen freuen, ist das in Ordnung. Falls sie jedoch den Eindruck haben, wir stülpten ihnen unsere Bewertungen über, so kann dies leicht ihr eigenes Gefühl dafür, wann und warum sie stolz auf sich sein können, verdrängen. Vielleicht beurteilen sie dann bald den Wert dessen, was sie tun, danach, ob es bei uns Anerkennung findet – oder später bei anderen Menschen, die für sie Autoritätspersonen sind.

Es ist nicht leicht, diesen an Bedingungen geknüpften Erziehungsstil hinter sich zu lassen. Statt abrupt damit aufzuhören, können Sie es mit einer Übergangszeit versuchen, während derer Sie weiterhin Bewertungen äußern, jedoch *auch* Beschreibungen und Fragen. Wenn Sie sich im Lauf der Zeit an diese neue Art zu reagieren gewöhnen, werden Sie vielleicht auch irgendwann in der Lage sein, sich von der Gewohnheit, stets mit einem Urteil anzufangen, zu trennen.

Allerdings sollten Sie mit Ihren Kindern darüber sprechen, was Sie tun und warum. Wenn sie es gewöhnt sind, für bestimmte Dinge ein „Gut gemacht!" zu erwarten, finden sie es wahrscheinlich irritierend, wenn das Lob plötzlich ausbleibt. Es kann sein, dass in ihren Augen das Ausbleiben eines positiven Urteils auf ein negatives Urteil hinausläuft. Machen Sie daher deutlich, dass Sie nicht weniger positiv, sondern bedingungslos positiv sein wollen – dass Sie Anerkennung und Zuneigung großzügig verschenken wollen, statt diese von bestimmten Verhaltensweisen, die Sie für wertvoll erachten, abhängig zu machen. (Und tun Sie dies daraufhin auch.)

Denken Sie auch an den Rat, weniger zu reden und mehr zu fragen, und fordern Sie Kinder, die alt genug sind, auf, zu sagen, wie *sie* es empfinden, wenn sie gelobt werden. Fragen Sie nicht nur, ob es ihnen gefällt. Fragen Sie, ob die Kinder den Eindruck haben, von diesen verbalen Belohnungen abhängig geworden zu sein. Oder wie ihre Ansicht zu dem ist, wofür sie gelobt werden. (Ist es weniger reizvoll, das zu tun, wenn niemand eine positive Verstärkung dafür bietet?) Oder welche Ideen sie vielleicht haben, wie Sie auf andere Weise Ermutigung bieten könnten.

Über Erfolg und Misserfolg

Viele Kinder haben den Eindruck, die Anerkennung ihrer Eltern beruhe nicht nur darauf, dass sie sich gut benehmen, sondern auch darauf, dass sie erfolgreich sind, wie in Kapitel 5 erläutert. Daher ist es wichtig für uns, darüber nachzudenken, ob eine solche Dynamik in unserer Familie vielleicht schon existiert. Wie mit den Augen eines Außenstehenden sollten wir beobachten, was wir zu unseren Kindern über die Bedeutung guter Leistungen auf verschiedenen Gebieten sagen, wie wir reagieren, wenn sie Erfolg und wenn sie Misserfolg haben, und was unsere Reaktionen bei ihnen bewirken. In manchen Fällen kann es sinnvoll sein, unsere Kinder ganz direkt zu fragen: „Hast du manchmal das Gefühl, ich würde dich mehr lieben, wenn du gute Noten bekommst [oder im Sport gute Leistungen erbringst oder sonst etwas tust, mit dem ich bei meinen Freunden angeben kann], als wenn du das nicht tust?" Natürlich kann diese Frage nur dann von Nutzen sein, wenn unsere Kinder glauben, uns gegenüber vollkommen ehrlich sein zu können, was unter anderem heißt, dass sie wissen, dass wir in der Lage sind, uns anzuhören, was sie sagen, ohne abwehrend oder wütend zu reagieren.

In vielen Familien ist es nicht nur ein Problem, wie deutlich man merkt, dass die Liebe an Bedingungen geknüpft ist, sondern auch wie viel Wert auf gute Leistungen gelegt wird. In ein paar Jahren wird sich niemand mehr dafür interessieren (und vielleicht nicht einmal daran erinnern), wer das Baseballspiel gewonnen oder welche Note Ihr Kind in Mathe bekommen hat. Doch die psychischen Auswirkungen des Gefühls, dass sich Ihr Kind Ihre Zuneigung verdienen musste, werden wahrscheinlich fortbestehen und an ihm nagen. Wir sollten uns damit auseinandersetzen, was wir tun und warum wir es tun. Wir sollten in den Spiegel sehen und uns fragen, ob es möglich ist, dass wir unsere Kinder zu sehr drängen – und ob uns ihre Leistungen deshalb so wichtig sind, weil sie ein gutes oder schlechtes Licht auf uns werfen. Selbst Eltern, die der Aussage „Ich will nur, dass mein Kind glücklich ist" sofort zustimmen, erwecken durch ihr Verhalten manchmal einen ganz anderen Eindruck.

Die meisten von uns kennen Menschen, die im üblichen Sinn des Wortes erfolgreich sind (oder waren), jedoch, offen gesagt, ein schrecklich unglückliches Leben führen. Vielleicht kennen wir auch Leute, die früher immer den Eindruck erweckten, sie würden es nie zu etwas bringen, und dann alle überrascht haben. Viele brillante und gebildete Erwachsene waren mittelmäßige Schüler, während auf der anderen Seite viele aufsteigende Stars irgendwann ausgebrannt sind. Ein Forscher, der die Karrieren von High-School-Jahrgangsbesten über fünfzehn Jahre lang verfolgt hatte, kam zu dem Schluss, dass die meisten von ihnen einfach „wissen, wie man in der Schule erfolgreich ist. Diese Gruppe von Menschen zeichnet sich aber nicht unbedingt durch herausragende kreative Leistungen oder dadurch aus, dass viele von ihnen auf einem bestimmten Gebiet zu namhaften Führungspersönlichkeiten würden."[10] Und selbst wenn sie namhafte Führungspersönlichkeiten werden, empfinden sie vielleicht Groll gegenüber den Eltern, die ihnen nur dann Aufmerksamkeit zu schenken schienen, wenn sie es zu etwas brachten.

Kurz: Menschen, deren Glück von Zeugnissen abhängt, sind nicht immer glücklich. Wir müssen unsere Kinder warnen, welche Auswirkungen

es haben kann, wenn man süchtig nach Einsen und Geldsch‹
Trophäen wird, und dürfen diese Sucht nicht noch fördern. ‹
ihren – und unseren – Blick auf die Dinge richten, die wirk...
tig sind. Das heißt, wir sollten unsere Beziehung zu ihnen stärken und
deutlich machen, dass unsere Liebe absolut nichts mit ihren Leistungen
zu tun hat. Wir sollten überdenken, wie wir auf die tausend kleinen Tri-
umphe und Rückschläge der Kindheit reagieren.

Zwei Schlussfolgerungen kommen mir in den Sinn: Erstens brauchen
Kinder ganz besonders dann unsere Liebe – und nicht unsere Enttäuschung –, wenn sie etwas nicht schaffen und das Gefühl haben, unfähig
zu sein. Zweitens ist die Gefahr ebenso groß, falls wir, wenn sie erfolgreich
sind, sie so mit positiver Verstärkung überhäufen, dass der Eindruck entsteht, unsere Liebe beruhe darauf, was sie getan haben, und nicht darauf,
wer sie sind – und sie sollten so weitermachen… denn sonst…

Wie wichtig es uns auch sein mag, unsere Kinder zu hervorragenden
Leistungen anzuregen, in jedem Fall sollten wir daran denken, dass Menschen, die besonders nachdenklich und kreativ sind, meist diejenigen
sind, denen das, was sie tun, Spaß macht. In der Regel ist Interesse die
Grundlage herausragender Leistungen – und damit meine ich Interesse
an der Aufgabe selbst, nicht Interesse daran, erfolgreich oder besser als
andere zu sein.

Eine beträchtliche Anzahl von Forschungsergebnissen lässt darauf
schließen, dass Kinder, wenn sie gedrängt werden, sich vor allem darum zu kümmern, *wie gut* ihre Leistungen sind, oft weniger Freude
daran haben, *was* sie tun.[11] Dies ist schon für sich genommen traurig
und führt oft zu erheblichem Stress, doch paradoxerweise hindert es sie
auch daran, ihr Bestes zu geben. Wenn Schüler dazu bewegt werden,
sich Sorgen über die Qualität ihrer Leistung zu machen, („Wie gut
ist dieses Projekt? Bin ich den Anforderungen gerecht geworden? Wie
sehr habe ich mich verbessert?"), wird Lernen meist als unangenehme
Pflicht statt als etwas Aufregendes wahrgenommen. Nun ist es nichts
mehr, was sie herausfinden wollen, sondern nur noch etwas, in dem sie
besser werden müssen.

Statt Druck auszuüben, sollten wir daher Unterstützung bieten: sanf-
te Anleitung, Ermutigung, Vertrauen in die wachsende Kompetenz der
Kinder und Hilfe, wenn dies notwendig erscheint. Statt Aktivitäten, bei

denen der Wettbewerb im Mittelpunkt steht, sollten wir Gelegenheiten bieten, Spaß zu haben und zu lernen, bei denen es nicht erforderlich ist, jemand anderen zu besiegen.

Statt den Blick nur auf schulische Leistungen zu richten, sollten wir reges Interesse an dem zeigen, was das Kind lernt. „Was meinst du, warum die Dinosaurier ausgestorben sind?" ist eine Frage, die die intellektuelle Entwicklung anregt – „Warum hast du in der Arbeit nur eine Zwei minus?" ist es nicht. Wenn ein Kind einen Aufsatz geschrieben hat, ist es sinnvoll, sich auf den Inhalt (und auf den Prozess der Entstehung) zu konzentrieren und nicht darauf, ob er gut genug ist. Eltern können beispielsweise fragen: „Wie hast du die Entscheidung getroffen, worüber du schreiben solltest? Was hast du durch deine Nachforschungen erfahren? Warum hast du diesen wichtigen Punkt bis zum Schluss aufgehoben? Hat sich deine Meinung über das Thema geändert, nachdem du mit dem Schreiben angefangen hast?"

Man kann einem Kind am wirksamsten (und am ehesten ohne Schaden anzurichten) zum Erfolg verhelfen – ganz gleich, ob es um Schreiben oder Skifahren, Trompetespielen oder um ein Computerspiel geht –, indem man alles in seiner Macht Stehende tut, um die Liebe des Kindes zu dem, was es tut, zu fördern, und indem man weniger darauf achtet, wie erfolgreich es ist (oder wahrscheinlich sein wird), und mehr Interesse für die Aufgabe selbst zeigt. Anders ausgedrückt: Wir sollten mehr ermutigen, weniger urteilen und immer lieben.

Lehrer und Eltern zusammen

Es gibt zwar außergewöhnliche Lehrer (wie die auf S. 172), die Schülern die bedingungslose Unterstützung zukommen lassen, die sie brauchen, jedoch ist es traurige Realität, dass viele Lehrer nicht darauf eingestellt sind – und auch nicht darauf, die im vorigen Kapitel erläuterten Grundsätze zu respektieren. In Schulen wird oft mit diversen Strafen und Belohnungen gearbeitet, mit ausgefeilten Verhaltensmanagementsystemen, mit „Anerkennung" für gehorsame und Sanktionen für ungehorsame Schüler. Man hilft Kindern nicht dabei, engagierte Mitglieder einer Gemeinschaft zu werden, moralische Entscheidungen zu treffen oder kritisch nachzudenken, wenn man sie nur dazu anhält, Vorschriften zu befolgen. Im schlimmsten Fall tritt die Förderung des Lernens gegenüber der Erzwingung von Ordnung in den Hintergrund. Eine solche Umgebung ist nicht gesund für Kinder oder andere Lebewesen.

Oft höre ich von Eltern, sie bemühten sich, zu Hause eine Atmosphäre zu schaffen, in der mit den Kindern gemeinsam Lösungen gefunden werden können –, müssten aber irgendwann feststellen, dass sie ihre Kinder jeden Morgen in Schulen schicken, in denen Kinder als Objekte behandelt würden. (Natürlich höre ich auch von frustrierten Lehrern, die ein Spiegelbild dieser Situation beschreiben: „Wir halten demokratische Treffen in der Klasse ab, um Probleme gemeinsam zu lösen – und dann gehen die Kinder nach Hause und werden dort mit Sternchentabellen und Auszeiten manipuliert!") Es liegt auf der Hand, dass es ideal ist, wenn Eltern *und* Lehrer Kindern dabei helfen, gute Menschen zu werden – und noch besser, wenn sie sich gegenseitig bei ihren Bemühungen aktiv unterstützen.

Der erste Schritt für Eltern: Achten Sie darauf, was in der Schule Ihres Kindes geschieht.

- Ist sie ein Ort, wo es vor allem darum geht, die Bedürfnisse der Kinder zu erfüllen – oder Folgsamkeit zu erreichen?
- Werden störende Verhaltensweisen als Probleme, die gelöst werden müssen, oder als Vergehen, die bestraft werden müssen, angesehen?
- Sehen es die Lehrer als ihre Aufgabe an, Kindern zu helfen, gute Entscheidungen treffen zu lernen – oder bestehen sie darauf, fast alle Entscheidungen selbst zu treffen?
- Werden die Schüler zur Zusammenarbeit angeregt oder sollen die meisten Aufgaben alleine (oder sogar in Konkurrenz zu den anderen Schülern) erledigt werden?
- Wenn *Sie* auf diese Schule gingen oder in dieser Klasse säßen, würden Sie sich bedingungslos angenommen fühlen? Wären Sie gerne da?

Wenn Ihnen nicht gefällt, was Sie sehen und hören, brauchen Sie alle diplomatischen Fähigkeiten, die Sie aufbringen können, um den Lehrer oder die Lehrerin Ihres Kindes dazu anzuregen, einige seiner oder ihrer

Praktiken zu überdenken. Vielleicht lässt sich dies erreichen, indem man den Aspekt der langfristigen Ziele anspricht. Schließlich heißen Lehrer in der Regel ähnliche Ziele gut wie Eltern; sie wünschen sich, dass ihre Schüler verantwortungsbewusst, mitfühlend und neugierig sind, moralisch handeln, lebenslang lernen und so weiter. Sie können sich auf die Ziele für Kinder konzentrieren, die Sie und der Lehrer gemeinsam haben, und dann behutsam die Möglichkeit ansprechen, ob es nicht bessere Möglichkeiten zum Erreichen dieser Ziele geben könnte als herkömmliche Erziehungsmethoden, die Kindern selten helfen, verantwortungsbewusste Entscheidungträger zu werden.

Sie sollten darauf vorbereitet sein, dem Lehrer Ihres Kindes Artikel, Bücher oder Videos zu empfehlen, die Hilfe beim Schaffen einer Unterrichtsatmosphäre bieten, in der gemeinsam Lösungen erarbeitet werden.[12] Stellen Sie Recherchen an, damit Sie berichten können, wie Kollegen des Lehrers Fortschritte darin gemacht haben. Sie können entweder Klassen vorschlagen, die er besuchen (und Lehrer, mit denen er reden) könnte, oder schriftliche Materialien empfehlen, in denen über Erfolgsgeschichten aus realen Schulen berichtet wird. Es kann für Sie und den Lehrer beruhigend sein, zu erkennen, dass Schulen keine Orte sein müssen, an denen Kinder als Objekte behandelt werden. Ja, es gibt viele Schulen, die gezeigt haben, wie man eine respektvolle und attraktive Lernumgebung ohne Zuckerbrot und Peitsche schaffen kann.

Falls der Lehrer nicht aufgeschlossen für Feedback oder Ratschläge ist, wie respektvoll sie auch gegeben werden, müssen Sie entscheiden, ob die Situation so belastend ist, dass sich das Risiko lohnt, etwas zu unternehmen. Und wie wahrscheinlich ist es, dass Sie mit Ihren Bemühungen Erfolg haben werden? Ist das Problem hauptsächlich auf eine bestimmte Klasse beschränkt? Wenn ja, kann Ihr Kind vielleicht in eine andere wechseln. Die von Ihnen gewählte Strategie hängt möglicherweise davon ab, ob der Schulleiter (oder vielleicht ein Mitarbeiter beim zuständigen Schulamt) Verständnis für Ihren Blickwinkel hat oder zumindest mit sich reden lässt. Vielleicht finden Sie noch einige andere Eltern, die Ihre Sorgen teilen; je mehr Leute Einwände gegen eine Praxis oder Verfahrensweise vorbringen, umso geringer ist die Wahrscheinlichkeit, dass einfach über die Beschwerde hinweggegangen wird.

Während dieses ganzen Prozesses und vor allem, wenn Sie glauben, dass sich an der Situation so schnell nichts ändern wird, ist es wichtig, alles zu tun, was Sie können, um Ihr Kind zu schützen. Sie müssen den folgenden Drahtseilakt bewältigen: Einerseits wollen Sie nicht, dass Ihr Kind den Lehrer ignoriert oder sich ihm gegenüber respektlos verhält – obwohl sich der Lehrer vielleicht respektlos gegenüber den Kindern benimmt. Andererseits wollen Sie keine Handlungen gutheißen, die Sie für nicht hinnehmbar halten, und Sie wollen Ihrem Kind auch nicht den Eindruck vermitteln, Erwachsene hielten immer zusammen (und verbündeten sich gegen Kinder), selbst wenn sie keinen guten Grund dafür hätten. Ihre vorderste Pflicht besteht darin, Ihrem Kind gegenüber richtig zu handeln.

Was Sie sagen und wie Sie es sagen, wird natürlich davon abhängen, wie alt Ihr Kind ist und ob Sie das, was in seiner Schule passiert, lediglich für nicht ideal oder für absolut ungeheuerlich halten. Sehen Sie es als Ihr Ziel an, Ihrem Kind so etwas wie eine Schutzimpfung zu geben, ihm bedingungslose Liebe, Respekt, Vertrauen und das rechte Augenmaß zu bieten, um es vor den schlimmsten Auswirkungen einer übermäßig stark kontrollierenden Umgebung oder einer unangemessenen Autoritätsfigur zu schützen. Ermutigen Sie Ihr Kind, darüber nachzudenken, warum manche Erwachsene das Bedürfnis haben, Strafen und Belohnungen einzusetzen, was sie stattdessen hätten tun können und ob das Kind selbst auch hätte anders handeln können. Im Idealfall trägt das nicht nur dazu bei, die negativen Auswirkungen zweifelhafter Erziehungsmethoden abzudämpfen, sondern bietet Ihrem Kind auch die Chance, etwas zu lernen.

Denken Sie daran, dass Kinder auch aus der Beobachtung, wie wir auf Herausforderungen reagieren, lernen: Ob wir ihre Sorgen ernst nehmen (oder automatisch Partei für den Lehrer ergreifen) und ob wir das Kind an der Suche nach Lösungen beteiligen (oder ob wir versuchen, das Problem nur einseitig anzugehen). Auch merken Kinder, inwieweit wir Respekt für den Lehrer ausdrücken, selbst wenn wir unsere Ablehnung gegenüber einigen seiner Handlungen äußern, und inwieweit wir bereit sind, die Sichtweise des Lehrers oder Schulleiters zu diesen Dingen zu verstehen und anzuerkennen.

Weil Ihr Kind Sie beobachtet, weil es das Richtige ist und weil es mit größerer Wahrscheinlichkeit effektiv sein wird, sollten Sie dem Lehrer gegenüber klarstellen, dass Sie keine Gegnerschaft anstreben. Ihr Ziel ist es, zusammenzuarbeiten, die Bedürfnisse aller Beteiligten zu berücksichtigen – nicht nur die Ihres Kindes, sondern die aller Kinder und auch die der Erwachsenen. Gleichzeitig können Sie entschlossen Ihren Standpunkt vertreten, dass es nicht hinnehmbar ist, Kinder mit Bestechungen und Drohungen zu nötigen.

Möglicherweise bleibt es dabei, dass Ihr Kind zu Hause auf die eine und in der Schule auf eine andere Weise behandelt wird. Hier wird der Blick auf Gründe und Werte gerichtet, dort auf das Verhalten. Hier wird Ihr Kind angeregt, die Konsequenzen seines Verhaltens für andere zu bedenken, dort, die Konsequenzen für sich selbst zu bedenken. Hier wird es zum Nachdenken aufgefordert, dort, das zu tun, was ihm gesagt wird. Hier wird es als der Mensch geschätzt, der es ist, dort nur für das, was es tut. Uneinheitlichkeit kann für ein Kind verwirrend sein; ideal ist sie nie. Doch es ist besser, als wenn die Familie und die Schule harmonisch dabei zusammenarbeiten, Kindern etwas Schlechtes anzutun.

9 Mitspracherecht für Kinder

Neulich begann die Frau, die mir die Haare schnitt, von einem Problem zu erzählen, das sie mit ihrem Sohn hatte. Ich hatte kein Interesse daran, dass daraus eine ausführliche Beratung wurde, also riet ich ihr einfach, als sie mit ihrer Geschichte fertig war, sie könnte den Jungen auffordern, selbst einige Lösungsmöglichkeiten vorzuschlagen. Zu meiner Überraschung fand sie diese Idee so aufregend, dass ich mir bald Sorgen machte, ob sie mir vielleicht aus Versehen ein Stück vom Ohr abschneiden würde.

Eigentlich ist der Gedanke ja nicht so wahnsinnig originell, dass Kinder am Prozess der Problemlösung beteiligt sein sollten oder dass sie ein Mitspracherecht über das, was regelmäßig mit ihnen geschieht, haben sollten. Dennoch erstaunt es mich immer wieder, dass Eltern diese Möglichkeit überhaupt nicht in Betracht ziehen, ihr Handeln nicht danach ausrichten oder sich sogar wütend dagegen wehren. Daher ist es vielleicht lohnend, eine Weile darüber nachzudenken, warum – und wie – wir Kinder an der Entscheidungsfindung beteiligen sollten. Fangen wir mit dem Warum an.

Die Vorteile eines Mitspracherechts

Das erste Argument ist moralischer Art: Alle Menschen sollten in gewissem Maß selbst über ihr Leben bestimmen können. Bei Kindern gibt es natürlich Einschränkungen im Hinblick darauf, wie viel und welche Art von Selbstbestimmung möglich ist; viele Dinge müssen für sie entschieden werden, vor allem, solange sie noch klein sind. Das hebt jedoch nicht das allgemeine Prinzip auf. Ich glaube, unsere Grundhaltung sollte sein, Kinder über Dinge, die sie betreffen, selbst entscheiden zu lassen, es sei denn, es gibt einen zwingenden Grund, weshalb wir uns über dieses Recht hinwegsetzen. Wir sollten dann jeweils begründen können, warum die Kinder *nicht* entscheiden sollten.

Wir alle haben das Bedürfnis, in unserem Leben „Urheber" statt „Opfer" zu sein, wie ein Forscher es formuliert hat. Es ist wichtig, ein Gefühl von Autonomie zu erleben, das Gefühl, dass wir die Initiatoren von vielem sind, was wir tun. Ja, welche Entscheidungen wir im Einzelfall treffen, ist oft weniger bedeutend als das Entscheiden an sich. Eines Abends vergaß ich das vorübergehend, als mich mein damals dreieinhalbjähriger Sohn um ein Stickeralbum bat. Ich fand einige im Schrank, suchte eins mit Lastwagen aus, von dem ich dachte, dass es ihm gefallen würde, und gab es ihm. „Nein", beharrte er. „*Ich* will mir eins aussuchen." Ich legte das von mir ausgesuchte Album zurück und gab ihm den ganzen Stapel. Raten Sie mal, welches er schließlich nahm.

Wenn unser Bedürfnis nach Autonomie ständig frustriert wird, kann dies nicht nur zu Verärgerung, sondern auch zu Depressionen und sogar zu körperlichen Erkrankungen führen.[1] Wie wir in Kapitel 3 gesehen haben, treten oft diverse unerwünschte Auswirkungen auf, wenn Kinder den Eindruck haben, dass ihre Eltern zu viel Kontrolle über sie ausüben. Auch im Unterricht neigen Schüler dazu, nicht so gründlich nachzudenken und sich weniger für etwas zu interessieren, wenn sie wenig Mitspracherecht darüber haben, was sie lernen oder unter welchen Umständen sie es lernen. (Traurigerweise zeichnen sich die traditionelle und die „Back-to-Basics"-Pädagogik genau durch eine solche erzwungene Passivität aus.) Erwachsene neigen nicht vor allem deshalb zu Burnout bei der Arbeit, weil sie zu viel zu tun haben, sondern weil sie nicht genug Mitspracherecht über das haben, was sie tun.

Forschungen zeigen nicht nur, dass es Menschen nicht gut tut, wenn sie sich machtlos fühlen. Sie beweisen auch deutlich, wie vorteilhaft es ist, wenn Menschen selbst entscheiden können. Wenn Eltern beispielsweise nicht nur der Versuchung widerstehen, Kontrolle über ihre Kinder auszuüben, sondern darüber hinaus alles tun, damit diese ein Gefühl von Autonomie erleben,[2] steigt die Wahrscheinlichkeit, dass die Kinder tun, worum man sie bittet, und die Wahrscheinlichkeit von Fehlverhalten sinkt. Teenager, die sich an der Entscheidungsfindung in der Familie beteiligen können, neigen eher dazu, sich auf ihre Eltern zu verlassen und viele ihrer Überzeugungen zu teilen. Meist haben sie auch ein besseres Selbstwertgefühl, gehen lieber zur Schule und ziehen schwierigere Aufgaben vor – und als ob das alles nicht genug wäre, geraten sie auch seltener in Schwierigkeiten. Und Hochschulstudenten, die als Kinder von ihren Eltern dazu angeregt wurden, unabhängig zu sein, neigen mehr als andere dazu, selbstbewusst zu sein und sich auch von Schwierigkeiten oder Misserfolg nicht entmutigen zu lassen.[3]

Ähnlich beeindruckend sind die Ergebnisse, wenn Lehrer ihren Schülern mehr Mitspracherecht darüber geben, was sie tun. Laut einer Zusammenfassung der Forschungsergebnisse sind die Vorteile unter anderem „größere wahrgenommene Kompetenz, höhere intrinsische Motivation, positivere Emotionalität, gesteigertes Reaktionsvermögen, Vorziehen optimaler Herausforderungen gegenüber leichtem Erfolg, mehr Ausdauer in der Schule (d.h. geringere Abbruchquoten), größeres begriffliches Verständnis und bessere akademische Leistungen"[4].

Kindern zu helfen, das Gefühl zu haben, dass sie selbst Macht haben, ist in jedem Alter sinnvoll, zu Hause und in der Schule und sowohl im Hinblick auf unmittelbare Ergebnisse als auch auf langfristige Ziele. Im Grunde stellt uns das Leben vor eine endlose Reihe von Entscheidungen, von unbedeutenden bis hin zu gewaltigen, und wir wollen doch, dass unsere Kinder in der Lage sind, auf gut durchdachte Weise damit umzugehen.

Wenn ich die entsprechenden Forschungsergebnisse und Erfahrungen aus dem wirklichen Leben in einem einzigen Satz zusammenfassen müsste, würde er lauten: *Kinder lernen, gute Entscheidungen zu treffen, indem sie Entscheidungen treffen, nicht indem sie Vorschriften befolgen.*

Doch zugleich müssen wir einräumen, dass es Menschen nicht immer erlaubt wird, sich an der Entscheidungsfindung zu beteiligen. An den meisten amerikanischen Schulen und Arbeitsplätzen mangelt es auffallend an Demokratie und manche Eltern rechtfertigen damit ihre „Weil-ich-es-gesagt-habe"-Methoden. Die beste Vorbereitung für Kinder auf die Erfahrung, dass manchmal unnötige Kontrolle über sie ausgeübt werden wird, besteht jedoch nicht darin, sie schon vorher Ähnliches erleben zu lassen. Das wäre, als würde man sagen, weil es viele krebserregende Stoffe in der Umwelt gibt, sollten wir unsere Kinder möglichst vielen krebserregenden Substanzen aussetzen, solange sie klein sind.

Ganz im Gegenteil ist es sinnvoll, ihnen Respekt und bedingungslose Unterstützung zu bieten und sie regelmäßig selbst entscheiden zu lassen. Diese Grundlage ermöglicht ihnen, die Menschen und Institutionen, die ihnen begegnen und die Kontrolle über sie ausüben werden, anhand der höheren Maßstäbe zu bewerten, die sie in ihrer Jugend kennengelernt haben. So werden sie auch eher dazu neigen, sich für positive Veränderungen in unserer Gesellschaft einzusetzen, statt auf Macht beruhende Ordnungen einfach hinzunehmen, wie sie sind – oder zu glauben, solche Ordnungen seien unvermeidlich.

Kurz: Kinder, denen Macht über sich selbst gegeben wurde, befinden sich in der besten Ausgangslage, um konstruktiv mit Umständen umzugehen, wo ihnen Macht vorenthalten wird. Und wir als Eltern sind am besten in der Lage, ihnen Macht zu geben – solange wir bereit sind, *unseren* Gebrauch von Macht über sie einzuschränken.

Erste Worte und letzte Worte

Unsere Macht einzuschränken muss nicht unbedingt heißen, dass wir unsere Wünsche nicht äußern dürften, doch wann immer möglich, sollten wir die endgültige Entscheidung dem Kind überlassen.[5] Ich könnte zum Beispiel in einem sachlichen Ton sagen, dass es meiner Meinung nach angebracht wäre, wenn sich mein Kind für etwas, was es getan hat, entschuldigen würde, aber ich überlasse es dem Kind zu entscheiden, ob meine Schlussfolgerung richtig ist und ob es sich danach richtet. (Schließlich besteht die Alternative darin, es zu der Aussage zu zwingen, es tue ihm leid, obwohl das gar nicht stimmt.)

Selbst wenn wir nicht bereit sind, das Kind das letzte Wort haben zu lassen, können wir es das erste Wort haben lassen – das heißt ihm Gelegenheit geben, sein Anliegen vorzubringen. Wenn Kinder fragen, ob es in Ordnung ist, wenn sie etwas Bestimmtes tun, ist es daher oft sinnvoll, die Gegenfrage zu stellen: „Und, was meinst du denn?" Auf diese Weise teilt man ihnen mit, dass ihr Standpunkt wichtig ist, und ermuntert sie dazu, aktiv über die Konsequenzen ihrer Bitte nachzudenken.

Die Frage, ob und wie man Kinder entscheiden lassen soll, wird etwas komplizierter, wenn es um Geschwisterkonflikte geht.[6] Viele Eltern greifen verfrüht ein und machen es noch schlimmer, indem sie Partei für ein Kind und gegen das andere ergreifen, indem sie beide ungerecht aburteilen oder unbedingt herausfinden wollen, wer schuld ist. Auf diese Weise verhindern sie den Prozess, durch den Kinder lernen, ihre eigenen Lösungen auszuhandeln.

Allerdings ist mir bei dem pauschalen Rat, „sie das selbst klären zu lassen", auch nicht ganz wohl. Erstens bekommt ein Kind, das eine berechtigte Klage zu haben glaubt, möglicherweise den Eindruck, seine Beschwerde interessiere Sie nicht genug, um etwas zu unternehmen, sein Problem sei Ihnen gleichgültig. Zweitens kann Ihre Strategie, sich herauszuhalten, dazu führen, dass das schwächere Kind dem stärkeren oder schlaueren ausgeliefert ist – und Sie vermitteln vielleicht den Eindruck, jedes Ergebnis, wie unfair es auch sein mag, hätte Ihren Segen.

Machen Sie Ihr Interesse und Ihr Mitgefühl deutlich; finden Sie heraus, was los ist. Falls Sie daraufhin beschließen, die Kinder ihre eigene Lösung ausarbeiten zu lassen, sollten Sie Bescheid wissen, worin diese besteht. Dies ist ein Lernprozess für alle Beteiligten. Sprechen Sie danach mit beiden Kindern, um ihnen zu helfen, ihre Konfliktlösungsfähigkeiten zu verbessern, über Gerechtigkeit nachzudenken und zu überlegen, was sie beim nächsten Mal tun könnten. Doch seien Sie vorsichtig: Eine Kinderpsychologin erläutert: „Elterliches Eingreifen ist kein Garant für

Gerechtigkeit; es bringt nur einen noch stärkeren Mitwirkenden, dessen Wort unabhängig von den Tatsachen endgültig ist, in den Konflikt."[7]

Selbst wenn es gar keine unangenehme Auseinandersetzung gibt, versuchen Kinder vielleicht, Entscheidungen für ihre jüngeren Geschwister zu treffen, ihnen zu sagen, was sie tun sollten. Es fällt Kindern (ebenso wie Erwachsenen) leicht, mit anderen als Objekten etwas zu tun; die Unterstützung der Autonomie dagegen muss gelernt werden. Kleinen Kindern diese Unterstützung zu bieten bedeutet auch, sie vor jemandem zu schützen, der unnötige Kontrolle über sie ausüben will.

Gemeinsam entscheiden

Sogar Babys kann man entscheiden lassen. Sie haben ganz klare Vorlieben dafür, wann sie essen wollen, wie sie gehalten werden wollen, wo sie gern gekitzelt werden, mit welchem Spielzeug sie spielen möchten und so weiter. Es ist wichtig, dass wir uns darauf einstellen, was sie uns mitteilen, und dass wir versuchen, ihre Bitten wann immer möglich zu respektieren, statt auf einem festen Zeitplan für das Essen und Schlafen zu bestehen oder auf eine Weise mit ihnen umzugehen, die wir unterhaltsam finden, die ihnen jedoch nicht wirklich gefällt.[8]

Kleinkinder sind besser in der Lage, ihre Wünsche mitzuteilen, und sie verfügen über mehr Möglichkeiten, ihr Missfallen zu bekunden, wenn diese Wünsche nicht erfüllt werden. Mit der Fähigkeit, Dinge so einzurichten, dass sie mehr von dem bekommen, was sie wollen, steigt natürlich auch das Konfliktpotential. Daher haben wir oft gemischte Gefühle im Hinblick auf das wachsende Können unserer Kinder. Es war toll, als meine Tochter im Alter von achtzehn Monaten herausfand, wie man ein bestimmtes Spielzeug ein- und ausschaltete; ich war stolz auf ihre Fähigkeit und vielleicht auch etwas erleichtert, dass sie mich nicht mehr so oft rufen musste. Doch nun war ein Willenskonflikt vorprogrammiert. Ich schaltete das laute Gerät aus und sie schaltete es sofort wieder an. Mir blieben nur zwei Möglichkeiten: dass es nach ihrem Willen ging oder nach meinem. Entweder ließ ich zu, dass sie das Spielzeug einschaltete, oder nicht. (In dem Fall ließ ich es zu.)

Doch je älter ein Kind wird, umso eher ist es möglich, zu erklären und zu diskutieren. Das ist ein wirklicher Durchbruch: Wir müssen uns nun nicht mehr entscheiden, ob wir entweder nachgeben oder dem Kind unseren Willen aufzwingen wollen, sondern wir können auf eine dritte Möglichkeit zurückgreifen, nämlich gemeinsam eine Lösung zu finden. Dies ist etwas anderes als ein bloßer Mittelweg zwischen den Extremen absoluter Freiheit einerseits und übermäßiger Kontrolle andererseits. Manchmal ist die beste Alternative zu schwarz oder weiß nicht grau, sondern zum Beispiel orange. Mit anderen Worten, vielleicht gibt es eine Möglichkeit außerhalb des Bereichs, den wir für unsere Optionen definiert haben. Es geht nicht nur darum, herauszufinden, *wie viel* Entscheidungsfreiheit wir Kindern geben sollten, welchen Prozentsatz der Entscheidungen wir ihnen überlassen sollten, sondern um die *Art*, wie wir Kindern aktiv – und interaktiv – helfen können, Entscheidungen zu treffen.

In einer älteren Studie über Erziehungsmethoden wurde festgestellt, dass Kinder „aktiver, aufgeschlossener und spontaner" wurden, wenn man ihnen reichlich Gelegenheit gab, Entscheidungen zu treffen. Bei näherer Untersuchung stellte sich allerdings heraus, dass Freiheit allein nicht ausreichte. Ein „hohes Maß an Interaktion zwischen Eltern und Kind"[9] war ebenfalls erforderlich. Das heißt ganz allgemein, dass wir die Entscheidungsfähigkeit der Kinder aktiv unterstützen und sie in ihrem Gefühl bestärken sollen, wenigstens zu einem gewissen Grad Selbstbestimmung über ihr Leben ausüben zu können. Unsere Aufgabe besteht darin, ihren Sinn für Eigenständigkeit zu fördern und auch gemeinsam zu überlegen, wie man Lösungen für bestimmte Dinge aushandeln kann, etwa wann sie ins Bett gehen oder abends zu Hause sein sollen, wohin es im Familienurlaub gehen soll und so weiter.

Nehmen wir an, ein Kind verbringt in unseren Augen zu viel Zeit vor dem Fernseher oder Computer. Vor kurzem habe ich mit zwei Müttern jeweils einzeln über dieses Thema gesprochen. Die eine war unglücklich über den übermäßigen Fernsehkonsum in ihrem Haushalt, zuckte jedoch die Schultern und fragte rhetorisch: „Was soll man machen? Das ist heutzutage eben so." Die andere Mutter dagegen hatte das Gefühl, etwas unternehmen zu müssen – daher versteckte sie die Fernbedienung vor ihrer Tochter.

Zusammen stellen diese beiden Antworten eine klassische falsche Dichotomie dar. Wenn wir Kinder alles tun lassen, was sie wollen, selbst wenn wir das nicht gut finden, senden wir damit möglicherweise die Botschaft, es sei uns egal und wir wollten keine Verantwortung dafür übernehmen. (In dem obigen Beispiel mag die Option, nichts zu unternehmen, für manche Eltern attraktiver sein, weil sie es trotz ihrer Bedenken praktisch finden, wenn das Kind beschäftigt und ruhig ist.) Die zweite Reaktion dagegen bedeutet, mit dem Kind als Objekt etwas zu tun, statt mit ihm zusammenzuarbeiten. Ganz davon abgesehen, dass das Verstecken der Fernbedienung kaum funktionieren wird (jedenfalls nicht lange) und das Kind nur dazu verführt, einen anderen Weg zu finden – wichtiger ist, dass es Kinder lehrt, wie man Macht oder Heimtücke einsetzt –, um zu bekommen, was man will.

Diesen beiden Strategien ist gemeinsam, dass keine von ihnen Zeit, Talent, Können, Umsicht oder Mut erfordert. Wie bereits erwähnt, verlangt ein Konzept wahren Zusammenarbeitens mehr, als nur zu sagen: „Ich bin die Mutter (oder der Vater); ich entscheide", *oder:* „Mach, was du willst." Eine konstruktivere Reaktion wäre, zunächst einmal zuzuhören – nicht nur, damit die Kinder sich wahrgenommen fühlen, sondern auch damit wir mehr darüber erfahren, was los ist. Fernsehsendungen und Computerspiele haben ihren Reiz, doch Kinder, die übermäßig viel Zeit damit verbringen, tun dies möglicherweise, weil sie deprimiert sind oder weil sie aus bestimmten Gründen, um die man sich kümmern sollte, anderen sozialen Aktivitäten (einschließlich sozialer Interaktion) aus dem Weg gehen wollen. Neben dem Zuhören sollten wir auch unsere Gefühle offen äußern und schließlich gemeinsam nach Lösungen suchen: „Lass uns darüber reden, was für dich in Ordnung wäre, aber auch meine Sorgen berücksichtigt. Überlegen wir uns doch ein paar Ideen und probieren sie aus."

In diesem Fall kann das bedeuten, sich auf eine vernünftige Beschränkung der vor dem Fernseher oder PC verbrachten Zeit zu einigen und zu überlegen, welche Sendungen oder Spiele in Ordnung sind und welche nicht (und warum). Das ist jedoch nur der Anfang der Diskussion. Wir sollten ergründen, welche Probleme der Grund dafür sind, warum der Fernseher zum besten Freund des Kindes geworden ist. Und vielleicht beschließen wir, mehr Zeit mit unseren Kindern zu verbringen – mit Aktivitäten, die sie mit aussuchen.

Ein anderes Beispiel: Es ist eine Sache, die hintere Tür Ihres Autos zu verriegeln, damit ein kleines Kind sie nicht versehentlich öffnen kann, während Sie über die Autobahn rasen. Doch es ist etwas anderes, die elektrisch gesteuerten Fenster zu verriegeln, so dass nur Sie als Fahrer die Kontrolle darüber haben. Das ist eine Lösung, bei der Kinder als Objekte behandelt werden, der Versuch, das Problem dadurch zu beseitigen, dass Kindern Macht genommen wird. Stattdessen könnten wir den Kindern einfach erlauben, mit den Fenstern zu spielen, in dem Wissen, dass das Spiel irgendwann seinen Reiz verlieren wird. Wenn das, was sie tun, allerdings wirklich ein Problem ist, sollten wir uns die Zeit nehmen, zu erklären, *warum* es ein Problem ist, und sie bitten, nicht so viel mit den Knöpfen herumzuspielen.

Dieser Ansatz hilft bei meinen eigenen Kindern fast immer und von vielen anderen Eltern im ganzen Land habe ich Ähnliches gehört. Kinder gehen wirklich darauf ein, wenn sie mit Respekt behandelt und am Lösen von Problemen beteiligt werden und wenn man ihnen gute Absichten unterstellt. Dagegen neigen die Kinder, die mit konservativeren Erziehungsmethoden (und entsprechenden Annahmen über ihre Absichten) erzogen wurden, am ehesten dazu, etwas auszunutzen. „Gib ihnen den kleinen Finger und sie nehmen die ganze Hand" trifft vor allem auf Kinder zu, denen in ihrem Leben immer nur der kleine Finger gegeben wurde.

Kurz: Bei jedem der tausend Probleme im Familienleben haben wir die Wahl, Kontrolle auszuüben oder etwas zu lehren, eine Atmosphäre des Misstrauens oder eine des Vertrauens zu schaffen, ein Exempel der Macht zu statuieren oder Kindern zu helfen, Verantwortung zu lernen, schnelle Lösungen zu suchen oder den Blick auf langfristige Ziele zu richten.

Diese Alternativen sind von besonderer Bedeutung für Eltern, die sich ständig abmühen, ihre Kinder dazu zu bewegen, morgens aufzustehen, sich anzuziehen, zu frühstücken, sich zu waschen und pünktlich zur Schule aus dem Haus zu gehen – das heißt, für die meisten von uns. Kurz nachdem unser erstes Kind in den Kindergarten gekommen war, gewöhnten meine Frau und ich uns an, zu nörgeln und diverse Druckmittel einzusetzen. Was wir in dem immer verzweifelteren Bemühen, unserer Tochter morgens Beine zu machen, taten, war für uns alle unangenehm und wir verhielten uns nicht wie die Eltern, die wir sein wollten. Schließlich setzten wir uns zu einem Zeitpunkt, als keiner von uns unter Druck stand, mit unserer Tochter hin und stellten ruhig das Problem dar. Dann hörten wir ihr zu, statt ihr Vorhaltungen zu machen. Statt einen „Verhaltensplan" dafür, was mit ihr gemacht werden sollte, festzulegen (so wie man versucht, ein Tier zur Stubenreinheit zu erziehen), sammelten wir gemeinsam Ideen: Was könnten wir tun, um den morgendlichen Ablauf für uns alle angenehmer zu machen?

Abigail schlug vor, es könnte viel schneller gehen, wenn sie einfach in den Kleidern schlafen könnte, die sie am nächsten Tag tragen würde. Wir wussten keinen guten Grund, warum wir das nicht ausprobieren sollten, also taten wir es. (Sie trägt keine Kleidung, die leicht knittert – und selbst wenn, na und?) Es klappte. Manchmal ist der Morgen noch immer ein Kampf, aber immerhin weniger, als wenn das Anziehen noch dazugehörte.

Natürlich geht es hier nicht darum, zu empfehlen, dass Ihre Kinder komplett angezogen schlafen sollten. Der Prozess ist wichtiger als das Ergebnis, und es sollte ein Prozess sein, der Kinder dazu anregt, zu überlegen und zu planen und sich an der Lösungsfindung zu beteiligen. Es kommt darauf an, dass Kinder wissen, dass uns ihre Bedürfnisse wichtig sind und dass wir bereit sind, ihre Ideen ernst zu nehmen. Jeder, der ein klar denkendes, selbstbewusstes Kind großziehen will – eines, das *nicht* zu einem schwierigen Teenager heranwachsen wird –, sollte sich die wahrscheinlichen Auswirkungen vieler Jahre des gemeinsamen Problemlösens vorstellen und das damit vergleichen, wenn die Eltern über die Jahre hinweg alle Entscheidungen alleine treffen. Tatsächlich brauchen wir nicht über die Folgen zu spekulieren. Wir haben gute Daten, die zeigen, dass Kinder sich besser beherrschen können, wenn ihre Eltern bereit sind, zu verhandeln und ihre Meinung angesichts der Argumente der Kinder zu ändern.[10]

Durch eine solche Offenheit entstehen oft weitere Fragen und Herausforderungen – und das kann frustrierend sein. Viele von uns sehnen sich im Scherz nach der guten alten Zeit zurück, als Kinder einfach taten, was man ihnen sagte, und keine Widerworte gaben. Aber natürlich wissen wir es besser. Die gute alte Zeit war in Wirklichkeit gar nicht so gut, während der Prozess, Dinge zu besprechen und gemeinsam zu entscheiden, Vorteile mit sich bringt, die uns vielfach für unsere Geduld entschädigen.

Sehen Sie es so: Für Eltern älterer Kinder besteht die eine Möglichkeit darin, ihre Kinder in dem verzweifelten Bemühen darum, dass sie nicht in Schwierigkeiten geraten, zu überwachen und zu kontrollieren – hinter ihrem Rücken ihre Tagebücher zu lesen und ihre Schultaschen zu durchwühlen, technische Kniffe zu ersinnen, damit sie keine unangebrachten Fernsehsendungen sehen können, vielleicht eine versteckte Kamera zu installieren, damit ein Auge auf sie geworfen werden kann. Die andere Möglichkeit besteht darin, mit ihnen von klein an eine vertrauensvolle Beziehung aufzubauen und sie an der Entscheidungsfindung zu beteiligen. So erweist sich der Ansatz, Kinder als Objekte zu behandeln, von dem wir schon wissen, dass er verletzend und kontraproduktiv ist, darüber hinaus als unnötig.

Doch sollte man wirklich den ganzen Tag lang alles mit unseren Kindern ausdiskutieren? Ich denke, wir können vier Antworten auf diese Frage geben. Erstens mag es zwar theoretisch möglich sein, zu viel Zeit damit zu verbringen, alles zu besprechen, jedoch sind die meisten Eltern weit davon entfernt, es damit zu übertreiben. Viel verbreiteter ist der Fehler, die Entscheidungsmacht zu selten zu teilen. Die große Mehrzahl der Familien leidet unter zu wenig Demokratie, nicht unter zu viel.

Zweitens will ich nicht sagen, man müsse über alles verhandeln – aber Kinder sollten wissen, dass man über viele Dinge verhandeln *kann*. Paradoxerweise werden sie weniger das Bedürfnis haben, jede Entscheidung in Frage zu stellen, wenn sie wissen, dass sie dann, wenn sie es für wichtig halten, Einspruch erheben (oder eine Alternative vorschlagen) können.

Drittens ist die Wahrscheinlichkeit geringer, dass Kinder sich Entscheidungen widersetzen, an denen sie selbst beteiligt waren. Die autoritäre Haltung „solange du in meinem Haus lebst, musst du tun, was ich sage" erfordert viel mehr Zeit und Energie, als uns bewusst ist, weil sie so oft Widerstand provoziert. Selbst abgesehen von dem Stress für Kinder wie für Eltern – und dem Schaden für ihre Beziehung –, erweist sich die angebliche Effizienz der Methode, Diskussionen zu umgehen, indem man Dinge einseitig entscheidet, auf lange Sicht betrachtet als Illusion.

Und schließlich, wo wir gerade von der langen Sicht sprechen: Selbst wenn es mehr Zeit und Mühe erforderte, Entscheidungen mit Kindern gemeinsam zu treffen, ist es doch eine der besten Arten, wie Eltern ihre Zeit verbringen können. Um dies zu verstehen, müssen wir über die konkrete

Angelegenheit, über die wir gerade diskutieren, hinausblicken und uns ins Gedächtnis rufen, dass dieser Prozess einen unermesslichen Nutzen für die soziale, moralische und geistige Entwicklung unserer Kinder bietet.

Pseudo-Entscheidungsfreiheit

Manche Eltern verwenden den Begriff „Entscheidungsfreiheit" nicht in dem Zusammenhang, Kindern mehr Mitspracherecht einzuräumen, sondern werfen ihnen vor, sie hätten sich frei entschieden, etwas Schlechtes zu tun.[11] Bei einem Satz wie „Du hast dich *entschieden,* die Regel zu missachten" wird dieses Wort fast wie ein Knüppel gegen Kinder verwendet. Es ist der Versuch, eine Strafe zu rechtfertigen, daher ist es kaum überraschend, dass Menschen, die so reden, tatsächlich mehr dazu neigen, Strafen und andere auf Macht beruhende Methoden des Eingreifens einzusetzen.

Erwachsene, die unbekümmert behaupten, Kinder würden sich frei entscheiden, sich schlecht zu benehmen, sind ähnlich wie Politiker, die verkünden, wer arm sei, sei selbst daran schuld. In beiden Fällen werden möglicherweise wichtige Faktoren ignoriert und der Blick wird allein auf die persönliche Verantwortung gerichtet. Insbesondere ein kleines Kind verfügt vielleicht noch nicht über die voll entwickelten Fähigkeiten für eine rationale Entscheidungsfindung oder Impulskontrolle – Fähigkeiten, die bei der Behauptung, es habe sich frei entschieden, jedoch stillschweigend vorausgesetzt werden. (Eltern, die diese Einschränkungen berücksichtigen, versuchen eher, dem Kind zu helfen, die entsprechenden Fähigkeiten zu erlernen, statt es zu bestrafen und zu beschuldigen.) Eine zweite Parallele zwischen der Zuschreibung von Entscheidungsfreiheit durch Eltern und Politiker besteht darin, dass in beiden Fällen diejenigen, die dies behaupten, am ehesten von einer solchen Sichtweise profitieren. Es besteht für sie dann keine Notwendigkeit, ihre eigenen Entscheidungen und Forderungen zu überdenken. Eltern können sich auf diese Weise einfach sagen, ihre Kinder hätten das, was geschehen ist, frei gewählt.

Manchmal wird auch das ganze Konzept der Entscheidungsfreiheit statt nur das Wort missbraucht. Dies ist der Fall, wenn Eltern vorgeben, ihr Kind entscheiden zu lassen, jedoch tatsächlich alle wirkliche Entscheidungsmacht für sich behalten. Es gibt drei verbreitete Arten von „Pseudo-Entscheidungsfreiheit", die traurigerweise alle in Erziehungsbüchern als Beispiele dafür, was wir tun sollten, zu finden sind.

Bei der ersten Version stellt die Mutter oder der Vater eine Suggestivfrage wie: „Willst du jetzt spülen oder eher dann, wenn deine Lieblingssendung im Fernsehen läuft?" Das Problem besteht hier nicht nur darin, dass die Auswahlmöglichkeiten auf zwei beschränkt worden sind. Vielmehr hat das Kind gar keine echte Wahl. Natürlich will es seine Fernsehsendung nicht verpassen. In Wirklichkeit sagt die Mutter (oder der Vater): „Spül jetzt das Geschirr, sonst lasse ich dich nicht fernsehen", oder, allgemeiner ausgedrückt: „Mach, was ich dir sage, sonst wirst du bestraft." Es wird Entscheidungsfreiheit suggeriert, doch dahinter verbirgt sich im Grunde eine Drohung.

Die zweite Art von Pseudo-Entscheidungsfreiheit unterscheidet sich nur dadurch von der ersten, dass es erst zum Betrug kommt, *nachdem* das Kind etwas getan hat, was als unangemessen angesehen wird. Die Mutter oder der Vater verkündet, dass eine Strafe verhängt wird, beschreibt dies jedoch als etwas, wonach das Kind verlangt habe, etwa: „Du hast dich für eine Auszeit *entschieden*." Diese Ausdrucksweise sagt einigen Eltern zu, weil sie sie von jeglicher Verantwortung dafür, was sie im Begriff sind zu tun, enthebt, doch sie ist zutiefst unehrlich und manipulativ. Zu der Kränkung, bestraft zu werden, kommt die Kränkung einer Art von Gedankenspiel hinzu, durch das die Wirklichkeit neu definiert wird und Kindern gesagt wird, sie hätten gewollt, dass man ihnen Leid zufügt. „Du hast dich für eine Auszeit entschieden" ist eine Lüge; ehrliche Eltern müssten sagen: „Ich habe mich entschieden, dich zu isolieren."

Eine etwas andere Version dieses Manövers besteht darin, etwas zu sagen wie: „Zwing mich nicht, dich zu verprügeln!" (oder: „... dich in dein Zimmer zu schicken", oder: „... dir das Taschengeld zu streichen", oder was auch immer), das heißt, so zu tun, als sei das Kind verantwortlich und habe die Eltern „gezwungen", auf eine Strafe zurückzugreifen. Es ist interessant zu beobachten, wie viele Menschen, die scheinheilig erklären, Kinder müssten die Verantwortung für ihr eigenes Verhalten übernehmen – manchmal noch, bevor sie wirklich alt genug dazu sind –, schließlich die Realität so zurechtbiegen, dass sie der Verantwortung für ihr eigenes Verhalten entgehen. („Ich kann nichts dafür! Mein Kind hat mich gezwungen, ihm etwas Unangenehmes zuzufügen!")

Die letzte Version von Pseudo-Entscheidungsfreiheit besteht darin, dass Eltern so tun, als würden sie das Kind entscheiden lassen, jedoch deutlich machen, welches Ergebnis erwartet wird. Manche Optionen sind akzeptabel und andere nicht, und das Kind soll herausfinden, was die Eltern von ihm wollen – wenn es je wieder die Chance, zu „wählen", haben will. („Du bist offenbar noch nicht reif genug, um diese Dinge selbst entscheiden zu dürfen" bedeutet: „Du hast dich nicht für das entschieden, was ich von dir wollte.") Besser sagt man einem Kind gleich: „Ich entscheide für dich", was wenigstens ehrlich ist, als dieses Verwirrspiel zu inszenieren.

Grenzen begrenzen

Auch Eltern, die derartige Täuschungsmanöver vermeiden, sollten darüber nachdenken, ob sie die Entscheidungsmöglichkeiten ihrer Kinder möglicherweise unnötig einschränken. Zwar gibt es Entscheidungen, die Eltern für ihre Kinder treffen müssen –, und die Entscheidungen, die Kinder selbst treffen können, müssen oft beschränkt werden -, jedoch beunruhigt es mich, wenn Eltern (oder Leute, die Eltern beraten) mit Nachdruck und selbstzufrieden verkünden, wie wichtig es sei, „Grenzen zu setzen". Allzu oft wird diese Formulierung benutzt, um einen Erziehungsansatz zu rechtfertigen, der viel zu sehr auf Kontrolle beruht.

Das gilt besonders dann, wenn darüber hinaus betont wird, wir sollten kein schlechtes Gewissen wegen dem, was wir tun, haben, weil Kinder trotz ihres offensichtlichen Widerstandes in Wirklichkeit nach Grenzen verlangten. Wie Thomas Gordon erläutert hat, ist dies eine „gefährliche Halbwahrheit". Kinder akzeptieren Grenzen vielleicht und verstehen sogar deren Sinn, was sie jedoch *brauchen,* ist, dass man sie nach ihrer Meinung fragt, statt sie einfach einzuschränken. Achten Sie einmal darauf, wie unterschiedlich Kinder auf Grenzen reagieren, „die von einem Erwachsenen festgelegt werden, und auf Grenzen, bei deren Festlegung sie selbst ein Mitspracherecht haben". In Gordons Augen lautet die Frage, die wir stellen sollen, nicht, ob Grenzen und Regeln manchmal notwendig sind. Vielmehr sollten wir fragen, „wer sie festlegt: nur die Erwachsenen oder die Erwachsenen und Kinder gemeinsam"[13].

Manchmal setzen Eltern Grenzen in der Form, dass sie ihren Kindern nur erlauben, bei bedeutungslosen Dingen selbst zu entscheiden. Ich weiß noch, wie eine Mutter mir einmal stolz erzählte, sie lege Wert darauf, ihr Kind entscheiden zu lassen, wenn es ihr selbst ziemlich egal sei, welche Entscheidung getroffen werde. Die bereits geschilderten Vorteile der Autonomie erfordern jedoch, dass Kinder auch bei manchen Dingen, bei denen es uns *nicht* egal ist, was geschieht, ein Mitspracherecht haben. Kinder sollten einige Entscheidungen treffen können, angesichts derer wir vielleicht etwas schlucken müssen.

Natürlich hängt es auch von ihrem Alter ab, inwieweit wir ihnen diese Möglichkeit einräumen: Ich will nicht sagen, ein Dreijähriger sollte selbst entscheiden, ob er geimpft wird oder nicht. Doch auch in diesem Alter kann ein Kind in einem gewissen Maß seine Meinung zu Dingen sagen, die bedeutender sind als die Frage, aus welchem Trinklernbecher es beim Mittagessen trinken will. Es ist auch wichtig zu berücksichtigen, um welche Art von Frage es gerade geht. In manchen Bereichen, zum Beispiel Gesundheit und Sicherheit, kann man Kinder vielleicht nur nebensächliche Entscheidungen treffen lassen, etwa *wann* sie baden wollen und welchen Helm sie anziehen wollen, bevor sie Fahrrad oder Skateboard fahren. Doch auf anderen Gebieten, etwa bei der Frage, wie ihr Zimmer möbliert und tapeziert werden soll, sollten sie viel mehr Spielraum haben, so zu entscheiden, wie sie es für richtig halten. (Autoritäre Eltern dagegen geben ihren Kindern nicht nur wenig Gelegenheit zu entscheiden, sondern neigen auch dazu, Fragen des Geschmacks und des persönlichen Stils so zu behandeln, als wären es moralische Fragen, auf die es nur eine richtige Antwort gäbe – eine Antwort, die natürlich von den Eltern gegeben werden muss.)

Ich will nicht versuchen, genau festzulegen, was ein bestimmtes Kind (dem ich nie begegnet bin) in einem bestimmten Alter entscheiden dürfen sollte. Doch wir sollten uns alle vergewissern, ob wir, wenn wir sagen, ein Kind sollte bei einem bestimmten Thema *kein* Mitspracherecht haben, dies wirklich tun, weil es nicht sinnvoll wäre, oder vielleicht nur deshalb, weil wir nicht bereit sind, auf einen Teil unserer Macht zu verzichten. Selbst den besten Eltern fällt es oft schwer, etwas von ihrer Autorität aufzugeben, aber sie tun es trotzdem. Und wenn sie es nicht tun, fassen sie sich vielleicht danach an den Kopf und murmeln: „Moment mal! Warum habe ich diese Entscheidung ganz alleine getroffen? Warum habe ich etwas bestimmt, wo ich doch hätte fragen können?"

Um dafür zu sorgen, dass die Wahlmöglichkeiten echt und bedeutsam sind, sollten wir mehr tun, als Kindern nur zu erlauben, sich etwas aus einem von uns zusammengestellten Menü auszusuchen. („Möchtest du *x*, *y* oder *z* tun?") Ein noch sehr kleines Kind kann vielleicht nur mit derart eingeschränkten Wahlmöglichkeiten umgehen, doch ab dem Alter von fünf oder sechs Jahren sollten Kinder reichlich Gelegenheit haben, unterschiedliche Möglichkeiten zu entwickeln, statt nur eine von denen auszusuchen, die Sie ihm vorlegen. Versuchen Sie, offenere Fragen zu stellen, etwa: „Was würdest du heute gern tun?". Es ist in Ordnung, ein paar Ideen vorzuschlagen, wenn Ihren Kindern nichts einfällt. Aber engen Sie sie nicht vorzeitig ein. Echte Autonomie wird eher durch Konstruktion als durch Selektion geschaffen.[14]

Wenn sie müssen, aber nicht wollen

Selbst wenn wir sorgfältig darüber nachdenken, ob es wirklich einen vernünftigen Grund für das gibt, worum wir Kinder bitten, gibt es doch einige Forderungen, über die wirklich nicht verhandelt werden kann. Es gibt Gelegenheiten, bei denen das Befolgen unserer Aufforderung unerlässlich ist, Situationen, in denen wir wirklich sagen müssen: „Du musst" oder: „Du darfst nicht." Was sollen wir dann tun?

Die gute Nachricht lautet: Eltern, die es mit dem Verlangen von Gehorsam nicht übertrieben haben, stellen wahrscheinlich fest, dass sich ihre Kinder im Zweifel auf sie verlassen und tun, worum man sie bittet, wenn die Situation es erfordert. (Auf ähnliche Weise haben Kinder, die wissen, dass sie sich an der Entscheidungsfindung beteiligen können, nicht das Bedürfnis, das bei jeder Gelegenheit zu tun.) Widerstand kommt eher bei Kindern vor, die sich machtlos fühlen und sich gedrängt sehen, ihre Autonomie auf übertriebene Weise geltend zu machen.

Dennoch wird es Situationen geben, in denen sich Ihre Kinder dem, worum Sie sie bitten, widersetzen, egal, wie gut Ihre Gründe sind und wie selten Sie sich auf Ihre Autorität berufen. Doch selbst dann gibt es Alternativen dazu, sie zu bestrafen und sich mit Gewalt durchzusetzen.

1. Gehen Sie so rücksichtsvoll wie möglich vor

Seien sie so sanft und freundlich wie möglich. Erdrücken Sie das Kind nicht mit Ihrer Macht. Wenn es schlechtgelaunt ist und wütend jeden Vorschlag von Ihnen ablehnt, lassen Sie sich nicht zu einem Kampf verleiten. Eine Diskussion ist nicht sinnvoll, wenn Ihr Kind nicht in der Lage ist, vernünftig zu reden, und Zurückschreien ist natürlich nie sinnvoll. Geben Sie Ihrem Kind ein paar Minuten Zeit, um sich zu beruhigen. Der Sturm wird sich wieder legen.

Dies ist auch empfehlenswert, wenn Sie sich passivem Widerstand gegenüber sehen. Nehmen wir an, ein Kind ignoriert Ihre Bitte, ein Spielzeug wegzuräumen. Es sitzt mit dem Rücken zu ihnen da und spielt einfach weiter. Hier ist der Impuls sehr stark, sich durchzusetzen, autoritäre Methoden anzuwenden und andere Saiten aufzuziehen. Schließlich ist Ihre Autorität missachtet worden! Man kann nicht zulassen, dass Kinder ihre Eltern ignorieren! Doch wie wäre es, wenn Sie tief durchatmeten, das Kind bäten, aufzuräumen, wenn es mit dem Spielen fertig ist, und dann weggingen? Indem Sie sich ein bisschen zurücknehmen und Ihrem Kind etwas Raum geben, ermöglichen Sie ihm, seine Autonomie und Würde zu bewahren.

Meiner Erfahrung nach führt ein solcher nicht auf Konfrontation ausgerichteter Ansatz tatsächlich zu besseren Ergebnissen – und darüber hinaus bleibt die Stimmung freundlich und die Beziehung relativ unbeschädigt. (Die gleiche Strategie, um etwas zu bitten und sich dann zurückzunehmen, ist übrigens auch wirkungsvoll, wenn Lehrer sie in der Schule einsetzen.)[15] Allerdings erfordert dieser Ansatz ein erhebliches Maß an Selbstherrschung und Geduld. Vor allem bei jüngeren Kindern können wir nicht immer erwarten, dass unsere Aufforderungen sofort befolgt werden, egal, wie unser Erziehungsstil auch aussehen mag. Wir müssen darauf gefasst sein, die Aufforderung oder das Verbot (sowie den Grund dafür) mehrmals zu wiederholen. Wir müssen berücksichtigen, dass Kinder manchmal einen schlechten Tag haben. Es ist unrealistisch zu erwarten, dass Kinder immer gehorchen, und es ist schädlich, solche Schwierigkeiten als Machtkämpfe anzusehen, die wir immer gewinnen müssen. Denken Sie daran: Die herkömmlichen Methoden funktionieren auf lange Sicht nicht besser und können sehr viel Schaden anrichten.

2. Seien Sie dem Kind gegenüber ehrlich

Falls das, worum Sie Ihr Kind bitten, nicht besonders viel Spaß macht, geben Sie das zu. Wenn Sie wollen, dass Ihr Kind ruhig ist, weil Sie einfach genug Unruhe für einen Tag gehabt haben, sagen Sie das. Erfinden Sie für Ihre Bitte keine Rechtfertigungen, die beeindruckender klingen, und behaupten Sie nicht, etwas, was Ihr Kind tun soll, würde Freude machen, wenn das kaum der Fall sein dürfte. Versuchen Sie, Dinge aus dem Blickwinkel Ihres Kindes zu sehen (mehr dazu im folgenden Kapitel), und schildern Sie diese Perspektive mit Ihren Worten: „Ich weiß, es ist frustrierend, dass du nicht (Bezeichnung der gewünschten Aktivität) kannst, Schatz, und wahrscheinlich wünschst du, ich würde dich einfach in Ruhe lassen, hm? Aber…"

3. Erklären Sie den Grund

„Weil ich es gesagt habe" ist überhaupt kein Grund, sondern ein Zurückgreifen auf rohe Gewalt, wodurch Kinder lernen, auch selbst Gewalt einzusetzen. Es ist besser, nicht nur diesen Satz zu vermeiden, sondern auch darauf zu achten, dass man Gründe erläutert. Die meisten unserer Aufforderungen kann man selbst Zweijährigen in Worten erklären, die sie zumindest zum Teil begreifen können. („Dein Bruder wartet darauf, dass wir ihn von der Schule abholen; wenn wir jetzt nicht losfahren, weiß er nicht, wo wir sind, und ist traurig.") Natürlich sind Erklärungen keine Garantie dafür, dass ein Kind fröhlich auf unsere Forderungen eingeht – ebenso, wie es nicht immer funktionieren würde, wenn uns jemand sagte, wir sollten dies tun oder dürften jenes nicht tun –, aber sie erhöhen die Wahrscheinlichkeit, dass es darauf eingeht. Und so oder so haben Menschen jeden Alters das Recht, den Grund zu erfahren, wenn jemand ihre Möglichkeiten einschränkt.

4. Machen Sie ein Spiel daraus

Lassen Sie sich etwas einfallen, damit Kinder Freude daran haben, Dinge zu tun, die eigentlich nicht so viel Spaß machen. Wenn sich kleine Kinder nicht die Zähne putzen wollen, können Sie ihnen vorschlagen, auf das Geräusch der Borsten auf dem Zahnschmelz zu lauschen, was den sofortigen Beweis dafür liefert, dass es ihnen gelungen ist, ekliges Zeug loszuwerden. Bei aufwendigeren Spielen kommen vielleicht Flugzeuge (als Zahnbürsten verkleidet) vor, die immer wieder im Mund starten und landen. Erfinden Sie eigene Variationen – oder, noch besser, fordern Sie das Kind dazu auf. Älteren Kindern wiederum kann man dazu vorschlagen, sich unterschiedliche Arten zu überlegen, wie man eine bestimmte Arbeit erledigen kann, oder abzuschätzen, wie lange es dauert, es auf die eine oder die andere Weise zu machen.

5. Geben Sie ein Beispiel

Erwachsene müssen nicht immer genau dieselben Regeln befolgen wie Kinder, doch die meisten Regeln sollten auch für uns gelten. Wenn wir Kinder bitten, nach dem Spielen ihren Kram wegzuräumen oder das Licht auszuschalten, wenn sie aus dem Zimmer gehen, wenn wir ihnen sagen, sie sollen andere nicht unterbrechen, nicht fluchen und nicht in einem verletzenden Ton sprechen, sollten auch wir uns danach richten. Abgesehen davon, dass es einfach gerechter ist, ist es auch leichter, Kinder zu etwas zu bewegen, das wir auch selbst zu tun bereit sind.

6. Geben Sie Kindern so viel Entscheidungsfreiheit wie möglich

Innerhalb der Grenzen dessen, was sie tun müssen, können Sie sie fragen, wie sie es tun wollen oder wo oder wann oder mit wem. Wenn man über diese Dinge einmal kreativ nachdenkt – und wiederum die Kinder daran beteiligt –, ist es erstaunlich, wie viele Möglichkeiten für Entscheidungen es gibt, selbst wenn unterm Strich etwas erledigt werden muss.[16]

Diese sechs Vorschläge können oft miteinander kombiniert werden. Nehmen wir beispielsweise an, ein Kind will sich vor dem Essen nicht die Hände waschen. Die Mutter oder der Vater kann vielleicht sagen: „Ich weiß, das, was du gerade tust, macht mehr Spaß, als zum Waschbecken zu gehen, aber deine Hände müssen gewaschen werden, damit du nicht krank wirst, weil du Dreck isst. Wenn deine Hände nicht sauber sind, ist dein Mund vielleicht glücklich mit dem, was du isst, aber dein Bauch kommt ganz durcheinander. [Wahlweise können Sie den Bauch mit einer komischen Stimme protestieren lassen.] Möchtest du dir die Hände lieber hier in der Küche oder im Bad waschen?" Sie können auch andere Möglichkeiten vorschlagen: „Möchtest du sie alleine oder lieber mit mir zusammen waschen? (Ich wasche mir vor dem Essen auch immer die Hände.)" „Möchtest du sie im Waschbecken waschen oder sie in einer großen Schüssel mit Schaum herumplanschen lassen?" Und so weiter.

Hin und wieder tun Kinder etwas, was absolut inakzeptabel ist und woran wir sie einfach hindern müssen. Möglicherweise nehmen sie unser Eingreifen als Bestrafen wahr, was es schwerer macht, die betreffenden Themen ruhig anzusprechen und die Beziehung nicht zu beschädigen. Aus diesem Grund ist der Gebrauch von Zwang ein letzter Ausweg, eine Strategie, die man nur selten und widerstrebend anwenden sollte. Wenn es unbedingt notwendig ist, sollten wir alles tun, was uns möglich ist, um den Schlag abzudämpfen und die strafende Wirkung unseres Handelns zu minimieren. Unser Ton sollte dabei warm und bedauernd sein und Zuversicht ausdrücken, dass wir das Problem gemeinsam lösen werden.

Darüber hinaus sollten wir überlegen, wie wir dem Kind helfen können, seine Würde und ein Gefühl von Macht wiederzuerlangen. Wenn wir uns nicht wohl dabei fühlen, einen Zwölfjährigen auf eine unbeaufsichtigte Party gehen zu lassen, und wenn diese Entscheidung bitteren Groll bei ihm hervorruft, können wir ihm vielleicht in einem anderen Bereich seines Lebens mehr Autonomie zugestehen. Vielleicht geben wir ihm mehr Freiraum, was seine Garderobe, die Benutzung seines Computers oder die Frage angeht, wann er abends zu Hause sein muss. Wenn Sie einen schicken Namen dafür haben wollen, nennen Sie es „kompensatorische Autonomieunterstützung".

Als ich einmal mit meiner dreijährigen Tochter eine Besorgung machte, weigerte sie sich, zum Auto zurückzugehen, und hielt mitten auf dem Bürgersteig einen Sitzstreik ab. Glücklicherweise hatte ich es nicht eilig, daher blieb ich freundlich und wartete einfach ab. Schließlich stand sie auf und stampfte wortlos zurück. Ich hatte es vermieden, direkten Zwang anzuwenden, doch Tatsache war, dass ich mich durchgesetzt hatte und sie nicht, und darüber war sie unglücklich. Als wir in die Garage fuhren, verkündete sie, sie wolle im Auto bleiben und Musik hören. Ich ließ sie das nicht nur länger tun als gewöhnlich, sondern ging sie auch ab und zu besuchen, um zu fragen, ob sie hereinkommen wolle. Sie sollte wissen – und auch wissen, dass ich wusste –, dass es ihre Entscheidung war. Wiederum ist die Idee simpel: Wenn Sie etwas tun müssen, wodurch das Selbstbestimmungsgefühl des Kindes an einer Stelle geschmälert wird, bemühen Sie sich, es an einer anderen Stelle zu stärken.

Natürlich stellt uns die passiv-aggressive Reaktion eines Sitzstreiks weniger hart auf die Probe als die aktiv-aggressive Reaktion eines ausgewachsenen Wutanfalls. Manche aufmerksamen Autoren sehen Wutanfälle als wichtig für eine gesunde Entwicklung an, während andere sie für ein Zeichen halten, dass Kinder – sehr wahrscheinlich aus gutem Grund – über das Verhalten ihrer Eltern frustriert sind und nicht wissen, wie sie diese Frustration anders zum Ausdruck bringen sollen. Vielleicht liegt in jeder dieser Ansichten ein Stück Wahrheit; vielleicht sind Wutanfälle einerseits nicht unvermeidlich oder unbedingt wünschenswert, jedoch andererseits auch nicht zwangsläufig ein Zeichen für eine schlechte Erziehung. In jedem Fall ist es wichtig, dass wir, wenn sie auftreten, so konstruktiv wie möglich reagieren.

Regel Nummer eins: Wenn es in der Öffentlichkeit geschieht, ignorieren Sie alle Menschen um Sie herum. Je mehr Sorgen Sie sich darüber machen, wie andere Leute über Ihre Erziehungsfähigkeiten urteilen werden, umso höher ist die Wahrscheinlichkeit, dass Sie mit zu viel Kontrolle und zu wenig Liebe und Geduld reagieren. Es geht nicht darum, was die Leute über Sie denken; es geht darum, was Ihr Kind braucht.

Regel Nummer zwei: Stellen Sie sich vor, wie sich das Ganze aus der Sicht Ihres Kindes darstellt. Wenn es einen Wutanfall hat, fürchtet es sich höchstwahrscheinlich vor der eigenen Wut und hat Panik, weil es die Kontrolle verloren hat. Daher tun Sie ihm keinen Gefallen, wenn Sie es ignorieren oder scharf reagieren. Setzen Sie nur so viel Kontrolle wie nötig ein, um sicherzustellen, dass Menschen (und, weniger wichtig, Eigentum) nicht gefährdet werden. Konzentrieren Sie sich darauf, Trost und Beruhigung zu bieten. Lassen Sie den Wutanfall vorüberziehen. Später können Sie versuchen, sich gemeinsam mit den Ursachen zu befassen.

Probieren Sie es aus

In diesem Kapitel ging es mir unter anderem darum, aufzuzeigen, wie oft wir unsere Kinder von Entscheidungen ausschließen, die sie zu treffen in der Lage sind, und wie wir auf diese Weise Gelegenheiten für sie verpassen, etwas zu lernen und ihr Bedürfnis nach Autonomie zu erfüllen. Zu diesem Zweck habe ich einige realistische Beispiele dafür, wie man Kinder entscheiden lassen kann, geschildert.

Doch leider kann ich nicht wissen, ob diese Beispiele für *Ihr* Leben von Bedeutung sind. Wenn wir zusammen in einem Zimmer säßen, könnte ich Sie nach Ihren konkreten Sorgen fragen und darauf eingehen. Vielleicht könnte ich anhand Ihrer Situation ein paar Vorschläge machen, wie Sie Ihrem Kind helfen könnten, häufiger einen – vielleicht auch bedeutenderen – Beitrag zu Entscheidungen zu leisten. Da dies jedoch ein Buch und kein Workshop ist, ist das Beste, was ich tun kann, Ihnen den letzten Teil dieses Kapitels zu überlassen. Ich schlage vor, dass Sie jede der folgenden drei Übungen gemeinsam mit Ihrem Partner oder vielleicht mit einem Freund, der auch Kinder hat, durchführen.

Übung 1

Für den Anfang kann es eine Hilfe sein, sich einige Reaktionen auf häufige Situationen zu überlegen. Es geht darum, Strategien der gemeinsamen Problemlösung zu entwickeln und zu sehen, wie sie sich von den üblicheren Vorgehensweisen, bei denen mit Kindern als Objekten etwas gemacht wird, unterscheiden.

Beispiel A: Ihr Kind weigert sich, ins Bett zu gehen. Erst tut es so, als hörte es Ihre Mitteilung, dass nun Schlafenszeit ist, nicht, dann bettelt es um noch ein paar Minuten, dann beharrt es darauf, nur noch eine einzige winzige Kleinigkeit fertig machen zu müssen, dann argumentiert es, es sei nicht fair, so früh ins Bett gehen zu müssen, und schließlich lehnt es mit wütender Stimme einfach ab, ins Bett zu gehen.

Zählen Sie ein paar herkömmliche Reaktionen auf,
bei denen mit dem Kind als Objekt etwas getan wird:

_____

_____

_____

_____

_____

_____

Nun versuchen Sie, sich ein paar Alternativen zu überlegen,
wie gemeinsam mit dem Kind Lösungen gefunden werden können:

_____

_____

_____

_____

_____

_____

_____

Beispiel B: In letzter Zeit hat Ihr Kind sich einen beleidigenden Tonfall angewöhnt, wenn es mit Ihnen – oder vielleicht einem Geschwisterkind – spricht.

Zählen Sie wiederum ein paar Reaktionen auf,
bei denen mit dem Kind als Objekt etwas getan wird:

_____

_____

_____

_____

_____

_____

Zählen Sie nun ein paar Alternativen auf,
wie gemeinsam mit dem Kind Lösungen gefunden werden können:

_____

_____

_____

_____

_____

_____

Übung 2

Nun überlegen Sie sich etwas, was *Ihr* Kind in letzter Zeit tut, was Sie stört oder beunruhigt. Es kann etwas sein, was in diesem Buch diskutiert worden ist, oder etwas, was ich nicht erwähnt habe.

Schildern Sie zunächst das Problem:

_____

_____

_____

_____

_____

_____

Nehmen wir an, Sie haben inzwischen eine recht gute Vorstellung davon, was Sie nicht tun sollten. Lassen Sie sich so viel Zeit, wie Sie brauchen – Minuten, Stunden oder auch Tage –, um ein paar Ideen zu entwickeln, die erfolgreicher sein könnten. Notieren Sie sie hier:

_____

_____

_____

_____

_____

_____

Unterstreichen Sie eine Idee auf der Liste oder kreisen Sie jene ein, die Sie wirklich ausprobieren wollen. Und dann probieren Sie sie aus. Wenn genügend Zeit vergangen ist, notieren Sie sich, wie gut sie funktioniert hat – und was Sie beim nächsten Mal eventuell anders machen könnten, um die Wirkung zu verbessern:

Wiederholen Sie diesen Prozess ein- oder zweimal, wenn Sie ihn als nützlich empfinden:

Übung 3

Nun, da Sie etwas über Strategien gemeinsamer Problemlösung gelesen, einige selbst entwickelt und schließlich auch ein paar dieser Strategien im Hinblick auf reale Probleme, die Sie mit Ihrem Kind erleben, erarbeitet haben, ist es Zeit für den letzten Schritt – die Entwicklung von Strategien gemeinsamer Problemlösung nicht nur für Ihr Kind, sondern *mit* Ihrem Kind.

Wenn Sie sich zu diesem Zweck mit einem anderen Problem
als dem in der letzten Übung befassen wollen,
schildern Sie dieses neue Problem:

_____

_____

_____

_____

_____

Fordern Sie Ihr Kind zu einem geeigneten Zeitpunkt auf, zu überlegen, wie man dieses Problem vielleicht angehen könnte. Versuchen Sie, ihm zwei oder drei Ideen zu entlocken, und schreiben Sie sie auf:

1. _____

_____

_____

_____

_____

2. _____

_____

_____

_____

_____

_____

_____

3. _____

_____

_____

_____

_____

_____

Suchen Sie gemeinsam mit Ihrem Kind eine dieser Ideen aus, die besonders vielversprechend erscheint. Dann probieren Sie sie aus.

Zum Schluss schreiben Sie auf, wie gut sie funktioniert hat – und wiederum, wie man dieselbe Idee beim nächsten Mal nach der Ansicht Ihres Kindes und Ihrer Ansicht nach vielleicht besser umsetzen könnte.

10 Die Sicht des Kindes

Wie können wir unsere Kinder so erziehen, dass sie glücklich werden? Das ist eine wichtige Frage, doch es gibt noch eine: Wie können wir unsere Kinder so erziehen, dass sie sich Gedanken darüber machen, ob *andere* Menschen glücklich sind?[1]

Wir sollten nicht zulassen, dass die erste Frage die zweite in den Hintergrund drängt – und es sollte uns auch nicht wichtiger sein, dass unsere Kinder höflich sind und sich gut benehmen, als dass sie aufrichtig mit anderen mitfühlen und sich dafür engagieren, das Richtige zu tun. Wir sollten uns vor allem auf die moralische Entwicklung unserer Kinder konzentrieren. Dies zu tun bedeutet, verschiedene Konzepte, die in anderen Erziehungsbüchern diskutiert werden, neu zu bewerten. Zum Beispiel werden „Grenzen" üblicherweise als Einschränkungen angesehen, die Erwachsene Kindern auferlegen. Doch sollte es nicht unser Ziel sein, dass unsere Kinder gewisse Dinge nicht deshalb unterlassen, weil wir sie verboten haben, sondern einfach deshalb, weil sie falsch sind? Mit anderen Worten, die Grenzen für das Verhalten von Kindern sollten als etwas wahrgenommen werden, was mit der Situation zu tun hat. Wir wollen, dass unsere Kinder fragen: „Wie fühlt sich das andere Kind wohl, wenn ich *x* mache?" – und nicht: „Darf ich *x* machen?" oder: „Bekomme ich Ärger, wenn ich *x* mache?"

Das ist ein hochgestecktes Ziel, jedoch kein unrealistisches, weil wir gutes Arbeitsmaterial haben. Menschen werden mit der Fähigkeit, das Wohl anderer im Blick zu haben, geboren. Daher haben Eltern, die ein Kind dazu erziehen möchten, empfänglich für die Bedürfnisse anderer zu sein, bereits „einen Verbündeten im Kind selbst", wie Martin Hoffman es einmal formulierte.

Natürlich heißt das nicht, dass Kinder automatisch zu moralisch handelnden Menschen werden, wenn man sie sich selbst überlässt. Sie brauchen unsere Hilfe. Zunächst einmal sollten wir aufhören, Dinge zu tun, die ihre moralische Entwicklung behindern, etwa Strafen und Belohnungen einzusetzen, deren Wirkung im Eigennutz begründet ist und die die Konzentration des Kindes auf diesen fördern. Indem man auf diese Säulen herkömmlicher Erziehung verzichtet, trägt man wesentlich dazu bei, dass Kinder lernen, den Blick auch auf das Wohlbefinden anderer zu richten. Doch es ist nur *ein* Schritt. Der Verzicht auf schlechte Erziehungsmethoden muss durch die Hinzufügung guter Erziehungsmethoden ergänzt werden.

Moralische Kinder

Eine Menge Forschung zu diesem Thema ist von Spezialisten für kindliche Entwicklung durchgeführt worden, vor allem von jenen, die sich auf das konzentrieren, was als „prosoziales" Verhalten bezeichnet wird. Wenn man die Daten sichtet, kann man einige Hauptempfehlungen zur Förderung der moralischen Entwicklung herausarbeiten.[2] (Und es ist übrigens kein Zufall, dass sich diese Empfehlungen zu einem großen Teil mit einigen der in Kapitel 7 erläuterten Grundsätze bedingungsloser Elternliebe überschneiden.)

1. Nehmen Sie Ihre Kinder wichtig

Der Grundstein der moralischen Entwicklung ist die Verbindung zwischen Eltern und Kind. Jede Anleitung und jedes Eingreifen muss in einer Beziehung verwurzelt sein, die das Kind als warm, sicher und bedingungslos liebend empfindet. Von verschiedenen Experten werden dieselben Begriffe genannt, wenn es um Empfehlungen zur moralischen Erziehung von Kindern geht: sichere Bindung, Geborgenheit, Respekt, Sensibilität und Empathie. Dies sind Grundbedürfnisse, die alle Menschen haben. Wenn sie erfüllt werden, ist das Kind von der Sorge um sie befreit und kann offen dafür sein, anderen zu helfen. Doch wenn sie nicht erfüllt werden, hallen sie möglicherweise in den Ohren des Kindes nach, mit dem Ergebnis, dass es taub für die Hilferufe anderer Menschen ist.

Kinder, die wissen, dass sie geliebt werden, fühlen sich sicherer und weniger in die Defensive gedrängt. Daher neigen sie dazu, mutiger auf andere zuzugehen – auch auf Menschen, die anders sind als sie selbst. Und es gibt noch einen zusätzlichen Vorteil: Kinder, die sicher an ihre Eltern gebunden sind, gehen nicht nur mehr auf andere ein, sondern sind darüber hinaus oft durchsetzungsfähig und selbstständig und erweisen sich in vielerlei Hinsicht als sozial kompetent und psychisch gesund.

2. Zeigen Sie Ihren Kindern, wie ein moralisch handelnder Mensch lebt

Noch bevor Kinder laufen können, saugen Sie schon Ihre Werte in sich auf. Von Ihnen lernen Sie, ein Mensch zu sein. Wenn sie sehen, wie Sie gleichgültig an jemandem in Not vorbeigehen, lernen sie, dass der Schmerz anderer Menschen sie nichts angeht. Wenn sie dagegen erleben, wie Sie Anteilnahme zeigen, auch für Fremde, ist dies eine wichtige moralische Lektion für sie. Studien haben gezeigt, dass Kinder eher etwas für einen guten Zweck spenden, wenn sie dies bei jemand anderem beobachtet haben, selbst wenn das schon lange her ist. Die Auswirkungen auf das Verhalten und die Überzeugungen von Kindern sind besonders deutlich, wenn das Vorbild von einem Menschen gegeben wird, den sie als liebevoll und fürsorglich ansehen. Eltern, die ihren Kindern die Bedeutung von Ehrlichkeit deutlich machen wollen, machen es sich zur Gewohnheit, ihre Kinder niemals anzulügen, auch wenn es einfacher wäre, zu behaupten, es seien keine Kekse mehr da, als zu erklären, warum sie keinen Keks mehr haben dürfen.

Wir können auch dadurch ein Beispiel geben, indem wir Kindern zeigen, dass nicht alle moralischen Entscheidungen leicht sind. Es kann furchtbar schwer sein, sich mit einer Situation auseinanderzusetzen, in der sich zwei Werte (etwa Ehrlichkeit und Mitgefühl) gegenüber zu stehen scheinen. Auch kann es schwer zu entscheiden sein, wie viel Gewicht man den Wünschen eines anderen beimessen soll, wenn man eigentlich lieber etwas anderes täte. Nehmen Sie Ihre Kinder mit „hinter die Kulissen" und lassen Sie sie miterleben, was Sie denken und fühlen und wie Sie sich durch ein Dilemma hindurcharbeiten. Vielleicht lernen sie so etwas über den Prozess, mittels dessen Sie versuchen, ein moralisches Leben zu führen, und vor allem merken sie, dass es in moralischen Fragen selten eine Patentlösung gibt.

3. Geben Sie Ihren Kindern Gelegenheit zum Üben

Beobachten ist wichtig, jedoch lernen Menschen auch, indem sie selbst etwas tun. Daher ist es sinnvoll, Kindern viel Gelegenheit zum Helfen zu geben. Wenn Kinder dafür verantwortlich sind, auf ein jüngeres Geschwisterkind aufzupassen oder sich um ein Haustier zu kümmern, ist dies für sie eine praktische Lektion darin, was es bedeutet, wenn einem andere am Herzen liegen. Sie haben nicht nur davon gehört und es gesehen – sie haben es selbst getan. Auf diese Weise sehen sie sich auch selbst als hilfsbereite Menschen an.

Das ist einer der Gründe, weshalb gute Lehrer ihren Unterricht so gestalten, dass Kinder oft voneinander lernen können. Hunderte von Schülern haben bewiesen, dass sie gründlicher nachdenken, wenn sie ihre Fähigkeiten zusammenlegen, die Köpfe zusammenstecken und gemeinsam Strategien zur Problemlösung erarbeiten können. Doch sie lernen auch etwas, was weit über akademische Leistungen hinausgeht: Sie lernen, den Blick auf andere zu richten. Zusammenarbeit ist eine Erfahrung, die menschlicher macht und zu einer wohlwollenden Sicht anderer anregt. Sie fördert Vertrauen, Sensibilität, offene Kommunikation und letztlich auch Hilfsbereitschaft. Kinder dagegen in einer wettbewerbsorientierten oder größtenteils individualistischen Umgebung aufwachsen zu lassen oder zu unterrichten bedeutet nicht nur, ihnen diese Vorteile vorzuenthalten, sondern wirkt sogar destruktiv. Ja, eine Gruppe von Forschern ist zu dem Schluss gekommen, dass „Wettbewerb die Großzügigkeit gegenüber anderen in größerem Maß unterdrückt, als Zusammenarbeit sie fördert"[3].

4. Reden Sie mit Ihren Kindern

Für Eltern gibt es zwei grundlegende Alternativen zum Gebrauch von Macht: Liebe und Vernunft. Ideal ist es, eine Kombination von beidem zu bieten – etwas, was vom Herzen ausgeht, und etwas, was vom Kopf ausgeht. Bedingungslose Liebe ist natürlich ein zentrales Thema dieses Buches. Doch wir müssen auch die Bedeutung der Vernunft und insbesondere ihren Einfluss auf die moralische Entwicklung verstehen. Weil dieser Punkt etwas komplizierter als die übrigen drei ist, möchte ich mich etwas ausführlicher damit befassen.

Eltern, denen es wichtig ist, ihre Kinder zu guten Menschen zu erziehen, wenden viel Zeit dafür auf, sie anzuleiten und ihnen Dinge zu erklären. Es reicht nicht aus, dass wir gute Werte haben; vielmehr müssen diese Werte dem Kind auf eine Weise nahegebracht werden, die seiner Verständnisfähigkeit angepasst ist. Wenn wir dies nicht tun, wird das Kind dennoch von uns beeinflusst, jedoch nicht auf die Weise, die wir erhofft haben. Nichts zu sagen, wenn sich das Kind zum Beispiel egoistisch verhält, bedeutet eine klare Botschaft zu senden, und diese Botschaft hat mehr mit der Akzeptabilität egoistischen Verhaltens zu tun als mit den Vorzügen einer nicht eingreifenden Erziehung.

Wir sollten klare moralische Richtwerte festlegen und deutlich machen, was wir erwarten, jedoch ohne Zwang anzuwenden. Zwar müssen wir das, was wir sagen (darüber, wie man andere behandeln sollte und wie nicht), mit einem gewissen Nachdruck vorbringen, aber es ist wichtig, dass Druck nicht das ist, was bei den Kindern ankommt, denn sonst erzeugen wir ein Klima der Angst, das dem Lernen im Wege steht. Wenn wir Kinder dazu bringen, sich Sorgen darüber zu machen, dass sie mit dem Entzug unserer Liebe zu rechnen haben, wenn sie etwas Schlechtes tun, erreichen wir lediglich vorübergehende Folgsamkeit ohne Verständnis oder intrinsische Motivation.

Doch gehen wir noch einen Schritt weiter. Durch Herumschreien erreicht man kein moralisches Lernen, aber durch bloßes Auffordern auch nicht. Ein einfaches Verbot („Tu das nicht") ist nicht sehr hilfreich. Ja, es kann sogar dazu führen, dass ein Kind allgemein vorsichtiger wird und sich seltener traut, auf jemanden zuzugehen, um ihm zu helfen.[4] Ein etwas konkreterer Satz wie „man haut Menschen nicht!" ist nicht viel besser. Um die moralische Entwicklung zu fördern, darf unsere Botschaft nicht einfach lauten, Schlagen sei schlecht – oder Teilen sei gut. Vielmehr sollten wir Kindern helfen zu *verstehen,* warum das so ist. Wenn wir nicht erklären, warum, ist der naheliegendste Grund dafür, nicht zu schlagen, der, dass man sonst bestraft wird.[5]

Indem wir unsere Gründe geduldig darlegen, tun wir gleich zwei Dinge: Erstens teilen wir den Kindern mit, was uns wichtig ist und warum. Zweitens fordern wir ihren Geist und helfen ihnen, über moralische Fragen nachzudenken – ja, mit ihnen zu ringen. Der Gebrauch von Argumenten fördert unabhängiges Denken und macht auch deutlich, dass wir unsere Kinder zwar beeinflussen möchten, uns jedoch auch wünschen, dass sie selbstständig nachdenken. Diese Folgen sind von der Forschung bestätigt worden: Kinder, deren Eltern Erklärungen gaben, statt nur Gehorsam zu verlangen, neigen später als Erwachsene mehr dazu, altruistisch zu handeln, wenn es wirklich darauf ankommt (laut einer Studie), und sind mit höherer Wahrscheinlichkeit politisch aktiv und engagieren sich eher im sozialen Bereich (laut einer anderen Studie).[6]

Also: Besser als Schreien ist Auffordern. Besser als Auffordern ist Erklären. Und nun fügen wir hinzu: Besser als Erklären – oder besser als *nur* zu erklären – ist Diskutieren. Beim Lernen von irgendetwas (beispielsweise Mathematik) geht es nicht nur darum, Informationen aufzunehmen. Menschen sind keine passiven Gefäße, in die Wissen hineingegossen wird. Wir verstehen Konzepte, indem wir sie hin und her wenden und uns deren Sinn aktiv erschließen. Zu erklären, wie wichtig sie sind, auch wenn man es noch so eloquent tut, wird kaum dazu führen, dass Kinder sich für ein Ideal engagieren. Kinder haben keinen Grund, das, was richtig ist, weiterhin zu tun, wenn sie das, was wir ihnen gesagt haben, nicht in ihre Sicht der Welt integriert haben. Wenn wir uns wünschen, dass sie zu moralisch handelnden Menschen werden – im Gegensatz zu Menschen, die nur tun, was man ihnen sagt –, müssen wir ihnen Gelegenheit geben,

Konzepte wie Gerechtigkeit oder Mut selbst zu konstruieren. Sie müssen in der Lage sein, diese Konzepte angesichts ihrer eigenen Erfahrungen und Fragen neu zu erfinden, selbst herauszufinden (mit unserer Hilfe), was für eine Art Mensch man sein sollte.[7]

All dies passt natürlich zu der bereits erwähnten Feststellung, wie wichtig es ist, die Autonomie von Kindern zu stärken. An dieser Stelle geht es mir darum, zu betonen, welche Bedeutung dies für die moralische Entwicklung hat. Im Rahmen einer Studie wurde festgestellt, dass die beeindruckendste moralische Entwicklung bei Kindern (verschiedenen Alters) stattfand, deren Eltern nicht nur auf sie einredeten, sondern einen Dialog mit ihnen pflegten. Die besten Ergebnisse wurden erreicht, wenn Eltern Unterstützung und Ermutigung boten, indem sie „Interesse an der Meinung des Kindes bekundeten, klärende Fragen stellten, das Gesagte mit eigenen Worten ausdrückten, um sicherzugehen, dass sie ihr Kind richtig verstanden hatten". Bei anderen Forschungen wurde allgemeiner festgestellt, dass Kinder, die dazu angeregt werden, sich aktiv an der Entscheidungsfindung zu beteiligen, oft ein höheres Maß an moralischem Denken zeigen.[8]

Der Prozess der Stärkung der kindlichen Autonomie kann vielerlei Formen annehmen. Zumindest sollten wir deutlich machen, dass die Ansichten des Kindes wichtig sind, indem wir ihm sorgfältig zuhören und seine Meinung mit Respekt anhören. Marilyn Watson, eine Expertin für kindliche Entwicklung, empfiehlt jedoch auch, man solle vermeiden, „die ganze Kraft unserer Argumente einzusetzen, um unsere Position zu rechtfertigen, und die Kinder so mit unserer Logik zu erdrücken". Vielmehr sollten wir „Kindern helfen, Gründe zu finden, die ihre eigenen Ansicht stützen, selbst wenn wir mit dieser Ansicht nicht übereinstimmen".

Watson führt das folgende Beispiel an: Angenommen, Ihr Kind will eine Fernsehsendung sehen, die Sie für unangemessen halten, und es begründet seinen Wunsch nur mit: „Aber meine Freunde sehen das auch alle!" Natürlich könnten Sie jetzt Punkte gewinnen, indem Sie das Ganze ad absurdum führen: „Und wenn deine Freunde alle vom Dach springen würden …?" Doch Sie wissen, was Ihr Kind wahrscheinlich sagen will (aber nicht ausdrücken kann): „Ich habe Angst, bei meinen Freunden nicht mehr mitreden zu können, weil sie alle etwas gesehen haben und ich nicht." Gehen Sie also darauf ein, was Ihr Kind meint – und wenn

Sie nicht sicher sind, prüfen Sie, ob Ihre Annahme richtig ist. „Helfen Sie Ihrem Kind, seine Meinung zu äußern", sagt Watson, „oder führen Sie sogar das beste Argument an, das Ihnen einfällt, wenn Sie sich in den Standpunkt Ihres Kindes versetzen", auch wenn es letztlich nicht den Ausschlag geben wird – zum Beispiel weil nach *Ihrer* Argumentation in der betreffenden Sendung einfach zu viel Gewalt vorkommt.

Denken Sie daran: Ihr Ziel ist es nicht, sich durchzusetzen. Vielmehr wollen Sie Ihrem Kind deutlich machen, dass es nicht so gut argumentieren können muss wie Sie, um ernst genommen zu werden, und Sie wollen ihm helfen, seine Argumente überzeugender vorbringen zu lernen. Wir *wollen,* dass Kinder uns „Widerworte geben", solange sie dies respektvoll tun – und wir wollen, dass sie besser darin werden.[9]

Auf den letzten Seiten habe ich demonstriert, dass es wichtig ist, wie wir gegenüber unseren Kindern argumentieren. Nun möchte ich hinzufügen, dass wir neben der Art, wie wir erklären, auch auf den Inhalt achten müssen. Ich habe bereits erwähnt, dass es nicht ausreicht, Kindern zu sagen, es sei falsch, anderen wehzutun; wir müssen ihnen helfen, darüber nachzudenken, *warum* es falsch ist.

Also, warum ist es falsch?

Eine mögliche Antwort besteht in einem Appell an das Eigeninteresse. Dies ist, wie gesagt, die Antwort, die durch eine Bestrafung ausgedrückt wird, ohne dass wir es in Worte zu fassen brauchen. Kinder lernen, dass sie anderen nicht wehtun sollen, weil sie bestraft werden, falls man sie erwischt. Manche Eltern setzen zwar eher auf Erklärungen als auf autoritäre Drohungen, doch bei den von ihnen angeführten Gründen geht es im Grunde um das gleiche Motiv. „Wenn du gemein zu deinen Mitschülern bist, will niemand mit dir befreundet sein." „Wenn du andere schubst, schubst dich irgendwann mal einer zurück – oder noch schlimmer." Auf ähnliche Weise erklären solche Eltern vielleicht, der Grund dafür, anderen zu helfen, sei, dass dies dem Kind letztlich zugute kommen werde: „Wenn du Marsha mit deinem Roller fahren lässt, lässt sie dich vielleicht nachher mit ihren Legosteinen spielen." Mit anderen Worten: Die Leute werden dich so behandeln, wie du sie behandelt hast.

Sehen Sie das Problem? Diese Strategie fördert überhaupt keine echte Anteilnahme daran, was andere empfinden. Vielmehr fördert sie nur egoistische Schlauheit. Manche Kinder können versucht sein, anderen wehzutun, falls sie eine Möglichkeit finden, unangenehme Auswirkungen auf sich selbst zu vermeiden – und sie fragen sich vielleicht, warum sie sich die Mühe machen sollten, anderen zu helfen, wenn sie keine Gegenleistung dafür bekommen. Daher ist es so wichtig, dass Eltern nicht nur gegenüber ihren Kindern argumentieren, sondern dass sie auf eine Weise argumentieren, die den Kindern hilft, zu besseren Menschen zu werden, nicht nur zu Menschen, die ständig fragen: „Und was hab ich davon?"

In Kapitel 8 habe ich erläutert, dass Lob für großzügiges Handeln den Blick von Kindern auf *unseren* Beifall für ihr Verhalten richtet und dass wir stattdessen versuchen sollten, Kinder darauf aufmerksam zu machen, welche Folgen ihr Handeln für denjenigen hat, dem sie geholfen haben. („Wenn du Marsha mit deinem Roller fahren lässt, hat sie auch Spaß, und das macht sie glücklich.") Genau der gleiche Ansatz ist auch sinnvoll, wenn Kinder anderen wehgetan haben: Statt ihren Blick auf *unsere* Missbilligung zu richten, sollten wir sie sanft dazu anregen, über die Folgen für denjenigen nachzudenken, dem sie wehgetan haben. Zu einem sehr jungen Kind könnten wir etwa sagen: „O je! Sieh dir Max' Gesicht an! Er scheint sehr unglücklich zu sein, meinst du nicht? Weißt du noch, wie du letzte Woche hingefallen bist und geweint hast, weil es so wehtat? Ich fürchte, Max fühlt sich wegen dem, was du getan hast, jetzt auch so. Was meinst du, was könntest du tun, damit er sich wieder besser fühlt?"

„Drück dich deutlich aus!" ist eine Aufforderung, die häufig an kleine Kinder gerichtet wird, manchmal sogar dann, wenn sie sich noch gar nicht wirklich deutlich ausdrücken können. Doch *wir* können uns am besten deutlich ausdrücken, indem wir Kindern helfen, zu verstehen, dass der Grund dafür, anderen zu helfen – und ihnen nicht wehzutun – nicht darin besteht, welchen Nutzen sie davon haben, sondern welche Folgen ihr Handeln für andere hat. Mit anderen Worten: Ich bin sehr dafür, dass „Konsequenzen" in der Erziehung eine Rolle spielen sollten – solange wir *die* Konsequenzen für die Menschen betonen, mit denen unsere Kinder interagieren, statt nur auf die hinzuweisen, die unsere Kinder selbst betreffen.

Viele Forscher haben sich Martin Hoffman darin angeschlossen, diesen Ansatz als Argumentieren, das am anderen orientiert ist, oder als „induktiven Erziehungsstil" zu bezeichnen. Hoffman stellte fest, dass Kinder, deren Mütter dies regelmäßig taten, meist eine „höhere Stufe der Moralentwicklung" zeigten. Spätere Forschungen haben diese Feststellung bestätigt, und während einige Psychologen argumentiert haben, der induktive Ansatz sei bei älteren Kindern am wirkungsvollsten, wurde im Rahmen einer anderen Studie festgestellt, dieser Ansatz trage bei Kindern im Vorschulalter dazu bei, dass sie weniger aggressiv und beliebter bei Gleichaltrigen würden. Wieder eine andere Studie kam zu dem Ergebnis, dass sogar Kleinkinder dazu neigen, auf jemanden in Schwierigkeiten mit mehr Fürsorge und Mitgefühl zu reagieren, wenn ihre Mütter ihnen regelmäßig die „Folgen ihres Verhaltens für das Opfer"[10] erklären.

Eine am anderen orientierte Argumentation kann auch für eine neue Sicht auf das Thema Höflichkeit nützlich sein. Manchmal wird so viel Wert darauf gelegt, sich im Grunde willkürlichen gesellschaftlichen Konventionen anzupassen – im richtigen Moment „Entschuldigung" zu sagen oder an bestimmten Orten den Hut abzunehmen –, dass Kinder glauben, diese Normen seien wichtiger als die Dinge, auf die es wirklich ankommt. Oder – noch schlimmer – sie bekommen den Eindruck, bei menschlicher Interaktion gehe es nur darum, jemandem etwas vorzuspielen: „Benimm dich anständig" oder „Sei schön brav" (als Abschiedsworte von Mutter oder Vater) ist nur eine Erinnerung daran, sich bestimmte Phrasen einzuprägen und sie aufzusagen.

Vor langer Zeit schwor ich mir, nie zu einem Vater zu werden, der seinen Kindern jedes Mal wie ein Papagei „Wie sagt man?" soufliert, wenn sie von jemandem etwas bekommen, in der Erwartung, dass sie mit einem ebenso mechanischen „Danke" antworten. Ebenso nahm ich mir vor, meinen Kindern nie mit einem geflöteten „Wie heißt das Zauberwort?" zuzusetzen, wenn sie um etwas bäten. (*Bitte* ist natürlich nur dann ein Zauberwort, wenn wir uns weigern, Kindern zu geben, was sie wollen, solange sie es nicht sagen – was bedeutet, dass wir wieder nur an den Eigennutz appellieren.)

Zu Hause ist es für mich kein Problem, diese Nettigkeiten zugunsten wichtigerer Werte in den Hintergrund treten zu lassen. Doch ich musste den Tatsachen ins Auge sehen: Mir liegt nicht viel an solchen Dingen, anderen Leuten aber sehr wohl. Es hat seinen Preis, sich über gesellschaftliche Konventionen hinwegzusetzen, und eine prinzipielle Weigerung, höflich zu sein, ist nicht die Haltung, die ich vertreten will. Vor allem will ich sie nicht auf Kosten meiner Kinder vertreten. Denn die Realität ist die, dass man sie beurteilen und für unzulänglich befinden wird, wenn sie ihre Konversation nicht mit den obligatorischen gesellschaftlichen Nettigkeiten garnieren.

Die Lösung ergab sich für mich dadurch, dass ich *bitte* und *danke* als etwas anzusehen begann, wodurch man anderen ein gutes Gefühl verschaffen kann, statt nur als Höflichkeit um ihrer selbst willen. Ich erinnere meine Kinder daran, dass es nett ist, diese Wörter zu sagen, weil andere Menschen sie gerne hören. Sicher gibt es bedeutsamere Arten, anderen zu helfen und eine Freude zu machen, aber warum sollten wir nicht alles tun, was wir können, sei es groß oder klein, um dieses Ziel zu erreichen? Sagen Sie nicht danke, weil Sie Angst haben, ich würde wütend auf Sie werden, wenn Sie es nicht tun; das ist ein furchtbarer Grund. Sagen Sie nicht danke, weil es höflich ist; das ist gar kein richtiger Grund. Sagen Sie danke wegen der Auswirkung dieses Wortes auf die Menschen, denen Sie danken.

Die Sicht des anderen einnehmen

Mein Sohn Asa hatte einmal, als er drei Jahre alt war, eine Offenbarung im Hinblick auf seinen Freund. Mit erstaunter Stimme erklärte er: „David wohnt immer bei sich zu Hause!" Natürlich wusste er schon, dass wir, wenn wir David besuchten, hinterher ohne ihn nach Hause fuhren. Doch nun begann er darüber nachzudenken, was geschah, nachdem wir gegangen waren – wie David uns auf Wiedersehen sagte und danach weiter in seinem Haus wohnte, genau wie wir in unserem. Asa begann die Tatsache zu begreifen, dass David ein Leben hatte, das unabhängig von ihm war, eines, das parallel zu seinem ablief.

Den eigenen Blickwinkel zu verlassen, zu überlegen, wie die Welt für einen anderen Menschen aussieht, ist, wenn man darüber nachdenkt, eine der erstaunlichsten Fähigkeiten des menschlichen Geistes. Psychologen nennen es „Perspektivenübernahme", und es gibt drei Varianten davon. Die erste ist räumlicher Natur: Ich kann mir vorstellen, wie Sie im wörtlichen Sinne die Welt *sehen,* etwa, dass das, was auf meiner rechten Seite ist, auf Ihrer linken Seite ist, wenn wir uns gegenüber stehen. Bei der zweiten Variante kann ich mir vorstellen, wie Sie über Dinge *denken* – dass Sie beispielsweise Schwierigkeiten haben, ein Problem zu lösen, das für mich ganz einfach ist, oder dass Sie Ansichten über Kindererziehung haben, die sich von meinen unterscheiden. Die dritte Variante besteht darin, sich vorzustellen, wie Sie *empfinden,* wie etwas Sie bestürzen könnte, auch wenn es auf mich nicht diese Wirkung hat. (Dieser letzte Typus von Perspektivenübernahme wird manchmal mit „Empathie" verwechselt, was bedeutet, sich in den anderen einzufühlen. Empathie bedeutet, nicht nur zu verstehen, dass jemand wütend ist, sondern selbst ebenfalls Wut zu empfinden.)

Jean Piaget, der im Hinblick auf die Untersuchung der Perspektivenübernahme Pionierarbeit leistete, glaubte, Kinder seien erst ab einem Alter von etwa sieben Jahren dazu in der Lage. Doch offenbar waren die von ihm verwendeten Messtechniken einfach zu kompliziert, als dass kleinere Kinder hätten zeigen können, was zu verstehen sie in der Lage waren. Schon vor dem Alter von fünf Jahren ist ein Kind möglicherweise zu einer rudimentäreren Art von Perspektivenübernahme fähig.[11] Es weiß, dass andere Leute frieren können, obwohl ihm selbst warm ist, oder dass andere traurig sein können, auch wenn es selbst fröhlich ist. Es beginnt zu begreifen, dass Papa den Text des Liedes nicht kennt, weil er nicht im Kindergarten war, als es gesungen wurde. Es kann irgendwie verstehen, dass das Kind, mit dessen Filzstiften es gern spielen würde, sich wahrscheinlich ärgert, wenn es sie sich einfach nimmt. Zwar stimmt es, dass das Kind vielleicht noch nicht immer dazu in der Lage ist – oder dazu, sein Verhalten stets danach auszurichten. Doch schon recht früh bekommen wir solche flüchtigen Einblicke in eine Fähigkeit, die im Lauf der Zeit stabiler werden wird.

Angesichts der Tatsache, dass die Fähigkeit, sich in den Blickwinkel anderer Menschen zu versetzen, ein Akt der Vorstellungskraft ist, eine Art, anders zu denken, überrascht es Sie vielleicht nicht, dass Menschen, die dies besonders gut können, oft auch in anderer Hinsicht beeindruckende Denker sind. Mein Hauptinteresse an der Perspektivenübernahme ist hier jedoch eher ethischer als intellektueller Natur. Schließlich ist das, worüber wir hier sprechen, ganz wörtlich das Gegenteil von Egozentrismus und stellt daher eine Grundlage für die Moral dar.

Menschen, die in der Lage sind, darüber nachzudenken – und dies auch tun –, wie andere die Welt erleben, neigen eher dazu, auf diese Menschen zuzugehen und ihnen zu helfen oder ihnen wenigstens keinen Schaden zuzufügen. Kafka sagte einmal, Krieg sei „auch wegen einem furchtbaren Mangel an Phantasie entstanden". Um zu töten, muss man aufhören, individuelle Menschen zu sehen, und sie stattdessen auf Abstraktionen wie „den Feind" reduzieren. Man darf sich nicht bewusst machen, dass jeder Mensch unter unseren Bomben ebenso das Zentrum seines Universums ist, wie wir das Zentrum unseres Universums sind: Er bekommt auch die Grippe, macht sich Sorgen um seine alternde Mutter, mag gern Süßigkeiten, verliebt sich – auch wenn er Tausende von Kilometern weit weg wohnt und eine andere Sprache spricht. Die Welt mit seinen Augen zu sehen bedeutet, all die Einzelheiten wahrzunehmen, die ihn menschlich machen, und letztlich bedeutet es auch, zu verstehen, dass sein Leben nicht weniger wertvoll als unseres ist. Selbst in Unterhaltungsfilmen zeigt man uns nicht die Bösen zu Hause mit ihren Kindern. Man kann nur den Tod einer Karikatur bejubeln, nicht den einer dreidimensionalen Person.

Auch viele der weniger dramatischen gesellschaftlichen Probleme, denen wir täglich begegnen, können als fehlende Perspektivenübernahme verstanden werden. Menschen, die Abfälle auf die Straße werfen, den Verkehr durch Parken in zweiter Reihe blockieren oder Seiten aus Büchereibüchern ausreißen, scheinen in sich selbst gefangen zu sein, unfähig oder nicht bereit, sich vorzustellen, dass andere ihren Müll ansehen, ihre Autos um ihre herummanövrieren müssen oder das Kapitel, das sie brauchen, nicht finden können.

Daran zu arbeiten, die Dinge so zu sehen, wie andere sie sehen, bedeutet, ein ganz anderes Leben zu führen. Sie sitzen in einem Theater, recken den Hals, damit Sie um den Kopf des Menschen vor Ihnen herum sehen können, und werden zunehmend verärgert über diese Unannehmlichkeit. Plötzlich dämmert es Ihnen, dass derjenige in der Reihe hinter Ihnen Sie vielleicht genauso wahrnimmt: Nicht nur Ihnen wird die Sicht blockiert, sondern Sie blockieren auch seine Sicht.

Oder nehmen wir ein anderes Beispiel. Während sich viele Menschen abschätzig über diejenigen äußern, die anderer Ansicht sind als sie („Wie kann sie diese Einstellung zur Abtreibung haben!"), neigen Menschen, die sich Perspektivenübernahme zur Gewohnheit gemacht haben, dazu, aus einem Ausrufezeichen ein Fragezeichen zu machen („Wie *kann* sie diese Einstellung zur Abtreibung haben? Welche Erfahrungen, Annahmen oder Wertvorstellungen haben dazu geführt, dass sie eine derart andere Ansicht hat als ich?") Dieses Bemühen, aus sich selbst herauszutreten, sollten wir auch in unseren Kindern zu fördern versuchen.

Natürlich gibt es verschiedene Stufen der Perspektivenübernahme und komplizierte Formen übersteigen vielleicht die Fähigkeiten sehr junger Kinder. Das Beste, worauf wir bei einem Vierjährigen hoffen können, ist die ziemlich primitive Moral der Goldenen Regel. So könnten wir etwa sagen (in einem Ton, der eher wie eine Anregung zum Nachdenken als wie ein Tadel klingt): „Ich hab gesehen, dass du den ganzen Saft getrunken und keinen für Amy übrig gelassen hast. Was meinst du, wie du dich fühlen würdest, wenn Amy das getan hätte?" Die in dem Fall wahrscheinlich zutreffende Prämisse dieser Frage besteht darin, dass beide Kinder gerne Saft trinken und enttäuscht wären, wenn keiner mehr da wäre.

George Bernard Shaw erinnert uns jedoch daran, dass eine solche Annahme nicht immer sinnvoll ist. „Behandle andere *nicht*, wie du möchtest, dass sie dich behandeln", rät er. „Es könnte sein, dass ihr Geschmack nicht derselbe ist" – oder, so könnten wir hinzufügen, ihre Bedürfnisse, Wertvorstellungen oder ihr Hintergrund. Ältere Kinder und Erwachsene können verstehen, dass es nicht genügt, uns vorzustellen, wir wären in der Situation eines anderen: Wir müssen uns diese Person in dieser Situation vorstellen. Wir müssen die Welt mit ihren und nicht mit unseren Augen sehen. Wir müssen – wenn ich die Metapher wechseln darf – nicht nur fragen, wie es ist, in ihren Schuhen zu gehen, sondern auch, wie es ist, ihre Füße zu haben.

Wie können wir also die Perspektivenübernahme bei unseren Kindern fördern? Wie können wir ihnen helfen, ein immer komplexeres Verständnis dafür zu entwickeln, wie Dinge aus einem anderen Blickwinkel aussehen? Wiederum besteht eine Möglichkeit darin, ein Beispiel zu geben. Wenn ein Kassierer im Supermarkt etwas Unfreundliches sagt, kann zum Beispiel die Mutter, die seine schlechte Laune zu spüren bekommen hat, zum Kind sagen: „Hm. Er schien heute nicht besonders gut gelaunt zu sein, was? Was könnte er wohl erlebt haben, das ihn so griesgrämig gemacht hat? Meinst du, jemand hat ihn vielleicht gekränkt?"

Es ist sehr wirkungsvoll, so etwas zu unseren Kindern zu sagen, sie zu lehren, dass wir auf jemanden, der sich unfreundlich verhält, nicht so reagieren müssen, dass wir selbst wütend werden – oder auch uns selbst die Schuld daran geben. Stattdessen können wir versuchen, uns in die Welt dieses anderen Menschen hineinzuversetzen. Wir haben die Wahl: Jeden Tag können unsere Kinder beobachten, wie wir den Blickwinkel eines anderen einnehmen – oder sie können beobachten, wie wir selbstzentriert bleiben. Jeden Tag können sie unser Bemühen erleben, Fremde als Menschen wahrzunehmen – oder sie können erleben, dass wir dies nicht tun.

Neben beispielhaftem Verhalten können wir auch dadurch zu Perspektivenübernahme anregen, dass wir, wenn wir mit unseren Kindern über Bücher und Fernsehsendungen sprechen, die unterschiedlichen Blickwinkel der Figuren betonen. („Wir sehen dies alles mit den Augen des Arztes, stimmt's? Aber wie fühlt sich wohl das kleine Mädchen nach dem, was gerade passiert ist?") Wir können die Technik der Perspektivenübernahme sogar nutzen, um Geschwistern bei der Klärung ihrer Konflikte zu helfen. „Okay", können wir nach einem Streit sagen. „Erzähl mir, was gerade geschehen ist, aber tu so, als wärst du dein Bruder, und schildere alles so, wie er es vielleicht erlebt hat."[12]

Schließlich können wir kleineren Kindern helfen, sensibler für die Gefühle anderer zu werden, indem wir sie sanft auf deren Tonfall, Körperhaltung oder Gesichtsausdruck aufmerksam machen und sie anregen, darüber nachzudenken, was derjenige denken oder empfinden könnte. Es geht darum, eine Fähigkeit zu entwickeln (zu lernen, andere zu verstehen), aber auch eine Bereitschaft zu fördern (wissen zu *wollen,* was andere empfinden, und bereit zu sein, es herauszufinden). „Ich weiß, Oma hat gesagt, sie wäre damit einverstanden, noch mal mit dir spazieren zu gehen, aber ich hab gemerkt, dass sie etwas gezögert hat. Und hast du gesehen, wie müde sie wirkte, als sie sich eben hingesetzt hat?"

Wenn man Kinder lehrt, auf derartige Hinweise zu achten, kann das dazu beitragen, dass sie sich angewöhnen, tiefer in andere hineinzuschauen. Es regt sie an, die Welt so wahrzunehmen, wie jemand anders es tut, und vielleicht ein Gefühl dafür zu bekommen, wie es ist, dieser andere zu *sein.* Das ist ein wichtiger Schritt dahin, helfen und nicht wehtun zu wollen – und letztlich selbst ein besserer Mensch zu werden.

Mit den Augen Ihres Kindes

Perspektivenübernahme ist etwas, was wir unsere Kinder lehren wollen, jedoch ist es auch unerlässlich, dass *wir* die Perspektive unserer Kinder einnehmen. Dies ist in sich ein bedeutender Perspektivenwechsel. Wir können einem Kind helfen, sich den Blickwinkel eines anderen vorzustellen, doch als Eltern muss unsere oberste Priorität darin bestehen, sich vorzustellen, wie die Dinge aus dem Blickwinkel des Kindes aussehen. Das sollten wir nicht nur tun, um ein Vorbild für diese Fähigkeit zu geben - wir sollten es tun, weil es ein Eckpfeiler guter Erziehung ist. Punkt.

Im Grunde genommen ist Perspektivenübernahme ein gemeinsamer Nenner vieler Dinge, auf die ich in diesem Buch hingewiesen habe. So werden beispielsweise die Auswirkungen von Strafen – etwa dass sie den Blick der Kinder vor allem darauf lenken, nicht erwischt zu werden – viel offensichtlicher, wenn wir die Situation mit den Augen desjenigen sehen, der bestraft wird. Dasselbe gilt dafür, wie es sich auswirkt, wenn zwei Eltern eine einheitliche Front bieten oder wenn Verhaltensweisen, die uns gefallen, mit positiver Verstärkung belohnt werden. Die negativen Auswirkungen dieser Dinge sind weniger überraschend, wenn wir uns vorstellen, wie sie sich für das Kind darstellen.

Wir lehren Kinder ständig irgendetwas, doch um herauszufinden, *was* wir sie lehren, hilft es, die Perspektive des Kindes einzunehmen. Denken Sie daran: Forschungen zufolge ist die Botschaft, die beim Kind ankommt – und nicht die, die wir zu senden glauben – entscheidend für die Auswirkungen unseres Handelns. Daher kommt es darauf an, ob Kinder das *Gefühl* haben, bedingungslos geliebt zu werden, ob *sie* glauben, die Chance zu haben, Entscheidungen zu treffen, und so weiter.[13] Nehmen wir ein konkreteres Beispiel. Vielleicht meinen wir es nur gut, wenn wir einem Teenager, der zu spät nach Hause kommt, sagen, er habe das Abendessen verpasst. Wir glauben, die Lektion, die er lernen soll, laute: „Das nächste Mal bist du dann vielleicht pünktlicher und rücksichtsvoller." Aber er hört dagegen möglicherweise: *Es interessiert sie nicht, warum ich so spät komme oder was in meinem Leben los ist. Es würde zwei Minuten dauern, mein Essen aufzuwärmen, aber ihnen ist es lieber, wenn ich hungrig bleibe. Offenbar sind ihnen ihre blöden Regeln wichtiger, als dass es mir gutgeht… Bin ich es nicht wert, dass sie sich um mich kümmern?*

Das Thema der Perspektivenübernahme zieht sich auch durch die Empfehlungen, die ich in den vergangenen Kapiteln gegeben habe. „Kinder ernstnehmen" bedeutet, sie als Menschen mit einem eigenen Blickwinkel anzusehen. „Weniger zu reden und mehr zu fragen" ist eine Möglichkeit, mehr darüber zu erfahren, wie sie die Welt sehen. Und sobald wir dies tun, sobald uns bewusst wird, dass das, was wir verlangen, aus ihrer Perspektive vielleicht viel weniger einleuchtend erscheint, müssen wir vielleicht „unsere Forderungen überdenken" statt bloß zu versuchen, sie durchzusetzen. Auch habe ich empfohlen, dass wir, wenn wir auf einem Befolgen unserer Forderungen bestehen müssen, deutlich sagen sollten, dass wir verstehen, was das Kind dabei empfindet. Und falls ein Sturm losbricht, können wir wirkungsvoller reagieren, wenn wir die Perspektive des Kindes einnehmen: Was ist es für ein Gefühl, die Kontrolle verloren zu haben, und wie können wir angesichts dessen helfen?

Perspektivenübernahme hilft Eltern, auf die Bedürfnisse ihrer Kinder zu achten und mehr darüber zu erfahren. Forscher haben festgestellt, dass Eltern, die dies tun, weniger dazu neigen, das Thema Kontrolle bei der Definition ihrer Beziehung in den Mittelpunkt zu rücken oder Strafen einzusetzen.[14] Es gibt auch direktere Beweise für die Auswirkungen der Perspektivenübernahme: Eine Gruppe niederländischer Forscher verbrachte einige Zeit gemeinsam mit 125 Familien; sie interviewten die Eltern und beobachteten, wie sie mit ihren sechs- bis elfjährigen Kindern spielten. Wie sich herausstellte, bestand einer der wichtigsten Faktoren für die Prognose ihrer Erziehungsqualität darin, wie gut sie die individuellen Interessen und Bedürfnisse ihrer Kinder zu verstehen schienen und inwiefern sie bereit waren, deren Blickwinkel als verschieden von dem ihrigen wahrzunehmen.

1997, in dem Jahr, als diese Studie erschien, veröffentlichten zwei andere Zeitschriften zufällig Berichte zum selben Thema. Bei der einen Studie wurde festgestellt, dass kanadische Eltern, die besser in der Lage waren, „die Gedanken und Gefühle ihrer (im Teenageralter befindlichen) Kinder während einer Auseinandersetzung richtig wahrzunehmen", weniger Konflikte mit den Kindern hatten – oder auftretende Konflikte zumindest zufriedenstellender klären konnten. Die andere Studie befasste sich mit US-amerikanischen Familien mit Kleinkindern, und es zeigte sich, dass Eltern, die „in der Lage waren, den Blickwinkel des Kindes einzunehmen", infolgedessen besser auf die Bedürfnisse ihrer Kinder eingingen. Dieses stärkere Eingehen wiederum steigerte die Wahrscheinlichkeit dafür, dass das Kind sich die Werte der Eltern zu eigen machen und positiver auf Aufforderungen reagieren würde.

Also: Bei Kindern zwischen zwei und fünfzehn Jahren in drei verschiedenen Ländern haben wir Beweise dafür, dass es wirklich hilft, wenn Eltern versuchen, sich in die Sicht des Kindes hineinzuversetzen.[15] Nur wenig, was Eltern tun, hat ähnlich positive Auswirkungen wie das Bemühen, sich auszumalen, wie unsere Kinder das, was wir tun und sagen, erleben. Es ist sogar in dreifacher Hinsicht nützlich:

Perspektivenübernahme hilft uns, herauszufinden, was wirklich los ist, vor allem, wenn ein Kind uns seine Motive nicht erklären kann oder will, so dass wir nicht voreilig eine falsche Vermutung anstellen – und mit einer Strafe reagieren. Durch Perspektivenübernahme bekommen wir Informationen, die uns helfen können, mehr in die Tiefe zu gehen, statt nur auf das Verhalten des Kindes zu reagieren. Auf diese Weise können wir eine Strategie entwickeln, um die zugrunde liegenden Schwierigkeiten anzugehen.

Perspektivenübernahme macht uns geduldiger gegenüber den Launen von Kindern. Wenn wir die Welt sehen, wie sie sie sehen, werden wir eher freundlich und respektvoll reagieren, als wenn wir die Situation nur von außen betrachten. Dies trägt dazu bei, dass die Kinder ein gutes Selbstwertgefühl entwickeln und sich bei uns sicher, mit uns verbunden und von uns geschätzt fühlen.

Wir geben ein Beispiel und regen auch das Kind zur Perspektivenübernahme an.

Das Problem ist, dass Perspektivenübernahme vielen Menschen schwerfällt. Wenn ein Säugling schreit, versuchen sicher die meisten von uns, herauszufinden, was ihn quält. Doch vielleicht sind wir weniger dazu bereit, uns in die Welt eines älteren Kindes hineinzuversetzen, das brüllt und mit den Füßen stampft. Hier ist unser erster Impuls vielleicht, zu schimpfen und Kontrolle auszuüben, statt das Kind verstehen zu wollen. Paradoxerweise ist es jedoch gerade bei den Situationen, in denen wir am wenigsten zur Perspektivenübernahme bereit sind, besonders wichtig, dies zu tun. Wenn man es nicht schafft, den eigenen Blickwinkel zu verlassen, fällt es schwerer, zuzuhören und einzugestehen, dass man das

Geschehen berechtigterweise auch anders verstehen kann, und es fällt schwerer zu erkennen, wie der Kampf, der wahrscheinlich ausbricht, hätte vermieden werden können. Je mehr man in seiner eigenen Sicht gefangen bleibt, umso eher ist man versucht, auf Zwang zurückzugreifen – und umso schlimmer wird die Lage.

Eine fehlende Perspektivenübernahme durch die Eltern kann viele Formen annehmen. Im beunruhigendsten Fall kann sie einem völligen Abtun dessen, was Kinder empfinden oder dem Versuch, ihnen unser Erleben aufzudrängen (wie bei dem Klassiker: „Mir ist kalt. Geh dir einen Pullover anziehen."), gleichkommen oder dazu führen. Häufiger kommt es vor, dass wir einfach nicht zur Kenntnis nehmen, wie sehr sich ihre Welt und ihre Sorgen von unseren unterscheiden. Als meine Tochter fünf Jahre alt war, schilderte sie mir einmal sehr ausführlich ihre Sorgen angesichts der Möglichkeit, dass sie, wenn sie zu Halloween (was noch Monate entfernt war) ein Kostüm mit Maske trüge, vielleicht nicht gut genug durch die Augenschlitze würde sehen können, um sicher sein zu können, dass sie nicht versehentlich eine Süßigkeit äße, die ihr nicht schmeckte.

Das Letzte, was ein Kind brauchen kann, ist die Mitteilung, seine Sorgen seien albern. Das gilt ganz besonders, wenn ein Kind schluchzt. In unseren Augen weinen kleine Kinder oft wegen Nichtigkeiten, aber für sie sind es alles andere als Nichtigkeiten: Was zu dem Gefühlsausbruch geführt hat, ist für sie sehr wichtig. Wir empfinden den Ausbruch als entnervend – und, wenn er in der Öffentlichkeit stattfindet, als peinlich –, doch wir scheinen zu vergessen, dass dieses Erlebnis für das Kind quälend sein kann und nicht nur ein bloßes Ärgernis ist.

Ja, es ist manchmal schwer, Eltern zu sein. Aber es kann noch viel schwerer sein, ein Kind zu sein.

Wir wollen ihnen nicht das Gefühl vermitteln, sie wären dumm oder würden von uns nicht unterstützt, jedoch passiert genau das, wenn wir ihre Ängste oder Tränen banalisieren. Bei einem Kindergartenkind verlieren wir die Geduld: „Komm schon, Schatz! Was spielt es für eine Rolle, ob du die linke Socke vor der rechten anziehst?" Und wir glauben, durch schonungslose Logik den inneren Tumult eines Teenagers klären zu können: „Na, frag sie doch einfach, ob sie mit dir ausgehen will, wenn du sie nett findest. Schlimmstenfalls sagt sie halt nein, oder? Darüber wirst du schon hinwegkommen."

Sollten wir es nicht besser wissen? Schließlich haben wissenschaftliche Forschungen erwiesen, dass die meisten Erwachsenen irgendwann selbst einmal Kinder waren. Haben wir vergessen, wie es ist, wenn unsere Welt von Dingen, die Erwachsene nicht verstehen, auf den Kopf gestellt wird – und, noch schlimmer, wie es ist, wenn dieselben Erwachsenen unsere Gefühle einfach als unwichtig abtun?

Manche Therapeuten geben eine provokative Antwort auf diese Fragen. So argumentiert Alice Miller, ein solches Verhalten sei weder paradox noch besonders überraschend. Sie glaubt, es sei nicht zutreffend, zu sagen, viele Eltern täten die Ängste ihrer Kinder ab oder könnten die Welt nicht aus der Perspektive des Kindes sehen, *obwohl* sie dies selbst erlebt hätten. Vielmehr täten sie dies, *weil* sie dies selbst erlebt hätten. Es sei schwer, sich in die Sicht des Kindes zu versetzen, weil es noch schwerer sei, sich in sich selbst als Kind zu versetzen. Es sei zu schmerzlich, sich einzugestehen, was uns einst angetan wurde.

„Die Verachtung ist die Waffe der Schwachen", bemerkt Miller, und die Verachtung, die so viele Eltern gegenüber den Gefühlen ihrer Kinder zum Ausdruck brächten, zeuge davon, wie schwach sie hinter einer dünnen Fassade der Stärke immer noch seien. Erstens hätten Erwachsene weiterhin eigene Ängste und es verschaffe ihnen ein Gefühl von Stärke, sich über die törichten Ängste eines Kindes lustig zu machen. Zweitens nähmen manche Eltern Rache „für ihre eigenen Kränkungen" in der Vergangenheit. Dass dies unbewusst geschehe, leuchte völlig ein, da es zu schmerzlich sei, sich an die eigene Machtlosigkeit und den eigenen Schmerz zu erinnern, geschweige denn sie erneut zu erleben.[16]

Ehrlich gesagt, weiß ich nicht, wie viel von dieser Theorie wahr ist oder auf wie viele Menschen sie zutrifft. Möglicherweise gibt es noch andere – oberflächlichere und situationsabhängigere – Gründe dafür, dass es Eltern oft nicht gelingt, sich vorzustellen, wie ihre Kinder etwas erleben. Vielleicht haben wir einfach nicht genügend Zeit oder Geduld, um zu fragen: „Welchen Reim macht sich mein Kind auf das, was gerade geschehen ist?" Offen gestanden, würde ich gerne glauben, dass die Erklärung so einfach ist, weil wir das Problem dann leichter lösen können. Doch so oder so sollten wir uns bemühen, uns ins Gedächtnis zu rufen, wie es genau war, ein Kind zu sein, damit wir uns das, was unsere Kinder erleben, besser begreiflich machen können. Es kann sogar sinnvoll sein, sich an Dinge zu erinnern, die wir zwar als Erwachsene erlebt haben, die jedoch mit Erlebnissen unserer Kinder vergleichbar sind – zum Beispiel wie es ist, wenn man herumkommandiert wird, wenn die eigenen Wünsche ignoriert werden oder wenn man unter Druck gesetzt wird, mit etwas aufzuhören, was einem Spaß macht.

Natürlich sind das nur Übungen – Vorbereitung für das Eigentliche, das darin besteht, sich in die Sicht des Kindes hineinzuversetzen. Das ist etwas, was wir von Anfang an üben sollten. Als meine Tochter wenige Monate alt war, hasste sie es, gewickelt zu werden. Anfangs war meine Reaktion ungefähr so: „Tut mir leid, Schatz, aber es muss gemacht werden, ob es dir gefällt oder nicht." Dann fiel mir auf, dass sie sich besonders wehrte, wenn ich sie direkt nach dem Aufwachen wickelte. Ich versuchte es aus ihrer Sicht zu sehen: *Hey! Ich bin noch halb am Schlafen, und schon werde ich holterdiepolter an den Ort verfrachtet, wo sie Sachen mit meinem Po machen!* Ich probierte aus, ihr zehn oder fünfzehn Minuten Zeit zu geben, um richtig wach zu werden, bevor ich sie wickelte, und tatsächlich reagierte sie dann viel positiver.

Sich in die Perspektive eines Säuglings zu versetzen ist auch deshalb nützlich, weil wir uns so daran gewöhnen, es weiterhin zu tun. Ganz sicher müssen wir es tun, sobald sie anfangen zu sprechen, und sei es nur, um die üblichen Klischees über die Kindheit auf den Kopf zu stellen. Zum Beispiel: Zweijährige sind berühmt dafür, dass sie ständig nein sagen. Doch aus der Sicht des Kindes besteht das Problem darin, dass *wir* dauernd nein sagen, es daran hindern, dies zu tun, dorthin zu gehen oder mit jenem total interessanten Ding auf der Küchentheke zu spielen.[17]

Über Kinder verschiedenen Alters wird oft gesagt, sie wollten uns „manipulieren". Doch wiederum versucht das Kind aus seiner Sicht vielleicht nur, darüber mitzubestimmen, was mit ihm geschieht. Wenn irgendwer versucht, hier zu manipulieren, so ist es wahrscheinlich der Erwachsene. Vielleicht wäre ein Buch mit dem Titel *Wie man mit schwierigen Eltern umgeht* hilfreich für Kinder. Angesichts dessen, wie viel Zeit wir damit verbringen, sie zu bewerten und zu korrigieren, ist es amüsant, sich vorzustellen, wie es wäre, wenn sie regelmäßig die Gelegenheit hätten, das Gleiche uns gegenüber zu tun – etwa in einem Beitrag im *Guide Michelin für Knirpse* über das, was wir ihnen zu essen geben:

Die Gäste sind hellauf begeistert von den „tollen" Hot Dogs und qualitativ hochwertigen Desserts („wenn Sie das Glück haben, eins zu bekommen"), warnen jedoch, manche Beilagen seien „echt eklig"; vor allem die warmen Getreidebreie hätten eine Tendenz, „wie Kotze auszusehen". Der Service wird als uneinheitlich bewertet: Zwar wird die persönliche Aufmerksamkeit gelobt, jedoch sagt zumindest ein Gast, er könnte auf „diese Dame verzichten, die einem ständig sagt, man solle gerade sitzen und aufhören zu trödeln".

Die Verwendung von Humor steht in einem engen Zusammenhang zur Perspektivenübernahme, weil Lachen oft die direkte Folge eines Perspektivenwechsels ist. Humor kann eine sehr wirksame Strategie sein, um eine angespannte Situation aufzulösen oder zumindest eine potentiell frostige Begegnung freundlicher zu gestalten. Wenn Sie sich mit Ihrem Kind zusammen hinsetzen, um über eine Verhaltensweise von ihm zu sprechen, die Ihnen nicht gefällt, können Sie ihm vorschlagen, nachzumachen, wie Sie gewöhnlich klingen, wenn Sie zu dem Thema mal wieder etwas zu meckern haben. Auf diese Weise bauen Sie Spannung ab, geben Ihrem Kind das Gefühl, eine gewisse Macht zu haben, und machen deutlich, dass Sie verstehen, wie die Dinge aus seiner Sicht erscheinen.

Perspektivenübernahme ist auch wichtig, wenn Sie mit einem Kind anderer Leute zu tun haben. Es ist erstaunlich, wie viele Erwachsene einfach ihren Zeitplan durchziehen, starke nonverbale Signale ignorieren und dann das Kind, das sich vor ihnen zurückzieht, für „schüchtern" (oder schlimmer) erklären. Erwachsene dagegen, denen man nachsagt, sie „könnten gut mit Kindern umgehen", beweisen oft ein intuitives Gespür dafür, wie Dinge aus ihrer Sicht aussehen. Wenn ihnen ein Kind vorgestellt wird, erwarten sie keine sofortige Überschwänglichkeit, und sie wissen auch, dass ihr eigenes, normalerweise temperamentvolles Kind sich gegenüber einem Fremden wahrscheinlich nicht so verhalten wird, wie er es gegenüber dem Kind tut. Solche Erwachsenen erdrücken ihre neue Bekanntschaft nicht vor lauter Begeisterung oder fangen gleich mit einem Kreuzverhör an („Wie alt bist du? Auf welche Schule gehst du?"). Eher bleiben sie anfangs auf Distanz und lassen das Kind auf sich zukommen; vielleicht finden sie etwas, wofür es sich interessiert, und stellen ihm eine Frage darüber. Dann versuchen sie möglicherweise, etwas zu finden, womit sie und das Kind sich beschäftigen können. Sie gehen auf die Hinweise des Kindes ein, wofür es sich interessiert, ob es reden oder spielen will und so weiter.

Es ist einfacher, auf die Hinweise eines Kindes einzugehen, sei es das Kind eines anderen oder unser eigenes, wenn wir die Welt so sehen können, wie es sie sieht. In unserem Alltag kann Perspektivenübernahme für eine bessere Beziehung zu Kindern sorgen. Selbst wenn wir den Wünschen von Kindern nicht nachkommen können, ist es äußerst wichtig, dass wir unser Bestes tun, ihre Perspektive zu verstehen und anzuerkennen („Ich glaube, für dich wirkt es so, als…"). So spüren sie, dass wir sie hören, uns für sie interessieren und sie bedingungslos lieben.

Natürlich ist es nicht alles oder nichts. Im Hinblick darauf, wie oft Eltern sich vorzustellen versuchen, wie etwas aus der Sicht eines Kindes aussieht und wie gut ihnen dies gelingt, gibt es viele Abstufungen zwischen „ständig" und „nie" – oder zwischen „meisterhaft" und „furchtbar schlecht". Dies gilt für alle Themen, die ich in diesem Buch erörtert habe. Nur wenige Eltern verwenden Methoden, bei denen das Kind ausschließlich als Objekt behandelt oder stets mit ihm gemeinsam Lösungen gesucht werden und nur bei wenigen Eltern ist die Liebe immer an Bedingungen geknüpft oder immer frei von Bedingungen. Die meisten von uns sind irgendwo in der Mitte zu finden. Ebenso wenig will ich behaupten, wir bräuchten nur einen Schalter umzulegen und würden daraufhin sofort aufhören, so zu sein, und anfangen, ganz anders zu werden. Vielmehr können wir uns selbst als Reisende verstehen und uns bemühen, stetige Fortschritte auf dem richtigen Weg zu machen.

Ist es je zu spät, diese Reise anzutreten? Manchmal werde ich gebeten, zuzusichern, dass es möglich sei, den Schaden aufgrund einer jahrelangen Erziehung, die an Bedingungen geknüpft und von übermäßiger Kontrolle geprägt war, wiedergutzumachen. Natürlich kann man es nicht mit Gewissheit sagen, jedoch erfordert es unglaublichen Mut, zuzugeben, dass man bisher vielleicht einen falschen Weg verfolgt hat, und ein solcher Mut ist schon in sich ein wunderbares Vorzeichen für das, was die Zukunft bringen mag. Es gibt Grund zu glauben, dass es, egal, wie alt die Kinder auch sein mögen, nicht zu spät ist, eine positive Wirkung zu erreichen. Wir haben alle noch einiges an Verbesserungspotential. In welchem Maß und aus welchem Grund auch immer wir unsere Kinder bisher vielleicht auf eine wenig konstruktive Weise erzogen haben – dieser Zeitpunkt ist so gut wie jeder andere, die Dinge zu ändern.

Anhang

Erziehungsstile

Die Bedeutung von Kultur, sozialer Schicht und ethnischer Zugehörigkeit

Wenn man irgendeinen Aspekt menschlichen Verhaltens erörtert, besteht immer die Möglichkeit, dass die eigenen Schilderungen („Kinder zu erziehen heißt…") oder Urteile („Kinder sollte man so erziehen") auf einer Weltsicht beruhen, die keine universelle Gültigkeit hat. Vieles von dem, was wir im Hinblick auf die kindliche Entwicklung und andere Dinge als gegeben voraussetzen, ist in Wirklichkeit abhängig von kulturellen Annahmen, weshalb sich möglicherweise darüber streiten lässt. Der Inhalt dieses Buches ist zwangsläufig davon beeinflusst, dass ich ein weißer Amerikaner aus der Mittelschicht bin. Wie würde und sollte jemand, der diese Merkmale nicht mit mir teilt, das, was ich geschrieben habe, ansehen?

Selbst wenn ich ein Experte für Erziehungsansichten und -praktiken in den verschiedensten Ländern der Welt wäre – was ich nicht bin –, könnte ich der umfassenden Forschungsliteratur zu diesem Thema nicht gerecht werden. Es gibt eine enorme Bandbreite hinsichtlich der Annahmen über Kinder und darüber, was es heißt, angemessen für sie zu sorgen, einschließlich der Frage, wie viel, wann und unter welchen Umständen Eltern ihre Kinder bestrafen oder ihnen etwas erklären. Eine Anthropologin berichtet zum Beispiel, wie schockiert Mitglieder des Gusii-Stammes im Südwesten von Kenia waren, als sie erfuhren, dass amerikanische Mütter ihre Babys weinen lassen, selbst wenn es sich nur um wenige Sekunden handelt: „Für sie war das Verhüten des Schreiens von Babys durch ständigen körperlichen Kontakt nicht nur eine Methode von praktischem Wert, sondern auch ein moralisch verbindliches Gebot für mütterliches Verhalten."[1]

Auch Kleinkinder werden in verschiedenen Kulturen sehr unterschiedlich behandelt. Daher zeigen einige neuere Forschungen, dass das „Trotzalter mit zwei Jahren nicht universell" ist; seine Existenz scheint davon abzuhängen, inwiefern die „Eltern versuchen, ihre Autorität durchzusetzen"[2], und vielleicht auch davon, welche grundsätzlichen Ziele sie für ihre Kinder haben. Dies ist nur ein Beispiel für die umfassender geltende Tatsache, dass kulturspezifische Annahmen und Praktiken unterschiedliche Verhaltensweisen nach sich ziehen. Immer wieder stellt sich heraus, dass das, was wir einfach für Tatsachen im Hinblick auf die kindliche Entwicklung halten, nicht überall gilt.

Daher ist es vielleicht nicht überraschend, dass die zentralen Themen dieses Buches nicht davor gefeit sind, aus einer interkulturellen Sicht in Frage gestellt zu werden. Fred Rothbaum von der Tufts University erklärt, bedingungslose Elternliebe werde in manchen Kulturen weniger angezweifelt als in unserer. Jedoch gebe es, wie er hinzufügt, auch Orte, wo dieses Konzept völlig unangebracht erscheine. Ein bedingungsloses Annehmen des Kindes kann auf einer Wertschätzung des Individuums beruhen, die keineswegs universell ist. Wir glauben vielleicht, Kinder müssten von ihren Eltern geliebt werden, um sich selbst annehmen zu können, jedoch hat die Vorstellung, sich selbst anzunehmen, nicht überall dieselbe Bedeutung und mag in weniger individualistischen Kulturen sogar bizarr erscheinen.

Darüber hinaus weist Rothbaum darauf hin, die Bekundung „Ich hab dich lieb" gegenüber Kindern impliziere die Möglichkeit, sie nicht zu lieben: Wenn wir es sagen, deuten wir damit an, dass es nicht selbstverständlich ist. Wenn unsere Liebe bedingungslos ist, dann deshalb, weil wir uns entscheiden, so zu empfinden, während in vielen Kulturen die Beziehungen zwischen Individuen – einschließlich derer zwischen Eltern und Kindern – Rollen und Normen widerspiegeln, die nicht in Frage gestellt werden. Sie sind Pflichten, die man hat, nicht Verbindlichkeiten, die man eingeht.[3] Ist dies eine andere, sogar tiefere Form bedingungsloser Elternliebe – oder ist sie weniger wert als Liebe, zu der man sich frei entschieden hat? Unabhängig davon, welches Urteil wir schließlich treffen, ist es vielleicht notwendig, das ganze Konzept der Bedingungslosigkeit zu überdenken.

Und apropos „frei entschieden": Ich habe betont, wie wichtig es ist, weniger Kontrolle über Kinder auszuüben und ihnen zu helfen, sich als autonom erleben zu können. Die Vorteile eines solchen Handelns sind von der Forschung gut belegt. Doch sind diese Forschungsergebnisse nur an bestimmten Orten anwendbar? Profitieren Kinder nur in Kulturen, die relativ individualistisch und weniger stark von Traditionen geprägt sind, von der Möglichkeit, ein gewisses Mitspracherecht über ihr Leben zu haben? *Unsere* Kinder scheinen glücklicher und motivierter zu sein, wenn sie sich an Entscheidungen beteiligen können, als wenn ihnen Autoritätsfiguren sagen, was sie tun sollen, aber gilt das überall?[4]

Inwieweit Eltern dazu neigen, Kontrolle über ihre Kinder auszuüben, hängt zweifellos auch davon ab, wo sie leben. Jedoch ist das „etwas anderes als zu sagen, Methoden der Kontrolle seien in irgendeiner Gesellschaft vorzuziehen", wie Wendy Grolnick betont. Sie verweist daraufhin auf Forschungen, die zeigen, dass „ein kontrollierender Erziehungsstil kulturübergreifend mit negativeren Ergebnissen für Kinder verbunden ist"[5]. Richard Ryan und Edward Deci weisen auf Daten hin, die darauf schließen lassen, dass „Autonomie vielleicht tatsächlich von universeller Bedeutung ist". Ein Grund, weshalb diese Behauptung in Frage gestellt worden sei, hänge damit zusammen, erläutern sie, wie dieses Wort definiert werde. Autonomie werde oft gleichgesetzt mit Unabhängigkeit und „Widerstand gegenüber Einflüssen, oder Selbstbehauptung über und gegen andere". Wer diese Definition übernimmt, kann mit einigem Recht davon ausgehen, dass dieses Konzept „nur für individualistische Kulturen relevant" ist. Doch Autonomie im Sinne von Willenskraft (oder freier Entscheidung) ist etwas anderes. In diesem Sinne können „Menschen ebenso autonom kollektivistisch wie autonom individualistisch sein"[6].

Daher kann eine Lockerung der Kontrolle gut für Kinder sein, unabhängig davon, ob sie im Westen oder im Osten, in einer modernen Großstadt oder in einem winzigen Dorf in der Dritten Welt aufwachsen.

Natürlich unterscheiden sich Erziehungsstile nicht nur von einer Kultur zur anderen, sondern auch zwischen verschiedenen Gruppen innerhalb einer Kultur, vor allem bei einer komplexen modernen Gesellschaft wie den Vereinigten Staaten. Bevor ich einige dieser Unterschiede nenne, sollte ich jedoch darauf hinweisen, dass es sich hier um statistische Verallgemeinerungen handelt. Auch wenn die Eltern in Gruppe A ihre Kinder eher auf eine bestimmte Weise behandeln als die Eltern in Gruppe B, heißt das nicht, dass jeder in Gruppe A dies tut – oder dass niemand in Gruppe B es tut.

Wenn wir das im Hinterkopf behalten, können wir zur Kenntnis nehmen, dass Forscher immer wieder festgestellt haben, dass Unterschiede hinsichtlich des sozioökonomischen Status der Familien offenbar einen Einfluss darauf haben, inwiefern Strafen eingesetzt werden. Die meisten Studien kamen zu folgendem Ergebnis: Je niedriger dieser Status ist, umso höher ist die „Quote der Verwendung körperlicher Strafen durch die Eltern", wie es in einer Übersicht der vorhandenen Daten formuliert wird. Eine andere Gruppe von Forschern kam zu dem Schluss, dass bei „Kindern in den unteren sozioökonomischen Schichten die Wahrscheinlichkeit im Vergleich zu Gleichaltrigen erhöht ist, dass sie harter Disziplin unterzogen werden, dass sie von Müttern großgezogen werden, die in ihrem Verhalten ihnen gegenüber relativ weniger liebevoll und der Ansicht sind, Aggression sei ein angemessenes und wirksames Mittel der Problemlösung"[7].

Dies ist zum Teil auf wirtschaftlichen Druck zurückzuführen: Je mehr solchem Druck die Eltern ausgesetzt sind, umso wahrscheinlicher ist es, dass sie Zwang einsetzen, um ihre Kinder zum Gehorchen zu bewegen.[8] Melvin Kohn hat den bekannten Beweis erbracht, dass Eltern aus der Arbeiterklasse ihre Kinder eher dazu erziehen, sich Regeln anzupassen und Autoritäten zu respektieren – und eher auch Strafen einsetzen, um diese Ziele zu erreichen –, während Eltern aus der Mittelschicht, vor allem Büroangestellte, sich eher wünschen, dass ihre Kinder selbständig und autonom Entscheidungen treffen. Kohn stellte die Hypothese auf, dies habe wiederum mit den – durch die soziale Schicht geprägten – Erwartungen zu tun, mit denen die Eltern bei der Arbeit konfrontiert seien. Seine Erkenntnisse wurden von anderen Forschern bestätigt und spiegeln sich auch in internationalen Daten wider, die zeigen, dass körperliche Strafen in Kulturen, die Konformität bei Kindern schätzen, verbreiteter sind als in Kulturen, die Eigenständigkeit schätzen.[9]

Darüber hinaus gibt es die komplexe Frage der ethnischen Zugehörigkeit. Innerhalb der Vereinigten Staaten neigen Afroamerikaner offenbar „weniger als weiße Eltern dazu, Autonomie bei Kindern zu begrüßen, und mehr dazu, Gehorsam vorzuziehen", selbst bei vergleichbarem sozioökonomischem Status. Afroamerikanische Mütter tendieren eher dazu, es gut zu heißen, wenn sich ihre Kinder aggressiv gegenüber Gleichaltrigen verhalten.[10] Was den Einsatz harter disziplinarischer Maßnahmen einschließlich körperlicher Bestrafung angeht, legen die Daten zwei Schlussfolgerungen nahe: Die soziale Schicht hat möglicherweise einen größeren Einfluss als die ethnische Zugehörigkeit, doch auch diese ist von Bedeutung. Als Tausende Eltern (im Jahr 1990) befragt wurden, ob sie ihre Kinder in der vergangenen Woche verprügelt hätten, sagten 70 Prozent der Afroamerikaner und 60 Prozent der Weißen ja. Bei einer anderen Studie, bei der Eltern (im Jahr 1995) gefragt wurden, ob sie ihre Kinder im vergangenen Jahr verprügelt hätten, betrugen die Zahlen 77 beziehungsweise 59 Prozent. Wenn der sozioökonomische Status berücksichtigt wurde, war der Unterschied zwar geringer, aber immer noch statistisch signifikant.[11]

Bei einer Befragung von Eltern zu ihrer *Einstellung* gegenüber körperlicher Bestrafung (im Jahr 1988) lehnten 22 Prozent der Weißen diese ab, jedoch nur 9 Prozent der Afroamerikaner. Besonders auffallend ist, wie unterschiedlich sich die Einstellungen im Lauf der Zeit verändert haben. Im Jahr 1968 befürworteten über 90 Prozent der Amerikaner aller ethnischer Gruppen die Prügelstrafe. Eine Reihe von Untersuchungen von dem Zeitpunkt bis 1994 ergab eine stetige und außerordentlich deutliche Abnahme der Anzahl von Weißen, die die Prügelstrafe befürworteten; die Quote sank um ein ganzes Drittel. Jedoch nahm sie im Lauf desselben Vierteljahrhunderts bei den Afroamerikanern nur um 14 Prozent ab.[12]

Die Belege dafür, dass es nicht klug ist, solche Strafen zu verwenden, sind recht deutlich, jedoch wurde in den letzten Jahren das interessante Argument vorgebracht, eine bestimmte Praxis müsste bei verschiedenen ethnischen Gruppen nicht unbedingt die gleiche Bedeutung haben. Kirby Deater-Deckard, Kenneth Dodge und zwei weitere Forscher haben in ihrem Fachgebiet große Aufmerksamkeit durch folgende Behauptung auf sich gezogen: Da eine Disziplinierung von Kindern mittels körperlicher Gewalt bei Afroamerikanern auf breitere Akzeptanz stoße, erlebten schwarze Kinder Schläge durch ihre Eltern möglicherweise anders als weiße Kinder, und daher hätten die Schläge nicht die gleichen negativen Auswirkungen. Ihre Studie an 466 weißen und 100 schwarzen Kindern ergab, dass ein höheres Maß an körperlicher Bestrafung nur bei den weißen Kindern zu Aggressionen und ähnlichen Problemen führte. Die Forscher – die übrigens alle Weiße sind – spekulierten, es könne sein, dass afroamerikanische Kinder „die körperliche Bestrafung durch ihre Eltern nicht als Zeichen eines Mangels an elterlicher Wärme und Fürsorge ansehen" – vorausgesetzt, die Bestrafung erreiche kein Maß, das üblicherweise als Misshandlung angesehen werde.[13]

Dies stellt eine provokative Herausforderung für diejenigen unter uns dar, die die Vorstellung, Kindern absichtlich wehzutun, ablehnen – ganz egal, wo, von wem oder warum dies getan wird. Sie zwingt uns, zu fragen, ob unsere Ablehnung auf einer Reihe von Prämissen beruht, die nicht universell angewandt werden können. Zeugt eine Maxime wie „Man darf ein Kind nie schlagen" nur von der bekannten Arroganz einer mächtigen Gruppe, die ihre Ethik einer weniger mächtigen Gruppe aufzuzwingen versucht? Oder können wir ganz im Gegenteil erklären, manche Dinge seien einfach falsch und der Versuch, ein Urteil zu *unterdrücken,* sei viel befremdlicher?

Ich habe argumentiert, dass die psychischen Auswirkungen im Allgemeinen nicht einfach nach dem Reiz-Reaktions-Muster aus den Dingen folgen, die uns geschehen. Vielmehr kommt es darauf an, welche Bedeutung wir dem, was geschieht, zuschreiben. Nicht die Handlung selbst bestimmt, welche Auswirkungen sie hat, denn dies hängt davon ab, was die Handlung für Individuen und Gemeinschaften bedeutet.[14] Doch nun steht dieser interpretative Ansatz vor einer entscheidenden Frage: Gibt es Verhaltensweisen – beispielsweise Kinder zu schlagen und ihnen absichtlich Schmerzen zuzufügen –, die niemals als unschädlich (und erst recht nicht als liebevoll) ausgelegt werden können, unabhängig von den Absichten der Eltern? Wir mögen uns – oder, noch wichtiger, das Kind mag sich – verzweifelt bemühen, einen Akt der Gewalt als Ausdruck von Fürsorge anzusehen, stellen jedoch letztlich fest, dass es unmöglich ist, diese Form emotionaler Alchemie durchzuführen. Und selbst wenn ein Kind diese Dinge miteinander in Einklang bringen könnte, ist eine Vermischung von Liebe und Gewalt überhaupt wünschenswert? Wollen wir, dass Kinder in dem Glauben aufwachsen, Menschen wehzutun, sei eine Art, Fürsorge für sie zum Ausdruck zu bringen?

Natürlich sind einige der Gründe dafür, körperliche Strafen abzulehnen, praktischer statt moralischer Natur. Forscher, die diese Praxis als problematisch ansehen, weisen gewöhnlich auf deren Auswirkungen hin. Insofern ist die Behauptung von Deater-Deckard und Dodge (D-D & D) – dass diese Auswirkungen nicht bei allen Kindern zu beobachten seien – bedenkenswert. Jedoch bin ich aus mehreren Gründen nicht davon überzeugt, dass sie wahr ist.

Zunächst einmal beruht das Argument (körperliche Bestrafung habe auf schwarze Kinder nicht in gleichem Maße schädliche Auswirkungen wie auf weiße) auf der Prämisse, dass körperliche Bestrafung in der afroamerikanischen Gemeinschaft sehr viel verbreiteter sei. Dies ist wahr, wie wir gesehen haben. Doch es stellt ein Problem dafür dar, Schlüsse hinsichtlich der Auswirkungen dieser Bestrafung zu ziehen. Nehmen wir eine Analogie: Wenn wir untersuchen wollten, ob ein reichlicher Verzehr von Fisch bestimmte positive gesundheitliche Auswirkungen hätte, wäre es klug, eine Gruppe von Menschen zu untersuchen, von denen einige große Mengen von Fisch, manche weniger und andere gar keinen Fisch äßen. Dann könnten wir prüfen, ob es – unter Berücksichtigung anderer Faktoren – einen Zusammenhang zwischen der Gesundheit und der verzehrten Fischmenge gäbe. Wenn wir dagegen eine Gruppe von Menschen untersuchten, von denen fast alle regelmäßig Fisch äßen, wäre es schwieriger einzuschätzen, was ihr Gesundheitszustand zu bedeuten hätte. Bei einer Gruppe von Familien, die regelmäßig körperliche Strafen einsetzen, ist es daher schwer, deren Auswirkungen abzugrenzen. Die geringere Bandbreite oder Variabilität hinsichtlich dessen, wie Afroamerikaner ihre Kinder disziplinieren, könnte erklären, warum körperliche Bestrafung nicht in einen eindeutigen Zusammenhang zu konkreten Auswirkungen zu bringen ist.[15]

Ja, bei jeder Gruppe, bei der Erziehung quasi mit körperlicher Bestrafung gleichgesetzt wird – und bei der solche Strafen, wie D-D & D argumentieren, auf elterliches Engagement und Interesse hinweisen –, kann es sein, dass das Fehlen körperlicher Strafen auf mangelndes Engagement und Interesse schließen lässt. Daher wäre es nicht erstaunlich, wenn man feststellte, dass es Kindern, die nicht bestraft würden, nicht unbedingt besser ginge als denen, die bestraft würden.[16]

Diese Überlegungen betreffen vielleicht auch einige andere Studien, die zu ähnlichen Ergebnissen wie D-D & D kamen. Im Rahmen einer Studie wurde festgestellt, dass bei afroamerikanischen Teenagern – jedoch nicht bei amerikanischen Teenagern europäischen, asiatischen oder lateinamerikanischen Ursprungs – „einseitige Entscheidungen seitens der Eltern mit einer besseren Anpassung korrelierten: weniger Regelverletzungen und höherer akademischer Kompetenz". Jedoch bestand gleichfalls eine Korrelation zwischen gemeinsamer Entscheidungsfindung, bei der Eltern und Teenager Dinge zusammen klärten, und einem geringeren Anteil von Regelverletzungen, und zwar bei Kindern aller ethnischen Hintergründe.[17]

Bei einer zweiten Studie wurde „kein Zusammenhang zwischen körperlicher Bestrafung und Verhaltensproblemen in Gemeinschaften, wo körperliche Bestrafung weit verbreitet ist", festgestellt. Doch auch hier gab es eine wichtige Einschränkung: Selbst in diesen Gemeinschaften trugen Bestrafungen „nicht zur Verhütung antisozialen Verhaltens [bei], wenn man die Auswirkungen der Überwachung und Erziehung durch die Betreuungspersonen berücksichtigte". Selbst wenn es Unterschiede im Hinblick darauf gibt, wie *schädlich* es ist, Kinder zu schlagen, bedeutet das also nicht, dass es je *nützlich* wäre, sie zu schlagen.[18]

Noch bezeichnender ist die Tatsache, dass andere Forschungen die Ergebnisse von D-D & D nicht stützen. Im Jahr 1997 kam eine Studie zu dem Ergebnis, dass der Einsatz körperlicher Strafen sowohl bei weißen Kindern als auch bei Kindern ethnischer Minderheiten zu mehr antisozialem Verhalten führte, und das Ausmaß dieser Folgen stand in direktem Zusammenhang zum Ausmaß der zuvor erhaltenen Bestrafungen.[19] Drei Jahre später bestätigte eine andere Studie, dass gewaltsame Disziplinierungsmethoden bei afroamerikanischen Kindern aus einkommensschwachen Familien mit Verhaltensproblemen assoziiert waren. Die Psychologen, die von diesem Ergebnis berichteten, betonten, dass dies „im Widerspruch" zu den Erkenntnissen von D-D & D stehe.[20]

Die Vorstellung, es schade Kindern nicht, geschlagen zu werden, wenn sie Teil einer Kultur seien, in der diese Praxis als angemessen akzeptiert werde, scheint zu implizieren, dass die Kinder dies selbst als legitim ansehen. Kleinkinder sind zu jung, um sich ein solches Urteil bilden zu können, was in sich ein Problem für die ganze Theorie darstellen könnte. Bei einer Studie wurden jedoch ältere Kinder (neun bis sechzehn Jahre alt) auf den Westindischen Inseln, wo harte körperliche Bestrafung die Regel ist, gefragt, was sie davon hielten. Es stellte sich heraus, dass solche Strafen die gleichen negativen Auswirkungen auf Kinder hatten, die sie für angemessen hielten, wie auf Kinder, die nicht dieser Ansicht waren: „Die psychische Anpassung von Kindern und Jugendlichen, die glauben, ihre Eltern sollten sie bestrafen, ist meist ebenso beeinträchtigt wie bei Kindern und Jugendlichen, die diese kulturelle Überzeugung nicht teilen."[21]

Doch nehmen wir um der Argumentation willen einmal an, bestimmte negative Folgen, etwa das Auftreten von Verhaltensstörungen, wären bei afroamerikanischen Kindern, die körperlicher Bestrafung unterzogen werden, tatsächlich nicht festzustellen (zumindest nicht sofort). Das beweist jedoch kaum, dass solche Strafen harmlos wären. Wenn ich Recht damit habe, welche heimtückischen Folgen es haben kann, Kinder dazu zu bringen, Liebe mit Gewalt gleichzusetzen, so könnten Forscher, die ein breiteres Spektrum möglicher Auswirkungen untersuchten, durchaus negative Folgen feststellen, die über ethnische und soziale Grenzen hinweg auftreten.

Eltern, die ihre Kinder zu etwas zwingen oder sogar schlagen, tun dies vielleicht in dem Bemühen, sie etwas zu lehren, und sie handeln möglicherweise aus Sorge um ihr Wohlergehen, besonders an Orten, wo solche Methoden die übliche Art sind, diese Sorge zum Ausdruck zu bringen. Doch leider sind gute Absichten keine Garantie für ein positives Ergebnis. Wenn man etwas Schlechtes aus einem guten Grund heraus tut, ist das nicht annähernd so sinnvoll, wie wenn man etwas *Gutes* aus einem guten Grund heraus tut.

Auch sind positive Ergebnisse nicht garantiert, wenn die Kinder selbst akzeptieren, dass dieser Erziehungsstil wirklich ein Ausdruck von Liebe ist – oder sich das einreden, wenn sie erwachsen sind. Wir lernen zu nehmen, was wir bekommen können – etwa wenn körperliche Bestrafung die einzige Alternative zu Gleichgültigkeit ist. Die Frage ist jedoch, warum man meint, es gäbe nur diese beiden Möglichkeiten. Dies ist vergleichbar mit dem, was ich zum Thema Lob gesagt habe: Wenn eine an Bedingungen geknüpfte Anerkennung die einzige Möglichkeit ist, werden Kinder sie begierig aufsaugen und sogar sagen, sie wünschten, sie hätten mehr davon bekommen. Doch das ist keine überzeugende Argumentation für das Loben. Nicht alle Formen von Anerkennung – oder Liebe oder Motivation oder Arten, die Aufmerksamkeit der Kinder zu gewinnen, wenn sie etwas Verkehrtes getan haben – sind gleich und auch nicht gleichermaßen wünschenswert.

Noch auf eine andere Weise werden Unterschiede zwischen Gruppen herangezogen, um einen bestimmten Erziehungsansatz zu erklären und zu rechtfertigen. Manchmal wird behauptet, körperliche Bestrafung sowie allgemein ein autoritärer Erziehungsstil seien eine vernünftige Reaktion auf das Aufwachsen in einer gefährlichen Umgebung. Die Argumentation lautet in etwa so: Vielleicht können sich wohlhabende Familien den Luxus eines entspannteren, progressiveren oder demokratischeren Erziehungsansatzes leisten, doch in den amerikanischen Innenstädten sieht es anders aus. Dort kann das Sorgen dafür, dass Kinder die Regeln einhalten – die Gesetze befolgen, sich anpassen, sich Autoritäten beugen, selbst wenn deren Forderungen ungerecht erscheinen mögen – buchstäblich darüber entscheiden, ob diese Kinder bis ins Erwachsenenalter überleben. Dieser Ansicht zufolge ist strikte Disziplin eine Form von Anpassung an Umweltbedingungen und vielleicht sogar notwendig. Die an der Old Dominion University tätige Forscherin Michelle Kelley und ihre Kollegen formulieren es so: „Die Konsequenzen von Ungehorsam in einer einkommensschwachen Gegend, … [wo Kinder] einem größeren Risiko antisozialer Aktivitäten (sei es als Opfer oder als Täter) ausgesetzt sind, … sind möglicherweise viel schwerwiegender [als in einer Mittelschichtumgebung] und erfordern vielleicht energischere Methoden, um zu verhindern, dass die Kinder *überhaupt* in diese Aktivitäten hineingeraten."[22]

Dies ist eine interessante Theorie, zumal sie nahelegt, etwas an der Umgebung – und nicht etwas an den Individuen, die in dieser Umgebung leben (etwa ihre ethnische oder soziale Zugehörigkeit) – bedinge den Gebrauch autoritärer Erziehungsmethoden. Sie erinnert auch viele

Weiße aus den Vororten daran, dass sie nichts über die alltägliche Realität wissen, mit der farbige Menschen in einkommensschwachen Gegenden mit hohen Kriminalitätsraten konfrontiert sind.

Dennoch gibt es mehrere Probleme bei dieser Erklärung. Erstens ist nicht klar, ob die vorliegenden Daten sie stützen. Kelley selbst hat keine eindeutigen Belege dafür gefunden, dass die Art, wie „schwarze Mütter oder Betreuer aus der Unterschicht ihre Kinder erziehen, davon beeinflusst wird, wie stark sie sich Sorgen um sie machen.[23] Vielleicht ist etwas anderes als eine objektive Beurteilung der Gefahr dafür verantwortlich, dass sie sich für einen bestimmten Erziehungsstil entscheiden.

Wenn die Theorie der gefährlichen Wohngegend stimmte, könnten wir außerdem erwarten, dass die Beziehung zwischen dem Erziehungsstil und der Beteiligung der Kinder an antisozialem Verhalten in Abhängigkeit davon, wo sie leben, variiert. Doch zwei große Studien – die erste wurde 1996 mit über 3000 Teenagern verschiedener ethnischer Hintergründe und die zweite im Jahr 2002 mit 841 afroamerikanischen Familien durchgeführt – kamen zu dem Ergebnis, dass sich die Auswirkungen des Erziehungsstils nicht abhängig von der Wohngegend, einschließlich der Kriminalitätsrate, ändern.[24]

Ganz abgesehen von empirischen Belegen, scheint das Argument der gefährlichen Wohngegend auf manchen der bekannten falschen Dichotomien wie etwa „Zwang oder Laissez-faire" zu beruhen. Gewiss mögen Kinder in manchen Gegenden besonderen Schutz und eine genauere Beobachtung benötigen, aber das ist nicht dasselbe wie zu sagen, sie bräuchten eine autoritäre Erziehung oder körperliche Strafen – oder würden davon profitieren.[25] Vielleicht tut ihnen Struktur gut, doch das heißt nicht, dass es ihnen gut tun würde, wenn Kontrolle über sie ausgeübt würde. Vielleicht brauchen sie eine starke Präsenz der Eltern, aber nicht die Forderung absoluten Gehorsams nach dem Motto: „Tu, was man dir sagt, sonst …". (Ebenso ist es wichtig, das, was ich als Konzept gemeinsamer Problemlösung bezeichnet habe, nicht zu karikieren, indem man es mit einer Laissez-faire-Nachlässigkeit verwechselt. Die Schwachstellen Letzterer aufzuzeigen ist kein Argument gegen Erstere.)

Denken Sie noch einmal an die Forschungsarbeiten, die die Auswirkungen autoritärer Kontrolle und Bestrafung gezeigt haben und die ich in den Kapiteln 3 und 4 geschildert habe. Bei Kindern, die so erzogen werden, ist die Wahrscheinlichkeit geringer, dass sie ein komplexes moralisches Wertesystem entwickeln. Es fällt ihnen oft schwerer, zu einem flexiblen Verständnis der Situationen, die sie erleben, zu gelangen, und sie bleiben möglicherweise in der Sorge um ihr Eigeninteresse gefangen.

Diese Dinge sind wichtig. Moralische Komplexität, geistige Flexibilität und die Fähigkeit, Gefühle für andere zu empfinden, sind kein Luxus. Und im Übrigen schließen sie grundlegende Überlebensfähigkeiten, Cleverness und das Wissen darum, wie man auf der Straße zurechtkommt, nicht aus. Wir wünschen uns, dass Kinder all diese Fähigkeiten haben. Herkömmliche, strafende Erziehungsmethoden können jedoch dazu führen, dass sie nichts davon beherrschen. Selbst wenn Gehorsam unser Ziel wäre, ist dies keine besonders wirksame Methode zu diesem Zweck. Denken Sie daran: Kinder, deren Eltern starke Kontrolle ausüben, sind oft *weniger* folgsam, vor allem, wenn die Eltern nicht in der Nähe sind. Doch letztlich ist es auch sinnvoll, das Ziel, Kinder nur dazu zu bewegen, Autoritäten zu gehorchen – was etwas völlig anderes ist als das Ziel, ein gutes Urteilsvermögen und Verantwortungsbewusstsein zu entwickeln – in Frage zu stellen.

Ich würde sogar soweit gehen zu sagen, dass der in der zweiten Hälfte dieses Buches beschriebene Ansatz – bedingungslose Liebe, eine auf Respekt und Vertrauen beruhende Beziehung, die Möglichkeit für Kinder, sich an der Entscheidungsfindung zu beteiligen, und so weiter – für Kinder, die in schwierigen Wohngegenden aufwachsen, vielleicht am *allerwichtigsten* ist.[26] Jedenfalls gibt es kaum Situationen, bei denen es Kindern letztlich besser ergeht, wenn sie dazu gebracht worden sind, sich vor ihren Eltern zu fürchten.

Anmerkungen

Einleitung

1. Dieses Gedankenspiel habe ich von Deborah Meier übernommen.

2. Cagan, S. 45–46.

3. Diese Zahl ist aus Simpson, S. 11, entnommen. Zu dem Zeitpunkt, Mitte der 1990er Jahre, waren in den USA über 1500 Erziehungsbücher lieferbar.

4. Selbst manche der besseren Bücher, die einen relativ respektvollen Ansatz gegenüber Kindern vertreten, scheinen Parodie geradezu herauszufordern. So raten sie uns beispielsweise nicht nur zu „reflektivem Zuhören", damit Kinder wissen, dass wir sie gehört haben, sondern verkaufen diese Technik auch, als ob sie Zauberkräfte hätte und zu sofortigen Ergebnissen führen würde.

   Kind: Das ist so unfair! Immer machst du das mit mir! Ich hasse dich! (bricht in Tränen aus)

   Mutter oder Vater: Hmmm. Offenbar findest du das, was ich vorgeschlagen habe, nicht fair. Das macht dich wütend, stimmt's?

   Kind: Ja! (schnieft) Aber… na ja… ich glaub, ich kann damit leben. (Pause.) Mensch, danke, dass du dir Zeit genommen hast, mich zu verstehen! Ich fühl mich jetzt viel besser!

5. Siehe zum Beispiel die bei Chapman und Zahn-Waxler, S. 90, beschriebenen Studien.

6. Studie in Washington, D.C.: Kucynski und Kochanska (Zitate auf S. 404 und 398). „Zwanghafte Fügsamkeit": Crittenden und DiLalla. Psychotherapeuten: Siehe zum Beispiel Juul. Psychologen, die Bindungsmuster zwischen Eltern und Kindern untersuchen,

bemerken, dass ein glückliches Kleinkind keines ist, „das automatisch das befolgt, wozu die Mutter es auffordert. Vielmehr gehorcht es nicht gleich, wenn es gebeten wird, mit dem Spielen aufzuhören und die Spielsachen wegzuräumen, kooperiert jedoch schrittweise mit der Mutter." (Matas et al., S. 554)

7. Siehe die Diskussion der Forschungsarbeiten von Edward Deci und Richard Ryan zum Thema Kontrolle auf S. [suche*: „Universität Rochester tätigen Psychologen Richard Ryan"*]. Mit diesem Thema habe ich mich in meinem Buch Punished by Rewards (Kohn 199a, S. 250–52) näher befasst und mich dabei auf Decis und Ryans sehr nützliche Analyse der verschiedenen Typen von Internalisierung gestützt. Die am wenigsten konstruktive Variante ist die „Introjektion", bei der jemand eine Regel oder einen Wert als Ganzes schluckt und sich dann von innen heraus unter Druck gesetzt fühlt, sein Handeln danach auszurichten. Das ist genau die Art von Internalisierung, die von der Art von Erziehungsbüchern, die ich in diesem Buch analysiere, propagiert wird.

8. DeVries und Zan, S. 253.

9. Coloroso, S. 77.

Kapitel 1: Wenn Elternliebe an Bedingungen geknüpft ist

1. Tatsächlich ist diese Ansicht über Kinder ein Vorurteil und keine von guten Belegen gestützte Schlussfolgerung. Mein Buch The Brighter Side of Human Nature enthält einen Überblick über Hunderte von Studien, die Belege für die Ansicht liefern, dass es ebenso natürlich ist, fürsorglich und empathisch zu sein wie aggressiv oder selbstzentriert. Eine gekürzte Version dieses Überblicks ist in dem 1991 erschienenen Artikel für Pädagogen mit dem Titel „Caring Kids" (Kohn 1991) zu finden.

2. Dieses Zitat stammt von dem Psychologen Stephen Beltz aus dem Buch How to Make Johnny WANT to Obey, S. 236.

3. Baumrind 1972, S. 278. Sie fährt fort: „Eltern, die bedingungslos Liebe ausdrücken, animieren das Kind dazu, egoistisch und fordernd zu sein" – was darauf schließen lässt, dass ein ökonomisches Modell menschlicher Beziehungen möglicherweise Hand in Hand mit einer düsteren Sicht der menschlichen Natur geht.

4. Margaret Clark veröffentlichte Ende der 70er und Anfang der 80er Jahre des 20. Jahrhunderts mehrere Studien über die Unterschiede zwischen dem, was sie als „Austauschbeziehungen" (exchange relationships) und „sozial motivierten Beziehungen" (communal relationships) bezeichnete. Die konkreten Erkenntnisse über die Ehe stammen aus einer Studie von Murstein et al. Für eine umfassende Betrachtung darüber, wie sich ökonomische Modelle und Metaphern in anderen Bereichen des Lebens ausgebreitet haben, siehe das Buch The Battle for Human Nature von Barry Schwartz sowie vieles von dem, was Erich Fromm geschrieben hat.

5. Siehe zum Beispiel Rogers 1959.

6. Siehe www.doh.ie/fulltext/Children_First/Chapter2.html. Weblinks kommen und gehen – dieses Dokument habe ich zu verschiedenen Zeiten auf den Seiten einer Polizeibehörde in Illinois und einer Vereinigung gegen Misshandlung (CAPSEA) in Pennsylvania gefunden; außerdem wurde darauf hingewiesen, dass es in einen Gesetzesvorschlag in Missouri integriert wurde. Es wurde auch auf anderen Internetseiten in England und Kanada zitiert.

7. Zum Beispiel „berichteten Eltern im Allgemeinen, dass sie ihre Kinder mehr an der Entscheidungsfindung in der Familie beteiligten, als dies in den Augen der Kinder der Fall war (Eccles et al., S. 62–63).

8. Bei Kernis et al., S. 230, werden drei Studien zitiert, um diese Aussage zu belegen. Auch wenn man nicht die Möglichkeit hat, die relative Richtigkeit dieser beiden Schilderungen zu vergleichen, stimmen die Selbsteinschätzungen der Eltern anderen Forschungen zufolge nicht immer mit den Beobachtungen des Versuchsleiters überein (z. B. Kochanska 1997; Ritchie).

9. Hoffman 1970a, vor allem Tabelle IV auf S. 106. Diese Ergebnisse und auch andere, die den Gebrauch von Liebesentzug betreffen, werden auf S. 29–30 erörtert. Für eine Bestätigung der Feststellung, dass „es für die weitere Entwicklung des Kindes wohl am entscheidendsten ist, wie das Kind das [elterliche] Erziehungsverhalten erlebt", siehe Morris et al., das Zitat ist auf S. 147 zu finden.

10. Assor et al. Das Zitat findet sich auf S. 60. Aus dieser Studie geht nicht hervor, warum diese Eltern ihre Kinder so behandelten, wie sie selbst behandelt worden waren, jedoch erläutere ich in Kapitel 6 einige mögliche Erklärungen für einen an Bedingungen geknüpften Erziehungsstil.

11. Harter et al. Darüber hinaus entstehen durch dieses „Gefühl, nur unter bestimmten Bedingungen, nur wenn man das tut, was jemand anders von einem verlangt, geliebt zu werden, oft Barrieren für die Kommunikation… wodurch es noch schwerer als zuvor wird, eine an Bedingungen geknüpfte Liebe zu vermeiden … Es ist ein Teufelskreis der Kommunikationshindernisse." (Newcomb, S. 53)

12. Dieses Zitat stammt aus Harter 1999, S. 181. Für Forschungen zu den Folgen bedingungsloser Unterstützung durch Eltern und Lehrer siehe Forsman beziehungsweise Makri-Botsari. Die zweite Studie ergab auch, dass Schüler, die sich von ihren Lehrern bedingungslos angenommen fühlten, eher dazu neigten, sich wirklich für das Lernen zu interessieren und Freude an anspruchsvollen akademischen Aufgaben zu haben (statt Dinge nur zu tun, weil sie ihnen aufgetragen worden waren, und leichtere Aufgaben, bei denen sie wussten, dass sie ihnen gelingen würden, vorzuziehen).

13. Der erste Satz hier entstammt der Liebesentzugsskala, die von Brent Mallinckrodt an der University of Missouri und seinen Kollegen entwickelt wurde. Der zweite Satz (in die erste Person umgeschrieben) ist einem Fragebogen entnommen, den Michael Kernis und seine Kollegen an der University of Georgia verwendet haben.

Kapitel 2: Liebe schenken und Liebe entziehen

1. Chamberlain und Patterson, S. 217.

2. Chapman und Zahn-Waxler; Zitate auf S. 90 und 92.

3. Hoffman 1970b, S. 285–286.

4. Hoffman 1970b, S. 300.

5. Dienstbier et al., S. 307.

6. Selbstwertgefühl: Dieses Ergebnis aus Stanley Coopersmiths klassischer Studie mit Jungen im fünften und sechsten Schuljahr wird bei Maccoby und Martin auf S. 55 geschildert. Ein Dritteljahrhundert später wurde die Studie mit Jungen und Mädchen wiederholt, siehe Kernis et al. 2000. Emotionale Gesundheit und Straffälligkeit: Goldstein und Heaven – eine aktuelle Studie an australischen High-School-Schülern. Depression: Barber – eine Studie an 875 Schülern des fünften, achten und zehnten Schuljahrs.

7. Maccoby und Martin, S. 55.

8. Ungewöhnlich ängstlich: Eine Studie von Perdue und Spielberger wird bei Hoffman 1970b auf S. 302 geschildert. Angst, Ärger zu zeigen: Hoffmann 1970a, S. 108–109. Versagensängste: Elliot und Thrash. (Diese Autoren veranschaulichen das Konzept des Liebesentzugs, indem sie auf „die weithin befürwortete Methode der ‚Auszeit'" Bezug nehmen.) Bindung vermeiden: Swanson und Mallinckrodt; das Zitat ist auf S. 467 zu finden. (Das Ausmaß, in dem die 125 Studenten in dieser letzten Studie Liebesentzug erlebt hatten, war ein sehr bedeutender Faktor im Hinblick auf ihre Tendenz, Nähe zu vermeiden, selbst unter Berücksichtigung anderer Eigenschaften ihrer Herkunftsfamilien. Eine zweite Studie, diesmal an über 400 Studenten – Mallinckrodt und Wei – bestätigte die Beziehung zwischen Liebesentzug einerseits und Unsicherheit und Bindungsschwierigkeiten andererseits.)

9. Hoffman 1970a; und 1970b, vor allem S. 339–340. Ich sollte erwähnen, dass eine frühere Studie (Sears et al.) zu dem Ergebnis kam, dass Vorschulkinder, deren Mütter Liebesentzug einsetzten und im Allgemeinen ihnen gegenüber liebevoll wirkten, mehr als andere Kinder dazu neigten, zuzugeben, dass sie eine Regel übertreten hatten, oder ein schuldbewusstes Verhalten an den Tag zu legen, bevor sie erwischt wurden. (Wie ein anderer Autor [Becker, S. 185] es später formulierte, leuchtet es ein, dass dieser Effekt nur bei liebevollen Müttern auftrat, weil hier „mehr Liebe zu verlieren" war.) Spätere Forschungen haben jedoch kaum irgendeine positive Auswirkung des Liebesentzugs auf die moralische Entwicklung feststellen können. Andere Studien einschließlich der im Text erwähnten legen nahe, dass dieser Erziehungsansatz „eine unzureichende Grundlage für die Entwicklung eines vollständig ausgebildeten Gewissens" ist (Hoffman und Saltzstein, S. 56). Man könnte auch die Frage stellen, ob das „positive" Ergebnis bei der Studie von Sears et al. – der innere Zwang zu beichten – wirklich das ist, worum es uns gehen sollte. Es besteht ein Unterschied zwischen der Furcht davor, erwischt zu werden, und dem wachsenden Gefühl – wachsend, bei einem fünfjährigen Kind noch nicht vollständig entwickelt –, dass eine Tat falsch war. Der Psychologin Wendy Grolnick zufolge steht dieser innere Druck „im Gegensatz zu einem Gefühl der Autonomie, weil das Kind nicht das Risiko eingehen

kann, den Wünschen der Eltern zuwider zu handeln – es steht einfach zu viel auf dem Spiel", wenn die Liebe der Eltern gefährdet ist (Grolnick S. 47).

10. Aber nur ein bisschen, denn die in den beiden folgenden Absätzen skizzierten Gedanken sowie Belege dafür sind in meinem Buch Punished by Rewards (Kohn 199a) recht ausführlich dargelegt worden.

11. Siehe Kohn 1999a, Kapitel 5, und Deci et al. 1999 – sowie die zahlreichen dort jeweils zusammengefassten Studien.

12. Bemühungen, die Auswirkungen von Lob auf die intrinsische Motivation zu bestimmen, werden dadurch kompliziert, dass verschiedene Forscher unterschiedliche Dinge unter „Lob" verstehen (siehe Kohn 1999a, vor allem S. 99–101, 261). Eine aktuelle Besprechung der vorliegenden Forschungsarbeiten kommt zu dem Ergebnis, dass „verbale Belohnungen zwar bei Hochschulstudenten die intrinsische Motivation erhöhen, jedoch nicht bei Kindern" (Deci et al. 1999, S. 638).

13. M. B. Rowe.

14. Dieser treffende Ausdruck stammt von DeVries und Zan, S. 46.

15. Burhans und Dweck. Auch der Inhalt des Lobs mag hier eine Rolle spielen. Forscher sind sich einig: Kommentare, die Menschen das Gefühl geben, sie würden nur unter bestimmten Bedingungen akzeptiert, haben am ehesten negative Auswirkungen. Jedoch sind sich die Forscher zumindest zwei aktuellen Studien zufolge nicht darüber einig, bei welcher Art von Kommentaren dies der Fall ist. Bei einem Versuch mit jungen Erwachsenen (Schimel et al.) wurde festgestellt, dass positives Feedback ihnen kein Gefühl der Sicherheit gab, wenn es sich auf ihre Leistungen bezog, aber wohl, wenn es sich darauf bezog, was für Menschen sie waren – auf das, was sie als ihre „wahren inneren Qualitäten" ansahen. Im Gegensatz dazu kamen Kamins und Dweck zu dem Ergebnis, dass „personenorientiertes" Lob, das Kindern eine allgemeine „Bewertung ihrer selbst, ihrer Charakterzüge oder ihrer Fähigkeiten" bietet, die Art von Lob ist, die am ehesten einem an Bedingungen geknüpften Selbstwertgefühl Vorschub leistet und daher dazu führt, dass die Kinder zusammenbrechen, wenn sie einen Rückschlag erleiden.

16. Natürlich können Sie. Nur zu. Ich würde mich sogar dafür bedanken. Jedoch wäre mir konkreteres, aussagekräftigeres Feedback – was genau Sie in dem Buch hilfreich oder nicht hilfreich gefunden haben und warum – noch lieber als eine Bewertung, sei sie positiv oder negativ. Und so oder so würde ich mich zwar gewiss freuen, Sie kennenzulernen, aber ich bin nicht von Ihrer bedingungslosen Liebe abhängig. Mitteilungen von einem Erwachsenen zum anderen, vor allem wenn zwischen den beiden keine enge Beziehung besteht, sind einfach nicht damit zu vergleichen, was Eltern zu ihren Kindern sagen. Daher können wir daraus, dass ich dankbar lächele, wenn Sie mir sagen, dieses Buch habe Ihr Leben verändert, nicht schließen, es sei im Grunde gar nichts Schlimmes, positive Verstärkung bei unseren Kindern einzusetzen.

17. Für eine Diskussion dieser Rezension sowie zu den in den beiden folgenden Absätzen angesprochenen Themen siehe Kohn 1994.

18. Erkennen Sie hier ein Muster? Wir müssen über die eindimensionale Sicht der Dinge als eine einzige Substanz hinausgehen – ob es um elterliche Liebe (siehe S. 43) oder Selbstwertgefühl geht. Bei jedem dieser Dinge stellt sich nicht nur die Frage „wie viel?", sondern auch „welche Art?".

19. Deci und Ryan 1995, S. 33. Der heuristische Wert der Konzentration nicht nur auf den bloßen Grad des Selbstwertgefühls, sondern auch darauf, inwiefern es von Bedingungen abhängig ist (neben anderen Hinweisen auf seine Sicherheit oder Brüchigkeit), wird auch in Kernis 2003 erläutert. Auch Alice Miller stellt dies fest und bemerkt, man sei nur dann frei von Depressionen, „wo das Selbstwertgefühl in der Echtheit der eigenen Gefühle wurzelt und nicht im Besitz bestimmter Qualitäten" (S. 60). Sie ist der Ansicht, dies sei nicht etwas, was wir von einem Therapeuten bräuchten, und es genüge auch nicht, es von ihm zu bekommen. Carl Rogers glaubt, eine der wichtigsten Arten, wie Psychotherapie heilen könne, bestehe darin, die „bedingungslose positive Wertschätzung" zu bieten, die viele Jahre früher hätte geschenkt werden sollen. Miller dagegen ist weniger optimistisch: „Dies ist ein kindliches Bedürfnis", sagt sie „das später nicht mehr erfüllt werden kann" (S. 72/73).

20. Studie zum Thema Trinken: Neighbors et al. Forschungsarbeiten, welche die anderen hier erwähnten Konsequenzen bestätigen, werden von Crocker und Wolfe, S. 606 und S. 614–615 angeführt. Im Grunde glauben diese beiden Autoren, dass das „Verhalten nicht davon abhängt, ob das Selbstwertgefühl an Bedingungen geknüpft ist oder nicht, sondern eher von den konkreten Bereichen, auf denen das Selbstwertgefühl eines Menschen beruht" (S. 597) – das heißt, ob jemand mit sich zufrieden ist, wenn andere ihre Anerkennung zum Ausdruck bringen, wenn er eine gute Tat tut, gute Arbeit leistet usw. In einer späteren Studie führen Crocker et al. Forschungsergebnisse an, die diesen Gedanken stützen, dass „es wichtiger ist, auf welchen Bereichen das Selbstwertgefühl beruht, als die Frage, ob das Selbstwertgefühl insgesamt an Bedingungen geknüpft ist oder nicht" (S. 905) – zumindest bei dieser Gruppe von Hochschulstudenten.

21. Wie viele von uns es tatsächlich erreichen, ist eine andere Frage. Nach einer Beschreibung des idealen Szenarios – bei dem ein Mensch nur bedingungslose Wertschätzung erfährt, so dass sich „keine Bedingungen für den Wert bildeten, das Selbstwertgefühl bedingungslos wäre, die Bedürfnisse nach positiver Wertschätzung und das Selbstwertgefühl nie im Widerspruch zur organismischen Bewertung ständen und das Individuum weiterhin psychisch angepasst und voll funktionierend wäre" – räumte Carl Rogers ein, dies sei zwar „hypothetisch möglich", scheine „jedoch in der Wirklichkeit nicht vorzukommen" (S. 224). Auch der Psychologe Albert Ellis, der ebenfalls die Bedeutung einer bedingungslosen Selbstakzeptanz betont, sieht sie als „eine Gewohnheit, die nie vollkommen erworben werden kann" (Chamberlain und Haaga, S. 172). Zwei Forscher, sie sich auf dieses Gebiet spezialisiert haben, schreiben wie folgt: „Wir streiten nicht ab, dass es Menschen gibt, die derart frei von Bedingungen sind. Jedoch vermuten wir, dass sie recht selten sind, zumindest innerhalb unserer nordamerikanischen Kultur, welche die Bedeutung des Selbstwertgefühls und des relativen Wertes eines Menschen im Vergleich zu anderen auf der Grundlage seiner Leistung, seines Aussehens, seiner athletischen Fähigkeiten, seines Kapitals oder seiner guten Werke betont" (Crocker und Wolfe, S. 616; siehe auch Crocker et al.). Schließlich könne es sein, wie die beiden Forscher erläutern, dass Menschen mit einem

hohen Selbstwertgefühl vor allem darin erfolgreich sind, die Bedingungen zu erfüllen, die sie aufgestellt haben, um sich selbst mögen zu können, jedoch sei das nicht dasselbe, wie sich selbst bedingungslos zu mögen.

22. Geringere Neigung zu Ängsten oder Depressionen: Chamberlain und Haaga.

23. Ryan und Brown, S. 74. Crocker weist ebenfalls darauf hin.

24. Diese These, wenn auch mit einer weniger differenzierten Sicht des Selbstwertgefühls, habe ich in Kapitel 5 des Buches No Contest (Kohn 1992) aufgestellt; Crocker liefert aktuellere Belege. Natürlich ist es auch möglich, dass Rivalität, das Bedürfnis, über andere zu triumphieren, auch ein Symptom davon ist, dass das Selbstwertgefühl bereits von Bedingungen abhängig und brüchig ist. Menschen, die grundlegende Zweifel an ihrem eigenen Wert hegen, können versucht sein, in dem verzweifelten, jedoch letztlich aussichtslosen Bemühen, sich ihren eigenen Wert ein für allemal zu beweisen, mit anderen in Wettbewerb zu treten. Paradoxerweise erfordert es bisweilen ein gesünderes Selbstgefühl, um mit anderen zusammenzuarbeiten, als zu versuchen, sie zu besiegen.

Kapitel 3: Zu viel Kontrolle

1. Siehe Ginott, S. 101–102.

2. Siehe zum Beispiel Grusec und Goodnow, S. 7.

3. Im Rahmen einer Studie wurde ein signifikanter „Zusammenhang hinsichtlich der mütterlichen Erziehungsansichten" festgestellt: Die, die einen autoritären Ansatz vertraten, neigten dazu, alles, was ihre Kinder taten, aus diesem Blickwinkel zu betrachten (Hastings und Rubin). Und je mehr die Eltern „situative Faktoren ignorieren und konkrete Handlungen [starr] mit äußeren Ansprüchen an gutes oder schlechtes Benehmen vergleichen und entsprechend handeln", umso negativer waren die Folgen für das Kind (Hoffman 1970a, S. 113).

4. Adorno et al. Das Zitat findet sich auf S. 385.

5. Ein Psychologe fordert uns auf, uns eine Mutter vorzustellen, die mit ihrem Baby „Kuckuck" spielt. Irgendwann, vielleicht wenn das Spiel ein bisschen zu aufregend wird, dreht sich das Baby weg und lutscht am Daumen. Statt auf diesen Hinweis einzugehen und zu warten, bis das Baby bereit ist weiterzuspielen, beugt sich die Mutter „in die Blickrichtung des Kindes und schnalzt mit der Zunge, um seine Aufmerksamkeit auf sich zu ziehen. Das Baby ignoriert jedoch die Mutter und sieht weiterhin weg. Unbeirrt macht die Mutter weiter und geht mit ihrem Kopf noch näher an das Kind heran. Das Kind verzieht das Gesicht und … wendet sich noch weiter ab…" Das Bedürfnis der Mutter, die Interaktion zu steuern – ihr grundlegender Mangel an Respekt gegenüber den eindeutigen Wünschen des Babys – kann dauerhafte Auswirkungen haben. Es kann dazu führen, dass sich das Kind als machtlos ansieht, die Welt um sich herum zu beeinflussen, oder dass es seine Mutter – und vielleicht auch andere – als unsensibel und nicht verlässlich ansieht. Herauszufinden, wie es unangenehmen Erfahrungen entgeht und wie es sich selbst trösten kann, wird zur Priorität, wodurch „möglicherweise die kognitive Entwicklung und die Interaktion des Kindes mit anderen Menschen beeinträchtigt werden" (Tronick, S. 112, 117).

6. Dieses Argument wird mit entsprechenden Belegen von Kuczynski 1983, S. 133, und 1984, S. 1062 gebracht.

7. Stayton et al. Zitat auf S. 1061. Dies lässt den Autoren zufolge darauf schließen, dass „sich eine Bereitschaft zum Gehorsam in einem sensiblen, entgegenkommenden sozialen Umfeld ohne umfangreiches Training oder Disziplinierungsmaßnahmen entwickelt" (S. 1065). Für eine Übersicht über andere Forschungsarbeiten, die ebenfalls zu dem Ergebnis kamen, dass Gehorsam häufiger in Zusammenhang mit einem auf das Kind eingehenden Erziehungsstil als mit Disziplin oder Kontrolle zu beobachten ist, siehe Honig. Zwei Forscher stellten fest, dass Kinder im Alter von fünf oder sechs Jahren signifikant häufiger als hyperaktiv eingestuft wurden, wenn ihre Mütter ihnen in ihrer Säuglingszeit ihren Willen aufgedrängt hatten, wie es in der Studie von Stayton beschrieben wird – das heißt, wenn die Mütter dazu neigten, „das, womit sich das Baby gerade beschäftigte, zu unterbrechen, statt den Zeitpunkt und die Art ihres Eingreifens und ihrer Initiativen auf den Zustand, die Stimmung und die derzeitigen Interessen des Babys abzustimmen" (Jacobvitz und Sroufe). Jedoch ist dieses spannende Thema nicht weiter verfolgt worden – aus dem einfachen Grund, dass praktisch alle verfügbaren Mittel auf dem Gebiet kindlicher Entwicklungsstörungen für neurobiologisch orientierte Forschungen statt für eine Untersuchung der möglichen Relevanz des Erziehungsstils reserviert sind.

8. Crockenberg und Litman, S. 970.

9. Parpal und Maccoby.

10. Kochanska 1997.

11. Engagierte Folgsamkeit: Kochanska und Aksan. Folgsamkeit gegenüber einem anderen Erwachsenen: Feldman und Klein.

12. Dies gilt besonders, wenn das Ziel darin besteht, Kinder zu einer bestimmten Einstellung oder einem bestimmten Gefühl zu zwingen. Kurzfristig kann es uns manchmal gelingen, Kinder dazu zu bewegen, etwas Bestimmtes zu tun, aber wir können sie nicht dazu bewegen, es tun zu *wollen* – und aus diesem Grund ist es auch sinnlos, um Rat zu fragen, wie wir unsere Kinder „motivieren" können. Bemühungen, Kontrolle auszuüben, sind auch insofern aussichtslos, als sie auf der Annahme basieren, Eltern-Kind-Beziehungen seien etwas Einseitiges. Forscher haben inzwischen erkannt, dass Mütter und Väter nicht einfach mit ihren Kindern als Objekte etwas tun. Ob es einem gefällt oder nicht, die Beziehung ist wechselseitig, beide Seiten beeinflussen einander. „Die Betonung der Interaktion hat uns von der Sicht elterlichen Verhaltens als etwas, was an Kindern oder für Kinder getan wird, weg und hin zu der Sicht geführt, dass es gemeinsam mit Kindern getan wird" (Maccoby und Martin, S. 78). Meiner Ansicht nach ist das, was wahr ist, hier auch wünschenswert: Eine Interaktion mit Kindern ist einerseits eine zutreffende Beschreibung dessen, was geschieht, und andererseits auch eine vernünftige Empfehlung dafür, was geschehen sollte.

13. Baldwin, vor allem S. 130–132.

14. Lamborn et al. 1991. Das Zitat steht auf S. 1062. Dies stimmt mit anderen Forschungen (siehe Buri et al.) überein, die zeigen, dass junge Erwachsene, besonders junge Frauen, die von autoritären Eltern erzogen wurden, dazu neigen, schlecht über sich selbst zu denken.

15. Samalin, S. 6.

16. Darauf hat Martin Hoffman wiederholt hingewiesen. Dasselbe Phänomen ist offenbar zu beobachten, wenn Kinder übermäßiger Kontrolle durch Erwachsene, die nicht ihre Eltern sind, ausgesetzt sind. Bei einer klassischen Versuchsreihe in den 30er Jahren des 20. Jahrhunderts zum Beispiel (Lewin et al.) waren Jungen Mitglieder von Vereinen, die von Männern geleitet wurden, die in ihrem Führungsstil bewusst entweder demokratisch oder diktatorisch waren. Manche Kinder in der zweiten Gruppe reagierten darauf tatsächlich durch aggressives oder rivalisierendes Verhalten, viele andere jedoch wirkten verschlossen und teilnahmslos – bis der Leiter den Raum verließ (oder die Jungen in eine weniger streng kontrollierte Gruppe wechselten), woraufhin ein steiler Anstieg des aggressiven Verhaltens zu verzeichnen war.

17. Hart et al.

18. Juul, S. 237. Dies ist auch das Thema eines in den 1970er Jahren erschienenen faszinierenden Buchs des klinischen Psychologen und gläubigen Christen Sidney D. Craig: *Raising Your Child, Not by Force but by Love*. Es bietet eine Sichtweise, die sich auffallend von der unterscheidet, die in den meisten religiös orientierten Erziehungsratgebern, die ich kenne, vertreten wird. Craig wies schon lange vor mir darauf hin, „der ‚Feind‘ des Kindes [sei] nicht eine zu liberale Erziehung, sondern die Angst vor einer zu liberalen Erziehung. Diese Angst bewegt gute Eltern aus der amerikanischen Mittelschicht dazu, ihren Kindern gegenüber ein hartes, wenig mitfühlendes, unsensibles Verhalten an den Tag zu legen, was letztlich zu jugendlicher Delinquenz führen kann" (S. 39).

19. Ryan und Deci 2003, S. 265.

20. Assor et al.

21. Ryan und Deci 2000, S. 47.

22. Johnson und Birch. Zitat steht auf S. 660. Birch hat auch die Studie durchgeführt, die ich im vorigen Kapitel erwähnt habe und die ergab, dass Kinder, die für das Trinken eines unbekannten Getränks belohnt oder gelobt wurden, dieses Getränk schließlich weniger lecker fanden als Kinder, die keine Belohnung oder Lob erhielten.

23. Maccoby und Martin, S. 44. Für eine Studie, die diese Schlussfolgerung stützt, siehe Hoffman und Saltzstein.

24. Die Studie an Babys wurde erstmals 1984 veröffentlicht und wird bei Grolnick auf S. 15–16 und auch bei Frodi et al. beschrieben. Bei der zweiten Studie (Deci et al. 1993) wurde übrigens festgestellt, dass es unmöglich war, allein auf der Grundlage davon, wie viel die Eltern beim Spielen mit ihren Kindern sprachen, zu erkennen, wie stark sie Kontrolle über die Kinder ausübten. Vielmehr kam es darauf an, was sie sagten und wie sie es sagten.

25. Grolnick et al. 2002. Bei einer früheren Studie wurde festgestellt, dass Sechs- und Siebenjährige weniger kreativ malten – und weniger Freude daran hatten –, wenn man ihnen kontrollierende Anweisungen darüber gab, wie sie mit den Farben umgehen sollten (Koestner et al.). Im Rahmen anderer Forschungen wiederum (z. B. Dornbusch et al., 1987) wurde ein negativer Zusammenhang zwischen autoritärer Erziehung und den Noten von High-School-Schülern festgestellt. Allerdings sind Noten kein gutes Maß für gründliches Nachdenken, Interesse am Lernen und eine Vorliebe für schwierige Aufgaben – und

könnten sich sogar umgekehrt proportional dazu verhalten. Wenn ein Schüler diesen extrinsischen Belohnungen in Form von Einsen hinterher jagt und sie auch bekommt, ist das möglicherweise eher Grund zur Sorge als zur Freude, wie ich in Kapitel 5 erläutere.

26. Elterliche Kontrolle, so vermuten die Autoren, „kann dazu führen, die Aufmerksamkeit von Kindern auf einen recht engen Bereich auszurichten", während „Kinder, deren Autonomie unterstützt wurde, ein umfassenderes konzeptionelles Verständnis der Aufgabe erreichten und daher besser in der Lage waren, diese Konzepte anzuwenden, wenn sie alleine waren" (Grolnick et al. 2002, S. 153).

27. Siehe Flink et al.; und Deci et al. 1982.

28. Grolnicks Kommentare zu ihrer Zusammenfassung finden sich auf S. 20 und 150. Auswirkungen unabhängig vom Alter: S. 30. (Auch Grusec und Goodnow [S. 11] haben festgestellt, dass „die Durchsetzung von Macht unabhängig vom Alter dieselben negativen Auswirkungen auf die moralische Entwicklung hat". Brody und Shaffer weiteten diese Schlussfolgerung auf die Auswirkungen von Liebesentzug aus.) Auswirkungen unabhängig von ethnischer Zugehörigkeit, sozialer Schicht oder Kultur: siehe Anhang.

29. Manchmal benutzen Lehrer und Eltern Worte wie *Struktur* und *Grenzen*, um ihr Handeln zu rechtfertigen, auch wenn ihr tatsächliches Verhalten gegenüber Kindern zutreffender als Kontrolle bezeichnet werden könnte. Umgekehrt weist Grolnick darauf hin, dass bei Studien, die angeblich zeigen, dass Kontrolle gut für Kinder sei, oft lediglich eine vernünftige Struktur geboten wurde, die aber als „Kontrolle" bezeichnet wurde (S. 149). Sie definiert gesunde Strukturen als „die Bereitstellung von Richtschnüren und Informationen, die Kinder brauchen, um selbstbestimmt handeln zu können" (S. 17). Relevant ist hier auch die Unterscheidung zwischen *Verhaltenskontrolle* und *psychologischer Kontrolle*, die von Earl Schaefer begründet, von Laurence Steinberg aufgegriffen und von Brian Barber weiterentwickelt wurde.

Kapitel 4: Strafen sind schädlich

1. In manchen Fällen werden Kinder – und noch häufiger Erwachsene – ohne Berücksichtigung der Frage bestraft, ob diese Intervention Wirkung zeigen wird. Es geht dann weniger darum, zukünftiges Verhalten zu ändern, als darum, Vergeltung zu üben. Offenbar ist dies für manche Lehrer das Motiv, ihre Schüler zu bestrafen (Reyna und Weiner); unklar ist, wie viele Eltern Strafen mit dem Ziel einsetzen, eine Verhaltensänderung bei ihren Kindern zu erreichen, und wie viele die Bestrafung als moralisches Gebot ansehen (siehe S. 101–102).

2. Sears et al., S. 484.

3. Toner, S. 31. Ebenso stellte sich heraus, dass „strafende Erziehungsmaßnahmen ein verbreiteter Einflussfaktor im Hinblick auf alle Dimensionen kindlichen Störverhaltens waren", wie die hochschulübergreifende Forschungsgruppe zur Vorbeugung von Verhaltensproblemen im Jahr 2000 berichtete (Stormshak et al., Zitat auf S. 24). Und eine andere, im Mittleren Westen der USA durchgeführte Studie ergab: Strafen verschiedener Art „waren einheitlichere Einflussfaktoren im Hinblick auf Problemverhalten als alle anderen

demographischen Faktoren zusammen genommen" (Brenner und Fox, Zitat auf S. 253). Natürlich könnte man die Feststellung, dass Strafen mit kindlichem Fehlverhalten assoziiert sind, auch dadurch erklären, dass Eltern mit schwierigen Kindern eher dazu neigen, sie zu bestrafen; mit anderen Worten, die Bestrafung könnte durch das Verhalten des Kindes „provoziert" worden sein, statt die Ursache dieses Verhaltens zu sein. Zweifellos ist es wahr, dass die Kausalpfeile in mehr als eine Richtung weisen, doch inzwischen gibt es genügend Belege in Form von Studien, die eigens zur Prüfung dieser Hypothese durchgeführt wurden, um die Schlussfolgerung zu rechtfertigen, dass Bestrafung eher eine Ursache als eine Folge ist. Siehe zum Beispiel Hoffman 1960, S. 141; Kandel und Wu, S. 112; Cohen und Brook, S. 162, und im Hinblick auf die kausale Rolle körperlicher Bestrafung im Besonderen Straus 2001, Kapitel 12. Ähnlich verhält es sich damit, dass Eltern bei einem ungewöhnlich aggressiven Kind zwar vielleicht härter reagieren – jedoch ist diese Reaktion stark von den schon vorher bestehenden Einstellungen der Eltern über Kindererziehung geprägt (Hastings und Rubin; siehe auch Grusec und Mammone).

4. Die zur Zeit anspruchsvollste Zusammenfassung der vorhandenen Forschung über körperliche Bestrafung ist eine Monographie, die 2002 von Gershoff veröffentlicht wurde. Von den von ihr untersuchten Studien, welche sich mit den Auswirkungen körperlicher Bestrafung auf kurzfristige Folgsamkeit befassten, stellten drei einen positiven Effekt fest, zwei jedoch nicht (S. 547). (Und selbst diese drei lieferten keinen Beweis dafür, dass körperliche Bestrafung wirksamer als andere Methoden wäre.) Was noch wichtiger ist: Im Rahmen ihrer Meta-Analyse von 88 Studien stellte sie fest, dass körperliche Bestrafung durch Eltern in Zusammenhang steht mit „geringerer moralischer Internalisierung, gesteigerter kindlicher Aggression, gesteigerter Straffälligkeit und gesteigertem antisozialen Verhalten der Kinder, einer schlechteren psychischen Verfassung der Kinder, einem erhöhten Risiko, Opfer körperlicher Misshandlung zu werden, gesteigerter Aggression im Erwachsenenalter, einer Steigerung des kriminellen und antisozialen Verhaltens im Erwachsenenalter, einer schlechteren psychischen Verfassung im Erwachsenenalter und einem erhöhten Risiko, das eigene Kind oder den eigenen Partner zu misshandeln" (S. 544). Siehe auch die Schriften von Murray Straus.

5. McCord 1991, S. 175–176.

6. Eine Kritik mancher der Programme zur „Neuen Disziplin", einschließlich „Discipline with Dignity", „Cooperative Discipline", „Discipline with Love and Logic" und der Empfehlungen von Rudolf Dreikurs und seinen Schülern ist in meinem 1996 erschienenen und an Lehrer gerichteten Buch *Beyond Discipline* zu finden. Siehe vor allem Kapitel 4: „Punishment Lite: ‚Consequences' and Pseudochoice".

7. Pieper und Pieper, S. 208. Das soll nicht heißen, es gäbe gar keine echten natürlichen Konsequenzen. Wenn wir lange aufbleiben, sind wir am nächsten Morgen wahrscheinlich müde. Wenn wir nicht einkaufen gehen, haben wir irgendwann kein Essen mehr im Haus. Jedoch sind diese Szenarien etwas ganz anderes als beispielsweise die Weigerung von Eltern, das Abendessen für ein Kind, das zu spät nach Hause kommt, aufzuwärmen. Nennen Sie es, wie Sie wollen: Es ist eine Bestrafung, und im Übrigen eine, durch die sich das Kind besonders gedemütigt fühlt. (Ein begleitendes „Ich hab es dir ja gesagt", „Das geschieht dir recht" oder „Ich hoffe, du hast die Lektion jetzt gelernt" führt nur dazu, dass sich das Kind noch schlechter fühlt.)

8. Hoffman 1960. Natürlich ist das nicht einfach. Forschungen (z. B. Ritchie) bestätigen, dass Eltern eher zu strafenden Reaktionen neigen, wenn sie mit ihren Kindern in einem Machtkampf gefangen sind, als nach einem einzigen Fall von Ungehorsam.

9. Ginott, S. 151.

10. Hoffman 1970a, S. 114.

11. Gordon 1989, S. 74 und 77.

12. Hoffman und Saltzstein, S. 54.

13. Siehe zum Beispiel Hoffman 1970a, S. 109. Straus 2001 (S. 101) weist außerdem darauf hin, dass Eltern, die ihr Kind schlagen, jedoch erklären, warum sie das tun, „dem Kind beibringen, was es tun und was es sagen soll, wenn es ein anderes Kind schlägt".

14. Für Belege, dass dies auf Liebesentzug zutrifft, siehe Hoffman 1970a, S. 109 und 115.

15. Dasselbe Phänomen tritt auch in Schulen im Hinblick auf bessere oder schlechtere Unterrichtsformen auf, wie ich in einem Artikel namens „Educations's Rotten Apples" argumentiert habe (Kohn 2002).

Kapitel 5: Zum Erfolg gedrängt

1. Luthar und Becker.

2. Fromm, S. 413.

3. Luthar und D'Avanzo. Diese Autoren, die eine Studie an fast fünfhundert Teenagern, teils an einer High School in einem Vorort und teils an einer High School in der Innenstadt, durchgeführt haben, stellen fest, dass die Lehrer trotz dieser Daten offenbar denken, die Schüler in Vororten seien in einer besseren Verfassung. Die Forscher spekulieren: „Was in einer Schule in der Innenstadt als Problemverhalten angesehen wird, wird von Lehrern in Vororten möglicherweise als kreativer Selbstausdruck aufgefasst und trifft dort auf mehr Toleranz" (S. 861).

4. Norem-Hebeisen und Johnson. Zitat auf S. 420.

5. In einem seiner Stand-Up-Programme fragt George Carlin: „Was für hohle Leute haben es nötig, sich selbst durch die Leistungen ihrer Kinder aufzuwerten? ... Ich würde mal gern so einen Autoaufkleber sehen: *Wir sind die stolzen Eltern eines Kindes, dessen Selbstwertgefühl gut genug ist, dass wir seine unbedeutenden schulischen Leistungen nicht auf unserem Auto anzupreisen brauchen.*"

6. Die vorhandenen Forschungen stützen die Praxis, den Beginn des Vorschuljahrs hinauszuzögern, nicht. [Anmerkung der Übersetzerin: Das als „kindergarten" bezeichnete Vorschuljahr für 5–6 jährige Kinder ist das erste Jahr an der Grundschule und ist in den meisten Staaten der USA freiwillig, jedoch allgemein üblich.] Scheinbare schulische Vorteile stellen sich größtenteils als Täuschung heraus, als abhängig von den sozioökonomischen Merkmalen der Kinder, deren Eltern ihren Vorschulbeginn hinausgezögert haben, statt dass sie mit der Praxis als solcher zusammenhängen. Mit anderen Worten, die Kinder wohlhabender, gebildeter Eltern hätten so oder so gute Leistungen gebracht, unabhängig

vom Zeitpunkt des Vorschulbeginns. Vorteile, die sich doch als real erweisen, verflüchtigen sich meist im Lauf einiger Jahre. Außerdem zeigen die Daten keinen sozialen Nutzen des Redshirting; wenn überhaupt, lassen sie eher auf Probleme schließen, die später auftreten können. (Für Einzelheiten sowie ein Quellenverzeichnis siehe Marshall.) Manche Eltern können versucht sein, sich dieser Praxis anzuschließen, weil das Vorschuljahr an amerikanischen Grundschulen immer stärker verschult wird – ein Trend, der von Experten für frühkindliche Erziehung fast einmütig bedauert wird –, doch wenn mehr Kinder mit der Vorschule erst beginnen, wenn sie älter sind, könnten sie dadurch den verstärkten Fokus auf schulische Fähigkeiten noch verschärfen, wodurch ein Teufelskreis entstände (Cosden et al., S. 210).

7. Die Forschungsergebnisse, die das Folgende stützen – einschließlich einer ausführlichen Diskussion über Alternativen zu herkömmlichen Noten – sind in meinem 1999 erschienenen Buch The Schools Our Children Deserve und in einer kürzeren Fassung in manchen der Aufsätze über Noten, die unter www.alfiekohn.org/teaching/articles.htm zu finden sind, enthalten.

8. Ames und Archer.

9. Grolnick und Ryan.

10. Die Studien sind Gottfried et al. 1994 bzw. Dornbusch et al. 1988. Auch eine dritte Studie – an Fünftklässlern und ihren Eltern in Vermont – kam zu dem Ergebnis, dass Belohnungen für gute Noten und Strafen für schlechte Noten mit „schlechteren Noten und Leistungen" sowie „geringerer Motivation, Freude und Ausdauer bei der schulischen Arbeit" assoziiert waren (Ginsburg und Bronstein, Zitat auf S. 1470). Jedoch war hier – im Gegensatz zu den beiden im Text erwähnten Studien – nicht gleichermaßen klar, dass die Strategien der Eltern die *Ursache* dieser Probleme waren. Es wäre auch denkbar, dass die Eltern auf Bestechungen und Bedrohungen zurückgriffen, weil ihre Kinder bereits aus anderen Gründen Schwierigkeiten in der Schule hatten. Doch zumindest trugen diese Strategien nicht zur Verbesserung der Lage bei.

11. Borek. Frank McCourt, der Autor des Buches *Die Asche meiner Mutter*, bemerkte einmal, dass ihn in den achtzehn Jahren seiner Unterrichtszeit an einer prestigeträchtigen High School nur einmal Eltern gefragt hätten: „Hat unser Kind Freude an der Schule?" Bei allen anderen Fragen ging es um Testergebnisse, Hochschulbewerbungen und die besten Arbeitstechniken (zitiert bei Merrow, S. 102).

12. „Oft unrealistische Erwartungen": Harter 1999, S. 282. „Ihre Eltern zu enttäuschen": persönlicher Austausch mit Lilian Katz im Jahr 1997. Versagensangst: Elliot und Thrash.

13. Grolnick, S. 98.

14. Ich beschreibe nicht wettbewerbsorientierte Arten des Spielens, Lernens und Arbeitens in einem Buch mit dem Titel *No Contest: The Case Against Competition* (Kohn 1992).

15. Schimel et al., S. 50. Für Verweise auf andere Theoretiker, die das Konzept einer an Bedingungen geknüpften Akzeptanz und eines an Bedingungen geknüpften Selbstwertgefühls verteidigen, siehe Crocker und Wolfe, S. 614.

16. Zahlreiche Studien haben bestätigt, dass Kinder die natürliche Neigung haben, die Welt begreifen zu wollen, dass sie den Antrieb haben, Dinge zu tun, die ihr aktuelles Niveau

ein kleines Stück übersteigen. Allgemein ist die Vorstellung, es sei natürlich, so wenig wie möglich zu tun, ein Relikt der „Triebreduktions-" oder homöostatischen Modelle, die davon ausgehen, dass Organismen stets einen Zustand der Ruhe anstrebten. Nur wenige Modelle sind in der modernen Psychologie so gründlich widerlegt worden. Interessierte Leser könnten sich mit den Schriften von Gordon Allport befassen sowie mit Erkenntnissen über den fundamentalen menschlichen Impuls, ein Gefühl der Kompetenz zu erlangen (Robert White), selbstbestimmt zu handeln (Richard de Charms, Edward Deci und andere), unsere Neugier zu befriedigen (D. E. Berlyne) oder unser Potential auf verschiedene Weise zu verwirklichen (Abraham Maslow).

17. Für eine der zahlreichen Studien, die zeigen, dass Misserfolg zu der Erwartung zukünftigen Misserfolgs führt, siehe Parsons und Ruble. Für Forschungen, die zeigen, dass Misserfolg zu einem Vorziehen leichterer Aufgaben und einer geringeren intrinsischen Motivation führt, siehe Wigfield; Hartner 1992; und verschiedene Publikationen von Deci und Ryan.

18. Crocker und Wolfe, S. 614 und 617.

Kapitel 6: Was hindert uns daran, bessere Eltern zu sein?

1. Siehe zum Beispiel die von der Meinungsforschungsfirma Public Agenda in den Jahren 1997 und 1999 durchgeführten Umfragen mit dem Titel „Kids These Days". (Für Einzelheiten zu diesem Bericht siehe www.publicagenda.org/reports/kids-these-days-99.) Eine Zusammenfassung des ersten Berichts erschien am 26. Juni 1997 in der New York Times.

2. Grubb und Lazerson, S. 56 und 85.

3. Diese Statistiken stammen vom National Center for Children in Poverty an der Columbia University beziehungsweise vom Urban Institute.

4. Clayton.

5. Zum Beispiel geben Eltern, die einen großen Teil der Hausaufgaben ihrer Kinder für sie erledigen, eine beliebte Zielscheibe für Kritik ab. Wichtiger ist jedoch die Frage, wie viele dieser Hausaufgaben es wert sind, von irgendwem erledigt zu werden. Wenn wir die Diskussion darauf beschränken, ob Eltern sich zu sehr einmischen, ihren Kindern das Leben allzu leicht machen, stellen wir herkömmliche Unterrichtsformen, die noch mehr Schaden anrichten, nicht in Frage (siehe Kohn 1999b). Die Struktur wird unkritisch akzeptiert und Kritik richtet sich ausschließlich auf Individuen. Und jedes Mal, wenn wir uns den Kopf über das richtige Maß an elterlicher Einmischung zerbrechen, wenn unsere Kinder von anderen Kindern schikaniert werden, denken wir nicht darüber nach, welche Aspekte der Schule dieser Art von Schikanierungen vielleicht unabsichtlich Vorschub leisten.

6. Dix et al. Die Zitate stehen auf S. 1387 und 1374.

7. Kulturübergreifende Beweise: Peterson et al. Beziehung zwischen Konformität und Disziplin: Luster et al.; und Gerris et al.

8. Holt, S. 21. Heutzutage kommt Rache „unter dem würdevolleren Namen der Rückzahlung daher. Wie das dem Täter zugefügte Leid sein Vergehen wiedergutmachen soll, ist völlig unklar, es sei denn durch die Genugtuung, die es seinen Opfern und der Gesellschaft möglicherweise verschafft. Doch ist das Gerechtigkeit?"

9. Greven, S. 65.

10. So schildert ein christlicher Geistlicher beispielsweise, wie sein achtzehn Monate alter Sohn seine Autorität „trotzig in Frage stellte", indem er sich weigerte, auf einem Parkplatz die Hand des Vaters zu halten. Darauf folgte eine „Reihe wiederholter Schläge (mit Erklärungen und reichlichem Bekunden von Zuneigung zwischen den einzelnen Schlägen), bis dem Jungen schließlich klar wurde, dass Daddy immer gewinnt und *entschieden gewinnt!"* Dieser Ansatz wird als „liebevolle Zurechtweisung" bezeichnet. (Das Buch von Larry Tomczak wird bei Greven auf S. 69 zitiert.)

11. Siehe zum Beispiel Levitikus, Kapitel 26; Deuteronomium, Kapitel 28; Buch der Sprichwörter, Kapitel 1; oder Römer, Kapitel 1.

12. Zitiert in Greven 1989, S. xxvi.

13. Viel hängt davon ab, wie die Begriffe definiert und in Forschungskategorien übertragen werden. Zum Beispiel sollte man zwischen Eltern unterscheiden, denen es zu lästig ist, irgendwie zu reagieren, wenn ihre Kinder etwas Falsches tun, und Eltern, die sich bewusst und sorgfältig für einen Ansatz minimalen Eingreifens entschieden haben. In jedem Fall war das Ausmaß, in dem Kinder in einer Studie bestraft wurden, ein entscheidender Faktor im Hinblick darauf, wie aggressiv und antisozial sie acht Jahre später waren, während Vernachlässigung kein bedeutender Faktor war (Cohen et al.).

14. Wir haben bereits gesehen, dass Baumrind ein Modell der Gegenseitigkeit bei Familienbeziehungen favorisiert und dass sie der Ansicht ist, bedingungslose Liebe mache Kinder „egoistisch und fordernd" (siehe Kapitel 1, Anmerkung 3). Sie nimmt auch an, „Struktur" in der Familie erfordere den Gebrauch extrinsischer Motivatoren und an Bedingungen geknüpfter Verstärkung, die sie stark propagiert. Sie befürwortet die Prügelstrafe, tut Kritik an Strafen als „utopisch" ab und erklärt, Eltern, die nicht auf Macht zurückgreifen, um Gehorsam zu erzwingen, würden als „unentschlossen" angesehen (Baumrind 1996). Leider stützen die Forschungsergebnisse, auf die sie hinweist, um zu zeigen, dass ein autoritativer Erziehungsstil am besten funktioniere, keinen dieser Standpunkte. Ihre ursprünglichen Erkenntnisse wurden als Beweis dafür interpretiert, dass eine Kombination von Wärme und „fester Kontrolle" (oder „Durchsetzungskraft") optimal sei. Jedoch stellte eine andere Forscherin, die sich die Daten sorgfältig ansah (Lewis 1981), fest, dass die positiven Ergebnisse bei den Kindern autoritativer Eltern in Wirklichkeit offenbar gar nicht in Zusammenhang mit dem Gebrauch fester Kontrolle standen. Bei Kindern, deren Eltern warm, aber nicht kontrollierend waren, waren die Ergebnisse genauso gut wie bei Kindern, deren Eltern beides waren – wahrscheinlich, so vermutete sie, weil Kontrolle im herkömmlichen Sinn nicht notwendig ist, um Struktur und Verlässlichkeit zu schaffen, wie Baumrind (und viele andere) annahmen. Ebenso schien Baumrind die Unterschiede zwischen „permissiven" Eltern, die in Wirklichkeit nur unsicher waren, und solchen, die bewusst demokratisch waren, zu verwischen. Bei den Kindern der zweiten Kategorie von Eltern gab es keine Probleme, was

einem anderen Psychologen zufolge darauf schließen lässt, dass „eine nähere Betrachtung der tatsächlichen Daten Baumrinds bedeutsame Argumente für eine kindzentrierte Erziehung zutage bringen könnte" (Crain, S. 18), auch wenn Baumrind einen ganz anderen Eindruck hat entstehen lassen, weil sie diesen Erziehungsstil persönlich ablehnt. Spätere Forschungen, die sich auf Baumrind stützten, scheinen für diese Sicht zu sprechen. Bei einer sehr großen Studie an Teenagern (Lamborn et al. 1991) wurden zwar positive Auswirkungen dessen festgestellt, was als „autoritativer" Erziehungsstil bezeichnet wurde, jedoch wurde dieser Begriff in der Bedeutung verwendet, dass die Eltern sich bewusst waren, was im Leben ihrer Kinder vorging, und auch daran beteiligt waren – aber es hatte nichts damit zu tun, dass ihr Erziehungsstil auch nur das kleinste bisschen strafend oder kontrollierend war. In einer anderen Studie (Strage und Brandt) wurde ebenfalls auf Baumrind verwiesen, um anzudeuten, dass Eltern sowohl unterstützend als auch fordernd sein sollten, jedoch stellte sich heraus, dass ein fordernder Erziehungsstil, wenn die Kinder klein waren, in keinem oder sogar in einem negativen Zusammenhang zu verschiedenen wünschenswerten Ergebnissen stand. Das Ausmaß, in dem die Eltern ihre Kinder unterstützt hatten, sowie das Ausmaß, in dem sie ihre Unabhängigkeit gefördert hatten, standen dagegen in einem starken positiven Zusammenhang zu denselben Ergebnissen.

15. Grusec und Mammone, S. 60; siehe auch Hastings und Rubin. Barber et al. bemerkten, „der bedeutendste psychische Einfluss wird durch den psychischen Zustand der Eltern selbst ausgeübt" (S. 276).

16. Miller, S. 34.

17. Hastings und Grusec 1998. Allerdings ist es nicht immer einfach zu erkennen, wessen Bedürfnissen wirklich die höchste Priorität eingeräumt wird. Manche Eltern, die auf auffallende Weise alles für ihre Kinder opfern, deren ganzes Leben sich um die Kinder zu drehen scheint, erweisen sich in Wirklichkeit als ziemlich narzisstisch. Dies ist daran abzulesen, dass sie zu bestimmten, starren Erwartungen an ihre Kinder neigen und oft übermäßig kontrollierend sind. Alles muss genau so sein; nichts darf von ihrem Plan abweichen. Die Familie scheint übertrieben kindzentriert zu sein; jedoch wird das Kind in Wirklichkeit nur benutzt, um die eigenen Bedürfnisse der Eltern zu erfüllen.

18. Dies kann die Angst sein, bei der Kindererziehung inkompetent zu sein, aber es kann auch ein Symptom einer umfassenderen Angst vor Unzulänglichkeit sein. Denken Sie daran, dass die Versagensangst von Eltern oft mit dem Zurückgreifen auf Liebesentzug gekoppelt ist (siehe S. 103).

19. Grusec und Mammone, S. 62.

20. Bugental et al., S. 1298.

21. Dieses Zitat, das Kunc bei seinen Präsentationen verwendet, ist auch unter www.normemma.com/hmsvouts.htm zu finden.

22. Misshandelnde Eltern sehen sich selbst als Opfer: Bugental et al., S. 1298. Späteren Forschungen zufolge (siehe Bugental und Happaney) schreiben manche Eltern sogar *Säuglingen* böse Absichten zu, was zu einem Teufelskreis aus vermeintlicher Machtlosigkeit, Wut und Misshandlung führt. Beim Kind nach negativen Motiven suchen: Lieberman, S. 64.

23. Siehe Hastings und Grusec 1998, S. 477; und eine Zusammenfassung von Hastings' For-schungen in Grusec et al. 1997, S. 268.

24. Die Tätigkeit des Fernsehens macht nicht, wie manche Leute glauben, als solche dumm. Abgesehen davon, *was* man sieht, kommt es auch darauf an, *wie* man fernsieht. Diese These habe ich in meinem Aufsatz „Television and Children: ReViewing the Evidence" (Kohn 1998) entwickelt.

25. Gordon 1989, S. 214.

26. Siehe Luster et al., S. 143.

Kapitel 7: Grundsätze bedingungsloser Elternliebe

1. Diese Zahlen sind Straus 2004 entnommen; er beruft sich auf eine Studie von Robert Larzelere und dessen Kollegen aus dem Jahr 1996. Das Zitat stammt aus Straus 2001, S. 210.

2. Beispielsweise wurden in einer Studie Mütter aufgefordert, ihre vierjährigen Kinder dazu zu bewegen, etwas nicht besonders Interessantes zu tun (Plastikgabeln und -löffel zu sor-tieren), obwohl Spielsachen im selben Raum eine starke Ablenkung boten. Der Hälfte der Mütter wurde gesagt, man würde sie irgendwann bitten, den Raum zu verlassen, um zu sehen, ob ihre Kinder an der Aufgabe weiterarbeiten würden, wenn sie alleine waren. Es stellte sich heraus, dass die Mütter in dieser Gruppe, die das Ziel hatten, bei ihren Kin-dern Folgsamkeit für eine längere Zeit und ohne Gegenwart eines Erwachsenen zu er-reichen, mehr als die anderen Mütter (deren Blick ausschließlich auf das Hier und Jetzt gerichtet war) dazu neigten, im Gespräch mit ihren Kindern Gründe anzuführen, ver-schiedene Arten von Erklärungen zu verwenden und bei ihrer Interaktion fürsorglicher zu sein. Und was sie taten, war erfolgreich: Selbst nach den Ergebnissen zu urteilen, als die Mütter noch anwesend waren, neigten die Kinder mehr dazu, bei der Aufgabe zu bleiben, wenn ihre Mütter die Strategien einsetzten, die auf langfristige Ziele ausgerichtet waren (Kuczynski 1984).

3. Eine Gruppe von Forschern drückte es so aus: Für Eltern sollte es nicht am wichtigsten sein, „situationsspezifische Lösungen" für Probleme mit ihren Kindern zu suchen, son-dern „sich bewusster zu werden, wie sie selbst über ihre Beziehung zu ihrem Kind den-ken und empfinden" (Gerris et al., S. 845). Der nächste Schritt würde dann natürlich da-rin bestehen, dieses Bewusstsein zu *nutzen*, um die Beziehung zu stärken. Dies sollte uns wichtig sein und Vorrang davor haben, unsere Kinder zum Befolgen unserer Aufforderun-gen zu bewegen.

4. Gordon 1975, S. 228.

5. Coloroso, S. 62–63.

6. Lieberman, S. 49.

7. An dieser Stelle geht es mir um Erwartungen, die einfach aufgrund des Alters des Kindes unrealistisch sind. Jedoch haben viele Kinder besondere Bedürfnisse und Grenzen, die ihre Fähigkeit, zu tun, was ihre Eltern erwarten, auf ähnliche Weise einschränken – und in solchen Fällen ist es ebenso sinnlos und sogar grausam, auf seinen Forderungen zu be-

stehen. Für eine gute Analyse der Schwierigkeiten mancher Kinder, die herkömmliche Erziehungsmethoden besonders kontraproduktiv machen, siehe Greene.

8. Siehe z. B. Noddings, S. 25. Sie weist darauf hin, dass dieser Gedanke von dem Begriff der „Bestätigung" des Philosophen Martin Buber abgeleitet ist.

9. Lewis 1995, S. 132–133.

10. Wie Marilyn Watson erklärt, hat das Kind selbst in einem solchen Fall vielleicht weniger Schaden anrichten wollen, als es tatsächlich getan hat. Sie bemerkt auch, dass sogar dann, wenn die Unschuldsvermutung unzutreffend sei, sie das Kind dennoch dazu anregen könne, sich zu bemühen, dem positiven Bild der Eltern zu entsprechen (persönliches Gespräch, Juni 2004).

11. Siehe zum Beispiel die bei Dumas und LaFreniere, S. 9, erwähnten Studien.

12. „Nein… nein… nein… nein… nein… na gut, einverstanden" ist das Spiegelbild eines anderen ungesunden Verhaltensmusters, das ich beschrieben habe – bei dem die Mutter oder der Vater alles gleichgültig abnickt und dann plötzlich explodiert: „Okay… okay… okay… okay… okay… NEIN!" – begleitet von einer Bestrafung.

13. Miller, S. 105. Siehe auch Gordon 1975, S. 21–22, 257–59.

Kapitel 8: Liebe ohne Wenn und Aber

1. Das bedeutet allerdings nicht, dass Glück das einzige Ziel sein sollte. Siehe Kapitel 10, Anmerkung 1.

2. Gordon 1975, S. 27.

3. Watson, S. 142 und S. 30.

4. Ibid., S. 2.

5. Lovett, S. 36, 69, 104–105.

6. Die Vorstellung, Glück hänge davon ab, was man besitzt, ist nichts, was wir bei unseren Kindern fördern wollen. Viele Erwachsene verhalten sich so, als ob sie das glaubten, selbst die, denen der Kreislauf vertraut ist, bei dem auf die sehr kurze Freude über den Erwerb eines weiteren Paars Schuhe oder einer tollen digitalen Spielerei das schnelle Zurückfallen in den vorherigen Zustand der Rastlosigkeit oder Langeweile folgt. Das, was treffend als „Warenfetischismus" bezeichnet wird, ist nicht besonders gesund, auch wenn es höchst gewinnbringend für die Firmen ist, die uns einreden wollen, dass wir jeden neuen und verbesserten Artikel, den sie verkaufen, unbedingt brauchen.

7. Juul, S. 70.

8. Für mehr zu diesen Themen siehe *Punished by Rewards* (Kohn 1999), besonders Kapitel 6 („The Praise Problem") und das Nachwort.

9. Grusec et al. 1978. Bei einer anderen Studie stieg die Wahrscheinlichkeit, dass Kinder sich großzügig verhielten, sowohl wenn sie gelobt wurden, als auch wenn ihnen der Eindruck vermittelt wurde, sie seien hilfsbereite Menschen. In einem Folgeversuch erwies sich die letztere Gruppe jedoch als großzügiger als die, die verbale Verstärkung erhalten hatte. Mit

anderen Worten, Lob steigerte die Großzügigkeit in einer bestimmten Umgebung, verlor jedoch außerhalb dieser Umgebung an Wirksamkeit, während Kinder mit einem tieferen Grund für ihre Großzügigkeit ihr Handeln auch unter anderen Umständen nach diesem Motiv ausrichteten (Grusec und Redler).

10. Karen D. Arnold vom Boston College, Autorin von *Lives of Promise*, wird bei Rimer zitiert.

11. Für mehr darüber, wie wichtig diese Unterscheidung ist, siehe Kohn 1999b, Kapitel 2.

12. Ich habe selbst einen Versuch auf dem Gebiet unternommen und ein kurzes Büchlein für Lehrer mit dem Titel *Beyond Discipline* (Kohn 1996) geschrieben. Außerdem empfehle ich das Buch *Learning to Trust* (Watson), das zwei Jahre im Leben einer Lehrerin an einer amerikanischen Innenstadtschule schildert. Indem diese Lehrerin auf die Bedürfnisse der Kinder eingeht, gelingt es ihr, Zwangsmaßnahmen in der Schule zu vermeiden.

Kapitel 9: Mitspracherecht für Kinder

1. Einige der Forschungsarbeiten zu diesem Thema habe ich in Kohn 1993 besprochen. Interessierte Leser sollten sich auch das Werk von Edward Deci, Richard Ryan und Wendy Grolnick ansehen, die ausführlich über das Erleben von Autonomie in verschiedenen Lebensbereichen geschrieben haben. Übrigens stammen die Begriffe „Urheber" und „Opfer" in diesem Zusammenhang von dem Psychologen Richard de Charms.

2. Beachten Sie, dass diese beiden Dinge nicht dasselbe sind. „Die Tatsache, dass ein Elternteil keine psychische Kontrolle anwendet, heißt nicht automatisch, dass er das Kind ermutigt oder dessen Autonomie fördert." (Barber et al., S. 271)

3. Gesteigerte Wahrscheinlichkeit, dass Kinder tun, worum man sie bittet: Siehe Kapitel 3, „Welche Kinder tun, was man ihnen sagt?". Neigen eher dazu, sich auf ihre Eltern zu verlassen: Mehrere Studien, die diese Feststellung bestätigen, werden in Chirkov et al., S. 98, erwähnt. Besseres Selbstwertgefühl: Eccles et al., S. 62. Geraten seltener in Schwierigkeiten: Bei Jugendlichen aller ethnischen Hintergründe, deren Eltern sie an der Entscheidungsfindung beteiligten, war die Wahrscheinlichkeit ein Jahr später geringer, dass sie Drogen oder Alkohol konsumierten, an Fehlverhalten in der Schule oder antisozialem Verhalten beteiligt waren (Lamborn et al. 1996). Selbstbewusste Hochschulstudenten: Strage und Brandt. Bei den meisten der in diesem Absatz erwähnten Studien wurde das Ausmaß, in dem Eltern die Autonomie ihrer Kinder unterstützten, danach beurteilt, wie es die Kinder wahrnahmen, und nicht danach, was die Eltern berichteten. Eccles hat gezeigt, dass diese Berichte oft voneinander abweichen, und wie ich erwähnt habe, kommt es darauf an, welchen Eindruck die Kinder haben.

4. Cai et al., S. 373. Im Originalzitat folgen auf jeden der Punkte ein oder mehrere Literaturverweise in Klammern.

5. Allerdings sollten wir hier vorsichtig sein, denn die enorme Macht, die Eltern besitzen, kann etwas, was eine bloße Feststellung oder Empfehlung zu sein scheint, praktisch in eine Forderung verwandeln. Die stillschweigende Drohung des Liebesentzugs sollte ver-

mieden werden und die endgültige Entscheidung sollte beim Kind bleiben, wenn wir sagen, es könne entscheiden. Es mag frustrierend sein, wenn sich Kinder entscheiden, nicht das zu tun, was wir vorgeschlagen haben, doch wir sollten solche Situationen als Bestätigung sehen, dass wir ihnen erfolgreich geholfen haben, ein echtes Gefühl von Autonomie zu entwickeln.

6. Für praktische Empfehlungen zum Umgang mit Geschwisterkonflikten siehe Faber und Mazlish 1987. Auch ihre anderen Bücher sind sehr lesenwert.

7. Lieberman, S. 169. Sie fährt fort: „Es kann eine Situation entstehen, in der die Mutter oder der Vater die gleiche Art willkürlicher Macht über das ältere Geschwisterkind ausübt, wie es dieses Kind über das jüngere Geschwisterkind zu tun versucht. Das Verhalten des Elternteils, um die Machtausübung des stärkeren Geschwisterkinds zu unterbinden, kann die Botschaft vermitteln: Tu das, was ich sage – nicht das, was ich tue.“

8. Siehe zum Beispiel die Beschreibung in Kapitel 3, Anmerkung 5.

9. Baldwin, S. 135.

10. Siehe die neue Analyse von Baumrinds Daten in Lewis 1981, vor allem S. 562. Eine andere Studie kam inzwischen zu folgendem Ergebnis: Wenn Eltern Fehlverhalten als einen zu bestrafenden Verstoß behandeln, lernen Kinder, sich dagegen aufzulehnen, doch wenn Eltern Fehlverhalten als ein Problem behandeln, das gemeinsam gelöst werden kann, lernen Kinder zu verhandeln (Kuczynski et al.).

11. Dieser Punkt und viel vom Inhalt der folgenden Absätze ist übernommen und überarbeitet aus Kohn 1996.

12. Scott-Little und Holloway.

13. Gordon 1989, S. 9.

14. Für eine aktuelle experimentelle Demonstration dieser Aussage in einer Schulumgebung siehe Reeve et al.

15. Viele Lehrer glauben, es sei notwendig, bei Schülern, die ihre Aufforderungen nicht gleich befolgen, solange genau aufzupassen, bis sie tun, was man ihnen sagt. Doch oft stellt sich heraus, dass diese Schüler „eine Bitte oder Aufforderung viel bereitwilliger befolgen", wenn der Lehrer diese einfach klar äußert und es dann dem Schüler überlässt, „sie nach seinem eigenen zeitlichen Ermessen zu befolgen" (Watson, S. 130).

16. Experimentelle Belege für eine Kombination der Punkte 2, 3 und 6 bietet Deci et al. 1994.

Kapitel 10: Die Sicht des Kindes

1. Diese zweite Frage erinnert uns daran, dass es auffallend unzureichend ist, zu sagen, unser Hauptziel für unsere Kinder sei, dass sie glücklich werden. Zwar würde ich persönlich mir nicht wünschen, dass meine Kinder ständig unglückliche soziale Aktivisten würden, jedoch würde ich auch nicht wollen, dass sie sich so auf ihr eigenes Wohlergehen konzentrierten, dass ihnen das Leid anderer Menschen gleichgültig wäre. Auch würde ich mir nicht wünschen, dass der Preis für ihr Glück wäre, dass sie gedankenlos, oberflächlich

oder unfähig wären, sich über Ungeheuerlichkeiten zu entrüsten. Edward Deci formuliert es so: „Wenn Menschen nur nach Glück streben, können sie ihre eigene Entwicklung hemmen, weil ihr Streben nach Glück sie dazu bewegen kann, andere Aspekte ihres Erlebens zu unterdrücken. … Lebendig zu sein bedeutet in Wahrheit nicht nur, sich glücklich zu fühlen, sondern die ganze Bandbreite menschlicher Gefühle zu erleben" (1995, S. 192). Kurz gesagt: Ich glaube nicht, dass es möglich ist, auf die Frage „Wollen Sie, dass Ihr Kind glücklich wird?" anders zu antworten als mit „Ja, aber…".

2. Interessierte Leser könnten sich vielleicht das Werk von Forschern wie Nancy Eisenberg und dem verstorbenen Paul Mussen (die ein sehr nützliches Buch mit dem Titel *The Roots of Prosocial Behavior in Children* gemeinsam verfasst haben), Martin Hoffman, Ervin Staub, Marian Radke-Yarrow und Carolyn Zahn-Waxler ansehen.

3. Barnett et al., S. 93. Es gibt auch Belege aus dem Gebiet der Sportpsychologie dafür, dass Wettbewerb zu einem niedrigeren Niveau von ethischem Denken und zur Entwicklung eines niedrigeren moralischen Standards beiträgt (Kohn 1992).

4. „Die häufige Verwendung von ‚nein‘, ‚hör auf‘, ‚nicht‘ ohne weitere klärende Informationen kann dazu führen, dass eine allgemeine Gehemmtheit gelernt wird – das heißt, es wird gelernt, sich aus allen Arten von Not herauszuhalten und so altruistische Bemühungen wie auch Versuche der Wiedergutmachung zu minimieren" (Zahn-Waxler et al., S. 326).

5. Der Entwicklungspsychologe Leon Kuczynski (1983, S. 132), der sich ausgiebig mit dem Thema befasst hat, sagt: „Ein Verbot, das nicht erklärt wird, enthält dennoch eine Aussage über das Motiv, denn stillschweigend beinhaltet es die Androhung eines gewissen Maßes äußerer Konsequenzen."

6. Die Studie, die den Zusammenhang zwischen dem Geben von Erklärungen durch die Eltern und dem Altruismus erwachsener Kinder demonstrierte, war dramatisch: Es handelte sich um eine Untersuchung darüber, welche Menschen sich entschieden, europäische Juden vor den Nazis zu retten. Bei den Eltern von Rettern war „die Wahrscheinlichkeit signifikant geringer, dass sie großen Wert auf Gehorsam gelegt" oder körperliche Strafen eingesetzt hatten. Stattdessen war es ihnen wichtig, „Erklärungen zu geben, Möglichkeiten vorzuschlagen, wie man den Schaden wiedergutmachen könne, Überzeugungsarbeit zu leisten und Rat zu geben". Auf diese Weise drückten sie „Respekt für und Vertrauen in ihre Kinder" aus, was diesen Kindern half, „das Gefühl zu haben, persönlich etwas bewirken zu können, und Wärme gegenüber anderen zu empfinden" (Oliner und Oliner, S. 162, 179, 182). Bei der zweiten Studie wurde die Kindheit von über tausend Studenten untersucht, mit dem Ergebnis, dass die Studenten, die sich an freiwilligen gemeinnützigen Arbeiten beteiligten und sich für ein Anliegen engagierten, an das sie glaubten, häufiger von Eltern erzogen worden waren, die ihnen gegenüber Respekt zum Ausdruck brachten und eher einen rationalen als einen strafenden Erziehungsansatz verfolgten (Block et al.).

7. Für mehr darüber, wie das Verständnis gesellschaftlicher und moralischer Konzepte vom Lernenden „konstruiert" werden muss, statt einfach an ihn weitergegeben zu werden, siehe das Werk von Constance Kamii und Rheta DeVries. Dieses Thema habe ich im Rahmen meiner Kritik an herkömmlichen schulischen „Charakterbildungsprogrammen" erörtert (Kohn 1997).

8. „Interesse an der Meinung des Kindes": Walker und Taylor, Zitat steht auf S. 280. Bei anderen Forschungen wurde festgestellt: Eisenberg, S. 161.

9. Persönliche Gespräche mit Marilyn Watson in den Jahren 1989 und 1990.

10. Hoffman stellte fest: Hoffman und Saltzstein; Zitat steht auf S. 50. Spätere Forschungen haben diese Feststellung bestätigt: Siehe zum Beispiel Kuczynski 1983. Bei älteren Kindern am wirkungsvollsten: Brody und Shaffer. Induktiver Ansatz gut für Vorschulkinder: Hart et al. Sogar Kleinkinder reagierten mit mehr Fürsorge und Mitgefühl: Zahn-Waxler et al.; Zitat steht auf S. 323.

11. Eine erste Form von Empathie tritt vielleicht sogar noch früher auf. Bei Neugeborenen ist die Wahrscheinlichkeit höher, dass sie weinen – und auch länger weinen –, wenn sie dem Geräusch eines anderen weinenden Säuglings ausgesetzt sind, als wenn sie andere Geräusche hören, die ebenso laut und plötzlich sind. Bei drei Versuchsreihen an Säuglingen, die zwischen achtzehn und zweiundsiebzig Stunden alt waren, schien das Weinen eine spontane Reaktion und keine bloße stimmliche Nachahmung zu sein. Dies lässt darauf schließen, dass wir möglicherweise mit der Veranlagung dazu, uns von der Not anderer beunruhigen zu lassen, geboren werden. (Diese Studien sowie viele andere Forschungsarbeiten über Perspektivenübernahme und Empathie werden in Kohn 1990 erwähnt. Auch ein Teil der folgenden Diskussion ist diesem Buch entnommen.)

12. Eine von Coloroso auf S. 136–138 vorgeschlagene Variation dieses Ansatzes besteht darin, zwei Geschwister zu bitten, das Geschehen zu erklären, aber erst dann, wenn sie sich auf einen einzigen Bericht haben einigen können.

13. Aus diesem Grund habe ich weiter oben vorgeschlagen, dass Eltern sich fragen könnten: „Wenn jemand das zu mir gesagt hätte, würde *ich* mich dann bedingungslos geliebt fühlen?" Jedoch ist eine solche Umkehrung im Geiste möglicherweise nicht ausreichend – aus dem einfachen Grund, dass Ihr Kind nicht Sie ist. Es ist nicht schwer, sich ein Szenario vorzustellen, bei dem Sie diese Frage ehrlich mit ja beantworten könnten, bei dem Ihr Kind sich jedoch mit Sicherheit nicht bedingungslos geliebt fühlte.

14. Siehe die auf S. 127 erwähnte Studie von Hastings und Grusec. Solche Eltern neigen auch eher dazu, ihren Kindern einen konstruktiven Ansatz zum Lösen von Konflikten nahezubringen. (Autoritäre Eltern dagegen sehen Konflikte – vor allem zwischen ihnen und ihren Kindern – häufig eher als etwas, das ausgeschaltet werden sollte. Sie unterscheiden nicht zwischen verschiedenen Konfliktarten oder zwischen besseren und schlechteren Arten des Umgangs mit Konflikten, die zwangsläufig auftreten.) Eine andere Studie kam zu folgendem Ergebnis: Wenn Eltern mit ihren Kindern über etwas diskutierten, hatte die Frage, ob sie eher „selbstorientierte" Argumente (die ihren eigenen Standpunkt rechtfertigen sollten) oder „auf den anderen hin orientierte" Argumente (welche die Interessen des anderen berücksichtigten, um einen Kompromiss zu finden) verwendeten, einen messbaren Einfluss darauf, wie die Kinder drei Jahre später mit Gleichaltrigen umgingen. Die Forscher bemerkten, es sei möglicherweise nicht genug, Kindern Konfliktlösungsstrategien zu vermitteln; vielmehr sei auch das Erleben von Konflikten „aus erster Hand" zu Hause durch das Kind zu berücksichtigen (Herrera und Dunn; Zitat auf S. 879).

15. Niederländische Studie: Gerris et al. Kanadische Studie: Hastings und Grusec 1997. US-amerikanische Studie: Kochanska.

16. Miller, S. 108/109. Diese Argumente sind zentral für ihr gesamtes Werk – und auch für viele andere Therapeuten, die über Kindererziehung schreiben.

17. Denken Sie daran, dass Forschungen den Eindruck stützen, dass Eltern ständig eingreifen, um etwas zu unterbrechen, zu durchkreuzen und zu verhindern.

Anhang: Erziehungsstile

1. Levine.

2. Mosier und Rogoff; Zitate auf S. 1057–1058.

3. Rothbaum, persönliche Korrespondenz, Januar 2002.

4. Eine Gruppe von Forschern erwähnt die interessante Möglichkeit, dass eine Kultur, in der weniger Wert auf Entscheidungsfreiheit gelegt wird, vielleicht einen deutlichen Vorteil bieten kann, selbst wenn Kinder weniger Gelegenheit haben, Entscheidungen zu treffen. Denken Sie daran, dass autoritäre Eltern eher als nichtautoritäre Eltern dazu neigen, Kindern negative Motive zuzuschreiben. Sie nehmen häufig an, ein Kind, dessen Verhalten ihnen nicht gefällt, sei mit Absicht trotzig oder aggressiv oder boshaft – und das kann sie dazu provozieren, mit weiteren Zwangsmaßnahmen und machtorientierten Interventionen zu reagieren, was einen Teufelskreis in Gang setzt. In manchen Kulturen jedoch neigen vielleicht auch Eltern, die sich auf eine Weise verhalten, die wir als autoritär ansehen würden, weniger dazu, solche Annahmen über die Motive ihrer Kinder anzustellen, weil Menschen dort gar nicht als unabhängige Akteure, die Entscheidungen treffen, angesehen werden. Daher ist weniger Konflikt in der Beziehung. (Siehe Grusec et al. 1997, S. 272.)

5. Grolnick, S. 75 und S. 79. Auch Barber und Hansen berichten vorläufige Daten aus einer Studie in neun verschiedenen Ländern einschließlich zweier relativ kollektivistischer Länder, die einen regelmäßigen Zusammenhang zwischen psychologischer Kontrolle durch Eltern einerseits und sowohl Depression als auch antisozialem Verhalten bei Kindern andererseits gezeigt hatte.

6. Ryan und Deci 2003, S. 265–267. Für eine andere Sicht zu diesen Themen – und eine detailliertere Analyse der kulturübergreifenden Unterschiede im Hinblick auf „Autonomie" und „Verbundenheit" – siehe Rothbaum und Trommsdorff.

7. „Quote der Verwendung körperlicher Strafen durch die Eltern": Auf diese Schlussfolgerung von Gershoff, S. 562, folgen fünfzehn Quellenhinweise. „Kinder in den unteren sozioökonomischen Schichten": Dodge et al., S. 662. Siehe auch Sears et al.; und Simons et al. 1991. Gershoff bemerkt allerdings, dass dieser Zusammenhang bei manchen Studien nicht festgestellt werden konnte. Dies mag damit zu tun haben, welcher spezifische Aspekt des sozioökonomischen Status untersucht wurde. So kann es etwa sein, dass der Einsatz körperlicher Strafen in einem regelmäßigeren (negativen) Zusammenhang zum Bildungsniveau der Eltern als zu ihrem Einkommen oder Beruf steht.

8. Siehe Conger et al.; und auch die in Grolnick auf S. 83–87 besprochenen Belege.

9. Melvin Kohns Ergebnisse: M. Kohn. (Kein Verwandter, falls Sie sich das fragen sollten.) Kohns Erkenntnisse von anderen Forschern bestätigt: Siehe zum Beispiel Schaefer und Edgerton; Pinderhughes et al.; und Gerris et al. Internationale Daten: Petersen et al.

10. Neigen weniger dazu, Autonomie zu begrüßen: Alwin (S. 362) verweist auf fünf Studien, um diese Schlussfolgerung zu belegen. Tendieren eher dazu, es gut zu heißen, wenn sich ihre Kinder aggressiv verhalten: Dodge et al.

11. Soziale Schicht hat möglicherweise einen größeren Einfluss als ethnische Zugehörigkeit: Pinderhughes et al. Jedoch kam dieselbe Studie auch zu dem Schluss, dass die ethnische Zugehörigkeit eine Rolle spielt, dies ergaben auch die Studien von Deater-Deckard et al.; Giles-Sims et al. (die 1990 durchgeführte Studie); und Straus und Stewart (die 1995 durchgeführte Studie). McLeod et al. (S. 586) berichteten auf der Grundlage sehr umfangreichen landesweiten Datenmaterials, dass „weiße Mütter berichteten, ihre Kinder [in der vergangenen Woche] weniger häufig geschlagen zu haben", als dies schwarze Mütter berichteten, jedoch fügte sie hinzu, dies könne zumindest teilweise darauf zurückzuführen sein, dass die schwarzen Mütter in dieser Gruppe häufiger als die weißen arm waren.

12. Ablehnung von 22 beziehungsweise 9 Prozent: Flynn. Abnehmende Befürwortung im Lauf von 26 Jahren: Straus und Mathur.

13. Deater-Deckard et al. Die letzte Einschränkung ist sehr wichtig: „Es scheint eine Grenze hinsichtlich der Härte körperlicher Disziplinierungsmaßnahmen zu geben, jenseits derer die Auswirkungen für alle Kinder gleichermaßen schädlich sind" (Deater-Deckard und Dodge, S. 168).

14. Natürlich ist dieses Argument auch von anderen Theoretikern vorgebracht worden, unter anderem Erik Erikson und – für diese Diskussion relevanter – Deater-Deckard und Dodge, die erklären: „Augenscheinlich ähnliches elterliches Verhalten (etwa Schlagen) kann in verschiedenen kulturellen Milieus verschiedene Bedeutungen und Folgen haben" (S. 168).

15. Darauf haben der verstorbene Hugh Lytton (S. 213), ein bedeutender Forscher auf dem Gebiet der menschlichen Entwicklung, und D.D. Rowe (S. 221) hingewiesen. Rowe stellt die Erkenntnisse von D-D & D auch insofern in Frage, als hinsichtlich der Messung der Erziehungspraktiken möglicherweise nicht die gleiche Reproduzierbarkeit bei Weißen und Schwarzen oder die gleiche Validität gegeben war (wenn schwarze Mütter beispielsweise Grund hatten, den Befragern zu misstrauen).

16. Dieses Argument wird von Straus 2005 vorgebracht.

17. Lamborn et al. 1996. Zitat auf S. 293.

18. Simons et al. 2002.

19. Straus et al.

20. Kilgore et al.

21. Rohner et al. Zitat steht auf S. 691.

22. Kelley et al., S. 574.

23. „Die Ängste der Mütter, ihr Kind könne zum Opfer werden, standen in keinem Zusammenhang zum Erziehungsstil" bei der in Kelley et al. (S. 579) erwähnten Studie, wenngleich Kelley zuvor in einer unveröffentlichten Dissertation berichtet hatte, sie habe einen solchen Zusammenhang gefunden.

24. Lamborn et al. 1996 beziehungsweise Simons et al. 2002.

25. Darauf weisen auch Straus et al. im Zusammenhang ihrer Feststellung hin, dass körperliche Bestrafung schädliche Auswirkungen auf Kinder aller ethnischen Hintergründe hat.

26. Eine ähnliche Ansicht vertritt auch Grolnick. In sozialen Brennpunkten „ist die Entwicklung von Selbstregulierungsfähigkeiten und Verantwortungsbewusstsein – beides Folgen einer Erziehung, welche die Autonomie unterstützt – ebenso wichtig, wenn nicht wichtiger, als für privilegierte Kinder" (Grolnick, S. 74).

Literaturverzeichnis

Adorno, T. W, Else Frenkel-Brunswik, Daniel J. Levinson, and R. Nevitt Sanford. *The Authoritarian Personality.* New York: Harper 86 Brothers, 1950.

Alwin, Duane F. „Trends in Parental Socialization Values: Detroit, 1958 – 1983." *American Journal of Sociology* 90 (1984): 359 – 82.

Ames, Carole, and Jennifer Archer. "Mothers' Beliefs About the Role of Ability and Effort in School Learning." *Journal of Educational Psychology* 79 (1987): 409 – 14.

Assor, Avi, Guy Roth, and Edward L. Deci. „The Emotional Costs of Parents' Conditional Regard: A Self-Determination Theory Analysis." *Journal of Personality* 72 (2004): 47 – 89.

Baldwin, Alfred L. „Socialization and the Parent-Child Relationship." *Child Development* 19 (1948): 127 – 36.

Barber, Brian K. „Parental Psychological Control: Revisiting a Neglected Construct." *Child Development* 67 (1996): 3296 – 3319.

Barber, Brian K., Roy L. Bean, and Lance D. Erickson. „Expanding the Study and Understanding of Psychological Control." In *Intrusive Parenting: How Psychological Control Affects Children and Adolescents,* edited by Brian K. Barber. Washington, D.C.: American Psychological Association, 2002.

Barber, Brian K., and Elizabeth Lovelady Harmon. „Violating the Self: Parental Psychological Control of Children and Adolescents." In *Intrusive Parenting: How Psychological Control Affects Children and Adolescents,* edited by Brian K. Barber. Washington, D.C.: American Psychological Association, 2002.

Barnett, Mark A., Karen A. Matthews, and Charles B. Corbin. „The Effect of Competitive and Cooperative Instructional Sets on Children's Generosity." *Personality and Social Psychology Bulletin* 5 (1979): 91 – 94.

Baumrind, Diana. „Some Thoughts About Childrearing." In *Influences on Human Development*, edited by Urie Bronfenbrenner. Hinsdale, IL: Dryden Press, 1972.

— „The Discipline Controversy Revisited." *Family Relations* 45 (1996): 405 – 14.

Becker, Wesley C. „Consequences of Different Kinds of Parental Discipline." *Review of Child Development Research*, vol. 1, edited by Martin L. Hoffman and Lois Wladis Hoffman. New York: Russell Sage Foundation, 1964.

Beltz, Stephen E. *How to Make Johnny WANT to Obey.* Englewood Cliffs, NJ: Prentice-Hall, 1971.

Block, Jeanne H., Norma Haan, and M. Brewster Smith. „Socialization Correlates of Student Activism." *Journal of Social Issues* 25 (1969): 143 – 77.

Borek, Jennifer Gerdes. „Why the Rush?" *Education Week*, May 23, 2001: 38.

Brenner, Viktor, and Robert A. Fox. „Parental Discipline and Behavior Problems in Young Children." *Journal of Genetic Psychology* 159 (1998): 251 – 56.

Brody, Gene H., and David R. Shaffer. „Contributions of Parents and Peers to Children's Moral Socialization." *Developmental Review* 2 (1982): 31 – 75.

Bugental, Daphne Blunt, and Keith Happaney. „Predicting Infant Maltreatment in Low-Income Families." *Developmental Psychology* 40 (2004): 234 – 43.

Bugental, Daphne Blunt, Judith E. Lyon, Jennifer Krantz, and Victoria Cortez. „Who's the Boss? Differential Accessibility of Dominance Ideation in Parent-Child Relationships." *Journal of Personality and Social Psychology* 72 (1997): 1297 – 1309.

Burhans, Karen Klein, and Carol S. Dweck. „Helplessness in Early Childhood: The Role of Contingent Worth." *Child Development* 66 (1995): 1719 – 38.

Buri, John R., Peggy A. Louiselle, Thomas M. Misukanis, and Rebecca A. Mueller. „Effects of Parental Authoritarianism and Authoritativeness on Self-Esteem." Personality and Social Psychology Bulletin 14 (1988): 271 – 82.

Cagan, Elizabeth. „The Positive Parent: Raising Children the Scientific Way." *Social Policy* January/February 1980: 41 – 48.

Cai, Yi, Johnmarshall Reeve, and Dawn T. Robinson. „Home Schooling and Teaching Style: Comparing the Motivating Styles of Home School and Public School Teachers." *Journal of Educational Psychology* 94 (2002): 372 – 80.

Chamberlain, John M., and David A. E Haaga. „Unconditional Self-Acceptance and Psychological Health." *Journal of Rational-Emotive and Cognitive-Behavior Therapy* 19 (2001): 163 – 76.

Chamberlain, Patricia, and Gerald R. Patterson. „Discipline and Child Compliance in Parenting." In Marc H. Bornstein, ed., *Handbook of Parenting*, vol. 4, *Applied and Practical Parenting*. Mahwah, NJ: Erlbaum, 1995.

Chapman, Michael, and Carolyn Zahn-Waxler. "Young Children's Compliance and Noncompliance to Parental Discipline in a Natural Setting." *International Journal of Behavioral Development* 5 (1982): 81 – 94.

Chirkov, Valery, Richard M. Ryan, Youngmee Kim, and Ulas Kaplan. „Differentiating Autonomy from Individualism and Independence." *Journal of Personality and Social Psychology* 84 (2003): 97 – 110.

Clayton, Lawrence O. „The Impact upon Child-Rearing Attitudes, of Parental Views of the Nature of Humankind." *Journal of Psychology and Christianity* 4, 3 (1985): 49 – 55.

Cohen, Patricia, and Judith S. Brook. „The Reciprocal Influence of Punishment and Child Behavior Disorder." In *Coercion and Punishment in Long-Term Perspectives*, edited by Joan McCord. Cambridge, England: Cambridge University Press, 1998.

Cohen, Patricia, Judith S. Brook, Jacob Cohen, C. Noemi Velez, and Marc Garcia. „*Common and Uncommon Pathways to Adolescent Psychopathology and Problem Behavior.*" In *Straight and Devious Pathways from Childhood to Adulthood*, edited by Lee N. Robins and Michael Rutter. Cambridge, England: Cambridge University Press, 1990.

Coloroso, Barbara. *Kids Are Worth It!* New York: Avon, 1994.

Conger, Rand D., Xiaojia Ge, Glen H. Elder, Jr., Frederick O. Lorenz, and Ronald L. Simons. „Economic Stress, Coercive Family Processes, and Developmental Problems of Adolescents." *Child Development* 65 (1994): 541 – 61.

Cosden, Merith, Jules Zimmer, and Paul Tuss. „The Impact of Age, Sex, and Ethnicity on Kindergarten Entry and Retention Decisions." *Educational Evaluation and Policy Analysis* 15 (1993): 209 – 22.

Craig, Sidney D. *Raising Your Child, Not by Force but by Love.* Philadelphia: Westminster Press, 1973.

Crain, William. *Reclaiming Childhood.* New York: Times Books, 2003.

Crittenden, Patricia M., and David L. DiLalla. „Compulsive Compliance: The Development of an Inhibitory Coping Strategy in Infancy." *Journal of Abnormal Child Psychology* 16 (1988): 585 – 99.

Crockenberg, Susan, and Cindy Litrnan. „Autonomy as Competence in 2-Year-Olds: Maternal Correlates of Child Defiance, Compliance, and Self-Assertion." *Developmental Psychology* 26 (1990): 961 – 71.

Crocker, Jennifer. „The Costs of Seeking Self-Esteem." *Journal of Social Issues* 58 (2002): 597 – 615.

Crocker, Jennifer, Riia K. Luhtanen, M. Lynne Cooper, and Alexandra Bouvrette. „Contingencies of Self-Worth in College Students: Theory and Measurement." *Journal of Personality and Social Psychology* 85 (2003): 894 – 908.

Crocker, Jennifer, and Connie T. Wolfe. „Contingencies of Self-Worth." *Psychological Review* 108 (2001): 593 – 623.

Deater-Deckard, Kirby, and Kenneth A. Dodge. „Externalizing Behavior Problems and Discipline Revisited." *Psychological Inquiry* 8 (1997): 161 – 75.

Deater-Deckard, Kirby, Kenneth A. Dodge, John E. Bates, and Gregory S. Petit. „Physical Discipline Among African American and European American Mothers: Links to Children's Externalizing Behaviors." *Developmental Psychology* 32 (1996): 1065 – 72.

Deci, Edward L. *Why We Do What We Do: The Dynamics of Personal Autonomy*. With Richard Flaste. New York: Grosset/Putnam, 1995.

Deci, Edward L., Robert E. Driver, Lucinda Hotchkiss, Robert j. Robbins, and Ilona McDougal Wilson. „The Relation of Mothers' Controlling Vocalizations to Children's Intrinsic Motivation." *Journal of Experimental Child Psychology* 55 (1993): 151 – 62.

Deci, Edward L., Haleh Eghrari, Brian C. Patrick, and Dean R. Leone. „Facilitating Internalization: The Self-Determination Theory Perspective." *Journal of Personality* 62 (1994): 119 – 42.

Deci, Edward L., Richard Koestner and Richard M. Ryan. „A Meta-Analytic Review of Experiments Examining the Effects of Extrinsic Rewards on Intrinsic Motivation." *Psychological Bulletin* 125 (1999): 627 – 68.

Deci, Edward L., and Richard M. Ryan. „Human Autonomy: The Basis for True Self-Esteem." In *Efficacy, Agency, and Self-Esteem*, edited by Michael H. Kernis. New York: Plenum, 1995.

Deci, Edward L., Nancy H. Spiegel, Richard M. Ryan, Richard Koestner, and Manette Kauffman. „Effects of Performance Standards on Teaching Styles: Behavior of Controlling Teachers." *Journal of Educational Psychology* 74 (1982): 852 – 59.

DeVries, Rheta, and Betty Zan. *Moral Classrooms, Moral Children*. New York: Teachers College Press, 1994.

Dienstbier, Richard A., Donald Hillman, John Lehnhoff, Judith Hillman, and Maureen C. Valkenaar. „An Emotion-Attribution Approach to Moral Behavior." *Psychological Review* 82 (1975): 299 – 315.

Dix, Theodore, Diane N. Ruble, and Robert J. Zambarano. „Mothers' Implicit Theories of Discipline: Child Effects, Parent Effects, and the Attribution Process." *Child Development* 60 (1939): 1373 – 91.

Dodge, Kenneth A., Gregory S. Petit, and John E. Bates. „Socialization Mediators of the Relation Between Socioeconomic Status and Child Conduct Problems." *Child Development* 65 (1994): 649 – 65.

Dornbusch, Sanford M., Julie T. Elworth, and Philip L. Ritter. „Parental Reaction to Grades: A Field Test of the Overjustification Approach." Unpublished manuscript, Stanford University, 1988.

Dornbusch, Sanford M., Philip L. Ritter, P. Herbert Leiderman, Donald F. Roberts, and Michael j. Fraleigh. „The Relation of Parenting Style to Adolescent School Performance." *Child Development* 58 (1987): 1244 – 57.

Dumas, Jean E., and Peter J. LaFreniere. „Relationships as Context." In *Coercion and Punishment in Long-Term Perspectives*, edited by Joan McCord. Cambridge, England: Cambridge University Press, 1998.

Eccles, Jacquelynne S., Christy M. Buchanan, Constance Flanagan, Andrew Fuligni, Carol Midgley, and Doris Yee. „Control Versus Autonomy During Early Adolescence.“ *Journal of Social Issues* 47, 4 (1991): 53 – 68.

Eisenberg, Nancy. *Altruistic Emotion, Cognition, and Behavior.* Hillsdale, NJ: Erlbaum, 1986.

Elliot, Andrew J., and Todd M. Thrash. „The Intergenerational Transmission of Fear of Failure.“ *Personality and Social Psychology Bulletin* 30 (2004): 957 – 71.

Faber, Adele, and Elaine Mazlish. *Siblings Without Rivalry.* New York: Norton, 1987.

Feldman, Ruth, and Pnina S. Klein. „Toddlers' Self-Regulated Compliance to Mothers, Caregivers, and Fathers.“ *Developmental Psychology* 39 (2003): 680 – 92.

Flink, Cheryl, Ann K. Boggiano, and Marty Barrett. „Controlling Teacher Strategies: Undermining Children's Self-Determination and Performance.“ *Journal of Personality and Social Psychology* 59 (1990): 916 – 24.

Flynn, Clifton P. „Regional Differences in Attitudes Toward Corporal Punishment.“ *Journal of Marriage and the Family* 56 (1994): 314 – 24.

Forsman, Lennart. „Parent-Child Gender Interaction in the Relation Between Retrospective Self-Reports on Parental Love and Current Self-Esteem.“ *Scandinavian Journal of Psychology* 30 (1989): 275 – 83.

Frodi, Ann, Lisa Bridges, and Wendy Grolnick. „Correlates of Mastery-related Behavior: A Short-Term Longitudinal Study of Infants in Their Second Year.“ *Child Development* 56 (1985): 1291 – 98.

Fromm, Erich, Vorwort zu A.S. Neill „Summerhill“, in: Neill, A.S., *Theorie und Praxis der antiautoritären Erziehung. Das Beispiel Summerhill,* Reinbek bei Hamburg (Rowohlt Taschenbuch Verlag) 1969, S. 11–18; wiederabgedruckt in: *Erich Fromm Gesamtausgabe in zwölf Bänden,* München (Deutsche Verlags-Anstalt und Deutscher Taschenbuch Verlag) 1999, Band IX, S. 409–414. Übersetzung aus dem Amerikanischen von Herman Schroeder und Paul Horstrup, überarbeitet von Rainer Funk.

Gerris, Jan R. M., Maja Deković, and Jan M.A.M. Janssens. „The Relationship Between Social Class and Childrearing Behaviors: Parents' Perspective Taking and Value Orientations.“ *Journal of Marriage and the Family* 59 (1997): 834 – 47.

Gershoff, Elizabeth Thompson. „Corporal Punishment by Parents and Associated Child Behaviors and Experiences: A Meta-Analysis and Theoretical Review.“ *Psychological Bulletin* 128 (2002): 539 – 79.

Giles-Sims, Jean, Murray A. Straus, and David B. Sugarman. „Child, Maternal, and Family Characteristics Associated with Spanking.“ *Family Relations* 44 (1995): 170 – 76.

Ginott, Haim G. *Teacher and Child.* New York: Macmillan, 1972.

Ginsburg, Golda S., and Phyllis Bronstein. „Family Factors Related to Children's Intrinsic/ Extrinsic Motivational Orientation and Academic Performance.“ *Child Development* 64 (1993): 1461 – 74.

Goldstein, Mandy, and Patrick C. L. Heaven. „Perceptions of the Family, Delinquency, and Emotional Adjustment Among Youth.“ *Personality and Individual Differences* 29 (2000): 1169 – 78.

Gordon, Thomas. P.E.T. – Parent Effectiveness Training. New York: Plume, 1975.

—. *Teaching Children Self-Discipline… At Home and at School.* New York: Times Books, 1989.

Gottfried, Adele Eskeles, James S. Fleming, and Allen W Gottfried. „Role of Parental Motivational Practices in Children's Academic Intrinsic Motivation and Achievement." *Journal of Educational Psychology* 86 (1994): 104 – 13.

Greene, Ross W. *The Explosive Child.* New York: HarperCollins, 1998.

Greven, Philip. *Spare the Child: The Religious Roots of Punishment and the Psychological Impact of Physical Abuse.* New York: Vintage, 1992.

Grolnick, Wendy S. *The Psychology of Parental Control: How Well-Meant Parenting Backfires.* Mahwah, NJ: Erlbaum, 2003.

Grolnick, Wendy S., Suzanne T. Gurland, Wendy DeCourcey, and Karen Jacob. „Antecedents and Consequences of Mothers' Autonomy Support." *Developmental Psychology* 38 (2002): 143 – 55.

Grolnick, Wendy S., and Richard M. Ryan. „Parent Styles Associated with Children's Self-Regulation and Competence in School." *Journal of Educational Psychology* 81 (1989): 143 – 54.

Grubb, W. Norton, and Marvin Lazerson. *Broken Promises: How Americans Fail Their Children.* New York: Basic, 1982.

Grusec, Joan E., and Jacqueline J. Goodnow. „Impact of Parental Discipline Methods on the Child's Internalization of Values." *Developmental Psychology* 30 (1994): 4 – 19.

Grusec, Joan E., Leon Kuczynski, J. Philippe Rushton, and Zita M. Simuti. „Modeling, Direct Instruction, and Attributions: Effects on Altruism." *Developmental Psychology* 14 (1978): 1 – 57.

Grusec, Joan E., and Norma Mammone. „Features and Sources of Parents' Attributions About Themselves and Their Children." In *Review of Personality and Social Psychology* 15 (1995): Social Development, edited by Nancy Eisenberg.

Grusec, Joan E., and Erica Redler. „Attribution, Reinforcement, and Altruism: A Developmental Analysis." *Developmental Psychology* 16 (1980): 525 – 34.

Grusec, Joan E., Duane Rudy, and Tanya Martini. „Parenting Cognitions and Child Outcomes." In *Parenting and Children's Internalization of Values,* edited by Joan E. Grusec and Leon Kuczynski. New York: Wiley, 1997.

Hart, Craig H., D. Michele DeWolf, Patricia Wozniak, and Diane C. Burts. „Maternal and Paternal Disciplinary Styles: Relations with Preschoolers' Playground Behavioral Orientations and Peer Status." *Child Development* 63 (1992): 879 – 92.

Harter, Susan. „The Relationship Between Perceived Competence, Affect, and Motivational Orientation Within the Classroom." In *Achievement and Motivation: A Social-Developmental Perspective,* edited by Ann K. Boggiano and Thane S. Pittman. Cambridge, England: Cambridge University Press, 1992.

—— *The Construction of the Self: A Developmental Perspective.* New York: Guilford, 1999.

Harter, Susan, Donna B. Marold, Nancy R. Whitesell, and Gabrielle Cobbs. „A Model of the Effects of Perceived Parent and Peer Support on Adolescent False Self Behavior." *Child Development* 67 (1996): 360 – 74.

Hastings, Paul D., and Joan E. Grusec. „Conflict Outcome as a Function of Parental Accuracy in Perceiving Child Cognitions and Affect." *Social Development* 6 (1997): 76 – 90.

—. „Parenting Goals as Organizers of Responses to Parent-Child Disagreement." *Developmental Psychology* 34 (1998): 465 – 79.

Hastings, Paul D., and Kenneth H. Rubin. „Predicting Mothers' Beliefs About Preschool-Aged Children's Social Behavior." *Child Development* 70 (1999): 722 – 41.

Herrera, Carla, and Judy Dunn. „Early Experiences with Family Conflict: Implications for Arguments with a Close Friend." *Developmental Psychology* 33 (1997): 869 – 81.

Hoffman, Martin. „Power Assertion by the Parent and Its Impact on the Child." Child Development 31 (1960): 129 – 43.

—. „Conscience, Personality, and Socialization Techniques." *Human Development* 13 (1970a): 90 – 126.

—. „Moral Development." In *Carmichael's Manual of Child Psychology*, 3rd ed., vol. 2, edited by Paul H. Mussen. New York: Wiley, 1970b.

Hoffman, Martin, and Herbert D. Saltzstein. „Parent Discipline and the Child's Moral Development." *Journal of Personality and Social Psychology* 5 (1967): 45 – 57.

Holt, Jim. „Decarcerate?" *New York Times Magazine*, August 15, 2004: 20 – 21.

Honig, Alice Sterling. „Compliance, Control, and Discipline." *Young Children*, January 1985: 50 – 58.

Jacobvitz, Deborah, and L. Alan Sroufe. „The Early Caregiver-Child Relationship and Attention-Deficit Disorder with Hyperactivity in Kindergarten: A Prospective Study." *Child Development* 58 (1987): 1488 – 95.

Johnson, Susan L., and Leann L. Birch. „Parents' and Children's Adiposity and Eating Style." *Pediatrics* 94 (1994): 653 – 61.

Juul, Jesper, *Das kompetente Kind. Auf dem Weg zu einer neuen Wertgrundlage für die ganze Familie*. Deutsch von Sigrid Engeler, Reinbek bei Hamburg (Rowohlt Taschenbuch Verlag) 2003.

Kamins, Melissa L., and Carol S. Dweck. „Person Versus Process Praise and Criticism: Implications for Contingent Self-Worth and Coping." *Developmental Psychology* 35 (1999): 35 – 47.

Kandel, Denise B., and Ping Wu. „Disentangling Mother-Child Effects in the Development of Antisocial Behavior." In *Coercion and Punishment in Long-Term Perspectives*, edited by Joan McCord. Cambridge, England: Cambridge University Press, 1998.

Kelley, Michelle L., Thomas G. Power; and Dawn D. Wimbush. „Determinants of Disciplinary Practices in Low-Income Black Mothers." *Child Development* 63 (1992): 573 – 82.

Kernis, Michael H. „Toward a Conceptualization of Optimal Self-Esteem." *Psychological Inquiry* 14 (2003): 1 – 26.

Kernis, Michael H., Anita C. Brown, and Gene H. Brody. „Fragile Self-Esteem in Children and Its Associations with Perceived Patterns of Parent-Child Communication.“ *Journal of Personality* 68 (2000): 225 – 52.

Kilgore, Kim, James Snyder, and Chris Lentz. „The Contribution of Parental Discipline, Parental Monitoring, and School Risk to Early-Onset Conduct Problems in African American Boys and Girls.“ *Developmental Psychology* 36 (2000): 835 – 45.

Kochanska, Grazyna. „Mutually Responsive Orientation Between Mothers and Their Young Children: Implications for Early Socialization.“ *Child Development* 68 (1997): 94 – 112.

Kochanska, Grazyna, and Nazan Aksan. „Mother-Child Mutually Positive Affect, the Quality of Child Compliance to Requests and Prohibitions, and Maternal Control as Correlates of Early Internalization.“ *Child Development* 66 (1995): 236 – 54.

Koestner, Richard, Richard M. Ryan, Frank Bemieri, and Kathleen Holt. „Setting Limits on Children's Behavior: The Differential Effects of Controlling vs. Informational Styles on Intrinsic Motivation and Creativity.“ *Journal of Personality* 52 (1984): 233 – 48.

Kohn, Alfie. *The Brighter Side of Human Nature: Altruism and Empathy in Everyday Life.* New York: Basic Books, 1990.

—. „Caring Kids: The Role of the Schools.“ *Phi Delta Kappan*, March 1991: 496 – 506. Available at HYPERLINK „http://www.alfiekohn.org/teaching/cktrots.htm“ www.alfiekohn. org/teaching/cktrots.htm.

—. *No Contest: The Case Against Competition.* Rev. ed. Boston: Houghton Mifflin, 1992.

. „Choices for Children: Why and How to Let Children Decide.“ *Phi Delta Kappan*, September 1993: 8 – 20. Available at www.alfielkohn.org/teaching,/cfc.htrn.

—. „The Truth About Self-Esteem.“ Phi Delta Kappan, December 1994: 272 – 83. Available at HYPERLINK „http://www.alfiekohn.org/teaching/tase.htm“ www.alfiekohn.org/teaching/tase.htm.

—. *Beyond Discipline: From Compliance to Community.* Alexandria, VA: Association for Supervision and Curriculum Development, 1996.

—. „How Not to Teach Values: A Critical Look at Character Education.“ *Phi Delta Kappan*, February 1997: 429 – 39. Available at www.alfiekohn.org/teaching/hnttv.htm.

—. „Television and Children: ReViewing the Evidence.“ In *What to Look for in a Classroom . . . and Other Essays.* San Francisco: Jossey-Bass, 1998.

—. *Punished by Rewards: The Trouble with Gold Stars, Incentive Plans, A's, Praise, and Other Bribes.* Rev. ed. Boston: Houghton Mifflin, 1999a.

—. *The Schools Our Children Deserve: Moving Beyond Traditional Classrooms and „Tougher Standards.“* Boston: Houghton Mifflin, 1999b.

—. „Education's Rotten Apples: From Math Instruction to State Assessments, Bad Practices Can Undermine the Good.“ *Education Week*, September 18, 2002: 48, 36, 37. Available at www.alfiekohn.org/teaching/edweek/rotten.htm.

Kohn, Melvin L. *Class and Conformity* 2nd ed. Chicago: University of Chicago Press, 1977.

Kuczynski, Leon. „Reasoning, Prohibitions, and Motivations for Compliance." *Developmental Psychology* 19 (1983): 126 – 34.

—. „Socialization Goals and Mother-Child Interaction: Strategies for Long-Term and Short-Term Compliance." *Developmental Psychology* 20 (1984): 1061 – 73.

Kuczynski, Leon, and Grazyna Kochanska. „Development of Children's Noncompliance Strategies from Toddlerhood to Age 5." *Developmental Psychology* 26 (1990): 398 – 408.

Kuczynski, Leon, Grazyna Kochanska, Marian Radke-Yarrow, and Ona Girnius-Brown. „A Developmental Interpretation of Young Children's Noncompliance." *Developmental Psychology* 23 (1987): 799 – 806.

Lamborn, Susie D., Sanford M. Dornbusch, and Laurence Steinberg. „Ethnicity and Community Context as Moderators of the Relations Between Family Decision Making and Adolescent Adjustment." *Child Development* 67 (1996): 283 – 301.

Lamborn, Susie D., Nina S. Mounts, Laurence Steinberg, and Sanford M. Dornbusch. „Patterns of Competence and Adjustment Among Adolescents from Authoritative, Authoritarian, Indulgent, and Neglectful Families." *Child Development* 62 (1991): 1049 – 65.

Levine, Robert A. „Challenging Expert Knowledge: Findings from an African Study of Infant Care and Development." In *Childhood and Adolescence: Cross-Cultural Perspectives and Applications*, edited by Uwe P. Gielen and Jaipaul Roopnarine. Westport, CT: Praeger, 2004.

Lewin, Kurt, Ronald Lippitt, and Ralph K. White. „Patterns of Aggressive Behavior in Experimentally Created 'Social Climates.'" *Journal of Social Psychology* 10 (1939): 271 – 99.

Lewis, Catherine C. „The Effects of Parental Firm Control: A Reinterpretation of Findings." *Psychological Bulletin* 90 (1981): 547 – 63.

—. *Educating Hearts and Minds: Reflections on Japanese Preschool and Elementary Education.* Cambridge, England: Cambridge University Press, 1995.

Lieberman, Alicia F. *The Emotional Life of the Toddler.* New York: Free Press, 1993.

Lovett, Herbert. *Cognitive Counseling and Persons with Special Needs: Adapting Behavioral Approaches to the Social Context.* New York: Praeger, 1985.

Luster, Torn, Kelly Rhoades, and Bruce Haas. „The Relation Between Parental Values and Parenting Behavior: A Test of the Kohn Hypothesis." *Journal of Marriage and the Family* 51 (1989): 139 – 47.

Luthar, Suniya S., and Bronwyn E. Becker. „Privileged but Pressured?: A Study of Affluent Youth." *Child Development* 73 (2002): 1593 – 1610.

Luthar, Suniya S., and Karen D'Avanzo. „Contextual Factors in Substance Use: A Study of Suburban and Inner-City Adolescents." *Development and Psychopathology* 11 (1999): 845 – 67.

Lytton, Hugh. „Physical Punishment Is a Problem, Whether Conduct Disorder Is Endogenous or Not." *Psychological Inquiry* 8 (1997): 211 – 14.

Maccoby, Eleanor E., and John A. Martin. „Socialization in the Context of the Family: Parent-Child Interaction." In *Handbook of Child Psychology*, 4th ed., vol. 4, edited by Paul H. Mussen. New York: Wiley, 1983.

Makri-Botsari, E. „Causal Links Between Academic Intrinsic Motivation, Self-Esteem, and Unconditional Acceptance by Teachers in High School Students." In *International Perspectives on Individual Differences*, vol. 2: Self Perception, edited by Richard J. Riding and Stephen G. Rayner. Westport, CT: Ablex, 2001.

Mallinckrodt, Brent, and Mei-Fen Wei. „Attachment, Social Competencies, Interpersonal Problems, and Psychological Distress." Paper presented at the annual conference of the American Psychological Association, Toronto, August 2003.

Marshall, Hermine H. 'An Updated Look at Delaying Kindergarten Entry." Young Children, September 2003: 84 – 93.

Matas, Leah, Richard A. Arend, and L. Alan Sroufe. „Continuity of Adaptation in the Second Year: The Relationship Between Quality of Attachment and Later Competence." *Child Development* 49 (1978): 547 – 56.

McCord, Joan. „Questioning the Value of Punishment." *Social Problems* 38 (1991); 167 – 79.

—. „On Discipline." *Psychological Inquiry* 8 (1997): 215 – 17.

McLeod, Jane D., Candace Kruttschnitt, and Maude Domfeld. „Does Parenting Explain the Effects of Structural Conditions on Children's Antisocial Behavior?" *Social Forces* 73 (1994): 575 – 604.

Merrow, John. *Choosing Excellence*. Lanham, MD: Scarecrow Press, 2001.

Miller, Alice, *Das Drama des begabten Kindes und die Suche nach dem wahren Selbst. Eine Um- und Fortschreibung*, Frankfurt am Main (Suhrkamp Verlag) 1997.

Morris, Amanda Sheffield, Laurence Steinberg, Frances M. Sessa, Shelli Avenevoli, Jennifer S. Silk, and Marilyn J. Essex. „Measuring Children's Perceptions of Psychological Control." In *Intrusive Parenting: How Psychological Control Affects Children and Adolescents*, edited by Brian K. Barber. Washington, D.C.: American Psychological Association, 2002.

Mosier, Christine E., and Barbara Rogoff. „Privileged Treatment of Toddlers: Cultural Aspects of Individual Choice and Responsibility." *Developmental Psychology* 39 (2003): 1047 – 60.

Murstein, Bernard I., Mary Cerreto, and Marcia G. MacDonald. „A Theory and Investigation of the Effect of Exchange-Orientation on Marriage and Friendship." *Journal of Marriage and the Family* 39 (1977): 543 – 48.

Neighbors, Clayton, Mary E. Larimer, Irene Markman Geisner, and C. Raymond Knee. „Feeling Controlled and Drinking Motives Among College Students." *Self and Identity* 3 (2004): 207 – 224.

Newcomb, Theod[o]re H. „The Family in 1955." *Merrill-Palmer Quarterly* 2 (1956): 50 – 54.

Noddings, Nel. *The Challenge to Care in Schools: An Alternative Approach to Education*. New York: Teachers College Press, 1992.

Norem-Hebeisen, Ardyth A., and David W. Johnson. „The Relationship Between Cooperative, Competitive, and Individualistic Attitudes and Differentiated Aspects of Self-Esteem." *Journal of Personality* 49 (1981): 415 – 26.

Oliner, Samuel P., and Pearl M. Oliner. *The Altruistic Personality: Rescuers of Jews in Nazi Europe*. New York: Free Press, 1988.

Parpal, Mary, and Eleanor E. Maccoby. „Maternal Responsiveness and Subsequent Child Compliance." *Child Development* 56 (1985): 1326 – 34.

Parsons, Jacquelynne E., and Diane N. Ruble. „The Development of Achievement-Related Expectancies." *Child Development* 48 (1977): 1075 – 79.

Petersen, Larry R., Gary R. Lee, and Godfrey J. Ellis. „Social Structure, Socialization Values, and Disciplinary Techniques: A Cross-Cultural Analysis." *Journal of Marriage and the Family* 44 (1982): 131 – 42.

Pieper, Martha Heinemann, and William J. Pieper. *Smart Love.* Boston: Harvard Common Press, 1999.

Pinderhughes, Ellen E., Kenneth A. Dodge, John E. Bates, Gregory S. Pettit, and Amaldo Zelli. „Discipline Responses: Influences of Parents' Socioeconomic Status, Ethnicity, Beliefs About Parenting, Stress, and Cognitive-Emotional Processes." *Journal of Family Psychology* 4 (2000): 380 – 400.

Reeve, Johnmarshall, Glen Nix, and Diane Hamm. „Testing Models of the Experience of Self-Determination in Intrinsic Motivation and the Conundrum of Choice." *Journal of Educational Psychology* 95 (2003): 375 – 92.

Reyna, Christine, and Bernard Weiner. „Justice and Utility in the Classroom: An Attributional Analysis of the Goals of Teachers' Punishment and Intervention Strategies." *Journal of Educational Psychology* 93 (2001): 309 – 19.

Rimer, Sara. „Schools Moving to Curb Wrangling Over Rankings." *New York Times*, March 9, 2003: A16.

Ritchie, Kathy L. „Maternal Behaviors and Cognitions During Discipline Episodes." *Developmental Psychology* 35 (1999): 580 – 89.

Rogers, Carl R. „A Theory of Therapy, Personality, and Interpersonal Relationships, As Developed in the Client-Centered Framework." In *Psychology: A Study of a Science.* Study I: Conceptual and Systematic, vol. 3, edited by Sigmund Koch. New York: McGraw-Hill, 1959.

Rohner, Ronald R, Kevin J. Kean, and David E. Cournoyer. „Effects of Corporal Punishment, Perceived Caretaker Warmth, and Cultural Beliefs on the Psychological Adjustment of Children in St. Kitts, West Indies." *Journal of Marriage and the Family* 53 (1991): 681 – 93.

Rothbaum, Fred, and Gisela Trommsdorff. „Do Roots and Wings Complement or Oppose One Another?: The Socialization of Relatedness and Autonomy in Cultural Context." In *Handbook of Socialization*, edited by Joan E. Grusec and Paul D. Hastings. New York: Guilford, in press.

Rowe, David C. „Group Differences in Developmental Processes: The Exception or the Rule?" *Psychological Inquiry* 8 (1997): 218 – 22.

Rowe, Mary Budd. „Relation of Wait-Time and Rewards to the Development of Language, Logic, and Fate Control: Part II-Rewards." *Journal of Research in Science Teaching* 11 (1974): 291 – 308.

Ryan, Richard M., and Kirk Warren Brown. „Why We Don't Need Self-Esteem." *Psychological Inquiry* 14 (2003): 71 – 76.

Ryan, Richard M., and Edward L. Deci. „When Rewards Compete with Nature: The Undermining of Intrinsic Motivation and Self-Regulation." In *Intrinsic and Extrinsic Motivation: The Search for Optimal Motivation and Performance*, edited by Carol Sansone and Judith M. Harackiewicz. San Diego: Academic Press, 2000.

—. „On Assimilating Identities to the Self." In *Handbook of Self and Identity* edited by Mark R. Leary and June Price Tangney. New York: Guilford, 2003.

Samalin, Nancy, with Martha Moraghan Jablow. *Loving Your Child Is Not Enough*. New York: Penguin, 1988.

Schaefer, Earl S., and Marianna Edgerton. „Parent and Child Correlates of Parental Modernity." In *Parental Belief Systems: The Psychological Consequences for Children*, edited by Irving E. Sigel. Hillsdale, NJ: Erlbaum, 1985.

Schimel, Jeff, Jamie Arndt, Tom Pyszczynski, and Jeff Greenberg. „Being Accepted for Who We Are." *Journal of Personality and Social Psychology* 80 (2001): 35 – 52.

Schwartz, Barry. *The Battle for Human Nature: Science, Morality, and Modern Life*. New York: Norton, 1986.

Scott-Little, M. Catherine, and Susan D. Holloway. „Child Care Providers' Reasoning About Misbehaviors." *Early Childhood Research Quarterly* 7 (1992): 595 – 606.

Sears, Robert R., Eleanor E. Maccoby, and Harry Levin. *Patterns of Child Rearing*. Evanston, IL: Row, Peterson, 1957.

Simons, Ronald L., Kuei-Hsiu Lin, Leslie C. Gordon, Gene H. Brody, and Rand D. Conger. „Community Differences in the Association Between Parenting Practices and Child Conduct Problems." *Journal of Marriage and the Family* 64 (2002): 331 – 45.

Simons, Ronald L., Les B. Whitbeck, Rand D. Conger, and Wu Chyi-ln. „Intergenerational Transmission of Harsh Parenting." *Developmental Psychology* 27 (1991): 159 – 71.

Simpson, A. Rae. *The Role of the Mass Media in Parenting Education*. Boston: Center for Health Communication, Harvard School of Public Health, 1997.

Stayton, Donelda J., Robert Hogan, and Mary D. Salter Ainsworth. „Infant Obedience and Maternal Behavior." *Child Development* 42 (1971): 1057 – 69.

Stormshak, Elizabeth A., Karen L. Bierman, Robert J. McMahon, and Liliana J. Lengua. „Parenting Practices and Child Disruptive Behavior Problems in Early Elementary School." *Journal of Clinical Child Psychology* 29 (2000): 17 – 29.

Strage, Amy, and Tamara Swanson Brandt. "Authoritative Parenting and College Students' Academic Adjustment and Success." *Journal of Educational Psychology* 91 (1999): 146 – 56.

Straus, Murray A. *Beating the Devil Out of Them: Corporal Punishment in American Families and Its Effects on Children*. 2nd ed. New Brunswick, NJ: Transaction, 2001.

—. „Children Should Never, Ever, Be Spanked, No Matter What the Circumstances." In *Current Controversies on Family Violence*, 2nd ed., edited by Donileen R. Loseke, Richard J. Gelles, and Mary M. Cavanaugh. London: Sage, 2004.

—. *Primordial Violence: Corporal Punishment by Parents*. Walnut Creek, CA: AltaMira Press, 2005.

Straus, Murray A., and Anita K. Mathur. „Social Change and the Trends in Approval of Corporal Punishment by Parents from 1968 to 1994." In *Family Violence Against Children*, edited by Detlev Frehsee, Wiebke Horn, and Kai-D. Bussmann. New York: Walter de Gruyter, 1996.

Straus, Murray A., and Julie H. Stewart. „Corporal Punishment by American Parents: National Data on Prevalence, Chronicity, Severity, and Duration, in Relation to Child and Family Characteristics." *Clinical Child and Family Psychology Review* 2 (1999): 55 – 70.

Straus, Murray A., David B. Sugarman, and Jean Giles-Sims. „Spanking by Parents and Subsequent Antisocial Behavior of Children." *Archives of Pediatrics and Adolescent Medicine* 151 (1997): 761 – 67.

Swanson, Ben, and Brent Mallinckrodt. „Family Environment, Love Withdrawal, Childhood Sexual Abuse, and Adult Attachment." *Psychotherapy Research* 11 (2001): 455 – 72.

Toner, Ignatius J. „Punitive and Non-Punitive Discipline and Subsequent Rule-Following in Young Children." *Child Care Quarterly* 15 (1986): 27 – 37.

Tronick, Edward Z. „Emotions and Emotional Communication in Infants." *American Psychologist* 44 (1989): 112 – 19.

Walker, Lawrence J., and John H. Taylor: „Family Interactions and the Development of Moral Reasoning." *Child Development* 62 (1991): 264 – 83.

Watson, Marilyn. *Learning to Trust: Transforming Difficult Elementary Classrooms Through Developmental Discipline.* San Francisco: Jossey – Bass, 2003.

Wigfield, Allan. „Children's Attributions for Success and Failure." *Journal of Educational Psychology* 80 (1988): 76 – 81.

Zahn-Waxler, Carolyn, Marian Radke-Yarrow, and Robert A. King. „Child Rearing and Children's Prosocial Initiations Toward Victims of Distress." *Child Development* 50 (1979): 319 – 30.

Danksagung

Ohne Abigail und Asa, denen Sie in diesem Buch begegnet sind, wären meine Gedanken über Kindererziehung sowohl weniger gehaltvoll als auch weniger interessant – und das träfe auch auf mein Leben zu. Auch abgesehen von den Geschichten, die ich über sie erzählt habe, ist mein Verständnis davon, was es bedeutet, Mutter oder Vater zu sein, ganz und gar davon durchdrungen, dass ich *ihr* Vater bin. Ebenso ist mein Denken – und wiederum mein ganzes Leben – durch ihren anderen Elternteil, meine Frau Alisa, unermesslich bereichert worden. Auch sie taucht ab und zu in diesem Buch auf, jedoch können diese Verweise nicht einmal annäherungsweise ausdrücken, wie viel ich ihr zu verdanken habe. Ihre außergewöhnliche Einsicht und Geduld, ihre konsequente Ausrichtung darauf, zu tun, was für unsere Kinder das Beste ist, inspirieren mich und regen mich an, besser zu werden und meine eigenen Entscheidungen in der Erziehung auf den Prüfstand zu stellen. (Das gilt auch für die Situationen, in denen sie nur halb im Scherz zu mir sagt: „Hmmmm. Was würde Alfie Kohn wohl dazu sagen, was du gerade getan hast?")

Auch in anderer, praktischerer Hinsicht war Alisa von unschätzbarem Wert für die Entstehung dieses Buches. Sie hat jedes einzelne Kapitel gelesen und Vorschläge gemacht, die sehr zur Verbesserung der Argumentation und des Tons beigetragen haben. Bemerkenswerterweise hat Marilyn Watson, mit der ich nicht einmal verwandt bin, einen ähnlichen Dienst für mich geleistet und ihre beeindruckende Weisheit, Belesenheit und Lebenserfahrung meinem Buch zugute kommen lassen. Ich kenne Marilyn nun schon eine ganze Weile, und wie ich in dem Vorwort erklärt habe, das ich zu meiner großen Freude vor ein paar Jahren für ihr Buch schreiben durfte, hat mich ihr Denken über die kindliche Entwicklung mindestens so stark beeinflusst wie das von irgendwem sonst auf diesem Gebiet. Geben Sie ihr – oder auch Alisa – jedoch nicht die Verantwortung für alles in diesem Buch; rechnen Sie ihnen nur die Teile, die Ihnen als sinnvoll erscheinen, als Verdienst an.

Übrigens gibt es noch mehr Menschen, denen Sie nicht die Verantwortung für dieses Buch geben sollten, denen ich jedoch dankbar dafür bin, dass sie Teile davon gelesen und mit nützlichen Kommentaren, ob kurz oder lang, reagiert haben: Wendy Grolnick, Rich Ryan, David Altshuler, Fred Rothbaum und Ed Deci.

Natürlich hätte es für sie gar kein Buch zum Verbessern gegeben, wären nicht der Sachverstand und das Interesse von Gail Ross, Literaturagentin, und Tracy Behar, außergewöhnliche Lektorin, gewesen. Ich bin beiden für ihr Engagement für dieses Projekt dankbar und freue mich darüber.

Weitere Literatur aus dem Arbor Verlag

Daniel Siegel & Tina Payne Bryson

Achtsame Kommunikation mit Kindern

12 revolutionäre Strategien aus der Hirnforschung für die gesunde Entwicklung Ihres Kindes

Ihr Kind hat mitten im Supermarkt einen Wutanfall? Ihre Fünftklässlerin schmollt auf der Bank, statt mit den anderen Kindern zu spielen? Haben Kinder die Absicht, ihren Eltern andauernd das Leben schwerzumachen? Nein – hier zeigt sich nur, dass sich das Gehirn Ihrer Kinder noch entwickelt!

In diesem richtungsweisenden praktischen Buch enträtseln der Neuropsychologe Daniel Siegel und die Erziehungsexpertin Tina Payne Bryson die emotionalen Zusammenbrüche und ausweglosen Situationen im Leben mit Kindern. Für jeden verständlich, erklären sie die neuen wissenschaftlichen Erkenntnisse über die Prägung und Entwicklung des kindlichen Gehirns. Durch die Anwendung dieser Erkenntnisse auf das tägliche Leben mit Kindern können Sie Wutausbrüche, Streit oder Ängste zu einer Gelegenheit machen, um die Integration des Gehirns Ihres Kindes zu unterstützen und wirkliches Wachstum zu ermöglichen.

„Jeder, der für Kinder sorgt oder der ein Kind liebt, sollte dieses Buch lesen."

Daniel Goleman

ISBN 978-3-86781-082-1

Myla & Jon Kabat-Zinn

Mit Kindern wachsen

Die Praxis der Achtsamkeit in der Familie

Der erfolgreiche Klassiker – jetzt in einer vollständig überarbeiteten Neuausgabe

18 Jahre nach der ersten Auflage von Mit Kindern wachsen haben Myla und Jon Kabat-Zinn ihr Buch grundlegend überarbeitet – dabei aber die Essenz der ursprünglichen Ausgabe bewahrt: dass das Leben mit Kindern ein Weg von ungeahnter Tiefe und Erfüllung sein kann.

Nie zuvor sind die wissenschaftlichen Beweise so unwiderlegbar gewesen, dass die Schulung von Achtsamkeit ausgeprägte positive Effekte für uns selbst und für alle haben kann, mit denen wir zusammenleben. Und nie zuvor ist es für Eltern wichtiger gewesen, diese Veranlagung, die wir alle haben, zu kultivieren – zu Bewusstheit und herzlicher Offenheit für den gegenwärtigen Moment und letztendlich zu größerer Weisheit, wie man ein erfülltes und sinnvolles Leben führen kann.

Die behandelten Themen sind vielfältig und reichen von grundsätzlichen Überlegungen bis hin zu vielen praktischen Beispielen und konkreten Hinweisen für ein harmonisches Leben mit Kindern. Ein wertvoller Ratgeber für alle, die in ihrem Elterndasein neue Wege gehen möchten.

ISBN 978-3-86781-141-5

Lienhard Valentin & Petra Kunze

Die Kunst, gelassen zu erziehen

Achtsamkeit im Leben mit Kindern

„Bis ich Mutter wurde, konnte ich in der schönen Illusion leben, ein netter Mensch zu sein!"
Kennen Sie das? Dieses Zitat stammt von einer Mutter in einem Elternseminar. Kinder sind wundervolle, zauberhafte Wesen. Aber: Sie können uns manchmal auch zur Weißglut treiben. In diesem Buch erfahren Sie:

- wie Sie mit Ihren Kindern auch im täglichen Familienchaos und in schwierigen Situationen *achtsamer, gelassener und liebevoller* umgehen können;

- wie Sie sich klarer werden können über Ihre Haltung zu sich und zu Ihren Kindern;

- wie Sie Wichtiges von Unwichtigem unterscheiden, manches ändern und anderes *loslassen*;

- wie Sie eine neue, *harmonischere und glücklichere* Familien-Atmosphäre schaffen können.

„Dieses Buch weist uns einen wirkungsvollen, wahrhaft praktischen Weg, um unsere Kinder achtsam ins Leben zu begleiten."
Jon und Myla Kabat-Zinn

ISBN 978-3-86781-142-2

DER VEREIN MIT KINDERN WACHSEN E.V.

Der Verein *Mit Kindern wachsen e.V.* besteht mittlerweile seit mehr als zwanzig Jahren. Unsere Aktivitäten richten sich an Menschen, die mit Kindern neue Wege gehen wollen – Wege, die ein Kind von Anfang an als fühlendes Subjekt respektieren, seine Integrität bewahren und es ihm erlauben wollen, sich nach seinem eigenen inneren Gesetz zu entfalten. Dabei haben sich in den letzten Jahren folgende Schwerpunkte herausgebildet:

DIE ZEITSCHRIFT MIT KINDERN WACHSEN

Unsere Zeitschrift erscheint vierteljährlich und ist im Abo erhältlich, auch zum Verschenken als Geschenkabo. Zusätzlich bringen wir in unregelmäßigen Abständen themenbezogene Sonderhefte heraus, wie z.B. unser Special zum Thema Säuglinge und Kleinkinder.

SEMINARE UND FORTBILDUNGEN

Über diese Aktivitäten hinaus organisieren wir Fortbildungen, Seminare und Vorträge, wie z.B. zum Thema „Achtsame Kommunikation mit Kindern", die dabei helfen können, einer neuen inneren Haltung Kindern gegenüber näherzukommen und Schwierigkeiten auf diesem Weg zu überwinden.

Weitere Informationen über uns, unsere Zeitschrift und unsere Arbeit finden Sie bei

Mit Kindern wachsen e.V.
Alice-Salomon-Str. 4
79111 Freiburg
Tel. +49.(0)761.47 99 540
info@mit-kindern-wachsen.de

www.mit-kindern-wachsen.de

Online

Umfangreiche Informationen zu unseren Themen,
ausführliche Leseproben aller unserer Bücher,
einen versandkostenfreien Bestellservice und unseren
kostenlosen Newsletter. All das und mehr finden Sie auf
unserer Website.

www.arbor-verlag.de

Mehr von Alfie Kohn

www.arbor-verlag.de/alfie-kohn

Seminare

Die gemeinnützige *Arbor-Seminare gGmbH* organisiert
regelmäßig Seminare und Weiterbildungen mit führenden
Vertretern achtsamkeitsbasierter Verfahren.
Nähere Informationen finden Sie unter:

www.arbor-seminare.de